바그너의 경우 · 우상의 황혼 · 안티크리스트
이 사람을 보라 · 디오니소스 송가 · 니체 대 바그너
1888~1889

니 체 전 집
KGW VI 3

15

바그너의 경우 · 우상의 황혼 · 안티크리스트
이 사람을 보라 · 디오니소스 송가 · 니체 대 바그너

Der Fall Wagner · Götzen-Dämmerung · Der Antichrist
Ecce homo · Dionysos-Dithyramben · Nietzsche contra Wagner
1888~1889

백승영 옮김

책세상

일러두기

1. 이 책은 독일에서 출간된 《니체전집 *Nietzsche Werke, Kritische Gesamtausgabe*, vol. VI 3(Walter de Gruyter Verlag, 1969)》을 완역했다.
2. 주요 인명은 처음 1회에 한하여 원어를 병기했다.
3. 니체 원주는 *로, 본문 안에서 처리했으며, 원저 편집자주와 옮긴이주는 미주로 처리했다.
4. 니체의 다른 저작이 인용 소개된 경우 원서의 인용 쪽수를 그대로 기재했다. 이때 인용된 니체 원저는 이 책의 번역 텍스트인 KGW가 아닐 수 있다. 그리고 책세상 니체 전집으로 이미 출간된 작품은 연이어 〔 〕로 표시하여 책세상 니체 전집의 쪽수를 밝혔다.
5. 본문과 미주에 나오는 단행본과 잡지, 음반은 《 》로, 논문, 단편, 시, 음악·미술 작품은 〈 〉로 표시했고, 인용문은 " "로, 강조 문구는 ' '로 표시했다.
6. 니체 자필 원고에서 보이는 완벽하지 않은 구두법, 예를 들어 구두점이 없거나 괄호가 한쪽이 빠진 것, 그침표(:)와 머무름표(;) 그리고 단어 중간에 삽입된 〈 〉는 그대로 살렸다. 이 원칙은 니체의 단어 표기 방식에도 적용된다. 문장이 완결되지 않은 경우는 원고 그대로 ― ― ―로 표시했다. 문장 사이의 ―는 대부분 그대로 두었다.
7. 니체 자필 원고에서 한 번 밑줄 그어진 글자나 단어는 고딕체로(원서에서는 자간을 벌려 표기), 두 번 또는 여러 번 밑줄 그어진 글자나 단어는 굵은 서체로(원서에서는 고딕체로 표기) 표기했다.
8. 맞춤법과 외래어 표기는 1989년 3월 1일부터 시행된 〈한글 맞춤법 규정〉과 《문교부 편수자료》에 따랐다.

차례

바그너의 경우

몇 악사(樂士)의 문제

Der Fall Wagner.

Ein Musikanten-Problem.

Von

Friedrich Nietzsche.

LEIPZIG.

Verlag von C. G. Naumann.

1888.

서문.

나는 조금 홀가분해졌다. 이 글에서 내가 바그너를 미끼로 하여 비제Bizet에게 찬사를 보낸 것은 순전히 악의에서만은 아니다. 나는 많은 해학들 중에 해학일 수는 없는 사항 하나를 제시한다. 바그너에게서 등을 돌린 것은 내게는 하나의 운명이었으며 ; 이후에 무언가를 다시 기꺼워하게 된 것은 하나의 승리였다. 어느 누구도 나보다 더 위험하게 바그너적인 짓거리와 하나가 되어 있지는 않았으리라. 어느 누구도 나보다 더 강력하게 그것에 저항하지는 않았으리라. 어느 누구도 그것에서 벗어나는 것을 나보다 더 기뻐하지는 않았으리라. 이것은 긴 실제의 이야기이다!—이 실화에 명칭을 원하는가?—내가 도덕주의자였더라면, 어떤 명칭을 부여하게 될지 알겠는가! 아마도 자기극복Selbstüberwindung이라는 명칭일 것이다.—하지만 철학자는 도덕주의자를 좋아하지 않는다…… 철학자는 그럴듯한 말들도 좋아하지 않는다……

한 철학자가 자기 자신에게 가장 먼저 그리고 마지막에도 요구하는 바는 무엇인가? 자기가 사는 시대를 자기 안에서 극복하며 '시대를 초월하는' 것이다. 그렇다면 그가 가장 격렬한 싸움을 벌이는 대상은 무엇인가? 그를 그 시대의 아들이게끔 만드는 것이다. 자! 나는 바그너만큼이나 이 시대의 아들이다. 내가 한 사람의 데카당이라는 말이다 : 바로 이것이 내가 파악했던 것이고, 바로 이것에 내가 저항했다. 내 안에 있는 철학자가 이것에 저항했다.

5 　　내가 가장 깊이 몰두하고 있는 것은 사실 데카당스라는 문제이며 —그럴 만한 이유들이 있다. '선과 악'은 이 문제의 한 가지 변형일 뿐이다. 몰락의 표지를 응시하는 자는 도덕을 이해하며—도덕이라는 가장 신성한 이름과 가치 정식들 밑에 어떤 것이 숨겨져 있는지를 이해한다 : 황폐해진 삶과 종말에의 의지와 큰 권태가 거기에 숨 10 겨져 있다는 것을. 도덕은 삶을 부정한다…… 이런 과제를 위해서 나는 나를 단련시킬 필요가 있었다 : —바그너와 쇼펜하우어 그리고 현대적 '인간성' 전체를 포함해서 내게 들어와 있는 온갖 병증에 대항하는 것이 필요했다. —시대적인 모든 것과 시대에 맞는 모든 것에 대한 깊은 소원(疎遠), 철저한 냉각, 깊은 각성이 필요했다 : 15 그리고 **차라투스트라**의 눈을, 인간의 모든 사실을 엄청난 거리를 두고 개관하는 그의 눈을—인간의 모든 사실을 자기 아래에 있는 것으로 굽어보는 눈을 최고의 소망 사항으로 하는 일이 필요했다 …… 이러한 목표—이 목표를 위해 과연 어떤 희생이 불필요하다고 할 것인가? 어떤 '자기-극복'이! 어떤 '자기-부정'이!

20 　　나의 가장 큰 체험은 병의 **치유**였다. 바그너는 내가 가졌던 병증들 중의 하나에 불과할 뿐이었다.

　　내가 바그너라는 병에 감사하고 싶지 않다는 것은 아니다. 이 글에서 바그너가 **해롭**다고 주장하면서도 나는 그가 누구에게 필요 불가결한지에 대해서도 주장하고자 한다—그가 철학자에게 필요 불가결하다는 것을. 그 밖의 사람들은 바그너 없이도 잘 지낼 수 있을지 모른다 : 하지만 철학자는 자기 마음대로 바그너 없이 지낼 수는 없다. 철학자는 자기가 살아가는 시대를 마음에 걸려 하지 않으면 안 되며—그러기 위해 그는 그 시대를 가장 잘 알고 있어야 한다. 그런데 그가 현대 영혼의 미궁의 내막에 대해 바그너보다 더 정통한 인도자를, 바그너보다 더 유창한 영혼의 고지자를 어디서 발견하겠는가? 현대성은 바그너를 통해서 자신 안에 있는 가장 내밀한 말을 하고 있는 것이다 : 현대성은 자신의 선한 면도 숨기지 않고, 악한 면도 숨기지 않는다. 현대성은 자신을 부끄러워하는 것을 잊어버렸다. 그리고 역으로 : 바그너에게서 선과 악의 결과가 어떠할지가 명백히 알려지면, 현대의 가치에 대한 계산이 거의 끝나버린 셈이 된다. —오늘날 한 음악가가 "나는 바그너를 증오하지만 여타의 음악은 더 이상 참아낼 수 없다"라고 말한다면, 나는 이 말을 완전히 이해한다. 그러나 나는 다음처럼 말하는 어떤 철학자도 이해할 수 있을 것 같다 : "바그너는 현대성을 요약하고 있다. 별다른 도리가 없다. 일단은 바그너주의자가 되어야만 한다……"

바그너의 경우

1888년 5월 토리노에서의 편지

웃으면서 진지한 사항을 말한다ridendo dicere sererum······

1.

　나는 어제 비제의 걸작을 스무 번째 ─당신은 이것을 믿을 수 있겠습니까? ─들었습니다. 정신을 유연하게 다시 가다듬고 그것을 견디어냈으며 다시 도망치지 않았습니다. 나 자신의 끈기 없음을 이겨낸 일이 나를 놀라게 합니다. 이런 작품을 어떻게 더 완전하게 만든단 말입니까! 사람들 자신이 이 작품과 더불어 '걸작'이 되는데요. ─그리고 카르멘을 들을 때는 언제나 나 자신이 다른 때보다 더 철학자인 것 같고, 더 나은 철학자 같다는 생각이 듭니다 : 그렇게 나는 느긋해졌고 행복해졌으며, 인도적Indisch이 되었고, 엉덩이가 무거워졌습니다. 다섯 시간을 앉아 있는다는 것 : 성인다움의 첫 단계지요! ─비제의 오케스트라 음색이야말로 내가 여전히 참아낼 수 있는 유일한 음색이라고 말해도 되겠습니까? 또 다른, 지금 정상에 서 있는 바그너의 오케스트라 음색은 난폭하고 인위적이며 그러면서도 '순수'해서, 현대 영혼의 세 감각에 대고 한꺼번에 말을 해댑니다. ─이러한 바그너의 오케스트라 음색은 내게 얼마나 해를 끼치는지요! 나는 그것을 북아프리카에서 지중해 연안으로 불어대는 열풍인 시로코Scirocco라고 부릅니다. 기분 나쁜 땀이 솟구칩니다. 내 좋은 기분은 사라져버립니다.

　내가 생각하기에 비제의 음악은 완전한 것 같습니다. 이 음악은 가볍고 탄력 있으며 정중하게 다가옵니다. 이것은 사랑할 만합니다. 이것은 땀을 흘리지 않습니다. "선한 것은 가볍고, 신적인 모든 것은 물결처럼 부드럽게 흘러간다" : 내 미학의 첫 번째 명제입니다. 비제의 음악은 악하고, 세련되었으며, 숙명적입니다 : 그래서 대중에게 친근합니다—이 음악은 한 개인이 아닌, 한 종족의 세련됨을 갖추고 있습니다. 이 음악은 풍부합니다. 이 음악은 간결합니다. 이 음악은 건축하고 조직하면서 완성이 되지요 : 이렇게 하여 이 음악은 음악에서의 바다괴물의 반대이자, "무한 선율"의 반대입니다. 무대 위에서 이것보다 더 고통스럽게 펼쳐지는 비극적인 악센트를 들어본 적이 있습니까? 그리고 이 음악이 어떻게 성취되었던지요! 얼굴을 찡그리지 않고! 위조 짓거리를 하지 않고서! 위대한 양식이라는 허위도 부리지 않고 성취되었습니다!—결국 : 이 음악은 청자를 지성인으로 간주하고, 심지어는 음악가로 간주합니다. —이렇게 해서 이 음악은, 다른 점은 어떻든 세계에서 가장 무례한 천재였던 바그너에 반하는 것이기도 합니다(바그너는 말하자면 우리를——처럼 다룹니다. 그는 사람들이 자포자기할 때까지 한 가지 것에 대해 자주 말을 합니다 —사람들이 믿어버리게 될 때까지 말입니다).

　　그리고 또 한번 말하자면 : 이 비제가 나를 설복시키면 나는 더 나은 인간이 됩니다. 더 나은 악사가 되기도 하고, 더 나은 **청취자**가 되기도 합니다. 이보다 더 잘 듣는 것이 도대체 가능할까요?—나는 내 귀를 이 음악의 밑에 묻고서 이 음악의 근원을 듣습니다. 나는 이 음악의 탄생을 체험하는 것 같은 생각이 듭니다—나는 이러저러한 모험이 동반하는 위험에 몸을 떨며, 비제 자신에게는 아무런 책임이 없는 우연한 행운들에 매료됩니다. —이 얼마나 기이한 일이란 말입니까! 사실 나는 그런 것들에 대해 생각해보지 않았습니다. 얼마만큼 내가 그것에 대해 생각하는지 나는 알지 못합니다. 그사이에도 완전히 다른 생각들이 내 머릿속을 스쳤기 때문입니다…… 음악이 정신을 자유롭게 한다는 것을 사람들이 알까요? 사유에 날개를 달아준다는 것을? 사람들이 음악가가 되면 될수록 더욱더 철학자가 된다는 것을? ─추상이라는 회색 하늘에 번개가 번쩍이며 지나간 듯합니다 ; 사물의 온갖 금사 세공Filigran을 비추기에 그 빛은 충분히 강합니다 ; 큰 문제들이 거의 포착됩니다 ; 세계가 마치 산 위에서 내려다보듯 내려다보입니다. ─내가 바로 철학적 파토스에 대한 정의를 내리고 있는 것 같네요. ─그리고 돌연 해답들이, 힘들이지 않고도 저절로 내 손에 들어옵니다. 얼음과 지혜의 싸라기 우박이, 해결된 문제들의 싸라기 우박이…… 내가 있는 곳은 어디입니까? ─비제는 나를 비옥하게 합니다. 선한 모든 것은 나를 비옥하게 합니다. 나는 이것에만 감사해하며, 또한 이것만을 선한 것의 증거로 삼습니다. ─

2.

이 작품 역시 구원합니다 ; 바그너만이 유일한 '구원자'는 아니지요. 이 작품과 더불어 사람들은 축축한 북방에, 바그너적 이상이 만들어내는 온갖 수증기에 이별을 고합니다. 그 줄거리가 이미 그것들로부터의 구원입니다. 그 줄거리는 메리메P. Mérimée에 의해 열정의 논리, 가장 짧은 선, 엄격한 필연성까지도 갖추고 있습니다 ; 무엇보다도 열대 지방에 속하는 것, 공기의 건조함, 대기의 투명함을 갖추고 있습니다. 여기서는 모든 면에서 기후가 바뀌어 있습니다. 여기서는 다른 감성, 다른 감수성, 다른 명랑함이 입을 엽니다. 이 음악은 명랑합니다 ; 그렇지만 프랑스나 독일의 명랑함은 아닙니다. 그 명랑함은 아프리카적입니다 ; 그것은 숙명을 이고 있으며, 그 행복은 짧고 갑작스럽고 가차없습니다. 유럽의 교양 있는 음악에서 지금까지 표현되지 않았던 이러한 감수성에 대해―더욱 남방적이고 더욱 갈색이며 더욱 그을린 감수성에 대해 비제가 용기를 내었다는 점 때문에 나는 그를 부러워합니다…… 그 행복의 노란 오후는 우리에게 얼마나 유익한지요! 이때 우리는 멀리 내다보게 됩니다 : 언제 우리가 대양을 이보다 더 잔잔한 것으로 보았단 말입니까?―그리고 무어족의 춤은 얼마나 우리를 안심하라고 설득하는지요! 만족할 줄 모르는 우리도 그 춤이 지닌 관능적 우울에서는 만족을 배우고야 마는군요!―결국에는 사랑을, 자연으로 다시 옮겨진 사랑을! '고결한 처녀'의 사랑이 아니고! 센타Senta의 감상도 아닌! 오히려 운명으로서의 사랑을, 숙명으로서의 사랑을 ; 냉소적이고 무구하며 잔인한 사랑을 배우는지요―바로 그래서 그 사랑에는 자연이 깃들어 있는 겁니다. 그 사랑의 수단 가운데는 싸움이 있고, 그 밑바닥에는 성(性)에 대한 철저한 증오가 놓여 있는 겁니다 ―나는 사랑의 본질을 이루고 있는 비극적 장난이 그 작품의 끝을 장식하는 돈 호세Don José의 외침에서처럼 그토록 강렬하게 표현되어 있으며 그토록 끔찍하게 공식화되어 있는 다른 경우를 알지 못합니다 :

> "그래! 내가 그녀를 죽였다,
> 내가―내 사모하는 카르멘을!"

—사랑을 이런 식으로 이해하는 것은 (철학자들에게 어울리는 유일한 사랑에 대한 이해—) 드문 일입니다 : 이런 이해는 수천 개의 예술작품 중에서 하나의 작품을 돋보이게 합니다. 왜냐하면 평균적으로 예술가들은 전 세계가 하는 것과 똑같이 작품을 만들기 때문입니다. 게다가 더 고약하게도—그들은 사랑을 제대로 이해하지 못하고 있습니다. 바그너 역시 사랑을 제대로 이해하지 못했습니다. 그들은 사랑을 이기적이지 않다고 믿었습니다. 그 이유는 그들이 다른 사람의 이익을 바라고 또 곧잘 자신의 이익에는 배치되는 것을 바라기 때문이지요. 하지만 그 대신에 그들은 다른 사람을 소유하기를 원합니다…… 신마저도 예외는 아닙니다. 신은 "내가 너를 사랑한다는 것이 너와 무슨 상관이 있단 말인가?"[1]라는 식으로 생각하는 것과는 거리가 멉니다—사람들이 그에게 사랑으로 응답하지 않으면 그는 무시무시해집니다. 사랑은—이 격언으로 신과 인간 사이에서 옳은 판단을 내릴 수 있습니다—그 무엇보다도 가장 이기적인 감정이다. 그리고 그렇기 때문에 상처받게 되면 가장 관대하지 못하다. (콩스탕B. Constant.)

3.

이 음악이 나를 얼마나 개선시켰는지 당신은 벌써 아셨을 테지요? —음악은 지중해처럼 되어야만 한다 : 이 정리를 말할 만한 몇 가지 이유들이 있습니다(《선악의 저편》, 220쪽〔276~277쪽〕)[2]. 자연과 건강과 명랑과 젊음과 덕으로의 회귀!가 그것들입니다—그런데 나는 부패할 대로 부패한 바그너주의자 중 한 사람이었던 것입니다

……나는 바그너를 진지하게 받아들일 수 있었습니다……아아! 그 늙은 마술사! 그가 우리를 속여가며 보여준 것은 전부 다 무엇이었단 말입니까! 그의 예술이 우리에게 제공한 첫 번째 것은 확대경이었습니다 : 그 안을 들여다보면 사람들은 자신의 눈을 믿지 못합
5 니다―모든 것이 거대해지고, 바그너마저도 거대해집니다……이어떤 교활한 방울뱀이란 말입니까! 이 뱀은 우리 앞에서 '헌신', '충실', '순수'를 먼저 딸랑거리며 삶 전체를 위장시켜버렸고, 순결을 찬양하면서 부패한 세계에서 자신의 몸을 빼냅니다!―그리고 우리는 이 뱀의 이런 점을 믿었던 것입니다……

10   ―그런데도 당신은 내 말을 듣지 않겠다구요? 바그너의 문제가 비제의 문제보다 더 마음에 든다구요? 나 역시 바그너의 문제를 폄하하지는 않습니다. 그것도 나름대로의 마력을 지니고 있습니다. 구원이라는 문제는 그 자체로 존경할 만한 문제이며, 이것만큼 바그너가 심사숙고한 것은 없습니다 : 그의 오페라는 구원의 오페라이며,
15 언제든 누군가가 그의 곁에서 구원되기를 바라고 있습니다 : 때로는 어느 젊은 청년이, 때로는 어느 젊은 처자가 말입니다―이것이 바그너의 문제인 것입니다.―그리고 자기의 주도동기Leitmotiv를 얼마나 다양하게 변모시키는지! 얼마나 진기하고도 얼마나 심오한 조바꿈들인지! 바그너가 아니라면 누가 우리에게 가르쳐주겠습
20 니까? 편애하는 순진한 처녀가 자기가 각별히 관심을 갖는 죄인을 구원한다는 것을(〈탄호이저〉의 경우). 또는 영원한 유대인도 결혼하면 정착하게 되어 구원받게 된다는 것을(〈방랑하는 네덜란드 사람〉의 경우). 또는 낡고 찌든 여인의 방은 순결한 젊은이에게 구원받기를 선호한다는 것을(〈쿤드리〉의 경우). 또는 아름다운 소녀는

바그너주의자 기사에게 구원받는 것을 가장 좋아한다는 것을(〈마이스터징어〉의 경우). 또는 결혼한 여인 역시 기사에 의한 구원을 기꺼워한다는 것을(〈이졸데〉의 경우). 또는 '늙은 신'이 모든 면에서 도덕적인 타협을 하고 난 다음에 결국에는 자유정신과 비도덕주의자들에 의해 구원받는다는 것을(〈반지〉의 경우). 당신은 특히 이 마지막 것이 품고 있는 깊은 의미에 경탄한다는 말이지요! 그 의미를 이해한다구요? 나는—그 의미를 이해하지 않으려 조심하고 있습니다…… 나는 앞서 언급한 작품들로부터 다른 설교들이 도출될 수 있다는 점을 반박하기보다는 차라리 그 점을 증명하고 싶습니다. 바그너의 발레는 사람들을 절망에 이르게 할 수 있다는 점을—그리고 덕에 이르게 할 수 있다는 점을!(또 한번 〈탄호이저〉의 경우). 그것이 제시간에 잠자리에 들지 않아서 생기는 가장 나쁜 결과들 중 하나일 수 있다는 점을(다시 한번 〈로엔그린〉의 경우). 정말 누구와 결혼했는지를 결코 정확히 알아서는 안 된다는 점을(세 번째로 〈로엔그린〉의 경우).—〈트리스탄과 이졸데〉는 완벽한 남편을 찬양합니다. 그 남편은 어떤 경우라도 단 하나의 물음을 가질 뿐입니다 : "그런데 왜 당신은 미리 내게 말하지 않았는가? 그것이 제일 간단한 것인데!" 대답 :

"나는 그것을 당신에게 말할 수 없어요 ;

그리고 당신이 물어보았을 그것을,

당신은 절대 경험할 수 없을 거예요."

〈로엔그린〉은 탐구와 물음에 대한 엄숙한 금지를 포함하고 있습니다. 이렇게 해서 바그너는 "너는 믿어야 하며 믿지 않으면 안 된다"라는 그리스도교적 관념을 대변하는 것입니다. 학적이라는 것은 지고의 것과 가장 거룩한 것에 대한 범죄 행위이지요……〈방랑하는 네덜란드 사람〉은 여자가 가장 불안정한 자도 안주시킨다는, 바그너적으로 말하자면 '구원한다' 는 숭고한 가르침을 설교하고 있습니다. 여기서 우리는 실례를 무릅쓰고 질문을 하나 던질 수 있습니다. 즉 그것이 사실이라 하더라도, 그렇다고 그것이 이미 바랄 만하다는 것입니까?라고요 ─ 한 여자가 숭배하며 안주시키는 '영원한 유대인' 은 어떻게 됩니까? 그는 단지 영원하기를 멈추었을 따름입니다 ; 그는 결혼을 한 것이고, 우리와는 더 이상 아무 상관도 없게 됩니다. ─현실적으로 바꾸어 말하자면 : 예술가들의 위험이자, 천재들의 위험은 ─그리고 이들이야말로 '영원한 유대인' 입니다 ─여자이지요 : 숭배하는 여자들은 그들에게는 불운인 법입니다. 자기 자신이 신으로 대우받는다고 느끼면서도 영락하지 않는─ '구원' 당하지 않는 강한 성격은 거의 한 사람도 갖고 있지 못합니다 : ─그들은 즉각 여자의 뜻대로 해주고 맙니다. ─남자는 '영원한-여성' 에게 약하기 마련입니다 : 이 점을 여자들은 알고 있습니다.[3] ─여자의 사랑의 많은 경우가, 그리고 다름 아닌 가장 유명한 사랑에서 사랑은 좀더 섬세한 기생Parasitismus에 불과합니다. 즉 한 낯선 영혼에 눌러앉는 것, 때로는 한 낯선 육체에 눌러앉는 것일 뿐입니다 ─아아! 그 '숙주' 는 항상 얼마나 많은 부담을 지는 것인지요! ──

위선적이고 노처녀 같은 독일에서의 괴테의 운명을 사람들은 알고 있습니다. 그는 독일인에게 항상 불쾌감을 유발시켰으며, 그의 진정한 찬미자는 유대 여인들 중에만 있습니다.[4] 실러, 그 '고귀한' 실러, 그는 거창한 말로 독일인의 귓전을 두드렸고─그는 그들의 마음에 들었습니다.[5] 독일인들은 괴테의 무엇을 비난했었습니까? "베누스의 동산"을 ; 그리고 그가 〈베네치아의 에피그램〉을 썼다는 것을 비난했습니다. 클롭슈토크F. G. Klopstock는 이미 그에게 도덕적 설교를 했습니다.[6] ; 헤르더J. G. Herder가 괴테에 관해 말하면서, "외설"이라는 단어를 즐겨 사용한 적도 있었습니다.[7] 《빌헬름 마이스터》조차도 몰락의 징후라고, 도덕적 "몰락"이라고 간주되었을 따름이었습니다. 거기 나오는 "길들인 가축의 우리", 영웅들의 "하찮음"은 예를 들면 니부어B. Niebuhr 같은 사람들을 격노하게 하여 : 마침내 그는 만일 비터롤프Biterolf라면 즉석에서 다음처럼 노래했을 만한 탄식을 터뜨리고 말았습니다 : "한 위대한 영혼이 자기의 날개를 빼앗아버리고, 좀더 높은 존재를 자진해서 포기하면서, 자기의 대가적 기량을 훨씬 사소한 것에서 구하려 할 때보다 더 고통스러운 느낌을 자아내는 것은 없다"[8]…… 하지만 가장 격노했던 것은 그 고결한 처녀였습니다 : 자그마한 모든 궁성이, 독일에 있는 모든 종류의 '바르트부르크Wartburg'들이 괴테 앞에서, 괴테 안에 있는 "불결한 정신"[9] 앞에서 십자가에 매달렸기 때문이지요. —이 이야기를 바그너는 음악으로 옮긴 것입니다. 그는 괴테를 구원했고, 이 점은 명약관화합니다 ; 그런데 그는 그러면서 교활하게도 그 고결한 처녀의 편을 들고 있습니다. 괴테가 구조되기는 합니다만 : — 기도가 그를 구조하며, 한 고결한 처녀가 그를 끌어올리는 것입니다 ……[10]

　—괴테는 바그너를 어떻게 생각할 것 같습니까?—언젠가 괴테는 모든 낭만주의자 위에 맴도는 위험이 무엇인가라는 질문을 던진 적이 있었습니다 : 말하자면 낭만주의자의 액운이 무엇인지에 대해서요. 괴테의 대답은 이렇습니다 : "도덕적이고 종교적인 불합리의

되풀이에 질식당하는 것."[11] 간단히 말하자면 : 〈파르지팔〉이지요——
—— 여기에 철학자가 추가로 에필로그를 붙여보겠습니다. 신성함——
아마도 이것은 민중들과 여자들이 아직도 좀더 높은 가치라고 보게
되는 최후의 것이며, 본성적으로 근시안적인 모든 자를 위한 이상
(理想)의 지평일 것이다. 그러나 철학자들 사이에서 신성함이란 모
든 지평이 그러하듯 몰이해에 지나지 않으며, 그들의 세계가 막 시
작되는 곳에서 문을 걸어버리는 행위에 지나지 않는 것이다——그들
의 위험, 그들의 이상, 그들의 염원이 시작되는 곳에서 말이다……
좀더 정중하게 표현하자면 : 대다수 사람들은 철학만으로는 만족하
지 못한다. 그들에게는 신성함이 필요하다.[12] ——

4.

——〈반지〉이야기도 해보겠습니다. 이것도 여기에 속하니까요, 이
것도 구원에 대한 이야기이지요 : 단지 이번에는 구원받는 이가 바
그너일 뿐입니다. ——바그너는 반평생 여느 프랑스인이 믿듯 혁명을
믿었습니다. 그는 룬Rune 문자로 쓰인 신화 속에서 혁명을 모색했
으며, 지크프리트에게서 혁명가의 전형을 발견했다고 믿었답니다.
——"세계의 온갖 불행은 어디서 유래하는가?"라고 바그너는 묻습니
다. "낡은 계약들에서"라고 그는 모든 혁명 이데올로기의 주창자처
럼 대답합니다. 명료하게 말하자면 : 관습과 법률과 도덕과 제도들
에서, 옛 세계와 옛 사회가 뿌리박고 있던 모든 것에서. 그러면 "사
람들은 어떻게 세계의 불행을 사라지게 하는가?" "어떻게 사람들은
옛 사회를 없애버리는가?" 오로지 '계약들'(관습, 도덕)에 전쟁을

선언함에 의해서. 이런 일을 지크프리트가 하고 있습니다. 그의 이 일을 일찍, 아주 일찍 시작합니다 : 그의 출생부터가 이미 도덕에 대한 전쟁 선언이었습니다―그는 불륜에 의해, 근친상간에 의해 세상에 태어나지요…… 전설이 아니라, 바그너가 이러한 극단적인 특징을 고안해낸 것입니다 ; 이러면서 바그너는 전설을 수정하고 있는 것이지요…… 지크프리트는 자신의 시작처럼 그렇게 계속 살아갑니다 : 그는 즉흥적으로 행하고, 전해 내려오는 모든 것과 일체의 경외심 그리고 일체의 외경을 무너뜨려버립니다. 자기 마음에 들지 않는 것들을 그는 찔러 죽여버립니다. 그는 무례하게도 낡은 신들을 육탄공격합니다. 하지만 그의 주요 임무는 여자를 해방시키는 것 ― '브륀힐데를 구원하는 것' 입니다…… 지크프리트 그리고 브륀힐데 ; 자유연애의 성사(聖事)이고 ; 황금기의 시작이며 ; 옛 도덕의 신들의 황혼이지요―악이 제거되어버립니다…… 바그너의 배는 오랫동안 기꺼이 이런 항로를 따라 달립니다. 의심할 여지 없이 바그너는 이런 항로에서 자기의 최고 목표를 찾았습니다. ―그런데 무슨 일이 생겼습니까? 불행한 일이 생겨버리고 말았습니다. 배가 암초에 걸리고 말았던 것입니다 ; 바그너는 오도 가도 못하게 되었습니다. 그 암초는 바로 쇼펜하우어의 철학이었습니다 ; 바그너는 정반대의 세계관이라는 암초에 걸려버리고 말았던 것입니다. 그가 음악으로 표현한 것이 무엇입니까? 낙관주의입니다. 바그너는 수치스러웠습니다. 그것도 쇼펜하우어가 나쁜 형용사를―향기 없는 낙관주의[13]라는 형용사를 붙였던 낙관주의라니. 바그너는 또 한번 수치스러웠습니다. 그는 오래오래 곰곰이 생각했지만, 그의 처지는 절망적인 것 같았습니다…… 마침내 하나의 탈출구가 어렴풋이 떠

올랐습니다 : 바로 그를 좌초시킨 암초. 어떨까요? 바그너가 그 암초를 자기 여행의 목적이고 숨은 의도이자 원래의 의미라고 해석한다면? 거기서 좌초한다는 것—이것 또한 하나의 목적일 수 있지 않을까요. 내가 좌초를 했으니, 나는 제대로 항해한 것이다Bene navigavi, cum naufragium feci.[14]……그래서 그는 〈반지〉를 쇼펜하우어적으로 옮겨버린 것입니다. 모든 것이 잘못되고, 모든 것이 몰락하며, 신세계는 옛 세계만큼이나 나쁘다 : —무(無)가, 인도의 키르케가 손짓해 부른다……브륀힐데는 이제 다른 할 일을 받았습니다. 그전의 의도대로 하자면 사회주의적 유토피아에 의해 "모든 것이 좋아진다"면서 세계를 달래고, 자유연애를 기리는 노래를 부르며 작별을 고해야 했었겠지만 말이죠. 이제 그녀는 먼저 쇼펜하우어를 공부해야만 합니다 ; 그녀는 《의지와 표상으로서의 세계》 제4부를 운문으로 표현해야만 합니다. 바그너는 구원되었습니다……진짜 진지하게 말해서 그것은 구원이었습니다. 바그너가 쇼펜하우어에게 입은 덕은 측정할 수 없을 정도입니다. 데카당스 철학자여야 데카당스 예술가에게 자기 자신을 선사하는 법입니다――

5.

데카당스 예술가에게 —이런 말이 나왔지요. 그리고 이 말로 인해 나는 진지해지기 시작합니다. 이런 데카당들이 우리의 건강을 —게다가 음악까지! 망쳐버리면 나는 그저 천진하게 바라보고만 있지 못합니다! 바그너가 도대체 인간이란 말입니까? 그는 오히려 질병이 아닐까요? 그가 건드리는 모든 것을 그는 병들게 합니다. —그는 음악을 병들게 했습니다—

필연적으로 자신의 부패한 취향을 체감하는 자, 이 취향을 좀더 높은 취향으로서 요구하는 자, 자신의 부패상을 법칙으로서, 진보로서, 완성으로서 관철시킬 줄 아는 자는 전형적인 데카당입니다.

그리고 그는 저항받지 않습니다. 그의 유혹력은 엄청 커지고, 그의 주위에는 향이 자욱하게 피어오르며, 그에 대한 그릇된 이해가 '복음'이라고 불립니다—그가 마음이 가난한 자만을 설복시킨 것은 단연코 아닙니다!

창문을 조금 열고 싶습니다. 공기를! 더 많은 공기를! ——

독일에서 사람들이 바그너에 대해 착각하고 있다는 사실이 내게는 놀랍지 않습니다. 그 반대라면 놀랄 것입니다. 독일인들은 그들이 숭배할 수 있을 만한 바그너라는 존재를 고안해냈습니다 : 그들은 심리학자였던 적이 한 번도 없었으며, 그들이 오해를 한다는 것의 덕을 보고 있는 것이지요. 그렇지만 파리에서도 바그너에 대해 착각하고 있다는 것! 그곳 사람들은 거의 심리학자라고 할 수 있는데 말입니다. 게다가 상트페테르부르크에서도! 파리에서 밝혀지지 않는 것까지도 간파해내는 그곳에서도 말입니다. 그들에게 바그너가 데카당으로 느껴지지 않는다니. 유럽 전체의 데카당들과 바그너가 도대체 얼마나 유사했기에! 바그너는 그들과 한 부류이며 : 바그너는 그들의 주역이자, 그들의 가장 위대한 이름입니다……그를 구름 속으로 들어 올리면서 사람들은 자기 자신에게 경의를 표하는 것입니다. —그에게 저항하지 않는다는 사실 그 자체가 이미 데카당스의 한 징표지요. 본능이 약해져버렸습니다. 사람들이 기피했어야만 할 것이 그들의 마음을 끌어당깁니다. 그들을 훨씬 빨리 나락

속에 빠뜨리는 것에 사람들은 입을 맞추는 법입니다. ─예를 하나 원합니까? 하지만 그것은 빈혈환자, 통풍(痛風)환자, 당뇨환자들 스스로가 처방하는 섭생법을 보기만 해도 알 수 있습니다. 채식주의자란 : 신체를 건강하게 하는 섭생법이 필요한 존재이지요. 해로운 것을 해롭다고 느끼고, 해로운 것을 의식적으로 포기할 수 있다는 것은 젊음의 징표이며 생명력의 징표입니다. 해로운 것은 지쳐버린 자를 유혹합니다 : 채소는 채식주의자를 유혹합니다. 질병 자체는 삶의 자극제가 될 수 있습니다 : 단, 사람들이 이 자극제를 이겨낼 정도로 충분히 건강해야만 합니다! ─그런데 바그너는 더욱 지치게 합니다 : 그러니까 그는 약자와 지쳐버린 자를 유혹하는 것이지요. 오오, 그 늙은 거장은 방울뱀의 행운을 누리고 있습니다. 그는 항상 '어린애'들이 자기에게 다가오는 것을 바라보고 있기 때문이지요! ─

다음과 같은 관점을 먼저 말해보겠습니다 : 바그너의 예술은 병들었습니다. 그가 무대 위에 올리는 문제들─전부 다 히스테리 환자들의 문제─, 그의 발작적인 격정, 그의 과민한 감각, 점점 더 강한 양념을 원하는 그의 취향, 그가 원리라는 옷을 입히는 그 자신의 불안정성, 생리적 전형으로 간주하는 자기의 남녀 주인공(─병자들의 진열실!─)의 선정에서 적지 않은 경우 : 이 모든 것이 다 같이 병든 모습을 보여주며, 이는 추호도 의심의 여지가 없습니다. 바그너는 노이로제 환자입니다.[15] 여기서 예술과 예술가라는 번데기가 되어버린, 변질이라는 프로테우스적 속성보다 오늘날 더 잘 알려져 있는 것은 없으며, 더 잘되어 있는 연구도 없습니다. 우리의 의사들과 생리학자들은 그들에게 가장 흥미로운 경우, 최소한 매우 완전한 질환의 경우를 바그너에게서 보고 있는 것이지요. 바로 이런 전체적 질환보다, 신경 기관의 이런 미숙과 과민보다 더 현대적인 것은 없기 때문에, 바그너는 전형적인 현대 예술가이며 현대성의 칼리오스트로A. Cagliostro입니다. 그의 예술 안에는 오늘날 전 세계가 가장 필요로 하는 것이 가장 유혹적인 방식으로 혼합되어 있습니다 —지쳐있는 자들을 자극하는 가혹함과 기교와 순진무구(바보스러움)라는 세 가지 중요한 자극제가 말이지요.

　　바그너는 음악에게는 엄청난 불운입니다. 그는 음악에서 지쳐버린 신경을 자극하는 수단을 알아내었고—그것을 가지고 음악을 병들게 했습니다. 그의 천부적인 고안 능력은 기술적 측면에서 본다면 하찮은 것이 아닙니다. 그 기술은 가장 지쳐버린 자를 다시 고무하고, 반쯤 죽어버린 자를 소생시키지요. 그는 최면술의 대가이며, 가장 강한 자들도 황소처럼 어쩔 줄 모르게 만듭니다. 바그너의 성공은 —신경에 대한 그리고 결과적으로는 여자들에 대한 그의 성공은— 야심 있는 음악가들의 세계 전체를 그의 비밀 기술의 제자로 만들어버렸습니다. 야심 있는 음악가뿐 아니라 영리한 음악가들까지도…… 오늘날은 병든 음악이 돈을 벌게 합니다 ; 우리의 큰 극장들은 바그너 덕택에 유지됩니다.

6.

　　—다시 기분이 좋아집니다. 나는 바그너의 성공이 육체를 갖추고 형태를 얻는 경우를, 바그너가 박애적인 음악학자로 치장하여 젊은 예술가들 틈 속에 섞이는 경우를 가정해보았습니다. 그가 거기서

어떤 소리를 내리라고 생각합니까?—

    그는 말할 것입니다. 친구들이여 우리들끼리 몇 마디만 이야기해 봄세. 나쁜 음악을 만드는 것이 좋은 음악을 만드는 것보다 더 쉽네. 어떤가? 그 밖에도 나쁜 음악을 만드는 것이 더 이익이 된다면?그것

5 이 더 영향력 있고, 더 설득력 있고, 더 감격케 하며, 더 신뢰할 만한 것이라고 한다면? 더 바그너적이라면?……아름다움은 아주 소수 인 간들의 것이라네Pulchrum est paucorum hominum.[16] 애석한 일 이네! 우리는 이 라틴어를 이해하지만, 우리의 장점 역시 이해할 것 이네. 아름다움은 숨겨진 난점을 가지고 있는 법이라네 : 우리는 알

10 고 있지 않은가. 그렇다면 아름다움을 어디에 써먹겠나? 어째서 위 대한 것, 숭고한 것, 거대한 것, 대중을 움직이는 것을 더 좋아하면 안 된단 말인가?—그리고 또 한번 말하지만 : 아름답게 있는 것보 다 거대하게 있는 것이 더 쉬운 법이라네 ; 우리는 알고 있지 않은가 ……

15   우리는 대중을 알고 있으며, 극장을 알고 있네. 극장 안의 최고 관객인 독일의 젊은이들, 즉 멍청한 지크프리트와 다른 바그너주의 자들에게는 숭고함과 깊이 그리고 압도하는 것이 필요하다네. 그 정도는 우리도 해낼 수 있네. 그리고 극장의 다른 관객들, 즉 교양 있는 백치들, 별 볼일 없는 거만한 자들, 영원히 여자인 자들, 운 좋

20 게 소화해내는 자들, 간단히 말해 대중들—이들도 마찬가지로 숭고 함과 깊이 그리고 압도하는 것을 필요로 한다네. 이 모든 자들은 "우리를 놀라게 하는 자는 강하다 ; 우리를 고양시키는 자는 신적이 다 ; 우리를 추측하게 하는 자는 깊이가 있다"라는 동일한 논리를 갖고 있다네. —우리 음악가 제위들이여, 결심을 하세나 : 우리, 그

들을 놀라게 하고 고양시키며 추측하도록 만드세. 이 정도쯤은 우리도 할 수 있지 않은가.

먼저, 추측하게 만드는 것에 관해 말하자면 : 여기서는 우리의 '양식' 개념이 출발점을 제공하고 있네. 무엇보다 생각하지 말게! 생각보다 더 체면을 손상시키는 것은 없다네! 오히려 생각 이전의 상태가, 아직은 태어나지 않은 생각들이 혼잡스럽게 붐비고 있는 것이, 미래의 사고에 대한 약속이, 신이 창조하기 이전의 있는 그대로의 세계가―혼돈의 재현이…… 혼돈이 추측을 하게 만든다네 ……

거장의 언어로는 : 선율 없는 무한성이라고 한다네.

그 다음으로, 놀라게 하는 것이 관계하는 것은 부분적으로는 이미 생리학에 속해 있다네. 우리, 다른 어떤 것보다도 악기에 대해 공부해보세. 몇 악기들은 심지어는 내장까지도 설득하며(―그것들은 헨델식으로 말하자면 문을 열어준다네, 즉 변을 보게 해준다네), 다른 악기들은 척수를 매료시킨다네. 여기서 결정적인 것은 음향의 색조라네 ; 무엇이 울려 퍼지는지는 거의 아무 상관이 없네. 우리 이 점에서 세련되어보기로 하세! 이게 아니라면 또 무엇을 위해 힘을 쏟겠나? 바보스러울 정도로 우리를 음향으로 특징지어보세! 우리가 음향을 통해 사람들에게 알아맞힐 것을 많이 제공해주면, 그들은 이런 일이 우리의 정신력에 의한 것이라고 여긴다네! 신경을 성가시게 자극하고, 신경을 죽여버릴 만큼 때리며, 번개와 천둥을 마음대로 다루도록 하세―이것이 놀라게 한다네……

그런데 무엇보다도 열정이 놀라게 한다네. ―열정에 대해 우리 이해해보세. 열정보다 더 경제적인 것은 없다네! 사람들이 대위법의 갖가지 장점 없이도 잘 지낼 수 있으며, 그것에 대해 아무것도 배울 필요가 없지만—열정은 항상 가질 수 있지 않은가! 아름다움 은 어려운 것이라네 : 그러니 아름다움을 경계하세!…… 그리고 선 율마저도 경계하세! 비방하세, 친구들이여 비방하세. 만일 우리에 게 이상이 중요하다면 우리 선율을 비방해버리세! 아름다운 선율보 다 더 위험한 것은 없다네! 이것보다 더 확실히 취향을 부패시키는 것은 없다네! 사람들이 다시 아름다운 선율을 사랑하게 되면, 우리 가 지는 것이라네. 친구들이여!……

원칙 : 선율은 비도덕적이다. 증거 : 팔레스트리나. 적용 : 파르지 팔. 선율의 결여는 스스로를 성스럽게 한다……

그리고 열정에 대한 정의는 이것이라네. 열정 — 이명동음 Enharmonik이라는 밧줄 위에서의 추한 것의 체조. —내 친구들이 여, 과감히 추해지세! 바그너는 그것을 감행하고 있다네! 가장 불쾌 한 화음의 진흙덩이를 대담하게 우리 앞으로 굴리세! 우리의 손을 아 끼지 마세나! 그래야만 우리는 비로소 자연스러워질 것이네……

마지막 충고! 아마도 이 충고가 모든 것을 하나로 수렴할 걸세. —우리, 이상주의자가 되세나! —이것이 우리가 할 수 있는 일 중에 서 가장 교활한 일은 아닐지라도, 가장 현명한 일이기는 하네. 사람 들을 고양시키려면, 자기 자신이 고양되어 있지 않으면 안 된다네. 구름 위에서 노닐고, 무한에 대해 장광설을 늘어놓으며, 거창한 상 징들을 우리 주변에 두르세! 주르줌sursum! 붐붐Bumbum! —이 보다 더 좋은 충고는 없네. '고양된 가슴'은 우리의 논거이며, '아 름다운 느낌'은 우리의 대변인일세. 덕은 대위법에 대해서도 그 정 당성을 유지한다네. "우리를 개선하는 자가 어찌 그 스스로 선하지 않을 수 있겠는가?"라고 인류는 항상 결론짓는다네. 그러니까 우리, 인류를 개선하세! —그렇게 해서 사람들은 선해진다네(그렇게 해서 사람들은 스스로 '고전주의자'가 된다네 : —실러는 '고전주의자'가 되었지 않은가). 감각을 저속하게 자극하려 애쓰고, 소위 아름다움을 얻으려 애쓰는 일이 이탈리아인을 쇠잔하게 했다네 : 우리는 독일적으로 남아 있으세! 음악에 대한 모차르트의 태도조차 —바그너가 우리를 위안하기 위해 말했었다네! —근본적으로는 경박했다네…… 음악이 '원기 회복'에 도움을 준다는 것을 결코 용인하지 마세 ; 음악이 '기분을 북돋는'다는 것을 ; 음악이 '즐거움을 준다'는 것을 결코 용인하지 마세. 우리, 결코 즐겁게 하지 마세! — 사람들이 예술을 다시 쾌락주의적으로 생각하게 되면, 우리는 지는 것일세…… 역겨운 18세기가 바로 그러했다네…… 곁다리로 말하자면 그것에 대해서는 한 첩의 약—즉 위선보다, 이 표현을 용서해주게, 더 좋은 충고는 없을 듯하네. 이것이 품위를 부여한다네. — 그리고 어쩔 수 없이 어둡게 바라보고, 공공연하게 탄식하고, 그리스도교적으로 탄식하며, 거창한 그리스도교적 동정심을 보여주어야 하는 때를 고르세. "인간은 타락했다 : 누가 인간을 구원하는가? 무엇이 인간을 구원하는가?"—우리, 여기에 대해 대답하지 마세. 우리, 조심하세. 종교를 창시하고자 하는 우리의 공명심과 싸우세. 그렇지만 우리가 인간을 구원한다는 것, 우리의 음악만이 구원한다는 것을 어느 누구도 의심해서는 안 된다네……(바그너의 글 〈종교와 예술〉).[17]

7.

충분합니다! 충분해요! 나의 명랑한 일필(一筆)하에서 음울한 사실이 지나치게 적나라하게 다시 인식되지 않았을까 두려울 정도입니다─예술의 타락상이, 예술가의 타락상이 말입니다. 후자, 즉 예술가의 특성의 타락은 잠정적으로는 다음처럼 표현될 수 있을 것입니다 : 음악가가 이제는 배우가 되고, 그의 기술은 점점 더 속이는 재능으로 전개된다. 이것에 대해서는 〔나의 주저(主著) 안의 "예술 생리학"이라는 제목의 장(章)에서〕 더 자세히 보여줄 기회가 있을 겁니다. 바그너로부터 시작된 예술의 타락과 취약성 하나하나가 그렇듯이, 연극적인 것으로 된 예술의 이러한 총체적인 변화가 어떻게 해서 생리적인 퇴화를 알려주는 하나의 표현인지를(더 정확히 말하자면 히스테리의 한 형식인지를) 말입니다 : 예를 들면 매 순간 그 예술 앞에서 자리를 바꾸도록 만드는 그 예술이 갖는 시각의 불안정함이 생리적 퇴화의 한 가지 표현이라는 것에 대해서 말입니다. 바그너에게서 자연의 장난이나 임의와 변덕 그리고 우연만을 보는 한, 사람들은 바그너에 대해 아무것도 이해하지 못합니다. 바그너는 사람들이 말하는 것처럼 "엉성한" 천재나, "실패한" 천재, 또는 "모순적"인 천재는 아니었습니다. 바그너는 완전무결한 자이고 데카당의 전형으로서, 그에게는 '자유의지' 전부가 결여되어 있으며 모든 특성은 필연성을 띠었지요. 바그너에게 무언가 흥미로운 점이 있다면, 그것은 바로 생리적 결함을 처치 방식이자 조치로, 원칙들의 혁신으로, 취향의 위기로 하나씩 하나씩 한 단계 한 단계 결론지어가는 논리입니다.

이번에는 양식Stil이라는 문제에만 머물러보겠습니다. ─모든 문학적 데카당스는 스스로를 무엇으로 특징지을까요? 더 이상은 생명이 전체에 퍼져 있지 않다는 것. 단어가 독립적이 되어 문장에서 뛰쳐나오고, 문장이 결정적이 되어 한 페이지의 의미를 흐려버리며, 한 페이지는 전체를 희생시켜 자신의 생명을 획득합니다—전체는 더 이상 전체가 아니다.[18] 진정 이 비유는 데카당스 양식 전체에 대한 것이지요 : 매번 원자들의 아나키 상태, 의지의 분열, 도덕적으로 말하자면 "개체의 자유"이자, —정치이론으로 확장되면 "만인에 대한 동등한 권리"입니다. 생명, 균등한 활기, 생명의 진동과 충만은 가장 작은 형태로 제한되어버리고, 나머지는 생명이 결핍되어 있습니다. 도처에 마비, 노고, 경직이거나 그게 아니면 적대와 혼돈 : 사람들이 점점 더 고차적인 조직 형태에 이르면 이를수록, 이 두 경우가 점점 더 눈에 띕니다. 도대체가 전체는 더 이상 살아 있지 않습니다 : 전체라는 것은 모아지고, 계산되고, 인위적인 것이며, 인공물인 것입니다.—

　바그너에게서 처음 등장하는 것은 환상이었습니다 : 음향에 의한 환상이 아니라, 몸짓에 의한 환상. 이것에 다가가기 위해서야 비로소 그는 음향기호론Ton-Semiotik을 찾았습니다. 그에 대해 경탄하고 싶다면 여기서 일하고 있는 그를 보십시오 : 여기서 그가 어떻게 분절하고, 어떻게 작은 단위들을 얻으며, 어떻게 그것들에 활력을 부여하여 몰아나오고 눈에 띄게 만드는지를 말입니다. 그런데 그런 일을 하면서 바그너는 힘을 소진해버립니다 : 이 힘 외의 나머지 것들은 전혀 쓸모가 없습니다. '발전' 시키려는 그의 방식, 사실은 서로 분리되지 않은 채로 성장하는 것들을 최소한 뒤죽박죽 끼워놓기라도 하려는 그의 시도는 얼마나 가련하고 얼마나 당혹스러우며 얼마나 아마추어적인지! 이럴 때의 그의 수법은 다른 점에서도 바그너의 양식과 비슷한 공쿠르 형제의 양식을 생각나게 합니다 : 그 정도의 심각한 궁지에 대해서는 일종의 연민이 느껴집니다. 조직적으로 형성해내지 못하는 자기 자신의 무능력을 어떤 원칙으로 위장하는 것, 우리가 그는 양식에 관해서는 무능하다고만 확정 짓는 곳에 어떤 '극적인 양식'을 확정 짓는 것, 이것은 바그너를 평생 따라다녔던 그 대담한 습성과 맞아떨어집니다 ; 그는 능력이 안 닿는 곳에는 원칙을 세워놓았습니다(—덧붙여 말하자면 이 점에서 그는 늙은 칸트와는 아주 다르지요. 칸트는 다른 대담성을 사랑했습니다 : 즉 자기에게 원칙이 결여되었을 경우 칸트는 항상 원칙 대신 '능력'을 인간 안에 설정했습니다……). 다시 한번 말하겠습니다 : 오로지 가장 작은 것을 발견해내는 데에서만, 세부적인 것을 고안해내는 데에서만 바그너는 경탄할 만하고 사랑할 만합니다. — 이 점에서 사람들이 그를 일급의 거장이라고, 음악의 가장 위대한 세밀화가라고 단언하는 것은 매우 타당합니다. 그는 가장 작은 공간에 무한한 의미와 달콤함을 집어넣습니다. 그의 풍부한 색채와 반음영(半陰影) 그리고 서서히 사라져가는 빛의 풍부한 비밀스러움은 사람들에게 나중에는 다른 모든 예술가를 지나치게 거칠게 보게 하는 나쁜 습관을 들입니다. —나를 믿고자 한다면, 바그너에 대해 오늘날의 사람들이 마음에 들어 하는 점들에서 그에 대한 최고 개념을 이끌어내어서는 안 됩니다. 그것은 대중 설득을 위해 고안된 것들이며, 이것 앞에서 우리 같은 사람들은 마치 지나치게 대담한 저질 프레스코화 앞에서처럼 뒤로 물러나버립니다. 〈탄호이저〉 서곡의 짜증나게 하는 잔인함이 우리와 무슨 상관이 있다는 말입니까? 또는 〈발퀴레〉의 서커스가 무슨 상관이 있다는 말입니까? 극장과는 무관하다고 해도 바그너의 음악에 의해 대중화된 모든 것은 미심쩍은 취향을 가진 것이며, 취향을 부패시킵니다. 내가 보기에 〈탄호이저〉 행진곡은 수상쩍습니다. 소시민적인 짓거리 같다는 말이지요 ; 〈방랑하는 네덜란드 사람〉 서곡은 아무짝에도 쓸모없는 소음입니다 ; 〈로엔그린〉의 전주는 어떻게 사람들이 음악으로 최면을 거는지에 대한 가장 적절한 예로, 너무나 위험하면서도 너무나 성공적입니다(―나는 신경을 설득시키는 것 이상의 다른 야심은 없는 음악은 몽땅 좋아하지 않습니다). 그런데 최면술사 바그너, 저질 프레스코화를 그리는 화가 바그너는 도외시하더라도 별 가치 없는 것들을 모아두는 또 다른 바그너가 있습니다 : 누구도 그보다 먼저 취한 적 없는 눈길과 부드러움과 위로의 말들로 가득 채워져 있는 음악의 가장 위대한 우울증 환자. 침울하고 나른한 행복의 소리를 만들어내는 거장이 말입니다…… 바그너의 가장 내밀한 말로 이루어진 사전은 다섯 박자에서 열다섯 박자 사이의 짤막한 것들로만 채워져 있고, 아무도 알지 못하는 음악으로 채워져 있습니다…… 바그너는 데카당의 덕목을 갖추고 있습니다. 즉 동정심을―――

8.

― "아주 좋습니다! 하지만 사람들 자신이 혹시라도 음악가가 아니라면, 혹시라도 데카당이 아니라면, 자신의 취향을 어떻게 그런 데카당 때문에 상실해버릴 수 있겠습니까?"―아니, 그 반대로! 어떻게 해야 그렇게 되지 않을 수 있단 말입니까! 시도해보아야 하지 않겠습니까!―여러분은 바그너가 누구인지 알지 못합니다 : 그가

매우 대단한 배우라는 것을 말입니다! 극장에서 그가 끼치는 영향보다 더 깊고 더 무게 있는 영향이 정녕 있다는 말입니까? 그 젊은이들을 한번 보십시오—경직되어 있고 창백하며 숨을 멈춘 듯한 모습을! 이들은 바그너주의자들입니다 : 이들은 음악에 대해서는 아무것도 이해하지 못하지만—그럼에도 불구하고 바그너는 그들을 지배합니다…… 바그너의 예술은 백 가지 분위기로 압박을 가합니다 : 당신은 머리를 조아릴 뿐입니다. 달리는 할 수 없을 겁니다 …… 배우 바그너는 독재자이고, 그의 파토스는 온갖 취향과 온갖 저항을 무너뜨려버립니다. —몸짓의 이런 설득력을 누가 갖추고 있고, 누가 몸짓을 그렇게 명료하게 파악했으며, 누가 몸짓을 그런 식으로 처음부터 파악했단 말입니까! 숨을 멎게 하는 그러한 바그너의 파토스, 극도의 감정을 더 이상은 사라지지 않게 하려는 그러한 의지, 매 순간 순간 질식시키고자 하는 상태의 그처럼 공포스러운 지속!——

바그너가 도대체 음악가였단 말입니까? 확실히 그는 그 이상의 어떤 다른 존재였습니다 : 말하자면 비할 바 없는 배우, 가장 위대한 연기자, 독일인이 소유했던 가장 경탄스러운 극장의 천재, 전형적인 우리의 연출가였습니다. 그가 속해 있는 곳은 음악의 역사가 아닙니다. 어떤 다른 곳입니다 : 진정한 위대한 음악가와 그를 혼동해서는 안 됩니다. 바그너와 베토벤이라니요—이것은 신성모독입니다—그리고 궁극적으로는 바그너한테도 부당합니다…… 음악가로서도 바그너는 진정 배우로서의 그였을 뿐이었습니다 : 그는 음악가가 되었고, 시인이 되었습니다. 그 안에 있는 독재자, 즉 배우-천재가 그를 그렇게 강요했기 때문입니다. 그를 지배하는 본능을 알아차리지 않는 한, 사람들은 바그너에 대해 그 어떤 것도 알아내지 못합니다.

　바그너는 천성적인 음악가는 아니었습니다. 그가 음악의 모든 법칙들, 좀더 명확히 말하자면 음악의 모든 양식을 포기해버린 것이 그 증거입니다. 그것들로부터 자기가 필요한 것, 즉 무대–수사법, 표현 수단, 몸동작의 강화 수단, 암시 수단, 심적 피토레스크의 수단을 만들기 위해서요. 이 점에서 바그너는 일류 고안자이자 혁신가라고 간주할 수 있습니다―그는 음악의 언어적 능력을 무한대로 증진시켰습니다― : 언어로서의 음악. 그는 이런 음악에서의 빅토르 위고입니다. 음악이 경우에 따라서는 음악이 아니라 언어이며, 도구이자 연극의 시녀일 수 있다는 점이 먼저 인정되었다는 전제하에서요. 바그너의 음악은 극장–취향이라는 몹시 관대한 취향에 의해 보호받지 않는다면, 단순히 저급한 음악일 뿐입니다. 애초에 지금까지 만들어진 음악 중 가장 저급한 음악일 겁니다. 어떤 음악가가 더 이상 셋까지 셀 수 없게 되면, 그는 '극적(劇的)'이 되고, '바그너적'이 되어버리는 것입니다……

　바그너는 해체된, 말하자면 원소화된 음악에 의해서도 어떤 마법이 발휘될 수 있는지를 발견해냈다고 할 수 있습니다. 그의 본능처럼 그의 의식도 거기서 출발하여 무시무시한 것으로, 양식이란 것이 전혀 필요하지 않는 좀더 고등한 법칙으로 진행합니다. 원소적인 것만으로도 **충분하다는 것**―음향, 흐름, 색채, 요약하면 음악의 감성만으로도 충분하다는 것으로 말입니다. 바그너는 한 번도 음악가로서 헤아리지 않습니다. 여느 음악가적 양심으로 헤아리지 않습니다 : 그는 효과를 원하고, 효과 외의 그 무엇도 원하지 않습니다. 그리고 자신이 어디에 효과를 발휘할지를 스스로 잘 알고 있습니다!―이 점에 관해 그는 우려하지 않습니다. 실러가 그러했고, 모든 배우적 인간이 그러하듯이 말이지요. 그 역시 자기 발 아래 두는 세계를 경멸하기도 합니다!……사람들이 배우가 되는 것은 그 밖의 다른 사람들보다 앞서서 하나의 통찰을 지니면서부터입니다 : 진짜라는 효과를 발휘해야 하는 것은 진짜여서는 안 된다는 통찰을 말입니다. 이 명제는 탈마F. J. Talma가 세웠지요 : 이 명제는 배우의 심리 전체를 내포하고, 배우의 도덕 또한—의심하지 맙시다!—내포하고 있습니다. 바그너의 음악은 한 번도 진짜였던 적이 없습니다.

　　—하지만 사람들은 그 음악을 진짜로 여깁니다 : 정상적인 일이었다고 할 수 있겠네요. —

　　사람들이 여전히 천진난만하고 게다가 바그너주의자인 한, 그들은 바그너 자체를 부자로, 풍요로워서 낭비하는 사람의 표본으로, 음향 왕국의 대지주쯤으로 받아들입니다. 빅토르 위고가 젊은 프랑스인들의 경탄의 대상이 되듯, 바그너도 '왕 같은 베풂'으로 인해 경탄받습니다. 나중에는 둘 모두 정반대의 이유로 찬미되지요 : 즉 경제성의 대가이자 표본으로서, 똑똑하게 손님을 치르는 주인이라는 이유로 말이지요. 간소한 경비로 영주의 잔칫상을 그럴듯하게 차려내는 데는 누구도 그 두 사람을 따라가지 못합니다. —만사를 잘 믿는 위(胃)를 가진 바그너주의자들은 자기들의 거장이 요술을 부려 차려준 식사로 배불러합니다. 책 속에서나 음악에서나 내용을 요구하며, 단순히 '그럴듯하게 차려낸' 잔칫상으로는 절대 대접할 수 없는 우리 다른 부류에게는 그 잔칫상이 매우 기분 나쁩니다. 꾸미지 않고 말하자면 : 바그너는 우리에게 씹어 먹을 것을 충분히 주지 않습니다. 그의 레시터티브를—고기는 별로 없고, 뼈다귀가 더 많으며, 국물은 아주 많은 — 나는 '늙은 제노바 사람'이라 이름 붙였습니다 : 내가 이 이름으로 결코 제노바 사람들의 기분을 좋게 해주려 했던 것은 아닙니다. 오히려 좀더 낡아버린 레시타티브, 메마른 레시타티브의 기분을 좋게 해주려 했던 거지요. 더욱이 바그너의 '주도 동기'란 것, 이것을 표현하려면 내 요리 지식이 부족할 지경입니다. 표현하라는 압박이 들어오면, 나는 그것을 이상적인 이쑤시개라고, 음식찌꺼기를 빼내는 기회라고 간주하게 할 것입니다. 이제 남아 있는 것은 바그너의 '아리아'인데 — 더 이상은 아무 말도 하지 않으렵니다.

9.

바그너는 플롯을 잡는 데서도 단연 배우다웠습니다. 그에게 가장 먼저 떠오르는 것은 절대적으로 확실한 효과를 내는 장면, 몸짓이 두드러지는 실제 행동Actio,*) 놀라움을 주는 장면입니다 — 이것들에 대해 바그너는 깊이 생각했고, 이것들에서 비로소 작품의 특성을 끄집어냅니다. 그 나머지 전체는 여기서 나오며 그것도 섬세해야

---

*) 드라마Drama라는 단어를 사람들이 항상 '줄거리Handlung'로 번역하는 것은 미학에게는 진정 불행이었다. 바그너 혼자만 이렇게 잘못 생각한 것이 아니다 : 전 세계가 여전히 오류를 범하고 있다 ; 더 잘 알고 있어야 하는 철학자들마저도. 고대 드라마는 거대한 **파토스 장면**들을 염두에 두었다 — 다른 것이 아니라 줄거리를 배제했다(그것은 시작 전이나 장면이 끝난 다음으로 배치되었다). 드라마라는 단어는 도리아 연원을 갖고 있다 : 그리고 도리아적 언어 사용법에 의하면 드라마는 '사건Ereigniss', '이야기 Geschichte'이며, 이 두 단어는 성직 계급이 사용하는 의미를 담고 있다. 가장 오래된 드라마는 제전의 기초가 되는 어떤 곳의 전설, '성스러운 이야기'를 표현했었다(—그러므로 행위가 아니라, 사건인 것이다 : 희랍어 δραν는 도리아 말로는 절대 '행위하다'가 아니다).

할 하등의 이유가 없는 기술적 경제론을 따릅니다. 바그너가 조심
해서 다루어야 할 관객은 코르네유P. Corneille의 관객이 아닙니
다 : 단지 19세기 관객일 뿐입니다. 바그너는 '필요한 한 가지'에 대
해 오늘날의 다른 모든 배우가 판단하는 것처럼 대략 그렇게 판단
하고 있을 겁니다 : 일련의 강력한 장면들, 다른 것보다 더 강력한
일련의 장면이라고 말이지요—그리고 장면들 사이의 훨씬 똑똑한
단조로움이라고 말이지요. 그는 우선 자기 작품의 효과를 스스로에
게 보장하려 합니다. 그는 제3막에서 시작해서, 그 작품의 최종 효
과를 가지고 자기 작품을 스스로에게 입증합니다. 연극에 대한 이런
식의 이해를 안내자로 가지고 있으면, 사람들은 자기도 모르는 사
이에 드라마를 만들어버리는 위험에는 처하지 않게 됩니다. 드라마
는 엄격한 논리를 요구합니다 : 그런데 바그너에게 논리라는 것이
뭐 그리 중요했다는 말입니까! 다시 한번 말하자면 : 그가 조심해서
다루어야 할 관객은 코르네유의 관객이 아닙니다 : 단지 독일인일
뿐입니다! 사람들은 극작가가 어떤 기술적인 문제에 혼신의 힘을
기울이고, 피땀도 종종 흘리는지 알고 있습니다 : 줄거리의 연결 마
디와 분리에 필연성을 부여하여, 이 둘을 바로 그런 둘도 없는 방식
으로만 가능하게 하면서도, 두 가지가 다 자유롭다는 인상을 주게
하는 그런 문제이지요(힘의 최소 소비의 원리). 그런데 바그너는 이
런 일에 최소한의 피땀을 흘릴 뿐입니다 ; 그가 연결 마디와 분리를
위해 최소한의 힘만 쓴다는 것은 확실합니다. 바그너의 '연결 마디'
중 하나를 현미경으로 들여다보면—사람들은 웃지 않을 수 없게
될 겁니다. 내가 보장하지요. 〈트리스탄〉 플롯의 연결 마디보다 더
흥겨운 것은 없습니다. 그렇다면 〈마이스터징어〉 플롯의 연결 마디

도 그러했어야 합니다. 그러므로 바그너는 극작가는 못 됩니다. 속지 말아야 합니다. 그는 '드라마'라는 용어를 사랑했었으며 : 이게 다였지요―그는 언제나 아름다운 단어를 사랑했었습니다. 그럼에도 불구하고 그의 글 속에 있는 '드라마'라는 단어는 오인되어 있을 뿐입니다(―그리고 교활함입니다 : 바그너는 항상 '오페라'라는 단어에 대해 고상한 척했습니다―) ; 《신약성서》에서 '정신'이란 단어가 오인되어 있을 뿐인 것과 비슷하지요. ―애당초 그는 드라마로 향할 정도의 심리학자는 아니었습니다 ; 그는 본능적으로 심리적인 동기 설정을 회피했지요―무엇에 의해서냐구요? 항상 그 자리에 특이한 다른 것을 집어 넣으면서이지요…… 아주 현대적입니다. 안 그렇습니까? 아주 파리적입니다! 아주 데카당적입니다!…… 덧붙이자면 바그너가 극적인 고안에 의해 실제로 풀어낼 수 있었던 줄거리 연결 마디는 완전히 다른 종류의 것입니다. 예를 하나 들어볼까요. 바그너가 여자의 목소리를 필요로 했던 경우가 있습니다. 여자의 목소리가 나오지 않는 막 전체―이런 것은 있을 수 없지요! 그렇지만 '여주인공들'은 그 대목에서는 등장할 수 없습니다. 바그너는 어떻게 합니까? 그는 세계에서 가장 늙은 여자인 에르다Erda를 해방시키지요 : "나오시오, 늙은 할멈! 당신이 노래해야 하오!" 에르다가 노래하고, 바그너의 의도는 달성됩니다. 바그너는 즉시 이 늙은 여인을 다시 없애버립니다. "당신 도대체 뭐 하러 왔소? 물러가시오! 계속 잠이나 좀 자시오" ―요약하자면 : 신화적 전율로 가득 차 있는 장면입니다. 이 장면에서 바그너주의자들은 무언가를 추측한답니다……

　―"하지만 바그너 텍스트의 내용은요! 그 전설적인 내용, 그 영원

한 내용은요!"—이에 대한 질문 : 그 내용이라는 것, 그 영원한 내용이라는 것이 어떤 식으로 검토된다는 말입니까? —이 질문에 대한 화학자의 답은 : 바그너를 현실로, 현대적으로 옮겨봅시다. —우리, 좀더 잔인해집시다! 서민적으로 옮겨봅시다! 자, 이렇게 하면
바그너는 어떻게 되겠습니까? —우리 중에서 내가 그렇게 해보았습니다. 바그너를 젊어진 모습에 빗대는 것보다 더 재미있고, 산책길에 추천할 만한 이야깃거리는 없지요 : 이를테면 파르지팔을 고등학교 교육을 거친 신학 지망생에 빗대어보는 것 말입니다(—고등학교 교육은 순진한 바보가 되기 위해서는 필수지요). 이렇게 하면서 사람들은 어떤 놀라움을 경험하는지요! 바그너의 여주인공들에게서 숭고한 껍질을 벗겨버리면, 그들은 단 한 명도 빼놓지 않고 죄다 보바리 부인과 혼동할 정도로 닮아 보인다는 사실을 당신은 믿을 수 있겠습니까! 거꾸로 플로베르가 자기 여주인공을 스칸디나비아 언어나 카르타고 언어로 번역한 후 신화화하여 바그너에게 교과서로 건네주었을 수도 있었을 거라고 생각된다는 것을요. 전체적으로 보면, 오늘날 비소한 파리의 데카당스가 흥미롭다고 여기는 문제 외의 다른 어떤 문제에 대해서도 바그너는 흥미롭게 여기지 않는 듯 보입니다. 그러니 바그너의 문제들은 병원에서 겨우 다섯 발짝 정도 떨어져 있는 문제들이지요! 그저 전적으로 현대적일 뿐인, 그저 전적으로 대도시적일 뿐인 문제일 따름입니다! 이 점을 의심하지 마십시오!…… 바그너의 여주인공들은 아이가 없다는 사실을 간파했습니까(관념 연상에 해당되는 것)? —그녀들은 아이를 가질 수 없습니다…… 지크프리트가 탄생되어야 한다는 문제에 도전하면서 느꼈던 바그너의 절망은 그가 이 점에서 얼마나 현대적인 감각

을 갖고 있는지를 알아차리게 해줍니다. ─지크프리트는 "여자를 해방시킵니다" ─그렇습니다. 그는 후손을 기대하지 않습니다. ─결국 우리를 대경실색하게 만드는 사실 : 파르지팔이 로엔그린의 아버지라는 것! 어떻게 이럴 수 있단 말입니까? ─여기서 "순결이 기적을 행한다"[19]는 것을 상기해야만 한단 말입니까?……

　　바그너는 말했다. 순결에 전권이 있다고 Wagnerus dixit princeps in castitate auctoritas.

10.

　　추가로 바그너의 글들에 대해 한마디 덧붙이겠습니다 : 그 글들은 무엇보다 교활의 학교입니다. 바그너가 연주해내는 처리 방식의 체계는 수백 가지 다른 경우들에도 적용됩니다─귀가 있으면 한번 들어보십시오. 그 세 가지 가장 귀중한 처리 방식을 명확하게 표현해 준다면, 내가 사람들에게 공개적인 감사를 요구해도 마땅하지 않을까 합니다.

　　바그너가 할 수 없는 것은 모두 비난받아 마땅하다.

　　바그너는 더 많은 것을 할 수 있을 것이다 : 그러나 그가 원하지 않는다─원칙의 엄격성 때문에

　　바그너가 할 수 있는 것 전부는 어느 누구도 흉내 내지 않을 것이고, 어느 누구도 먼저 해내지 않았으며, 어느 누구도 흉내 내서는 안 된다……

　　바그너는 신적이다……

이 세 명제들은 바그너 문학의 핵심입니다 ; 나머지는―그냥 '문학' 이지요.

─지금까지는 모든 음악이 문학을 필요로 하지는 않았습니다 : 이에 대한 충분한 이유를 찾아보는 것은 잘하는 일입니다. 바그너의 음악이 이해하기에는 너무 어렵다는 것이 그 이유일까요? 아니면 반대의 것, 즉 사람들이 그 음악을 너무 쉽게 이해하는 것을 바그너가 두려워한다는 것이 이유일까요?─달리 말하면, 사람들이 그 음악을 꽤 어려워하지 않고서도 이해한다는 것이 이유가 될까요? ─실제로 그는 평생 하나의 명제만 되풀이해왔습니다 : 자기 음악이 단지 음악만을 의미하지는 않는다고 말이지요! 음악 이상을 의미한다고 말이지요! 무한히도 많이 그 이상을 의미한다고 말이지요!⋯⋯ "단지 음악만이 아니다"―어떤 음악가도 이렇게는 말하지 않습니다. 다시 한번 말하자면 바그너는 전체로부터 창작할 수 없었습니다. 그러니 그에게는 선택의 여지가 없었으며, 불완전한 것을 만들지 않으면 안 되었습니다. '모티브', 몸짓, 정식, 이중으로 늘리고 백 배로 늘임. 음악가로서 그는 수사학자였습니다―그래서 그는 원칙적으로 '그것의 의미는' 이라는 것을 전면에 내세우지 않으면 안 되었던 것입니다. "음악은 언제나 수단일 뿐이다" : 이것이 그가 내세웠던 이론이었으며, 무엇보다도 그가 통틀어 실천할 수 있었던 유일한 것이었습니다. 그러나 어떤 음악가도 이런 식으로 생각하지는 않습니다. ─바그너는 자기 음악이 "무한한 것을 의미하므로" 진지하게 받아들이라고, 깊이 있게 받아들이라고 전 세계를 설득시키기 위해 문학을 필요로 했던 거지요 ; 그는 평생 '이념' 의 해설가였습니다. ─엘자Elsa는 무엇을 의미합니까? 의심할 여지

없이 : "대중의 무의식적 정신"을 의미합니다(— "이런 통찰로 인해 나는 불가피하게 완벽한 혁명가가 될 수밖에 없었다" —)[20]

헤겔과 셸링이 사람들의 정신을 유혹했을 당시 바그너는 젊었다는 사실을 상기해봅시다 ; 그가 알아차린 것, 그에게 명백했던 것은 독일인만이 진지하게 받아들였던 것으로서, 그것은— '이념'이었습니다. 이것은 어둡고 불명료하며 불길한 예감이 드는 것입니다 ; 독일인들 사이에서는 명료함이란 곧 이의 제기이고, 논리는 곧 반박입니다. 쇼펜하우어는 엄격하게 헤겔과 셸링의 시기를 부정직한 시기라며 나무랐습니다—엄격하기는 하지만 정당하지는 않은 말이지요 : 염세적 사기꾼인 그 자신도 자기보다 더 유명했던 그 시대의 인물들보다 어느 것 하나 '더 정직'하게 행하지는 않았습니다. 도덕은 논외로 합시다 : 헤겔은 취향 중의 하나입니다…… 그리고 독일적 취향만이 아니라, 유럽적 취향이기도 합니다! —바그너가 파악했던 취향! —그가 자신을 성장시켰다고 느꼈던 취향! 그가 영원하게 만든 취향! —바그너는 그것을 음악에 적용시켰을 따름입니다 —그는 "무한한 것을 의미하는" 양식을 고안해냈던 것입니다—그는 헤겔의 유산이 되어버렸습니다…… '이념'으로서의 음악——

그런데 사람들은 바그너를 어떻게 이해하고 있단 말입니까! —헤겔에 열광했던 사람들 같은 부류가 오늘날 바그너에 열광합니다 ; 학교에서는 글까지도 심지어는 헤겔식으로 씁니다! —독일의 젊은이는 누구보다 그를 이해했습니다. '무한한' 그리고 '의미'라는 두 낱말로 이미 충분했습니다 : 독일 젊은이들에게서 이 두 낱말은 비할 데 없이 서로 잘 지냈습니다. 바그너가 젊은이들을 정복한 것은 음악으로가 아닙니다. '이념'으로지요 : —바그너 예술의 수수께끼 상자, 그 예술이 하는 백여 가지 상징들 밑에서의 숨바꼭질, 그 예술에 나타나는 이념들의 다색(多色) 구성이 바로 젊은이들을 바그너로 향하게 하고 유혹했던 것입니다; 구름을 만드는 바그너의 천재성, 허공을 부여잡고 허공에서 배회하고 방랑하는 것, 어디나 존재하면서 어디에도 없는 것은, 그 시대에 헤겔을 유혹하고 현혹했던 천재성과 똑같은 것입니다! ―바그너의 다양성과 충만함 그리고 자의성 속에서 젊은이들은 정당화되고―"구원받습니다"―. 그들은 전율하며 듣습니다. 안개 낀 먼 곳에서부터 위대한 상징들이 바그너의 예술 안에서 어떻게 부드러운 천둥소리를 울리게 되는지를; 때때로 그들의 가슴속이 잿빛이 되고 소름 끼치고 서늘해져도 그들은 불쾌해하지 않습니다. 그들 모두가 통틀어 바그너 자신과 꼭 닮아 있지 않습니까! 그들 모두 나쁜 날씨, 독일의 날씨와 유사하지 않습니까! 보탄Wotan은 그들의 신입니다: 그런데 보탄은 나쁜 날씨의 신입니다…… 이런 식으로 되어버린 독일 젊은이들이 잘못된 것은 아닙니다: 어찌 그들이 우리 다른 사람들이 아쉬워하는 것, 우리 알키오네 사람들이 바그너에게서 아쉬워하는 것을 아쉬워할 수 있겠습니까―즐거운 학문을; 가벼운 발걸음을; 재기와 불꽃과 기품을; 위대한 논리를; 별들의 춤을; 과감한 정신을; 남방 빛의 전율을; 매끄러운 바다를―완전성을……

11.

―바그너가 어디에 속하는지에 대해 설명해보았지요―그는 음악의 역사에는 속하지 않습니다. 그럼에도 불구하고 그가 음악사에

서 갖는 의미는 무엇일까요? 음악에서 배우의 등장이라는 의미입니다 : 이것은 생각하게 만들고 아마 공포도 주는 중요한 사건입니다. 정식화하면 : '바그너와 리스트'. ―음악가의 성실성이, 그리고 그들이 '진정'한 음악가인지가 이처럼 위험하게 시험되었던 적은 아직 없었습니다. 사람들은 명백히 알 겁니다 : 대단한 성공, 대중적인 성공은 더 이상 진정한 음악가의 것이 아니라는 사실을 말입니다. ―그런 성공을 하자면 배우여야만 합니다! ―빅토르 위고와 리하르트 바그너―이 둘은 같은 것을 의미하지요 : 즉 몰락하는 문화 안에 있다는 것을, 대중이 결정권을 행사하는 곳이라면 어디서나 진정함이라는 것은 불필요하고 해로우며 냉대받게 된다는 것을. 오로지 배우만이 여전히 대단한 열광을 불러일으킵니다. ―이로써 배우에게는 황금기가 도래한 것이지요―배우나 배우 종족과 유사한 모든 것에게요. 바그너는 북을 치고 피리를 불며 연주예술가, 공연 예술가, 대가들의 정점에 서서 행진을 합니다 ; 그는 맨 먼저 지휘자, 장치 담당자, 극장의 가수들을 납득시켰습니다. 참, 오케스트라 단원들도 잊어서는 안 되겠지요 : ―그는 이들을 지루함에서 "구원해냈습니다" …… 바그너가 만들어낸 운동은 인식 영역에까지도 확산됩니다 : 관련된 모든 학문이 수백 년 전의 스콜라 철학으로부터 서서히 떠오르기 시작합니다. 이에 대한 예로 리듬기법에 대한 리만H. Riemann의 탁월한 공로를 들 수 있습니다. 리만은 최초로 구두법의 주요 개념을 음악에도 통용시킨 사람입니다(유감스럽게도 미운 단어를 사용하기는 했지만 : 그는 '프레이징Phrasierung'이라고 이름 붙였습니다). ―고맙게도 이런 자들이 바그너주의자들 중에서 그나마 제일 나은 자들이며, 최고로 존중받을 만한 자 전부입니다.—그들에게는 바그너를 숭배할 분명한 권리가 있습니다. 동일한 본능이 그들을 서로 결속시키고, 그들은 바그너에게서 자신들의 최고 유형을 보며, 바그너의 고유한 열정에 의해 격양된 이래 그들은 자신들이 힘으로, 거대한 힘으로 완전히 변했다고 느낍니다. 바그너의 영향이 진정 좋은 일을 한 곳이 있다면, 바로 여기입니다. 이 영역에서 그토록 많이 생각되고, 원해지고, 작업이 이루어진 적은 한 번도 없었습니다. 바그너는 그런 예술가들에게만 새로운 양심을 불어넣었습니다 : 여기서 그들이 자발적으로 요청하는 것, 자발적으로 달성한 것을 그들은 바그너 이전에는 한 번도 자발적으로 요청하지 않았습니다—이전에 그렇게 하기에는 그들은 너무나도 겸손했었지요. 바그너의 정신이 극장을 지배한 후 그곳은 새로운 정신이 지배하고 있습니다 : 가장 어려운 것이 요청되고 심하게 비난하게 되며 칭찬하는 일은 거의 없습니다. —선한 것, 탁월한 것이 규칙으로 간주됩니다. 취향은 더 이상 필요하지 않습니다 ; 목소리마저도 말이지요. 바그너의 노래는 거친 목소리로만 불립니다 : 이것이 '극적'인 효과를 내지요. 심지어는 재능마저도 내쫓겼습니다. 바그너의 이상이, 데카당스의 이상이 요구하듯이 그 어떤 대가를 치러서라도 표현을 풍부하게 espressivo 하는 것은 재능하고는 잘 어울리지 않는 법이지요. 거기에는 덕만이 어울립니다—즉 훈련, 자동운동, '자기부정'이라는 덕만이. 취향도 아니고 목소리도 아니며 재능도 아닙니다 : 바그너의 무대는 오로지 하나만을 필요로 합니다—독일인만을! …… 독일인에 대한 정의 : 복종과 명령의 재빠른 수행 …… 바그너의 등장이 '독일제국'의 등장과 시기적으로 맞아떨어지는 것에는 매우 깊은 의미가 있습니다 : 이 두 사실은

동일한 것을 입증합니다―복종과 명령의 재빠른 수행을. ―이보다
더 복종을 잘하고 명령이 잘 이루어진 적은 한 번도 없었습니다. 바
그너의 지휘자들은 다음 세대가 조심스럽게 외경하면서 전쟁의 고
전적 시대라고 부르게 될 그런 시대에 특히 가치 있는 자들입니다.
바그너는 명령하는 법을 이해하고 있습니다 ; 이 점 때문에 그는 훌
륭한 선생이기도 한 것입니다. 바그너 스스로가 냉엄한 의지로서
자신에게 명령합니다. 평생에 걸친 사육을 명령합니다. : 바그너는
예술의 역사상 자기 자신에게 가하는 폭행에 관한 한, 가장 대단한
예를 제시하고 있습니다(―그는 다른 점에서는 그와 아주 유사한
알피에리C. V. Alfieri조차도 능가합니다. 어떤 토리노인의 주석).

12.

우리의 배우들이 그 어느 때보다도 존경을 더 많이 받을 만하다
는 이런 통찰이 그들의 위험성을 미약한 것으로 파악하게 하지는
않습니다…… 하지만 내가 무엇을 바라고 있는지에 대해 아직도
의아해하는 사람이 있을까요―예술에 대한 나의 분노와 우려와 사
랑이 이번에 나에게 말하도록 했던 그 세 가지 요구들을 말입니다.

극장은 예술을 지배하는 주인이 되지 않는다는 것.

배우는 진정한 예술가를 현혹하는 자가 되지 않는다는 것.

음악은 기만하는 예술이 되지 않는다는 것.

프리드리히 니체.

추신.

　—앞에서의 마지막 말들의 진지함이 아직 발표되지 않은 논문의
몇 줄을 이 자리에서 전하게 합니다. 이것들은 최소한 이 문제에 대
한 나의 진지함을 의심하지 않게 할 것입니다. 그 논문의 제목은 :
바그너는 우리에게 어떤 대가를 치르게 하는가입니다.

　바그너 추종자들은 비싼 대가를 치르고 있습니다. 오늘날에도 여
전히 이런 음울한 느낌을 어렴풋이 느낄 수 있습니다. 바그너의 성
공도, 그의 승리도 이런 느낌을 뿌리째 뽑아버리지 않았습니다. 그
런데 이전에는 그 느낌은 강했고 끔찍했으며 음울한 증오와도 같았
지요—바그너 생애의 거의 사 분의 삼 동안 내내 말이지요. 바그너
를 향해 일어났던 우리 독일인들의 저항은 아무리 높이 평가해도
충분하지 않고, 아무리 예우를 갖추어도 충분하지 않습니다. 사람
들은 마치 질병에 맞서 싸우듯 바그너에게 저항했습니다—말하자
면 근거를 가지고서 저항한 게 아닙니다—사람들은 질병을 논박하
지 않으니까요—오히려 그 안에 마치 커다란 위험이 기어다니는
듯 심적 압박감으로, 불신하고, 불쾌해하며, 역겨워하면서 수상쩍
은 진지함으로 저항합니다. 독일 철학의 세 학파 출신의 미학자 제
씨들께서 바그너의 원칙들에 대해 '-이라면'과 '왜냐하면'을 가지

고 불합리한 싸움을 걸었을 때, 그들은 자기들의 약점을 드러내버렸던 것입니다―바그너에게 원칙들이 무슨 가치가 있단 말입니까. 하물며 그 자신의 원칙이란 것이!―독일인들 스스로가 여기서 모든 '-이라면'과 '왜냐하면'을 자기 자신에게 금하는 분별력을 본능 속에 충분히 갖추고 있습니다. 본능이 자신을 합리적으로 만들면 본능은 약해지게 마련입니다 : 본능이 자신을 합리적으로 만든다는 사실에 의해 본능은 스스로를 약화시키기 때문이지요. 유럽이 전체적으로 데카당스 성격을 띰에도 불구하고, 독일 사람들 안에 일정 정도의 건강이, 유해한 것과 위험을 닥치게 하는 것을 알아내는 본능적 후각이 내재한다는 기미가 있다면, 그중에서 내가 가장 경시하고 싶지 않은 것은 바그너에 대한 이런 무딘 저항입니다. 그는 우리의 명망을 높이고, 우리가 희망하는 것마저도 허락합니다 : 프랑스인들은 이런 건강함을 그렇게 많이는 소모하지 않아야 했습니다. 역사상 **지체된 자**의 대표격인 독일인은 오늘날 유럽에서 가장 뒤떨어진 문화민족입니다 : 이것은 그 나름의 장점이 있습니다―바로 그 때문에 독일인이 상대적으로 가장 젊은 민족이라는 장점 말입니다.

바그너 추종자들은 비싼 대가를 치르고 있습니다. 독일인은 바그너에 대한 두려움을 얼마 전에야 비로소 잊었습니다―그로부터 벗어났다는 기쁨이 기회만 있으면 그들을 찾습니다.*)―그런데 결국

---

*) 대체 바그너가 독일인이었던가? 이렇게 물을 만한 이유가 몇 가지 있다. 그에게서 어떤 독일적인 특성을 찾아내기란 어렵다. 훌륭한 습득자였던 그는 독일적인 것을 많이 모방하는 법을 배웠으며―이것이 전부다. 그 자신의 본성 자체는 지금까지 독일적으로 인정되어왔던 것들에 위배된다 : 독일 음악가들에게 위배되는 것은 말할 것도 없고!―그의 아버지는 가이어L. Geyer라는 이름의 배우였다. 가이어란 성(姓)은 아들러Adler라는

에 그 옛 감정이 전혀 예기치 않게 다시 등장했던 그 기이했던 상황
이 기억나십니까? 그 일은 바그너의 장례식에서 일어났지요. 독일
최초의 바그너 협회의 회원인 뮌헨 사람들은 그의 무덤에 화환 하
나를 놓았습니다. 거기에 적혀 있던 "구원자에게 구원을!"이라는 비

5 문은 아주 유명해졌습니다. 이 비문을 받아 적게 했던 고도의 영감
에 모두 다 탄복했고, 바그너 추종자들이 우선적으로 누리고 있던
취향에 모두 탄복했었지요 ; 그렇지만 많은 사람들이 (정말 기이하
게도!) 그 비문을 조금 고쳤습니다 : "구원자에 의한 구원을!"이라
고 말이지요—사람들은 안도의 숨을 내쉬었습니다—

10 　바그너 추종자들은 비싼 대가를 치르고 있습니다. 문화에 미친
그들의 영향에 의거해서 그들을 평가해봅시다. 그들의 운동은 진정
누구를 전면에 내세웠습니까? 그들의 운동은 어떤 것을 점점 더 거
대하게 키워냈습니까?—무엇보다도 먼저 문외한의 오만불손을,
예술에는 백치인 자들의 오만불손을 키워내지 않았습니까. 이것이

15 이제 협회를 조직하고, 자기네의 '취향'을 관철시키고자 합니다. 이
것 스스로 음악과 음악가의 일을 심판하는 판관이 되고 싶어 합니
다. 그 운동이 키워냈던 두 번째 것은 : 예술에 봉사하는 모든 엄격
하고도 고상하며 양심적인 교육을 점점 더 중요하게 생각하지 않도
록 했던 것이지요 ; 그런 교육의 자리를 천재를 향한 신앙이 차지해

20

성임이 거의 틀림없다……[20] 지금까지 '바그너의 생애'라고 퍼뜨려진 것은 그것이 나쁜
것은 아니라 하더라도 진부한 신화일 따름이다. 바그너에 대한 나의 불신은 모두 바그너
자신에 의해서만 입증된 사항에 대한 것임을 밝혀둔다. 그는 자기에 관한 어떤 진실에 대
해서도 긍지가 없었다. 그보다 더 자부심이 약한 사람도 없었다 ; 그도 빅토르 위고처럼
전기적 내용 속에서 자기 자신에게 충실했다—즉 그는 시종일관 배우였다.

버립니다. 명료하게 말하자면 : 뻔뻔스러운 딜레탕티슴이라는 것이
요 (―이에 대한 공식이 〈마이스터징어〉에 나와 있습니다). 그들의
운동이 키웠던 세 번째 것은 가장 나쁘기도 한 것으로서 : 그것은
극장주의Theatrokratie입니다―. 즉 연극이 우위를 점한다고 믿는,
연극이 제반 예술을 지배하고, 예술을 지배한다고 믿는 난센스를 키
웠던 것입니다…… 그런데 연극이 무엇인지에 대해 사람들은 바그
너주의자들의 얼굴에 대고 골백번 말해야 할 겁니다 : 연극은 언제
나 예술의 하부에 있을 뿐이고, 언제나 두 번째 것이며, 거칠게 된
것이고, 대중을 위해 잘 처리되고 잘 위장된 것이라고 말입니다! 이
점에 관한 한 바그너가 바꾸어놓은 것은 아무것도 없지요 : 바이로
이트는 거대한 오페라이지만―좋은 오페라도 되지 못하고 있으니
…… 연극은 취향 문제에 있어서 대중 숭배의 한 형식이고, 일종의
대중 봉기이며, 좋은 취향에 대적하는 국민투표입니다…… 이 점을
바로 바그너의 경우가 입증하고 있습니다 : 그는 다수를 얻었습니다.
―그러나 그는 취향을 망쳐놓았고, 오페라를 위해 우리의 취향 자
체를 망쳐놓았던 것입니다! ―

　　바그너 추종자들은 비싼 대가를 치르고 있습니다. 그들이 정신을
어떻게 해버렸습니까? 바그너가 정신을 해방시킵니까? ―바그너에게
독특한 것이란 전부가 다 애매성이고 이중 의미이며 무엇을 위해 설
득되었는지 알게 하지 않은 채 무지를 설득시키는 것이지요. 이로
써 바그너는 대단한 기술을 갖춘 유혹자인 것입니다. 바그너의 예
술은 정신적인 것 중 지쳐 있는 것, 죽어버린 것, 삶에 위협적인 것,
세계 비방적인 것은 모두 비밀리에 보호하고 있습니다―이것이 그
가 이상이라는 빛의 장막 안에 감추어둔 가장 비열한 반계몽주의입

니다. 그는 온갖 허무적인(―불교적인) 본능에 아첨하며, 이 본능을 음악으로 꾸며냅니다. 그는 그리스도교 정신 전부에, 데카당스의 종교적인 모든 형식에 아첨을 합니다. 귀 귀울여 들으십시오 : 황폐해진 삶의 토양 위에서 자라난 모든 것, 초월과 피안이라는 날조된 모든 것은 바그너의 예술에서 가장 고상한 후원을 받습니다. ―정식들 안에서가 아니구요 : 바그너는 정식들을 사용하기에는 지나치게 교활했지요―그 후원은 정신을 다시 허약하게 하고 지치게 만들어버리는 감성을 설득하면서 이루어지지요. 키르케로서의 음악…… 이런 면에서 바그너의 마지막 작품은 그의 최고 걸작이라 할 것입니다. 〈파르지팔〉은 유혹하는 기술이라는 점에서 영원히 자기의 서열을 고수할 것입니다. 유혹하는 탁월한 행위로서…… 나는 이 작품에 경탄하며, 나 자신이 그것을 만들었기를 바랍니다 ; 그럴 수 없기에 나는 그 작품을 이해하는 것입니다…… 바그너의 영감은 말년에 가장 풍부했습니다. 아름다움과 병을 연합시키는 그 세련됨은 바그너의 이전 예술이 그 그늘에 가려질 정도로 펼쳐집니다 : ―그 작품들은 너무나 밝고 너무나 건강해 보입니다. 이 점을 이해할 수 있습니까? 말하자면 건강과 밝음이 그늘로 작용하는 것을? 거의 이의제기로 작용하는 것을?…… 그 정도로 우리는 이미 순진한 바보들이 되어 있습니다…… 숨을 막을 듯한 성직자적인 향기를 사용하는 데 그보다 더 뛰어난 대가는 한 번도 없었습니다―하찮은 무한함 전부, 전율스럽고도 충만한 것 전부, 행복의 방언사전에서 나온 온갖 여성해방 운동들에 대해 그만큼 정통한 자는 없었습니다!―친구들이여, 이런 예술의 미약을 마시기만 해봅시다! 그대들의 정신을 쇠잔시키고, 그대들의 남성다움을 장미숲 아래에

서 잊게 하는 데 이보다 더 기분 좋은 방법을 어디서도 발견하지 못
할 겁니다…… 아아, 이 늙은 마술사! 이 클링조르 중의 클링조르!
그런 수단을 가지고 그는 우리에게 어떻게 싸움을 거는지! 우리, 자
유정신들에게! 어떻게 그가 현대 영혼의 온갖 비겁에 마술소녀의
목소리로 자신의 뜻에 따르라고 말하고 있는지! ―인식에 대한 그
런 식의 죽일 것 같은 증오는 일찍이 없었습니다! 여기서 유혹당하지
않기 위해서는 사람들은 냉소자가 되어야 하고, 여기서 숭배하지
않기 위해서는 물어뜯을 수 있어야 합니다. 자! 늙은 유혹자여! 냉
소자가 네게 경고한다―개를 조심하라Cave canem……

　　바그너 추종자들은 비싼 대가를 치르고 있습니다. 나는 오랫동안
바그너라는 전염균에 방치되어 있던 젊은이들을 관찰했습니다. 그
첫 번째의 비교적 악의 없는 효과는 취향의 〈부패〉입니다. 바그너는
알코올을 지속적으로 사용하는 것 같은 효과를 냅니다. 무감각하게
만들고, 위에는 점액이 차게 합니다. 특별한 효과는 : 리듬 감각의
퇴화입니다. 내가 그리스식 상투어로 "늪을 움직인다"라고 불렀던
것을 바그너주의자는 끝내 리드미컬하다고 일컬어버렸습니다. 정
말 훨씬 더 위험한 것은 개념의 타락입니다. 젊은이는 천치가 되어
버립니다― '이상주의자'가 되어버립니다. 그는 학문을 넘어가 버
립니다 ; 이 점에서 그는 거장의 높이에 있기는 합니다. 그런데 그
가 철학자 흉내를 냅니다 ; 그는 〈바이로이터 블래터Bayreuther
Blätter〉를 펴냅니다 ; 그는 모든 문제를 아버지의 이름으로 아들의
이름으로 그리고 성스러운 거장의 이름으로 해결해버립니다. 가장
섬뜩한 것은 물론 신경의 타락입니다. 밤에 대도시를 거닐어보십시
오 : 어디서나 장엄한 분노에 악기들이 폭행당하는 소리가 들립니

다—거친 고함소리가 사이사이 섞여서. 거기서 무슨 일이 일어나고 있습니까? —젊은이들이 바그너를 숭배하고 있는 것입니다…… 바이로이트Beyreuth는 냉수 치료원Kaltwasserheilanstalt과 운(韻)이 맞아떨어집니다. —바이로이트에서 오는 전형적인 전보 : 이미 회개했다. —바그너는 젊은이들에게는 해롭습니다 ; 여자에게는 액운이고요. 의학적으로 물어봅시다. 여성 바그너주의자는 무엇입니까? —내 생각에 의사는 젊은 여자들에게 어렵지 않게 다음과 같은 양심의 선택 기회를 부여해줄 것입니다 : 이것 아니면 다른 것. —그렇지만 그녀들은 이미 선택해버렸습니다. 만일 그 '이것'이 바그너라고 불린다면, 두 명의 주인을 섬길 수는 없습니다. 바그너는 여자를 구원합니다 ; 이에 대한 응답으로 여자는 그에게 바이로이트를 지어주었습니다. 오페라 전부를, 온갖 헌신을 주었습니다 : 바그너에게 주지 못할 것은 아무것도 없지요. 여자는 거장 덕택에 황폐해지고, 감동되기 쉬워지며, 그 앞에서 벌거벗은 채 있습니다. —여성 바그너주의자라는 것—오늘날 존재하는 가장 우아한 이 이중 의미 : 그녀는 바그너적인 것의 화신이고—그녀의 표현 안에서 바그너적인 것이 승리합니다…… 아아, 이 늙은 도적! 그는 우리에게서 젊은이들을 약탈해가고, 심지어는 우리의 여인네들까지 약탈하여 자기 동굴로 끌어가버리는 것입니다…… 아아, 이 늙은 미노타우로스! 그가 우리에게 무엇을 잃어버리게 했던가! 매년 사람들은 가장 아름다운 처녀들과 청년들의 행렬을 그의 미궁 속으로 이끌어갑니다. 그가 그들을 삼켜버리도록—매년 전 유럽이 "크레타 섬으로! 크레타 섬으로!"라는 노래를 부르는 것입니다……

두 번째 추신.

　—내 편지가 오해받을 처지에 놓여 있는 것 같습니다. 어떤 얼굴
에는 감사의 주름이 나타나기도 합니다 ; 심지어 나는 겸손한 환호
성까지도 듣고 있습니다. 다른 모든 점에서와 마찬가지로 이 편지
에서도 나는 이해받고 싶습니다. —그런데 독일 정신의 포도원에
새로운 짐승 하나가, 그 유명한 제국벌레 리노크세라Rhinoxera[22]가
살게 된 이래, 나의 말은 한마디도 더 이해받지 못하고 있습니다.
〈크로이츠 차이퉁Kreuzzeitung〉[23]이 몸소 이 점을 내게 확인시키
고, 〈리터라리셰 첸트랄블라트literarische Centralblatt〉[24]는 말할
것도 없습니다. —나는 독일인에게 그들이 가지고 있는 책 중 가장
심오한 책을 주었습니다—독일인이 그 책을 한마디도 이해하지 못
하는 데 대한 충분한 이유가 되지요…… 내가 이 글에서 바그너에
게 싸움을 걸면서—이에 덧붙여서 독일적 '취향'에 싸움을 걸면
서—, 내가 바이로이트의 백치병에 대해 신랄한 말들을 하면서, 가
장 원하지 않았던 것은 다른 음악가들에게 축제를 열어주는 것이었
습니다. 바그너에 대적하는 다른 음악가는 고려 대상이 아닙니다.
전체적인 상황은 전반적으로 열악하고, 퇴락이 일반적입니다. 병이
깊어 있습니다. 베르니니G. L. Bernini가 조각술 붕괴의 범인이듯,

바그너라는 이름이 음악을 붕괴시킨 이름이라고 하더라도, 그가 음악 붕괴의 원인 제공자는 아닙니다. 그는 단지 속도를 가속시켰을 뿐입니다—물론 그의 방법은 사람들을 놀라게 해서 거의 갑작스럽게 아래쪽으로, 심연을 향해 서게 했지만요. 그는 데카당스의 단순성을 지니고 있었습니다 : 이것이 그의 탁월한 점입니다. 그는 데카당스를 믿었고, 데카당스의 어떤 논리 앞에서도 머무르지 않았습니다. 다른 사람들은 우물쭈물했었는데 말이지요. —그들을 구분하는 것은 바로 이 점일 뿐, 그 외의 다른 구분점은 없습니다!…… 바그너와 ‘다른 음악가들’의 공통점은—내가 헤아리기로는 : 조직력의 쇠퇴 ; 전승된 수단을 목적을 위해 정당화하는 능력은 없으면서도 오용하는 것 ; 오늘날의 어느 누구도 그것에 대해 충분히 강하지도 긍지가 있지도 자신 있지도 건강하지도 못한, 위대한 형식을 화폐 위조하듯 모방하는 것 ; 가장 하찮은 것들에서의 과도한 활기 ; 어떤 대가를 치르더라도 격정이라고 하는 것 ; 황폐해진 삶의 표현으로서의 세련됨 ; 신경이 점점 더 살을 대신하는 것 등입니다. —오늘날 한 편의 서곡을 전체적으로 조화롭게 만들 수 있는 음악가를 나는 겨우 단 한 명 알고 있습니다 ; 그리고 나 외에 그를 알아보는 자는 아무도 없습니다…… 오늘날 유명세를 타는 자는 바그너에 비해 ‘개선된’ 음악을 만들지 않습니다. 그저 좀더 모호하고 좀더 중요하지 않은 음악만을 만들고 있습니다 : —좀더 중요하지 않은, 이라고 말하는 까닭은 전체가 있다는 사실로 인해 절반쯤은 경시되게 마련이기 때문입니다. 그렇지만 바그너는 전체였습니다 ; 그렇지만 바그너는 전체적으로 타락했었습니다 ; 그렇지만 바그너는 타락 안에 있는 용기와 의지와 확신이었습니다—요하네스 브람스는 또 어떤 가치가 있는지요! …… 그에 대한 독일의 오해가 그에게는 행운이었다고 말할 수 있습니다 : 사람들이 그를 바그너의 대척자로 간주했던 것이지요―그들에게는 한 사람의 대척자가 필요했습니다!―그런데 이런 것이 필요 불가결한 음악을 만드는 것은 아닙니다. 이런 것은 무엇보다도 지나치게 많은 음악을 만들지요! ―부자가 아닐 때 사람들은 가난을 자랑하는 법입니다! …… 이런 당파적 관심, 당파적 오해를 고려하지 않았을 때, 브람스가 도처에서 받은 부정할 수 없는 공감은 내게 오랫동안 수수께끼였습니다 : 마침내 거의 우연히 그가 특정 인간 유형에 영향을 끼친다는 사실의 배후에 접근하게 되었을 때까지 말이지요. 브람스는 무능력의 우수를 지니고 있습니다 ; 그는 충만해서 창작하지 않고, 충만을 목말라합니다. 그가 모방한 것을, 그가 위대한 옛것이나 이국적이고 현대적인 양식의 형식들에서 빌려온 것을 ―그는 모사의 천재입니다― 제거해버리면, 그에게는 동경만이 고유한 것으로 남게 됩니다……온갖 종류의 동경하는 자, 불만족한 자는 이 점을 알아차립니다. 브람스는 너무 개성이 없고, 너무 중심이 없습니다……이 점을 '비개성적인 자', 주변적인 자들은 알고 있으며―그래서 그들은 브람스를 사랑하는 것입니다. 특별히 그는 불만족스러워하는 여인네들의 음악가입니다. 이들에게서 오십 보쯤 더 나아가면 : 여성 바그너주의자와 맞닥뜨리게 됩니다. ―브람스를 지나서 오십 보쯤 더 나아가면 바그너와 맞닥뜨리게 되는 것과 아주 똑같이 말이지요―, 좀더 명백하고 좀더 흥미로우며 무엇보다도 좀더 기품 있는 유형인 여성 바그너주의자와 맞닥뜨린다는 말이지요. 브람스는 그가 은밀히 도취해 있거나 또는 자기 자신에 대해 비통해할 때, 감동적입니다 ―이 점에서 그는 '현대적' 입니다― ; 고전주의자의 유산을 상속하자마자, 그는 차가워지고 우리와는 무관하게 됩니다…… 사람들은 브람스를 베토벤의 상속자라고 즐겨 부릅니다 : 나는 이보다 더 조심스러운 완곡한 표현법을 알지 못합니다. ―오늘날 음악에서

5 '위대한 양식' 을 요구하는 모든 것은 이로써 우리를 속이거나 아니면 자신을 속이거나 합니다. 이런 두 가지 가능성은 충분히 깊이 생각해볼 문제입니다 : 말하자면 이것은 양 경우의 가치에 관한 결의법을 포함하고 있으니 말입니다. '우리를 속인다' : 대다수 사람들의 본능은 이에 저항합니다―그들은 속고 싶어 하지 않습니다― ;

10 물론 나 자신은 이 유형을 다른 유형('자기 자신을 속이는')보다 선호합니다. 이것이 내 취향입니다. ― "마음이 가난한 자"[25]를 위해 좀더 평이하게 표현하자면 : 브람스―아니면 바그너로 됩니다…… 브람스는 배우는 아닙니다. ―배우가 아닌 다른 음악가들 중 많은 수가 브람스라는 개념 아래 묶일 수 있습니다. ―나는 바그너의 영

15 리한 원숭이, 이를테면 골트마르크K. Goldmark에 대해서는 한마디도 하지 않겠습니다 : 그의 〈시바의 여왕〉에 의해 사람들은 동물원의 일부가 되며―자신들을 구경거리로 만들 수 있습니다. ―오늘날에는 오로지 하찮은 것들만이 잘, 탁월하게 만들어질 수 있습니다. 이런 것에서만이 성실함이 가능하지요. ―그러나 전체적으로

20 중요한 사실로부터, 생리적 모순을 표현하는 숙명으로부터―현대적이라는 숙명으로부터 음악을 치유할 수 있는 것은 없습니다. 최고의 강의, 가장 양심적인 교육, 철저한 은밀함, 늙은 거장들의 사회로부터의 고립마저도―이 모든 것이 잠시 동안 진정시키는 것, 좀더 엄밀히 말하자면 환상일 뿐입니다. 그것들을 받아들일 만한 전

제 조건을 사람들이 더 이상은 갖추고 있지 않기 때문입니다 : 헨델 같은 강건한 종족이든, 로시니 같은 야수성 넘치는 종족이든 말이 지요. —어떤 선생이라도 가질 권리가 누구에게나 있는 것은 아닙 니다 : 모든 시대가 그렇지요. —아직도 좀더 강건한 종족, 전형적 으로 반시대적인 인간의 잔여가 유럽 어딘가에 있을 가능성 그 자체 를 배제할 수는 없습니다 : 그들에게서는 음악에 대한 아름다움과 완전성을 늦었지만 기대해도 좋을지도 모릅니다. 지금 우리는 최상 의 경우에조차 겨우 예외자를 체험할 수 있을 뿐입니다. 타락이 절 정에 이르러 있고, 타락이 숙명적이면, 어떤 신도 음악을 구원하지 못하는 법입니다. —

후기.

　—숨을 돌리기 위해, 개인들의 가치에 대한 온갖 물음이 정신에 대해 판결내어버린 그런 협소한 세계에서 한 순간만 빠져나가보자. 한 철학자는 그토록 오랫동안 '바그너의 경우'를 다루고 난 다음, 손을 씻고 싶은 욕구를 느낀다. —이제 나는 현대에 대한 내 생각을 내놓겠다. —모든 시대는 자신이 갖고 있는 힘에 의거해 그 시대에 허용할 수 있는 덕과 금지해야 하는 덕 또한 결정한다. 한 시대는 상승하는 삶의 덕들을 갖거나 : 이러면 그 시대는 하강하는 삶의 덕들에 맞서 가장 근본적인 이유를 가지고 저항한다. 아니면 그 시대 자체가 하강하는 삶이다—이러면 그 시대는 하강하는 덕들을 필요로 하고, 충만과 힘의 넘침으로부터만 정당화되는 모든 것을 증오한다. 미학은 이러한 생물학적 전제들과 떼려야 뗄 수 없게 결합되어 있다 : 그래서 데카당스 미학이 있고, 고전적인 미학이 있으며— '미 그 자체'라는 것은 관념론 전체가 그렇듯이 하나의 망상이다.

　—소위 말하는 도덕적 가치라는 좀더 작은 영역에서는 주인도덕과 그리스도교적 가치 개념을 가진 도덕과의 대립보다 더 큰 대립은 찾아낼 수 없다 : 후자는 철두철미하게 병든 토양에서 자란다(—복음서는 도스토예프스키의 소설들이 그려내는 생리적 유형들과 똑같

은 유형을 우리에게 보여준다). 반대로 주인도덕('로마적'이고, '이교적'이고, '고전적'이며, '르네상스'적인)은 제대로 잘되어 있다 Wohlgerathenheit는 것에 대한 표현, 상승하는 삶에 대한 표현, 삶의 원리로서의 힘에의 의지를 나타내주는 표현이다. 그리스도교 도덕이 본능적으로 부정하듯이('신', '피안', '탈아Entselbstung' 한갓 부정일 뿐), 주인도덕은 본능적으로 긍정한다. 주인도덕은 자기의 충만함을 사물들에 떼어 나누어준다―그것은 세상을 신성화하고 아름답게 만들며 합리적으로 만든다―. 그리스도교 도덕은 사물의 가치를 빈곤하게 하고 창백하게 만들고 추하게 만들어버리며 세상을 부정한다. '세상'이라는 것은 그리스도교적으로는 욕지거리인 것이다. ―이 두 형식은 가치라는 광학에서는 대립하지만, 둘 다 필요하다 : 근거지움에 의해서나 반박으로는 이겨낼 수 없는 유형들이 있는 법이다. 사람들은 그리스도교를 반박하지 않으며, 눈병을 반박하지 않는다. 어떤 철학에 맞서 싸우듯 염세주의에 맞서 싸운다는 것은 학자적 바보 행위의 극치이다. '참', '참이 아님'이라는 개념들은 그런 광학에서는 아무런 의미도 갖지 않는 것 같다. ―그런 대립을 대립으로 보려 하지 않는 오류, 본능적인 표리부동이야말로 내가 보기에는 사람들이 저항해야만 하는 유일한 것이다 : 그런 오류를 범하는 데 만만치 않은 대가다움을 보였던 바그너의 의지가 그 예로 보여주듯이 말이다. 주인도덕을, 고귀한 도덕을 곁눈으로 바라보면서(―아이슬랜드의 전설은 거의 그 도덕의 가장 중요한 원천이다―), "비천한 자의 복음"이나, 구원의 필요성이라는 정반대되는 가르침을 입에 올리다니! …… 참고로 말하면, 나는 바이로이트로 향하는 그리스도교인들의 겸손함에 경탄한다. 나라면 바그너의 입에서 나오는 특정한 말들을 견뎌내지 못했을 것이다. 바이로이트로 귀속되지 않는 몇 가지 개념들이 있는 것이다 …… 어떤가, 그리스도교라는 것은 여성 바그너주의자들을 위해, 아마도 여성 바그너주의자들에 의해 ―바그너가 예전에 전적으로 여성적이었기 때문에―단장된 것은 아닐까?. 다시 한번 말하자면 오늘날의 그리스도교인들은 내가 보기에는 지나치게 겸손하다 …… 바그너가 그리스도교인이었다면, 리스트는 아마도 교부였을 것이다! ―구원의 욕구라는 그리스도교적인 모든 욕구에 대한 총괄 개념은 그따위 어릿광대들과는 아무런 상관이 없다 : 그것은 데카 당스에 대한 가장 솔직한 표현 형식이고, 데카당스에 대한 섬세한 상징들과 그 실행 방법에 의해 보여진, 데카당스에 대한 가장 설득 적이고 가장 고통스러운 긍정인 것이다. 그리스도교인은 자기로부 터 해방되기를 원한다. 자아는 항상 가증스러운 것이니[26] ―고귀한 도덕, 주인도덕의 뿌리는 반대로 자기 자신에 대한 승리의 함성을 올리는 긍정이다. ―그것은 삶의 자기 긍정이고, 삶의 자기 찬미이 며, 마찬가지로 숭고한 상징과 실행 방법을 필요로 한다. 그러나 "그 이유가 자기 마음이 너무도 가득 차 있기 때문이다"[27] 아름다운 예술은 모두, 위대한 예술은 모두 이런 것이다 : 이 둘의 본질은 감 사하는 마음이다. 한편 이런 예술로부터 데카당스에 대적하는 본능 적인 적의를, 데카당스의 상징적 의미에 대한 조소와 혐오를 제외 시킬 수는 없다 : 이것이 그 예술을 거의 입증해주고 있는 것이다. 고귀한 로마인은 그리스도교를 혐오스러운 미신으로 여겼다 : 최후 의 독일인이 고귀한 취향을 어떻게 받아들였는지, 괴테가 십자가를 어떻게 받아들였는지가[28] 생각난다. 이보다 더 가치 있고, 이보다

더 필연적인 대립들을 찾는 것은 헛된 일이다……*⁾

 —그러나 바이로이트 사람이 하고 있는 그런 잘못이 오늘날에는 예외적인 경우가 아니다. 우리는 모두 그리스도교 융커가 지니고 있는 아름답지 않은 개념을 알고 있다. 대립되는 것들 사이에 있는 이러한 순진무구, 거짓 속의 이러한 '선한 양심'은 오히려 현대적인 것의 전형일 것이며, 거의 현대성에 대한 정의가 될 수 있을 것이다. 현대 인간은 생물학적으로 모순되는 가치들을 제시하며, 두 의자 사이에 걸치고 앉아, 그렇다와 아니다를 한 번에 같이 말해버린다. 바로 우리 시대에 오류 자체가 살이 되어버렸고, 심지어는 천재적이 되어버렸다는 것은 놀라운 일이 아닌가? 바그너가 "우리 가운데 거한다"²⁹⁾는 것은 놀라운 일이 아닌가? 아무 근거 없이 내가 바그너를 현대성의 칼리오스트로라고 부른 것이 아니다…… 그러나 우리는 모두 부지불식간에 서로 모순되는 연원을 갖는 가치들과 정식들과 도덕들을 우리 몸에 갖추고 있다—생리적으로 고찰하면 우리는 잘못되었다…… 현대 영혼에 대한 진단학—이 진단은 무엇으로 시작하느냐고? 이런 본능적 모순성을 과감히 도려내면서, 반대되는 가치들을 제거하면서, 가장 교훈적인 경우를 해부하면서. —바그너의 경우는 철학자에게는 요행이다—이 글은 사람들이 듣듯이 감사하는 마음에 의해 고무되었다……

---

 *) '고귀한 도덕'과 '그리스도교 도덕'이라는 대립에 대해서는 우선 나의 《도덕의 계보》가 가르치고 있다 : 종교적 인식과 도덕적 인식의 역사에서 아마도 이보다 더 결정적인 전환은 없을 것이다. 이 책은 내게 속하는 것이 무엇인지를 가늠하게 해주는 시금석이고, 이 책은 가장 깊이 생각하고 가장 엄격한 정신들에게만 접근할 수 있는 행운을 누리고 있다 : 나머지 사람들에게는 이 책을 들을 만한 귀가 없다. 사람들은 오늘날 누구도 갖추고 있지 못한 사항들에 대한 열정을 가져야 한다……

우상의 황혼

또는

어떻게 망치를 들고 철학하는지

Götzen-Dämmerung

oder

Wie man mit dem Hammer philosophirt.

Von

Friedrich Nietzsche.

———————

LEIPZIG.
Verlag von C. G. Naumann.
1889.

서문.

암울하지만 대중에게 책임 있는 일을 하면서 명랑함을 유지한다는 것은 실로 놀라운 일이다 : 그런데 그 어떤 것이 명랑함보다 더 필요할 수 있단 말인가? 그 어떤 일도 들뜸이 동반되지 않고서는 잘되지 못하는 법이다. 힘의 과다야말로 힘에 대한 증거이다. —모든 **가치의 전도**. 이것을 내세우는 사람에게 그림자를 드리울 정도로 암담하고도 끔찍한 이 의문부호—이런 운명을 지닌 과제는 매 순간 태양에게 달려가라고 강요하고, 무거운 너무나도 무겁게 되어버린 진지함을 자기 자신에게서 떨어버리라고 강요한다. 그 과제를 위한 수단은 전부 정당하고, 모든 '경우'가 하나의 행운이다. 특히 **싸움**이 그렇다. 지나치게 내면화되고 지나치게 심오해져버린 모든 정신이 했던 위대하고도 똑똑한 일이 바로 싸움이었다 ; 상처 내부에도 치유력은 있는 법이니 말이다. 다음의 격언은 오랫동안 내 좌우명이었는데, 나는 이 격언의 출처를 식자적 호기심에는 알려주지 않았다 :

상처에 의해 정신이 성장하고 새 힘이 솟는다increscunt animi, virescit volnere virtus.

어떤 경우에는 나는 다른 회복 방식을 더 환영한다. 즉 우상들을 캐내는 방식을…… 세상에는 진짜보다 우상들이 더 많다 : 이것이 이 세계에 대한 나의 '못된 눈길'이자, 나의 '못된 귀'이다…… 여기서 한번 망치를 들고서 의문을 제기해본다. 이에 대한 답변으로 부풀어오른 창자가 울려내는 그 유명하지만 공허한 소리를 듣게 될 것이다 ─그 소리는 귀 뒤에 다른 귀를 또 갖고 있는 자를 어찌나 황홀하게 하는지─ 늙은 심리학자이면서 민중의 유혹자인 나를 어찌나 황홀하게 하는지. 내 앞에서는 계속해서 조용히 있고 싶어 하는 것도 소리를 내지 않고는 못 배긴다……

이 책 역시 ─그 제목이 알려주듯─ 무엇보다도 어느 심리학자의 휴식이자 태양 빛을 받은 면이며 한가함으로의 선회다. 이것이 새로운 싸움이기도 할까? 그리고 새로운 우상들이 캐내어질까?…… 이 작은 책은 중대한 선전포고이다 ; 그리고 캐내는 대상이 되는 우상은 이번에는 한 시대의 우상들이 아니라, 영원한 우상들이다. 이 영원한 우상들을 이 책에서는 마치 소리굽쇠Stimmgabel를 가지고 치듯이 망치를 가지고 치게 될 것이다. ─이 우상들보다 더 오래되고, 더 설득적이며, 더 뽐내는 우상들은 전혀 존재하지 않는다…… 또한 더 공허한 우상들도 없다…… 이런 점이 그 우상들이 가장 많이 신봉되는 것을 방해하지는 않으며 ; 특히 그것들이 가장 절실한 우상들일 경우에는 그것들은 결코 우상이라고 불리지 않는다……

토리노, 1888년 9월 30일.

《모든 가치의 전도 *Der Umwerthung aller Werthe*》의 제1권이 완성된 날.

프리드리히 니체.

잠언과 화살.

1.

게으름은 모든 심리학의 시초다. 뭐라고? 그럼 심리학이 ─ 악덕일 거란 말인가?

2.

우리 중에서 가장 용감한 자도 그가 진정으로 알고 있는 것에 대해서는 좀처럼 용감하지 못하다……

3.

홀로 살려면 사람들은 짐승이거나 신이어야만 한다 ─ 라고 아리스토텔레스가 말한다.[30] 여기에 빠져 있는 세 번째 경우 : 짐승이면서 신 둘 다 되어야만 한다 ─ 그러니까 철학자가……

4.

"모든 진리는 단순하다."[31] —이거 이중의 거짓 아닌가? —

5.

영원토록 나는 많은 것을 알기를 원하지 않는다. —지혜는 인식에도 한계를 긋는다.

6.

자기 자신의 부자연스러움으로부터, 자기의 정신성으로부터 가장 회복이 잘되는 경우는 자기의 원래의 본성 안에서이다.[32]

7.

어떤 것인가? 인간이 신의 실책에 불과한 것인가? 아니면 신이 인간의 실책에 불과한 것인가? —

8.

삶의 사관학교로부터. —나를 죽이지 못한 것은 나를 더욱 강하게 만든다.

9.

너 자신을 도와라 : 그러면 모두가 너를 도울 것이다. 이웃 사랑의 원리.

10.

행동에 대해서 비겁하지 않다는 것! 행동 후에는 그 행동을 버려두지 않는다는 것!―양심의 가책은 점잖치 못하다.

11.

나귀가 비극적일 수 있는가?―짊어질 수도 던져버릴 수도 없는 무거운 짐 밑에서 사람들이 몰락한다는 것……철학자의 경우.

12.

삶에 대한 자신의 이유인 왜냐하면을 가진 자는, 거의 모든 방법, 거의 모든 어떻게?를 견뎌낼 수 있다. ―인간은 행복을 추구하지 않는다 ; 단지 영국인만이 그럴 뿐.

13.

남자가 여자를 창조해냈다―그런데 무엇으로? 자기의 신의 갈빗대로―자신의 '이상'의 갈빗대로……

14.

뭐라고? 네가 찾고 있다고? 너를 열 배, 백 배로 늘리고 싶다고? 추종자를 찾는다고? ―차라리 무를 찾아라! ―

15.

사후의 인간들은 ― 예를 들어 나는 ― 시대에 적합한 인간들에 비해 이해받지 못한다. 그렇지만 더 잘 경청된다. 엄밀하게는 : 우리는 결코 이해받지 못한다 ― 그리고 바로 그 때문에 우리의 권위가……

16.

여성들끼리. ― "진리라구요? 오오, 당신은 진리를 알지 못하는군요! 진리란 우리의 정숙함 전부에 대한 능욕이 아닌가요?" ―

17.

예술가, 내가 사랑하는 예술가는 절제된 욕구를 갖는다 : 그는 진정 단 두 가지를 원할 뿐이다. 그가 먹을 빵과 그의 예술을, ― 빵과 **키르케를**……

18.

자기의 의지를 사물에 넣을 줄 모르는 자는 적어도 하나의 의미라도 그 안에 넣는다 : 말하자면 그는 어떤 의지가 이미 그 안에 있다고 믿는 것이다('신앙'의 원리).

19.

뭐라고? 너희는 덕과 고양된 가슴을 택하면서도 동시에 우려하지 않음이 갖는 이점을 삐딱한 멸시의 눈으로 본단 말인가?─하지만 덕을 가지면 '이점들'은 포기하는 법이다……(반유대주의자의 대문에 적어두라.)

20.

완전한 여자는 작은 죄를 범해보듯 문학이라는 것을 한다 : 시험삼아, 일시적으로, 누군가가 그녀를 알아차리는지 둘러보면서. 그리고 누군가가 그녀를 알아차렸다는 사실을 둘러보면서……

21.

사람들이 가짜 덕들을 가져서는 안 되고, 오히려 밧줄 위의 곡예사처럼 떨어지거나 서 있어야 하는─아니면 그 상황을 벗어나버려야 하는…… 순전히 이러한 상황으로 들어간다.

22.

"악인은 노래부르지 않는다."[33] ― 러시아인들이 노래 부르는 것은 어찌 된 일이지?

23.

'독일 정신' : 18년 동안의 형용의 모순contradictio in adjecto.

24.

시초를 찾으면서 사람들은 게가 되어버린다. 역사가는 뒤를 돌아보고 ; 결국은 뒤를 믿어버린다.

25.

만족하면 감기조차도 걸리지 않는다. 잘 차려입었다고 생각하는 여자가 감기 걸리던가? ― 나는 아무것도 걸치지 않은 경우를 제시하고 있는 것이다.

26.

나는 체계주의자들을 모두 불신하며 피한다. 체계를 세우려는 의지는 성실성이 결여되어 있다.

27.

여자들은 깊이가 있다고 간주된다—왜? 여자의 속 깊은 곳에는 결코 다가가지 못하기 때문에. 여자는 얕지조차도 않다.

28.

여자가 남성적인 덕들을 갖는다면, 사람들은 그녀에게서 달아나 버린다 ; 그리고 여자가 남성적인 덕들을 갖지 않는다면, 여자는 자기 자신에게서 달아나버린다.

29.

"이전에 양심은 물어뜯을 것을 얼마나 많이 가졌던가? 얼마나 좋은 이빨을 가졌던가? —그런데 오늘날은? 뭐가 부족한 것일까?" — 어떤 치과의사의 의문.

30.

한 번만 경솔한 경우는 드물다. 첫 번째 경솔한 행동에서 사람들은 언제나 너무 지나치다. 바로 이 때문에 사람들은 통상 두 번째 경솔한 짓을 한다—그리고 이제 사람들은 너무 미약하게 행동한다 ……

31.

밟힌 지렁이는 꿈틀거린다. 똑똑한 일이다. 지렁이는 그렇게 해서 또 다른 것에게 밟힐 가능성을 줄이는 것이다. 도덕언어로 말하면 : 순종한다.─

32.

거짓과 가장에 대한 예민한 명예관념에서 나오는 증오가 있다 ; 거짓이 신의 계명에 의해 금지되는 경우에 그 증오는 겁에서 연유한다. 거짓말을 하기에는 너무나 겁이 많아서……

33.

행복을 위해서 얼마나 작은 것이 필요한가! 백파이프의 소리.─ 음악 없는 삶은 하나의 오류이리라. 독일인은 신까지도 노래를 부른다고 생각한다.[34]

34.

앉아 있을 때만 생각하고 쓸 수 있다(플로베르G. Flaubert).[35]─ 이로써 나는 너, 허무주의자를 잡았다! 꾹 눌러앉아 있는 끈기야말로 성스러운 정신을 거스르는 죄이다. 걸으면서 얻은 생각만이 가치 있다.

35.

우리 심리학자들이 말처럼 동요되는 경우들이 있다 : 우리는 우리 자신의 그림자를 우리보다 먼저 주목하여 동요하게 된다. 도대체 무엇인가를 볼 수 있으려면 심리학자는 자기 자신에게서 눈을 돌려야 한다.

36.

우리 비도덕주의자들이 덕에 해를 입히는가? —아나키스트들이 영주들에게 해를 입히지 않는 만큼이나 해를 입히지 않는다. 군주들이 저격당한 후에라야 비로소 아나키스트들이 다시 왕좌에 확실히 앉게 된다. 교훈 : 도덕을 저격하지 않으면 안 된다.

37.

네가 앞서서 달리고 있다고? —목자로서? 아니면 예외자로서? 세 번째 경우는 탈주자일 것이다…… 양심에 관한 첫 번째 문제.

38.

네가 진짜인가? 아니면 배우일 뿐인가? 대변자인가? 아니면 대변된 것 자체인가? —결국 너는 한갓 모방된 배우에 지나지 않는다 …… 양심에 관한 두 번째 문제.

39.

실망한 자가 말한다. ―나는 위대한 인간을 찾아보았지만, 언제나 그 인간의 이상을 흉내 내는 원숭이들만을 발견했을 뿐이다.

40.

너는 방관자인가? 아니면 관여하는 자인가?―아니면 눈길을 돌리는 자, 외면하고 가는 자인가? …… 양심에 관한 세 번째 문제.

41.

너는 같이 가기를 원하는가? 아니면 앞서 가기를 원하는가? 아니면 홀로 가기를 원하는가?…… 자기가 무엇을 원하는지를 그리고 자기가 원하고 있다는 사실은 알고 있어야만 한다. 양심에 관한 네 번째 문제.

42.

그들은 내게 계단들이었고, 나는 그 위로 올라갔다. ―그러기 위해 나는 그들을 넘어서야만 했다. 그런데 그들은 내가 자기들 위에서 정주하기 원했다고 생각했던 것이다……

43.

내가 옳다는 것이 뭐가 중요하단 말인가! 나는 지나칠 정도로 옳다. —그리고 오늘날 가장 잘 웃는 자가 최후에도 웃는다.

5

44.

내 행복의 공식 : 하나의 긍정, 하나의 부정, 하나의 직선. 하나의 목표……

소크라테스의 문제.

1.

　어느 시대에서든 최고의 현자들은 삶에 대해 똑같은 판단을 내렸다 : 삶은 별 가치가 없다고…… 언제나 그리고 어디서든 사람들은 그들의 입에서 똑같은 소리를 듣는다─회의와 우울 가득한, 삶에 완전히 지쳐버리고 삶에 대한 저항이 가득한 소리를. 심지어는 소크라테스마저도 죽으면서 말했다 : "삶─이것은 오랫동안 병들어 있었다는 것을 의미한다네 : 나는 구원자 아스클레피오스에게 닭 한 마리를 빚졌다네."[36] 소크라테스조차도 삶에 넌더리를 내고 있었던 것이다. ─이것은 무엇을 입증하는가? 무엇을 보여주는가? ─이전에 사람들은 말했을 수도 있으리라(─오오, 그들은 실제로 그렇게 말했다. 충분히 큰 소리로, 우리의 염세주의자들이 앞장서서!) : "그런 말에는 무언가 옳은 점이 있을 수밖에 없다! 현인들의 의견 일치가 그 말이 옳다는 것을 증명한다." ─오늘날의 우리도 여전히 그렇게 말할까? 우리가 그래도 되는가? 우리의 대답은 이렇다─ "그런 말에는 무언가 병들어 있지 않으면 안 된다" : 당대의 그런 최고 현자들, 이들을 먼저 가까이 살펴보아야 한다! 그들은 몽땅 더 이상은 제대로 서지 못하는 자들은 아니었을까? 뒤처진 자들은 아니었을까? 힘없이 흔들거리는 자들은 아니었을까? 데카당이지 않았을까? 지혜란 옅게 풍기는 썩은 고기 냄새에 기뻐하는 까마귀처럼 지상에 나타났던 것은 아니었을까?……

5

2.

위대한 현자들이 몰락하는 유형들이라는 것. 이러한 실례되는 사실은 이 사실이 가르쳐진 것이든 아니든 간에, 편견이 가장 강하게 대적하는 경우에 내게 처음 떠올랐다 : 나는 소크라테스와 플라톤을 쇠약의 징후로, 그리스를 와해시키는 도구로, 사이비 그리스적이라고, 반그리스적이라고 파악했다〔《비극의 탄생》(1872)〕. 그 현인들의 의견 일치는 —이 점을 나는 점점 더 잘 파악해갔는데— 그들의 의견이 일치했던 것에 관해 그들이 옳았다는 것을 전혀 입증하지 못한다 : 오히려 그들 최고 현자들이 어디에선가 생리적인 의견 일치를 보았다는 사실을 입증하고 있다. 삶에 똑같은 방식으로 부정적인 태도를 취하기 위해서—삶에 부정적인 태도를 취하지 않으면 안 되니까. 삶에 대한 판단이나 가치판단들은 그것들이 삶에 긍정적이든 삶에 적대적이든 간에 결국은 결코 참일 수 없다 : 그것들은 단지 징후로서의 가치만을 가질 뿐이며, 징후로서만 고려 대상이 된다—그런 판단들은 그 자체로는 우매할 뿐이다. 사람들은 삶의 가치라는 것은 평가될 수 없다는 놀랍고도 미묘한 사실에 무조건 손을 뻗어 이를 알려는 시도를 해야만 한다. 살아 있는 자는 이것을 할 수 없다. 이런 자는 논의의 대상이지 판결자가 아니기 때문이다 ; 죽은 자는 또 다른 이유 때문에 안 된다. —어느 철학자의 입장에서 삶의 가치에 속하는 어떤 문제를 본다는 것은 철학자로서의 그에 대한 반증이고, 그의 지혜에 대한 의문부호이며, 무지이다. ―뭐라고? 이 모든 위대한 현자들―이들이 데카당이었을 뿐 아니라, 현명하지조차 못했을 거라고? ―그렇지만 나는 소크라테스의 문제로 되돌아간다.

3.

출신상 소크라테스는 최하층에 속했다 : 소크라테스는 천민이었다. 그가 얼마나 못생겼는지 사람들은 알고 있으며, 직접 확인도 할 수 있다. 그런데 못생긴 외모는 그 자체로서 일종의 이의 제기이고, 그리스인 사이에서는 거의 반박이기도 했다. 소크라테스가 도대체 그리스인이었단 말인가? 못생겼다는 것은 곧잘 혼혈이나 혼혈로 인한 발육불량을 드러내주는 표시였다. 그렇지 않을 경우에는 발육의 쇠퇴를 드러내주는 표시로 나타난다. 범죄학자들 중 인류학을 공부하는 사람들은 전형적인 범죄형은 못생겼다고 말한다 : 외모도 괴물, 정신도 괴물이라는 것이다. 그런데 범죄자는 데카당 중 하나이다. 그러면 소크라테스가 전형적인 범죄형이었단 말인가?―이 것은 적어도 소크라테스의 친구들에게는 못마땅하게 들렸던 그 유명한 관상쟁이의 판단과 상치되지 않으리라. 관상을 볼 줄 아는 한 외국인이 아테네를 지나다가 들러서는 소크라테스의 면전에 대고 그는 괴물이며―내면에는 온갖 악덕과 나쁜 욕구들이 있다고 말했다 한다. 그러자 소크라테스는 단지 다음처럼 대꾸했을 뿐이었다 : "나를 잘 아시는구려, 선생!"[37] ―

4.

소크라테스의 데카당스를 공인된 본능의 무절제 및 본능의 아나키 상태가 알려주기는 하지만, 이것이 전부는 아니다 : 축적된 논리와 그를 특징짓는 가시 돋친 악의(惡意) 역시 바로 이 방향으로의 예시를 보여준다. "소크라테스의 다이모니아"[38]로서 종교적으로 해석되어온 그 환청 또한 잊지 말도록 하자. 모든 것이 다 과장되었고 광대짓이며 그에 대한 회화이다. 동시에 모든 것이 감추어져 있고, 속셈은 따로 있으며, 지하적이다. ─나는 어떤 특이 성질로부터 이성＝덕＝행복이라는 소크라테스의 등식이 나오는지를 파악해보고자 한다 : 등식 중에서도 가장 기괴하며, 특수하게는 고대 헬레네인들의 본능 전체에 거스르는 이 등식이.

5.

소크라테스와 더불어 그리스 취향은 변증론에 유리하게 돌변했다 : 그때 진정 무슨 일이 일어난 것일까? 무엇보다도 고귀한 취향이 정복되었다 ; 천민이 변증론을 수단으로 삼아 상부로 올라섰다. 소크라테스 이전에는 변증론적인 수법이란 것은 건전한 사회에서는 거부되었다 : 그것은 나쁜 수법으로 간주되었고 조롱받았다. 젊은이들은 그 수법을 사용 못하도록 주의받았다. 자신의 근거를 그런 식으로 드러내 보이는 것은 불신되었다. 품위 있는 사람이 그러하듯 품위 있는 것들은 자신의 근거를 그런 식으로 내세우지 않는 법이다. 다섯 손가락을 모두 보여주는 것은 점잖치 못한 일이다. 스스로를 먼저 입증시켜야만 하는 것은 별 가치가 없는 것이다. 권위가 미풍양속에 속하는 곳, '근거를 들어 정당화' 하지 않고 명령하는 곳이라면 어디서든 변증론자는 일종의 어릿광대에 불과하다 : 그들은 비웃음을 사고, 진지하게 받아들여지지 않는다. ─소크라테스는 어릿광대였지만, 자신을 진지하게 받아들이게 만들었던 어릿광대였다 : 이때 진정 무슨 일이 일어난 것일까?─

6.

다른 수단이 없을 경우에만 변증론이 선택된다. 변증론으로 인해 불신이 조장된다는 것, 변증론이 설득력이 거의 없다는 것을 사람들은 알고 있는 것이다. 변증론자가 주는 감명이야말로 가장 손쉽게 지워버릴 수 있다 : 연설 모임에서의 경험이 그 사실을 입증해준다. 그것은 단지 다른 무기를 전혀 갖추지 못한 자들의 정당방위일 수 있을 뿐이다. 사람들은 그런 자신의 권리를 강요하지 않으면 안된다 : 그렇지 않으면 그것을 사용해보지 못하니. 이런 이유에서 유대인은 변증론자였던 것이다 ; 여우 라이네케[39]도 변증론자였다 : 뭐라고? 소크라테스도 마찬가지로 변증론자였단 말인가?─

7.

─소크라테스의 아이러니는 반항에 대한 표현일까? 천민이 품는 원한에 대한 표현일까? 피압박자로서 자신의 고유한 잔혹성을 그는 삼단논법의 칼처럼 찔러대며 즐기는 것일까? 그가 매혹시킨 귀족들에게 그는 복수하고 있는 것일까? ─누군가가 변증론자라면

그는 무자비한 도구를 하나 갖고 있는 것이다 ; 그는 이 도구에 의해 폭군이 될 수 있다 ; 그는 승리하면서 자기 자신을 웃음거리로 만들고 있다. 변증론자는 자신이 바보가 아님을 자신의 적수에게 입증하도록 한다 : 그는 적수를 분노하게 하고, 동시에 속수무책으로 만들어버린다. 변증론자는 적수의 지성을 피로하게 만들어버리는 것이다. ─뭐라고? 그렇다면 변증론이란 소크라테스에게서는 복수의 형식 중 하나일 뿐이라는 말인가?

5

10

8.

소크라테스가 무엇에 의해 반발을 불러일으킬 수 있었던가에 대해 나는 알려주었다 ; 그럴수록 그가 매혹시켰던 것에 대해 더 많은 설명을 해야 한다. ─그가 새로운 종류의 경기Agon를 발견해냈다는 것, 그가 그런 경기에서 아테네 귀족층을 가르칠 수 있는 최초의 검술사범 같은 존재였다는 것. 이것이 그중 하나이다. 그는 헬레네인들의 경기하려는 충동을 건드려 매혹시켜버린 것이다─그는 젊은 남자들과 청년들 사이의 싸움에 변화를 가져왔던 것이다. 소크라테스는 또한 대호색한이기도 했다.

15

20

9.

그런데 소크라테스는 더 많은 것을 간파하고 있었다. 그는 아테네 귀족들의 배후를 꿰뚫고 있었다 ; 그는 **자신의 경우**가, 자기와 같은 특이한 경우가 이미 예외적인 경우가 아님을 파악했었다. 도처

에서 동일한 종류의 퇴화가 소리 없이 준비되고 있었다 : 옛 아테네
가 종말을 고하고 있었다. ─그리고 소크라테스는 전 세계가 그를
필요로 한다는 사실을 알고 있었다─그의 수단, 그의 치료, 그 자신
의 개인적 자기보존 수법을 필요로 한다는 사실을…… 여기저기에
서 본능들이 아나키 상태에 놓여 있었다 ; 사람들이 여기저기서 무
절제 직전에 놓여 있었다 : 정신의 괴물 상태가 전반적 위험이 되어
있던 것이다. "충동들이 폭군 노릇을 하려 한다 ; 그러니 그것보다
더 강력한, 그것에 대적하는 폭군을 하나 고안해내지 않으면 안 된
다"…… 일전의 그 관상쟁이가 소크라테스가 누구인지를, 즉 소크
라테스가 온갖 나쁜 욕구들의 소굴이라는 점을 그에게 폭로했을
때, 소크라테스라는 이 위대한 풍자가는 그를 파악하게 하는 열쇠
역할이 될 말 한마디를 더 흘렸었다. "맞는 말이다. 그러나 나는 그
모든 욕구를 지배하는 주인이 되었다"라는 말을. 어떻게 소크라테스
는 자신을 지배하게 되었단 말인가?─사실 그 근본에 있어서 소크
라테스는 그 당시에 전반적인 곤경이 되기 시작했던 것들 중에서
가장 두드러져 있던 경우일 따름이었다 : 즉 어느 누구도 더 이상
자신을 지배하지 못하며 본능들이 서로 대적하고 있는 것에 대한 극
단적인 경우였을 따름이었다. 그는 이런 극단적인 경우로서 매혹시
켰던 것이다─공포를 불러일으키는 그의 추한 모습이 그것을 모든
사람에게 말해주었다 : 당연하게도 그는 답변으로서, 해답으로서,
그 경우를 치료한다는 외관을 걸치고서 더 강력하게 매혹시켰다.─

10.

소크라테스가 했던 것처럼 이성을 폭군으로 만들 필요가 있다면, 다른 어떤 것이 폭군이 되는 위험도 분명 결코 적지는 않을 것이다. 그 당시에 이성성은 구조자로 여겨졌었다. 소크라테스도 그의 환자들도 자기 마음대로 이성적이거나 이성적이지 않거나 할 수는 없었다—이성적이라는 것은 어길 수 없는 것이며, 그들에게는 최후 수단이었으니. 그리스적 숙고 전체가 이성성에 몸을 던지면서 보여주었던 열광은 특정한 위급 상황을 드러내고 있다 : 사람들은 위험에 처해 있었고, 오로지 하나의 선택권만을 갖고 있었다는 것을 : 즉 몰락하든지 아니면—불합리할 정도로 이성적이든지라는…… 플라톤 이래의 그리스 철학자들의 도덕주의는 병적이었다 ; 변증론에 대한 그들의 평가도 마찬가지였다. 이성=덕=행복은 단지 다음과 같은 것을 의미할 뿐이다 : 소크라테스를 모방해야만 한다. 그래서 어둠의 욕구들에 대항하여 영원한 햇빛을 창출해내지 않으면 안 된다—이성의 햇빛을. 어떤 대가를 치르든 일단은 똑똑하고 명료하며 총명해야만 한다 : 본능들에 굴복하는 것, 의식되지 않는 것들에 굴복하는 것은 사람들을 저 아래쪽으로 끌어가는 것이다……

11.

소크라테스가 무엇을 가지고 매혹시켰는지에 대해 나는 암시를 주어왔다 : 그는 의사처럼, 구원자처럼 보였던 것이다. "어떤 대가를 치르든지 이성성"이라고 믿는 그의 믿음에 놓여 있는 오류를 더 지적할 필요가 있는가?—데카당스와의 싸움이 이미 데카당스로부터 빠져나옴이라는 것. 이것은 철학자들과 도덕주의자들의 자기 기만이다. 빠져나오는 것은 그들 능력 밖의 일이다 : 그들이 수단으로서, 구조책으로서 선택하는 것. 그것 자체가 다시 데카당스의 또 다른 표현에 지나지 않으니 말이다 ─데카당스가 표현을 바꾼 것이지, 자기 자신을 없애버린 것은 아니었다. 소크라테스는 하나의 오해였다 ; 개선의 도덕Besserungs-Moral 전체가, 그리스도교적 도덕도 마찬가지로 하나의 오해였다…… 가장 눈부신 햇빛, 어떤 대가를 치르든 이성성이라는 것, 밝고 냉정하고 신중하고 의식적이기는 해도 본능은 없으며, 본능에 대적하는 삶은 하나의 병증일 따름이며 또 다른 병증일 따름이다─그리고 결코 '덕'과 '건강'과 행복으로 향하는 귀로는 아니었다…… 본능들에 맞서 싸우지 않으면 안 된다─이것은 데카당스의 공식이다 : 삶이 상승하는 한, 행복은 본능과 같은 것이다.─

12.

─모든 자기 기만자들 가운데 가장 똑똑했던 소크라테스가 이 점까지 파악했었을까? 죽음에 임하는 그의 용기라는 지혜 안에서 그는 이 점을 자기 자신에게 결국 말했었던가?…… 소크라테스는 죽기 원했다 : ─아테네가 아닌 자신이 스스로에게 독배를 주었으며, 그가 아테네로 하여금 자신에게 독배를 주게 강요했다…… "소크라테스는 의사가 아니다"라고 그는 자신에게 나직이 말했다 : "오로지 죽음만이 여기서 의사이고…… 소크라테스 자신은 오랫동안 병들어 있었을 뿐이다……"

철학에서의 '이성'.

1.

철학자들한테서 나타나는 특이 성질이 전부 무엇이냐고 내게 묻
는가? …… 그들의 역사적 감각의 결여, 생성이라는 생각 자체에
대한 그들의 증오, 그들의 이집트주의가 그 예이다. 어떤 것을 영원
이라는 관점에서 탈역사화하면서 그들은 그것을 영예롭게 만들고
있다고 믿는다―그것을 미라로 만들면서 말이다. 철학자들이 지금
까지 수천 년 동안 이용했던 모든 것은 죄다 개념의 미라들
Begriffs-Mumien이었다 ; 실제의 것은 어느 것도 그들의 손아귀에
서 살아서 빠져나오지 못했다. 개념을 우상처럼 숭배하는 이런 철
학자 제씨들. 이들은 숭배하면서 죽여버렸고, 박제로 만들어버렸다
―이들은 숭배하면서 모두의 생명을 위협하는 것이다. 생식과 성
장, 그리고 죽음, 변화, 노쇠 역시 그들에게는 이의 제기이며―심
지어는 반박인 것이다. 존재하는 것은 **되어가지 않는다** ; 되어가는
것은 **존재하지 않는다** …… 이제 그들은 모두 절망하면서까지 존재
자를 믿는다. 하지만 존재자는 그들의 손에는 잡히지 않기 때문에,
어째서 그것이 그들에게 드러나지 않는지에 대한 이유를 그들은 찾
는다. "우리가 존재자를 지각하지 못하는 데에는 무슨 가상이나 속

임수가 있음이 틀림없어 : 어디에 속임수를 쓰는 것이 숨어 있을까?" ― "그것을 찾았다"라고 기뻐하며 그들은 소리 지른다. "바로 감각이다! 이 감각 기능, 보통의 경우에도 지극히 비도덕적인 이것이 세계의 참모습을 우리에게 속이고 있는 것이다. 교훈 : 감각의 사기에서, 생성에서, 역사에서, 허위에서 벗어날 것 ―역사란 감각에 대한 믿음 외에 다른 것이 아니고, 허위에 대한 믿음 외에 다른 것이 아니니까. 교훈 : 감각에 믿음을 선사하는 모든 것을, 인류의 나머지 모두를 부정할 것 : 그들은 모두 '대중'이다. 철학자일 것. 미라일 것. 무덤 파는 자의 표정을 짓고 단조로운 유신론을 표현할 것! ―그리고 무엇보다도 육체를 버릴 것. 감각들의 이런 불쌍한 고정관념을 버릴 것! 존재하는 온갖 논리의 오류에 붙들려 비록 실제로 존재하는 것처럼 뻔뻔스럽게 행세하지만, 반박되고 심지어는 불가능하기조차 한 육체를 버릴 것"……

2.

　지극히 경의를 표하며 나는 헤라클레이토스라는 이름은 여기서 제외시킨다. 다른 철학자-대중이 감각이 다양성과 변화를 보여준다는 이유로 감각이 제시하는 증거를 버렸다면, 그는 감각이, 어떤 것이 지속성과 단일성을 가지고 있는 것처럼 나타내 보인다는 이유로 감각이 제시하는 증거를 버린다. 헤라클레이토스 역시 감각을 공정하게 다루지 않았던 것이다. 하지만 감각은 엘레아학파가 믿었던 것 같은 거짓말을 하지 않으며, 헤라클레이토스가 믿었던 것과 같은 거짓말을 하지도 않는다―감각은 전혀 거짓말을 하지 않는다.

감각의 증거를 가지고 우리가 만들어내는 것, 이것이 비로소 거짓을 집어넣는 것이다. 그 예를 들자면 단일성이라는 거짓말, 물성이라는 거짓말, 실체나 지속이라는 거짓말 등이다…… '이성'. 이것이 바로 우리에게 감각의 증거를 변조하게 하는 원인이다. 생성과 소멸과 변화를 보여주는 한, 감각은 거짓말을 하지 않는다…… 하지만 존재라는 것이 공허한 허구 중 하나라고 하는 한에서 헤라클레이토스는 영원히 옳다. '가상' 세계가 유일한 세계이다 : '참된 세계'란 단지 가상 세계에 덧붙여서 날조된 것일 뿐이다……

3.

—감각이란 얼마나 섬세한 관찰 도구인지! 예를 들어 코는 어떤 철학자도 경외심을 갖거나 감사해하면서 언급하지는 않았지만, 우리가 사용할 수 있는 기관 중에서 심지어는 가장 섬세한 도구다 : 그것은 망원분광기조차도 확인하지 못하는 미세한 움직임의 차이까지도 확인할 수 있다. 오늘날의 우리의 학문이라는 것, 이것은 우리가 감각의 증거를 받아들이기로 결정하는 정도와 정확히 일치한다. —우리가 감각의 증거를 더욱 예리하게 하고 무장시켜 감각에 대해 끝까지 생각하기를 배우는 만큼 말이다. 그 나머지는 실패작이고, 아직은 학문이라고 할 수 없는 것들이다 : 형이상학, 신학, 심리학, 인식론 또는 논리학, 응용 논리인 수학 같은 형식 학문, 기호이론 등은 아직은 학문이라고 할 수 없다. 이런 것들에 실재성은 전혀 나타나지 않는다. 문제로서조차도 ; 논리학과 같은 기호의 규약이 도대체 어떤 가치를 갖는지에 대한 물음으로조차도—

4.

철학자들이 갖고 있는 또 다른 특이 성질도 덜 위험한 것은 아니다 : 이것은 최후의 것과 최초의 것을 혼동하는 데에 근거한다. 그들은 마지막에 오는 것을―유감천만이다! 왜냐하면 그런 것은 결코 나타나지 않아야 하니까! ― '최고의 개념들'을, 달리 말하면 가장 일반적인 것들, 가장 공허한 개념들, 증발해버린 사실성의 마지막 연기를 시작에 놓고 그리고 시작으로서 놓는다. 이런 일은 그들의 경외하는 방식을 다시 한번 표현하는 것에 불과할 뿐이다 : 즉, 높은 것은 낮은 것에서 생겨나서는 안 된다. 도대체가 생겨나서는 안 되는 법이다…… 여기서의 교훈 : 최고 서열의 것은 스스로가 원인causa sui이어야만 한다. 다른 어떤 것에서 나온다는 것은 그것에 대한 반박으로, 그 가치를 의심하게 만드는 것으로 간주된다. 지고의 가치는 모두 최고 서열의 것이다. 최상의 개념들 모두, 존재자, 무조건적인 것, 선, 진리, 완전―이것들 모두가 다 생겨날 수는 없는 것들이다. 그러므로 자기 원인이지 않으면 안 된다. 그런데 이것들 모두가 서로 다를 수는 없으며, 서로 모순될 수는 없다…… 이런 식으로 철학자들은 '신'이라는 그들의 놀라운 개념을 갖게 된 것이다…… 최후의 것, 가장 빈약한 것, 가장 공허한 것이 최초의 것으로, 원인 그 자체로서, 최고로 실제적인 존재자라고 규정된다…… 인류가 병든 망상가의 이런 미친 짓을 진지하게 받아들여야만 했었다는 것! ―인류는 이 때문에 값비싼 대가를 치렀다!……

5.

　―마지막으로 우리가(―내가 우리라고 말한 것은 예의상 그런 것이다……) 오류와 가상의 문제를 어떻게 다르게 포착하는지에 대해서도 반박해보자. 이전에 사람들은 변화와 변동과 생성 일반을 가상성에 대한 증거로서, 우리를 오도하는 어떤 것이 있어야만 한다는 표시로서 받아들였다. 오늘날 우리는 그 반대로 본다. 단일성, 동일성, 지속, 실체, 원인, 물성, 존재를 만들라고 이성의 편견이 우리를 강요하는 꼭 그 정도만큼 이성의 편견이 우리를 오류에 빠지게 하고, 필연적으로 오류로 향하게 한다고 본다 ; 엄밀한 계산을 토대로 우리는 거기에 오류가 있다는 사실을 확실히 알고 있다. 태양의 운행도 이와 다르지 않다 : 이 경우에는 오류가 우리의 눈을 불변의 변호인으로 갖지만, 이제는 우리의 언어를 불변의 변호인으로 갖는다. 언어는 그것의 연원상 심리학이 가장 초보적 형태를 갖던 시기에 속한다 : 언어-형이상학의 근본 전제들, 꾸미지 않고 말해서 : 이성의 근본 전제들을 의식하게 되면, 우리는 주물을 숭배하는 비소한 자가 되어버린다. 의식은 도처에서 행위자와 행위를 본다 : 의지를 일반적 원인이라고 믿는다 ; '나'를 믿고, 나를 존재라고 믿으며 나를 실체로 믿는다. 그리고 나-실체에 대한 믿음을 모든 사물에 투사한다―이렇게 하면서 의식은 '사물'이란 개념을 비로소 만들어낸다…… 존재는 원인으로서 어디서든 슬쩍 밑으로 밀어 넣어진다 ; '나'라는 구상으로부터 '존재' 개념이, 비로소 파생된 것으로서 뒤따르는 것이다…… 맨 처음부터 의지가 결과를 일으키는 어떤 것이라는―의지가 일종의 능력이라는 엄청난 숙명적 오류가 자리잡고 있었다…… 오늘날의 우리는 의지라는 것이 단지 단어에

불과하다는 것을 알고 있는데…… 그보다 훨씬 뒤에, 천 배나 더 계몽된 세계에서 이성 범주를 다루면서 안전성, 주관적 확실성이라는 것이 놀랍게도 철학자들의 머리에 떠올랐었다 : 그들은 이성 범주들이 경험 영역에서 발생할 수는 없었을 것이라고—경험 영역 전체가 이성 범주와는 진정 모순 관계일 것이라고 결론지었다. 그렇다면 이성 범주는 어디서 유래한다는 말인가? —그런데 인도에서도 그리스에서 저질러졌던 오류와 동일한 오류가 저질러졌다 : "우리는 한때 틀림없이 좀더 높은 세계에서 살았을 것이다(—훨씬 낮은 세계가 아니라 : 이게 진리였을 수도 있었을 텐데도!), 우리는 신적이었음이 틀림없다. 왜냐하면 우리는 이성을 가지고 있으니까!"…… 사실 지금까지 엘레아학파가 정식화했던 존재에 대한 오류보다 더 소박한 설득력을 가지고 있는 것은 없었다 : 모든 말과 우리가 말하는 모든 문장은 죄다 그 오류를 지지한다! —엘레아학파의 적수들도 여전히 그들의 존재 개념의 유혹에 굴복했다 : 누구보다도 원자를 고안해냈을 때의 데모크리토스가…… 언어에서의 '이성' : 오오, 이 무슨 기만적인 늙은 여자 같은 존재인지! 우리가 문법을 여전히 믿고 있기 때문에 신을 떨쳐버리지 못하는 게 아닌가 하고 염려하게 된다……

6.

그렇게도 본질적이고 그렇게도 새로운 통찰을 네 가지 명제로 요약해주면 사람들은 내게 고마워할 것이다 : 이렇게 하면서 나는 쉽게 이해하고, 내게 반박하게끔 만든다.

첫째 명제. '이' 세계를 가상이라고 일컫게 한 근거들이 오히려 이 세계의 실재성의 근거를 만들어낸다―또 다른 종류의 실재성은 절대로 증명될 수 없다.

두 번째 명제. 사물의 '참된 존재'에 부여되었던 특징들은 비존재의 특징들, 무의 특징들이다―'참된 세계'는 실제의 세계와 모순되는 것에서 구축되었다 : 사실 그것이 도덕적이고-시각적인 착각에 불과한 한, 하나의 가상 세계이다.

세 번째 명제. 이 세계와는 '다른' 어떤 세계에 관해 허황된 이야기를 지껄이는 것은 삶을 비방하고 왜소화하며 의심하는 본능이 우리에게서 강력하지 않아서라고 전제하면, 아무런 의미도 없다 : 그런 본능이 강력하면 우리는 또 하나의 '다른' 삶, '더 나은' 또 다른 삶이라는 환상을 가지고 삶에 복수를 하는 것이다.

네 번째 명제. 세계가 '참된' 세계와 '가상' 세계로 나뉜다. 그 방식이 그리스도교식이든, (결국은 교활한 그리스도교인인) 칸트식이든 단지 데카당스를 암시하는 것에 불과하다―하강하는 삶의 징후라는 말이다…… 예술가가 가상을 실재보다 더 높이 평가한다는 사실은 이 명제를 반박하지는 못한다. 왜냐하면 예술가의 '가상'은 다시 실재를 의미하기 때문이다. 그것은 단지 선택되고 강화되고 교정되었을 뿐이다…… 비극적 예술가는 염세주의자가 아니다―그는 의심스럽고 끔찍스러운 것을 모두 긍정한다. 그는 디오니소스적이다……

어떻게 '참된 세계'가 결국 꾸며낸 이야기가 되어버렸는지.

어떤 오류의 역사.

1. 참된 세계에 지혜로운 자, 경건한 자, 덕 있는 자는 도달할 수 있다―그는 그 세계 안에 살고 있으며, 그가 그 세계이다.

(가장 오래된 형식의 관념. 비교적 똑똑하고 단순하며 설득력 있다. "나, 플라톤이 진리이다"라는 문장을 바꿔 쓴 것.)

2. 참된 세계에 지금은 도달할 수가 없다. 그렇지만 지혜로운 자, 경건한 자, 덕 있는 자에게는("회개하는 죄인에게는") 약속되어 있다.

(관념의 발전 : 그 관념이 더욱 정교해지고 더욱 위험해지며 더욱 이해할 수 없게 된다―관념이 여자가 된다. 관념이 그리스도교적이 된다……)

3. 참된 세계는 도달할 수 없고 증명할 수 없으며 약속도 할 수 없다. 그렇지만 이미 위안으로서, 의무로서, 명령으로서 생각되고 있다.

(근본적으로는 옛 태양과 같은 것이지만, 이제 안개와 회의를 통과한다 ; 관념이 숭고해지고 창백해지며 북방적이고

쾨니히스베르크적이 되었다.)

4. 참된 세계—도달할 수 없다? 어쨌든 도달하지는 않았다. 도달하지 않았기에 알려지지도 않았다. 그러므로 위로하지도 구원하지도 의무적이지도 않다 : 무엇 때문에 우리에게 알려지지 않은 것에 대한 의무를 갖는다는 말인가?……

(잿빛 아침. 이성의 첫 하품. 실증주의라는 닭 울음소리.)

5. '참된 세계'—더 이상 아무 쓸모 없는 관념. 더 이상은 의무적이지도 않다—불필요하고, 쓸데없어진 관념. 그래서 반박된 관념 : 이것을 없애버리자!

(밝은 날 ; 아침 식사 ; 양식과 명랑성의 복귀 ; 무안해서 붉어진 플라톤의 뺨 ; 모든 자유정신들의 야단법석.)

6. 우리는 참된 세계를 없애버렸다 : 어떤 세계가 남는가? 아마도 가상 세계?…… 천만에! 참된 세계와 함께 우리는 가상 세계도 없애버린 것이다!

(정오 ; 그림자가 가장 짧은 순간 ; 가장 길었던 오류의 끝 ; 인류의 정점 ; 차라투스트라의 등장.)

반자연으로서의 도덕.

1.

모든 열정이 한갓 액운이었던 시기가, 그것들이 아주 심한 우매로 인해 그들의 희생양을 아래로 끌어내려버리던 시기가 있다―그리고 그것들이 정신과 혼인해서 '정신화' 되는 나중의, 훨씬 나중의 시기도 있다. 이전에 사람들은 열정에 내재된 우매 때문에 열정 자체와 투쟁했었다 : 그들은 열정의 멸절을 맹세했었으며―옛 도덕-괴물들이 모두 "열정을 죽여야 한다" 는 점에서 의견 일치를 보았다. 이 점에 대한 가장 유명한 정식은 《신약성서》의 산상수훈에 나온다. 말이 나온 김에 말하자면 《신약성서》는 결코 만사를 높은 수준의 관점에서 고찰하지 않는다. 예를 들자면 성(性)에 대한 교훈은 "네 눈이 죄를 짓거든, 눈을 빼버려라" 라는 말이다.[40] : 다행히도 어떤 그리스도교인도 이 지시를 따르지 않는다. 정열과 욕구들을 한갓 그것들의 우매함이나 우매로 인한 달갑잖은 결과들을 예방한다는 이유로 멸절시킨다는 것. 이것 자체가 오늘날 우리에게는 위급한 형태의 우매라고 여겨진다. 치아의 통증을 없애기 위해 치아를 뽑아버리는 치과의사에게 우리는 더 이상 감탄하지 않는다…… 다른 한편 그리스도교가 성장해온 지반에서 '열정의 정신화' 라는 개념은 결코 구상될 수 없었다는 점은 마땅히 인정해야 한다. 잘 알려져 있듯이 초대 교회는 진정 '마음의 가난'[41]을 위해 '지성'과 투쟁했다 : 어떻게 그런 교회에 열정에 대한 지성적 투쟁을 기대할 수 있단 말인가?—교회는 열정에 맞서 모든 의미의 잘라냄을 수단으로 싸운다 : 교회의 처방, 교회의 '치료'는 거세이다. 교회는 결코 "어떻게 특정 욕구를 정신화하고 미화하고 신적으로 만드는가?"라고 묻지 않는다—교회는 모든 시대에서 계율의 주안점을 (감성, 긍지, 권력욕, 소유욕, 복수욕의) 멸절에 두었다. —그러나 열정을 그 뿌리부터 공격한다는 것은 삶을 그 뿌리부터 공격한다는 것을 의미한다 : 교회의 처치 방식은 삶에 적대적이다……

2.

자기 자신 안에 스스로 척도를 세우기에는 너무나 의지가 약하고 너무나 퇴락한 자들이 욕구와 싸울 때, 그들은 거세와 멸절이라는 수단을 본능적으로 선택한다 : 비유적으로 말하자면 라 트랍la Trappe 수도원을 필요로 하는 사람들이, (그리고 비유를 하지 않으면—) 자기 자신과 정열 사이에 단절을, 최종적인 적대 선언을 하는 사람들이 선택한다. 극단적인 수단은 퇴락한 자들에게는 필요 불가결한 것이다 ; 의지의 약화, 더 정확히 말하면 특정 자극에 대해 반응하지 않는 의지의 무능력 자체가 퇴락의 또 다른 형식에 지나지 않는다. 감성에 대한 극단적 적개심, 불구대천의 적개심은 생각해볼 만한 증후이다 : 이것에 의해 그 방면에서 지나치게 탐닉하는 자의 전체적인 상태에 대해 어림잡아 추측해볼 수 있다. —더욱

이 그런 자들 스스로 극단적인 치료나 그들의 '악마'를 물리칠 수 있을 만큼 더 이상 단호하지 못할 때 적개심과 증오는 절정에 이른다. 성직자나 철학자들의 전 역사를, 거기에 더하여 예술가들의 역사 전체를 조망해보라 : 감각에 대해 가장 심한 독을 품고 있는 것은 무능력자들에 의해 이야기되지 않는다. 금욕주의자들에 의해 이야기되지도 않는다. 오히려 금욕주의자라기에는 희한한 자들, 금욕주의자가 될 필요가 있었던 자들이 말하는 것이다……

3.

관능성의 정신화는 사랑이라고 불린다 : 이것은 그리스도교에 대한 하나의 큰 승리이다. 또 다른 승리는 우리가 적개심을 정신화시킨 일이다. 이 일은 사람들이 적을 갖는다는 것의 가치를 깊이 이해하고 있다는 데 근거한다 : 요약하자면 이전에 사람들이 행했고 생각했던 바와는 거꾸로 행하고 생각한다는 데에서 나온다. 교회는 언제나 교회의 적을 절멸시키고자 했다 : 우리, 비도덕주의자이며 안티크리스트들인 우리는 교회의 존재가 우리에게 이롭다고 본다 …… 정치 영역에서도 적개심은 이제 훨씬 정신적이 되었다―훨씬 더 똑똑하고 사려 깊으며 관대해졌다. 거의 모든 당파가 반대당의 힘이 소진되지 않도록 하는 것이 자신들의 보존에 이익이 된다는 사실을 알고 있다 ; 이것은 큰 정치에도 적용된다. 특히 새롭게 만들어지는 것, 이를테면 새로운 국가는 친구보다는 적이 더 필요하다 : 대립하면서 그 국가는 자기를 필연적이라고 여기게 되고, 대립하면서 그것은 비로소 필연적이 되는 것이다…… 우리는 우리 '내

부의 적'을 같은 방식으로 대한다 : 거기서도 우리는 적개심을 정신
화시키고, 거기서도 우리는 적개심이 가치 있다고 파악한다. 많은
대립에 부딪혀야 한다는 대가를 치러야만 우리는 많은 수확을 거둔
다 ; 영혼이 긴장을 풀지 않고, 평화를 열망하지 않는다는 전제하에
5   서만 사람들은 젊음을 유지할 수 있다……그리스도교적 소망인 '영
혼의 평안'이라는 옛 소망보다 우리에게 더 낯설게 된 것은 없다 ;
선한 양심의 멍청이 도덕과 선한 양심의 살진 행복을 우리는 가장
부러워하지 않는다. 싸움의 포기는 위대한 삶의 포기인 것이다……
많은 경우 '영혼의 평화'란 물론 한갓 오해일 따름이다―영혼의
10 평화라는 것은 자기 자신을 좀더 솔직하게 명명할 줄을 모르는 다른
어떤 것들이다. 단도직입적이고 편견 없이 그 몇 가지 경우들을 보
자. '영혼의 평화'란, 이를테면 풍부한 동물성이 도덕적인 것(또는
종교적인 것)으로 부드럽게 발산되는 것일 수 있다. 또는 피로의 시
작일 수 있으며, 저녁이 던지는, 모든 종류의 저녁이 던지는 최초의
15 그림자일 수 있다. 또는 공기가 축축하다는 것의 표시, 남풍이 다가
온다는 것의 표시일 수 있다. 또는 만족스러운 소화에 대한 무의식
적인 감사 표시일 수 있다(때로는 '인류애'라고도 불린다). 또는 모
든 것을 새로운 맛으로 음미하고 기다리는 회복되는 자의 평온해짐
일 수 있다……또는 우리를 지배하는 열정이 강력하게 충족된 후
20 에 오는 상태, 드문 포만감의 쾌감일 수 있다. 또는 우리의 의지, 우
리의 욕구들, 우리의 악습들의 노쇠함일 수 있다. 또는 스스로를 도
덕적으로 치장하라는 허영에 의해 설득된 게으름일 수 있다. 또는
불확실성에 의해 오랫동안 긴장되고 고문당한 후에 비록 그것이 끔
찍한 것일지라도 등장하는 확실성일 수 있다. 또는 행위, 창조, 작

용, 의욕의 한가운데에서 나타나는 원숙함과 뛰어남의 표현, 고요
하고 안정된 호흡, 도달된 '의지의 자유'일 수 있다…… 우상의 황
혼 : 누가 알겠는가? 이것 역시 일종의 '영혼의 평화'에 불과할는지
를……

5

4.

　─원리 하나를 정식으로 만들어보겠다. 도덕에서의 모든 자연주
의, 말하자면 모든 건강한 도덕은 특정한 삶의 본능이 지배한다─
10　삶의 계명들은 '해야 한다'와 '해서는 안 된다'라는 특정한 규범으
로 가득 차 있고, 이러면서 삶의 노정에서 나타나는 방해나 적대 행
위가 제거된다. 반자연적인 도덕, 즉 지금까지 가르쳐지고 경외되고
설교되어온 거의 모든 도덕은 이와는 반대로, 다름 아닌 삶의 본능
들에 적대적이다─그것은 삶의 본능들에 대한 때로는 은밀한, 때로
15　는 공공연하고도 뻔뻔스러운 매도적 유죄 판결인 것이다. "신은 마음
속을 꿰뚫어본다"라고 말하면서 반자연적 도덕은 삶의 가장 깊은
욕구들과 가장 높은 욕구들을 부정해버리며 신을 삶의 적대자로 만
들어버린다…… 신이 기뻐하는 성자는 이상적 거세자이다……
'신의 왕국'이 시작되면 삶은 끝나버린다……

20

5.

　그리스도교 도덕 안에서 거의 신성불가침이 되어버린 삶에 대한
반발이라는 모욕적인 무도함이 파악되었다고 해보자. 그러면 다행

스럽게도 또 다른 것도 파악된다 : 즉 그런 반발이 무익하고 허황되고 불합리하며 허위라는 것이. 살아 있는 자들이 내리는 삶에 대한 매도는 결국은 특정한 종류의 삶의 징후로 남아 있을 뿐이다 : 그것이 정당한지 정당하지 않은지의 문제는 거기서 전혀 제기되지 않는다. 삶의 가치라는 문제를 도대체 살짝이라도 건드릴 수 있기 위해서는, 사람들은 삶의 외부에 위치해야만 하고 다른 한편으로는 각 개인이 체험하듯이, 많은 사람이 체험하듯이, 모든 사람이 체험하듯이 그 모든 삶의 내용에 정통해야만 한다 : 이 점은 삶의 가치라는 문제가 우리로서는 접근 불가능한 문제라는 점을 파악하게 하는 충분한 근거가 된다. 가치에 관해 논할 때 우리는 영감 아래, 삶의 광학 아래 논한다 : 삶 자체가 우리에게 가치를 설정하라고 강요하며, 우리가 가치를 설정할 때 우리를 통해 삶 자체가 가치 평가를 한다…… 이것으로부터 신을 삶의 적대 개념이며 삶을 유죄 판결하는 것이라고 파악하는 도덕의 반자연성이란 것은 단지 삶이 내리는 가치 판단일 뿐이라는 결론이 나온다—그렇다면 어떠한 삶이 그러한 가치 판단을 하는가? 어떤 종류의 삶이? 이 질문에 나는 이미 대답했다 : 가라앉고 약화되고 지쳐버린 삶, 매도당해 유죄판결된 삶이라고. 이제껏 이해되어온 바대로의 도덕은 —결국 쇼펜하우어가 "삶의 의지에 대한 부정"이라고 정식화했던 도덕— 스스로를 하나의 명령으로 만들어버린 데카당스 본능 그 자체이다 : 이 본능은 "몰락해라!"라고 명한다—이는 매도당해 유죄판결이 내려진 자의 판단인 것이다……

6.

마지막으로 "인간은 이러이러해야 한다"고 말하는 것이 대체 얼마나 단순한지도 검토해보자. 현실은 우리에게 기뻐 날뛸 정도로 풍부한 유형들을, 지나칠 만큼 풍부한 형식들의 유희와 변화를 보여준다 : 거기에다 대고 "아니야! 인간은 달라야만 해"라고 어떤 불쌍한 게으름뱅이 도덕주의자가 말할 것인가?…… 주정뱅이이며 위선자인 그도 심지어는 자신이 어떠해야 하는지를 알고 있는 것이다. 그는 벽에 자기 모습을 그려놓고 "이 사람을 보라!"라고 부르짖는다…… 그러나 도덕주의자가 단지 개개인만을 대상으로 해서 "너는 이러저러해야만 한다!"라고 말한다 해도, 그는 여전히 자기 자신을 비웃음거리로 만들고 있는 것이다. 각 개인은 미래와 과거로부터의 운명이며, 앞으로 도래할 것과 앞으로 될 모든 것에 대한 또 하나의 법칙, 또 하나의 필연성인 것이다. 그에게 "달라지라"고 말하는 것은 모든 것에게 달라지라고 하는 것을 의미한다. 과거에마저도…… 그리고 실제로 인간이 달라지기를, 즉 덕이 있기를 원했으며, 인간이 그들을 닮기를, 즉 위선자가 되기를 원했던 시종일관한 도덕주의자들이 있었다 : 그러기 위해 그들은 세계를 부정했었다! 웬만한 미친 짓이 아니다! 불손한 뻔뻔스러움이다!…… 매도하며 유죄판결을 내리는 한에서 도덕은 그 자체로서는 삶에 대한 고려나 배려나 의도에서 나오지 않는다. 이것은 동정해서는 안 되는 특정한 오류이자, 말할 수 없이 많은 해악을 유발시킨 퇴화된 자들의 특이 성질이다!…… 우리 다른 사람들, 우리 비도덕주의자들은 그와는 반대로 우리의 심장을 모든 종류의 이해와 파악과 시인 Gutheissen에게 활짝 개방해놓고 있다. 우리는 쉽사리 부정하지 않으며, 긍정하는 자라는 점에서 우리의 명예를 찾는다. 우리는 점점 더 성직자와 성직자 안에 있는 병든 이성의 성스러운 난센스가 배척하는 모든 것을 여전히 필요로 하고 사용할 줄 아는 경제학에 눈을 떠간다. 이 경제학은 위선자나 성직자나 덕 있는 자들과 같은 유형들에서도 자신에게 유익한 점을 끄집어내는 삶의 법칙 안에 깃들어 있는 경제학이다—어떤 유익한 점이란 말인가? —우리 자신이, 우리 비도덕주의자들이 여기서의 대답이다……

네 가지 중대한 오류들.

1.

원인과 결과를 혼동하는 오류. ─결과를 원인과 혼동하는 일보다 더
위험한 오류는 없다 : 나는 이 오류를 이성의 본래적인 타락이라고
부른다. 그럼에도 불구하고 이 오류는 인류의 가장 오래된 습관 중
하나이자 최근 습관 중 하나이기도 하다 : 그 오류는 심지어 우리
사이에서 신성시되고, '종교' 나 '도덕' 이라는 명칭을 갖는다. 종교
와 도덕이 정식화하는 모든 명제는 그 오류를 내포하고 있다 ; 성직
자와 도덕의 입법자들은 이성의 그런 타락을 일으킨 장본인들이다.
─예를 하나 들겠다 : 장수하며 행복한 ─또한 덕 있는─ 삶을 위
한 처방으로서 소식(小食) 식이요법을 권하는 유명한 코르나로 L.
Cornaro의 책[42]은 누구나 다 안다. 이 책만큼 많이 읽힌 책은 정말
적고, 영국에서는 지금도 매년 수천 부씩 인쇄되고 있다. 나는 어떤
책도(성서는 당연히 예외로 하고) 의도만큼은 좋았던 이 진기한 책
만큼, 많은 해악을 유발하고 많은 생명을 단축시키리라고 여기지 않
는다. 그 이유 : 그 책은 결과를 원인과 혼동하고 있다. 이 우직한
이탈리아인은 자기의 식이요법 때문에 자신이 오래 살았다고 간주
했다 : 그런데 장수의 선제 조건들이란 현저하게 느린 신진대사, 적

은 소모이고, 이것이 바로 그의 소식 식이요법의 원인이었다. 그는 자기 맘대로 적게 먹거나 아니면 많이 먹거나 하지 못했고, 그의 간소함은 '자유의지'에 의한 것이 아니었다 ; 더 먹으면 그는 병에 걸렸다. 얼간이가 아닌 사람에게는 제대로 된 식사가 좋을 뿐만 아니라 필요한 일이다. 신경 에너지를 급속히 소모하는 우리 시대의 학자가 코르나로의 식이요법을 따르다가는 망해버릴 것이다. 경험자의 말을 믿어라. ―

2.

모든 종교와 도덕의 기초에 놓여 있는 가장 일반적인 정식 : "이 것과 이것을 행하라. 이것과 이것은 멀리하라―그러면 너는 행복해질 것이다! 그러지 않으면……" 모든 도덕, 모든 종교가 이런 식의 명령이다―나는 이것을 이성의 중대한 원죄, 불멸하는 비이성이라고 부른다. 내 입에서 그 정식은 반대로 변한다―나의 "모든 가치의 전도"의 첫 번째 예 : 좋은 체질을 갖추고 있는 자, '행복한'자는 특정 행위들을 해야만 하고, 다른 행위들은 본능적으로 피해야만 한다. 그가 생리적으로 제시하는 질서를 그는 자기가 인간과 사물과 맺는 관계에 도입시킨다. 정식화하면 : 그의 덕은 그의 행복의 결과이다……오래 살고 후손을 많이 보는 것은 덕에 대한 대가가 아니다. 덕은 오히려 신진대사가 완만하다는 것 그 자체이며, 이것의 결과가 무엇보다 장수와 많은 후손, 요약하면 코르나로식인 것이다. ―교회와 도덕은 말한다 : "어떤 종족이나 민족은 악습과 사치로 인해 망한다". 회복된 나의 이성은 말한다 : 어떤 민족이 망하고 생리적으로 퇴화되면, 그 결과로서 악습과 사치가 생기는 것이다 (즉 소진되어버린 모든 본성이 알고 있듯이, 좀더 강렬하고 좀더 빈번한 자극들에 대한 욕구가 생기는 것이다). 어떤 젊은이가 일찌감치 얼굴이 창백해지고 생기를 잃어가면, 그의 친구들은 말한다 : 이러저러한 질병 때문이다. 나는 말한다 : 그가 병들었다는 것, 그가 질병을 견뎌내지 못했다는 것이 이미 퇴락해버린 삶의 결과이며 힘의 소진이 유전되었던 결과이다. 신문 독자는 말한다 : 이 정당은 이런 과오로 인해 자멸의 길을 걷는다. 좀더 고차적인 나의 정치론은 말하기를 : 그런 과오를 저지르는 정당은 이미 끝장나버린 정당이다—이 정당은 본능의 확실성을 더 이상 갖고 있지 않다. 모든 의미의 과오는 죄다 본능이 퇴화되고, 의지가 분산된 결과이다 : 이렇게 해서 나쁜 것에 대한 정의가 거의 내려진 셈이다. 모든 좋은 것은 본능이고—따라서 경쾌하고 필연적이며 자유롭다. 수고를 필요로 하는 것은 그것의 반대이다. 신은 유형상 영웅과 구분된다(내 언어로는 : 가벼운 발이 신성의 첫 속성이다).

3.

잘못된 인과관계의 오류. —어떤 시대에서든 사람들은 무엇이 원인인지 알고 있다고 믿었다 : 그런데 우리는 그 앎을 어디서 얻는가? 좀더 구체적으로 말하자면, 여기서 안다고 믿는 우리의 믿음을 우리는 어디서 얻는가? 지금까지 어느 것도 사실이라고 증명된 바 없는 그 유명한 '내적 사실들'의 영역에서 얻는가? 우리는 의지 작용에 있어서 우리 자신이 원인이라고 믿었다 ; 우리는 거기서 적어도 행위에 작용하고 있는 원인을 포착했다고 생각했다. 마찬가지로 어떤 행위의 모든 선행 조건, 그 행위의 원인들을 의식 안에서 찾을 수 있고, 거기서 찾아보면—그 행위의 '동기'로서 다시 발견할 거라고 믿어 의심치 않았다 : 그렇지 않다면 그 행위를 할 자유가 없었을 것이고, 그 행위에 대한 책임이 없을 것이리라. 마지막으로 어떤 생각이 불러일으켜진다는 것, 내가 생각을 불러일으킨다는 것을 누가 부인할 것인가?…… 인과관계를 보증해주었던 것처럼 보이는 이 세 가지 '내적 사실들' 중에서 가장 설득력 있는 첫 번째 인과관계는 원인으로서의 의지의 그것이다 ; 원인으로서의 의식('정신')이라는 구상과, 그 다음에 나오는 원인으로서의 나('주체')라는 구상은 의지에 의해 인과관계가 주어진 사실로서, 경험적인 것으로서 확립된 다음 나중에 생겨난 것이다…… 그사이에 우리의 생각은 좀더 나아졌다. 우리는 오늘날 그런 것에 대한 말은 한마디도 믿지 않는다. '내적 세계'란 온통 망상이자 도깨비불이다 : 의지는 그것들 중 하나이다. 의지는 더 이상은 아무것도 움직이지 않고, 따라서 더 이상은 아무것도 설명해주지 않는다—의지는 단지 과정들에 수반될 뿐이며, 결여될 수도 있다. 소위 말하는 '동기'라는 것 : 이것은 또 다른 오류이다. 단지 의식의 한 표면 현상이고, 행위의 선행 조건들을 드러내준다기보다는 오히려 숨겨버리는 행위의 부수물이다. 게다가 나라고 하는 것은! 나라는 것은 우화가 되었고, 허구가 되었으며, 말장난이 되어버렸다 : 나는 생각하고 느끼고 의욕하기를 완전히 멈추어버렸다!…… 이것으로부터 귀결되는 점은 무엇인가? 정신적 원인이란 전혀 없다는 것! 정신적 원인이란 것을 증언해줄 만한 경험 영역 전체가 깡그리 망해버렸다는 것! 이것이 바로 그 결과인 것이다! —그리고 우리는 '경험 영역'을 점잖게 오용하여, 이것을 기초로 해서 세계를 원인의 세계로, 의지의 세계로, 정신들의 세계로 만들어냈다. 가장 오래되고 지속적인 심리학이 여기서 작업을 수행하고 있다. 심리학은 다른 작업은 전혀 하지 않는다 : 심리학에서 보면 모든 생기 현상은 행위이고, 모든 행위는 어떤 의지의 결과이고, 다수의 행위자들이 세계가 되며, 행위자(어떤 '주체')는 모든 생기 현상의 하부에 슬며시 끼어든다. 즉 인간은 자신의 세 가지 '내적 사실들'을, 그가 가장 확고하게 믿었던 의지와 정신과 나를 자신의 외부 세계에도 투사했던 것이다—그는 먼저 나라는 개념에서 존재 개념을 끄집어내고, 자신의 모습에 따라 그리고 원인으로서의 나라는 자신의 개념에 따라 '사물'을 존재하는 것으로 설정했던 것이다. 나중에 그가 사물들 안에서 그가 사물들 안에 집어넣었던 것을 다시 발견할 뿐이라는 사실은 하등 놀라운 일이 아니지 않은가? —다시 한번 말하자면 사물 자체, 사물이라는 개념은 내가 원인이라는 믿음의 단순한 반영이다…… 그리고 기계론자와 물리학자 제씨들이여. 당신들이 말하는 원자, 이 원자 안에마저 오류와 초보 심리학이 아직도 얼마나 많이 남아 있는가 말이다! —형이상학자의 추악한 치부인 '물자체'에 대해서는 말할 것도 없다! 원인으로서의 정신을 실재와 혼동하는 오류! 그리고 그것을 실재의 척도로 만들었다! 그리고 신이라 불렀다! —

4.

가상적 원인들이라는 오류. —꿈에서 출발해보자 : 예를 들어 멀리서 울리는 포 소리의 결과로 생기는 어떤 특정한 감각에 어떤 원인이 나중에 슬쩍 끼어든다(꿈꾸는 사람이 주인공인 아주 작은 소설 같은 이야기가 종종). 한동안 그 감각은 일종의 반향으로서 유지된다 : 이 감각은 말하자면 원인을 만들어내는 충동이 그 감각으로 하여금 전면에 나서게 할 때까지 기다린다―이제는 우연한 사건이 아니라, '의미'로서 나서게 할 때까지. 포 소리는 인과적 방식으로, 분명히 시간의 역행 안에서 등장한다. 더 나중의 것, 동기를 부여하는 것이 가장 먼저 체험된다. 종종 섬광처럼 스쳐가는 수백 가지의 개별적 사건들과 함께. 그리고 그 다음에 포 소리가 따른다…… 무슨 일이 생긴 것인가? 특정한 상태가 야기시킨 표상들이 그 상태를 야기시킨 원인으로 오해된 것이다. ―사실상 우리는 깨어 있을 때도 마찬가지 일을 한다. 우리들이 갖는 일반 감정의 대부분이―기관들이 펼치는 유희 작용과 반작용에서의 온갖 종류의 억제, 억압, 긴장, 폭발, 특수하게는 교감신경의 상태가―우리의 원인을 만드는 충동을 자극한다 : 우리는 우리를 이러저러한 상태에 있게 하는―좋은 상태에 있든, 나쁜 상태에 있든―이유를 갖고 싶어 한다. 단순히 우리가 이러저러한 상태에 있다는 사실만을 확인하는 것으로는 우리는 결코 만족하지 않는다 : 우리가 그 사실에 일종의 동기를 부여할 때, 비로소 우리는 그 사실을 허용하며―그 사실을 의식하게 된다―. 그런 경우 우리도 모르게 활동하기 시작하는 기억은 이전에 발생했던 동일한 종류의 상태들을 불러내고, 이것과 함께 생겨났던 원인-해석들을 불러낸다―그것들의 인과관계가 아니라. 표상들이나 수반되는 의식의 과정들이 원인이었다는 믿음은 물론 기억을 통해 끌어들여진다. 이런 식으로 특정한 하나의 원인-해석에 익숙해지는 습관이 발생하고, 이 습관이 사실상 원인에 대한 탐구를 저해하며 심지어는 배제시켜버린다.

5

5.

위의 사실에 대한 심리적 설명. ―알려지지 않은 어떤 것을 알려진 어떤 것으로 환원하는 것은 마음을 편히 해주고 안심시키며 만족하게 하고 그 외에도 힘을 느끼게 한다. 알려지지 않은 것에는 위험, 불안정, 걱정이 수반된다―첫 번째 본능은 이런 불편한 상태들을 없애면서 사라져간다. 첫 번째 원칙 : 어떤 설명이든 설명이 없는 것보다는 낫다. 사실상은 마음을 억누르는 생각들에서 벗어나고자 하는 문제일 뿐이기에, 사람들은 그 생각들에서 벗어나게 하는 수단에는 까다롭게 굴지 않는다 : 알려지지 않은 것을 알려진 것으로 설명해주는 첫 번째 생각은 어찌나 좋게 작용하는지, 그것은 '참으로 간주될' 정도이다. 이것은 기쁨('힘')이 진리의 규준이라는 증거이다. ―그러므로 원인-충동은 공포감에 의해 조건지어지고 자극된다. '왜?'라는 물음은 어떤 것이 원인이기 때문에 그것을 원인으로 제공하는 것이 아니라, 가능하다면 특정 종류의 원인을 제공해야 한다―즉 안정시켜주고 성가신 것을 없애주며 가볍게 해주는 원인을 말이다. 이미 알려진 것, 체험된 것, 기억에 각인된 것을 원인으로 설정하는 것은 그런 필요의 첫 번째 결과이다. 새로운 것, 체험되지 않은 것, 낯선 것은 원인이 될 수 없다. ―그러므로 단지 특정한 종류의 설명들이 원인으로 발견될 뿐만 아니라, 정선되고 선호되는 종류의 설명들이 찾아지는 것이다. 이 설명들은 낯선 느낌, 새로운 느낌, 체험되지 않았다는 느낌을 가장 빨리 가장 빈번히 제거해버리는 설명들이며 —가장 습관화된 설명들이다. —그 결과 : 특정 종류의 원인-설정이 점점 더 우세해지고, 체계로 집결되며 결국은 지배적이 된다. 달리 말하면 다른 원인과 설명들은 간단히 배제되어버린다. —은행가는 즉시 '이윤'을 생각하고, 그리스도교인은 즉시 '원죄'를 생각하며, 소녀는 즉시 그녀의 사랑을 생각하는 것이다.

6.

도덕과 종교 영역 전체가 가상적 원인들이라는 이런 개념 밑으로 포섭된다. —불쾌감이라는 일반 감정에 대한 '설명'. 불쾌감은 우리에게 적대적인 존재에 의해 야기된다(악령들에 의해 : 가장 유명한 경우는—히스테리증 여자를 마녀로 오해하는 경우이다). 불쾌감은 승인될 수 없는 행위들에 의해 야기된다('죄'라는 느낌, '죄가 된다는' 느낌이 생리적 불안에 슬쩍 끼어든다—사람들은 항상 스스로에게 만족하지 못하는 이유를 찾는다). 불쾌감은 우리가 하지 말았어야 했고, 또 우리가 그런 존재여서는 안 되었던 것에 대한 벌로서, 그것을 갚는 것으로서 생겨난다(쇼펜하우어는 이것을 뻔뻔스러운 형식의 명제로 일반화시켰다. 거기서 도덕은 본연의 모습으로, 즉 삶을 독살하는 자이며 삶을 비방하는 자로 등장한다 : "육체적이든 정신적이든 격렬한 모든 고통은 우리가 겪어 마땅한 것을 말해주고 있다 ; 왜냐하면 우리가 그것을 겪어 마땅하지 않다면, 그것은 우리에게 다가올 수 없었을 것이기 때문이다."《의지와 표상으로서의 세계》, 2, 666[43]). 불쾌감은 경솔하고 나쁘게 끝난 행위들의 결과로 생겨난다(—격정과 감각을 원인으로, '잘못이 있다'고 설정한다 ; 생리적 곤경을 다른 곤경들의 도움을 받아 '마땅하다'고 해석한다). —쾌감이라는 일반 감정에 대한 '설명'. 쾌감은 신에 대한 믿음에서 생겨난다. 쾌감은 선한 행위들을 의식할 때 야기된다(소위 말하는 '양심', 이것은 건강한 소화와 너무 닮아 때때로 혼동을 일으키는 생리적 상태이다). 쾌감은 일의 성공적인 결말에서 생겨난다(—소박한 오류 추리 : 특정한 일의 성공적인 결말이 우울증 환자나 파스칼에게는 결코 쾌감이라는 일반 감정을 일으키지 않는다). 쾌감은 믿음과 사랑과 희망에서 야기된다—즉 그리스도교 덕들에 의해. —소위 이러한 설명들은 사실상은 전부 결과적 상태이며, 말하자면 쾌와 불쾌의 느낌을 잘못된 방언으로 번역해놓은 것이다 : 사람들이 희망을 가질 수 있는 상태에 있는 이유는 생리적인 근본 느낌이 다시 강력하고도 풍부하기 때문이다 ; 사람들이 신을 믿는 이유는 충만과 힘의 느낌이 그를 안정시키기 때문이다. —도덕과 종교는 전적으로 오류의 심리학에 속한다 : 개개의 모든 경우에 원인과 결과가 혼동되어 있다 ; 또는 진리와 진리로 믿어진 것의 결과가 혼동되어 있다 ; 또는 의식의 특정 상태와 이런 상태의 원인이 혼동되어 있다.

7.

　자유의지라는 오류. —오늘날 우리는 '자유의지'라는 개념을 더 이상 동정하지 않는다 : 우리는 그것이 무엇인지 너무나 잘 알고 있다—그것은 신학자들의 가장 악명 높은 작품으로서, 인류를 신학자들이 말하는 의미에서 '책임 있게' 만드는 데에, 즉 인류를 그들에게 의존적으로 만드는 데에 그 목적이 있다…… 이 대목에서 나는 책임 있게 만드는 것 일반의 심리학을 제시해본다. —책임이 찾아지는 곳 그 어디서든 그 책임을 찾는 것은 벌을 원하고 판결을 원하는 본능이게 마련이다. 이러저러한 상태에 있는 것이 의지나 의도나 책임 있는 행위로 환원된다면, 생성에게서 죄 없음이 박탈되어버린다 : 의지에 대한 학설은 근본적으로 벌을 목적으로 고안되었다. 즉 죄 있다고-여기도록-원하게 하는 목적에서 고안되었다. 옛 심리학 전체, 의지의 심리학은 전제 조건이 있다. 그 심리학의 창시자이며 공동 사회의 우두머리 격인 성직자들이 자신들이 벌을 규정하는 권한을 갖고자 했다는 사실이 바로 그것이다—또는 신에게 그런 권리를 부여하고자 했던 사실이 바로 그것이다…… 판결하고 처벌될 수 있기 위해—죄지을 수 있기 위해, 인간은 '자유롭다'고 생각되었다 : 따라서 개개의 행위는 원해진 것이어야만 했고, 개개의 행위의 기원은 의식 안에 있다고 생각되어야만 했다(—이렇게 해서 심리 현상에서 가장 근본적인 허위가 심리학 자체의 원칙이 되어버렸다……) 오늘날 우리는 정반대 운동에 들어서고 있다. 오늘날 우리 비도덕주의자들은 무엇보다도 죄 개념과 벌 개념을 세계에서 다시 빼내고, 이 개념들로부터 심리학과 역사와 자연과 사회적 제도 및 조처를 정화시키려고 온 힘을 기울이고 있다. 이런 오늘날의 우리에게 가장 근본적인 적대자로 여겨지는 것은 신학자들이 "도덕적인 세계 질서"라는 개념을 가지고 생성의 죄 없음을 '벌'과 '죄'로서 계속 감염시키는 일인 것 같다. 그리스도교는 사형 집행인의 형이상학이다……

8.

우리의 유일한 가르침이 될 수 있는 것은 무엇이겠는가?—어느 누구도 인간에게 인간의 특성을 부여하지 않는다는 사실이다. 신도 아니고 사회도 아니고, 인간의 부모나 선조도 아니며, 인간 자신도 자신의 특성을 부여하지 않는다(—여기서 마지막으로 거부되는 불합리한 표상은 칸트의 "예지적 자유"이며, 이것은 플라톤이 이미 가르쳤던 것 같다). 도대체 인간이 존재한다는 것, 그가 이러저러한 성질을 갖고 있다는 것, 그가 바로 그런 상황과 바로 그런 환경에 처해 있다는 것에 대해 누구도 책임이 없다. 그의 존재의 숙명은 이미 존재했고 또 앞으로도 존재할 모든 것의 숙명에서 분리될 수 없다. 그는 특정 의도나 특정 의지나 특정 목적의 결과가 아니다. 그와 함께 '인간의 이상' 또는 '행복의 이상' 또는 '도덕성의 이상'에 이르려는 시도는 하게 되지 않는다—자신의 존재를 어떤 목적에 넘겨주고자 하는 것은 허무맹랑한 일이니까. '목적'이라는 개념은 우리가 고안해낸 것이다 : 사실 목적이라는 것은 없다……사람들은 필연이며, 한 조각 숙명이다. 사람들은 전체에 속하며, 전체 안에 있다. —우리의 존재를 판결하고 측정하며 비교하고 단죄할 수 있는 것은 없다. 왜냐하면 그런 일은 전체를 판결하고 측정하며 비교하고 단죄할 수 있을 만하다는 것을 의미하기 때문이다……하지만 전체의 외부에 존재하는 것은 아무것도 없다! —어느 누구도 더 이상은 책임지지 않는다는 것, 존재의 방식이 제일 원인으로 소급되어서는 안 된다는 것, 세계가 감각중추나 '정신'으로서의 단일체는 아니라는 것, 바로 이것이야말로 위대한 해방이며—이로써 생성의 무죄가 비로소 다시 회복된다……'신' 개념은 지금까지 인간 삶에 대한 최대의 반박이었다…… 우리는 신을 부정하고, 신을 부정하면서 우리는 책임을 부정한다 : 이렇게 해서야 비로소 우리는 세계를 구원하는 것이다. ―

5

인류를 '개선하는 자들'.

1.

내가 철학자들에게 선악의 저편에 서고—도덕판단이라는 환상을 뒤로 넘겨버려야 한다고 요구한다는 것을 사람들은 알고 있다. 이 요구는 나에 의해 최초로 정식화된 통찰 : 도덕적 사실이란 것은 결코 존재하지 않는다는 통찰에서 비롯된다. 도덕판단은 존재하지도 않는 실재성을 믿는다는 점에서 종교적 판단과 공통된다. 도덕은 단지 특정 현상들에 대한 해석이고, 좀더 정확하게 말하자면 그릇된 해석에 불과하다. 도덕판단은 종교적 판단처럼 실재라는 개념도 갖고 있지 않고, 실재와 가상을 구별조차 하지 않는 무지의 단계에 속한다 : 그래서 이 단계에서의 '진리'란 것은 순전히 오늘날 '공상들'이라 불리는 것을 나타낼 뿐이다. 이런 한에서 도덕판단을 결코 말 그대로 받아들일 수는 없다 : 이런 도덕판단은 언제나 몰상식만을 포함하고 있을 뿐이다. 그러나 도덕판단은 증후학으로서는 대단히 가치 있다 : 그것은 적어도 자기에 대해 충분히 알지 못해서 스스로를 '이해하지' 못하고 있는 여러 문화나 내면 세계의 가장 귀중한 실상을 알려준다. 도덕은 단지 기호언어에 불과하며, 증후학일 뿐이다 : 도덕에게서 무엇인가를 얻고자 한다면 그것이 무엇에 관한 것인지를 이미 알아야 한다.

2.

그 첫 번째 예를 잠정적으로만 들어보자. 어느 시대든 사람들은 인간을 '개선시키기'를 원했다 : 무엇보다도 이것이 바로 도덕이 의미하는 바다. 그런데 같은 단어 밑에 더없이 서로 다른 경향들이 숨어 있다. 짐승 같은 인간을 길들이는 것뿐 아니라, 특정한 인간 종류의 사육도 '개선'이라 불리어왔다 : 이런 동물학적 용어들이 비로소 실상을 표현해준다—이 실상에 대해 '개선자'의 전형이라 할 수 있는 성직자는 아무것도 알지 못하고 있으며—아무것도 알려 하지 않는다……어떤 짐승의 길들임을 그 짐승의 '개선'이라고 부르는 것은 우리의 귀에는 거의 농담처럼 들린다. 동물원에서 무슨 일이 일어나고 있는지를 아는 사람은 그곳에서 야수들이 '개선되고 있다'는 점에 대해 의심을 품는다. 그 야수들은 유약해지고 덜 위험스럽게 만들어지며, 침울한 공포감과 고통과 상처와 배고픔에 병든 야수가 되어버린다. —성직자가 '개선시켜' 길들여진 인간의 경우에도 사정은 다르지 않다. 실제로 교회가 동물원이었던 중세 초기에 사람들은 어디서나 '금발의 야수Blonde Bestie'의 가장 그럴듯한 표본을 찾아 사냥을 했으며—예를 들어 고귀한 게르만인을 '개선시켰다'. 그런데 그렇게 '개선되고', 수도원으로 유혹되었던 게르만인의 나중 모습은 어떠했던가? 인간의 캐리커처이자 실패작과도 같았다 : 게르만인은 '죄인'이 되어버렸고, 우리에 갇혔으며, 사람들은 그를 완전히 끔찍한 개념들 사이에 가두어버렸다…… 그러자 그들은 거기서 병들고, 움츠린 모습으로 자기 자신에게도 악의를 품은 채 누워 있었다 ; 삶을 향한 충동에 대한 증오에 가득 차고, 여전히 힘 있고 행복한 모든 것에 대한 의심에 가득 찬 채. 짧게 말해서 그들은 '그리스도교인'이 되어버렸던 것이다…… 생리학적으로 말하자면 : 야수와 싸울 때 야수를 약하게 만드는 유일한 수단은 야수를 병들게 만들어버리는 것일 수 있다. 이 점을 교회는 알고 있던 것이다 : 교회는 인간을 망쳐버렸고, 약화시켰다. ─하지만 교회는 인간을 '개선' 시켰다고 주장했다……

3.

소위 말하는 도덕의 다른 경우, 즉 특정한 계급과 종을 사육하는 면을 보자. 이에 대한 가장 훌륭한 예로는 종교로까지 인정받고 있는 《마누 법전》에 나오는 인도 도덕을 들 수 있다. 여기서 설정된 과제는 성직자 계급, 전사 계급, 상인 및 농민 계급, 결국 노예 계급인 수드라까지의 네 계급을 동시에 사육하는 것이다. 여기서 명백한 것은 우리는 더 이상은 조련사들 사이에 있지 않다는 것이다 : 그런 종류의 사육에 대한 계획을 구상하기 위해서는 백 배나 더 부드럽고 이성적인 종류의 인간이 전제되어야 한다. 그리스도교의 병들고 지하 감옥 같은 공기에서 빠져나와 이런 좀더 건강하고 좀더 높으며 좀더 넓은 세계로 진입하면서 안도의 숨을 쉬게 된다. 마누에 비하면 《신약성서》라는 것은 얼마나 보잘것없으며 얼마나 나쁜 냄새를 풍기는지! ─그렇지만 마누의 체제 역시 두려운 것이 될 필요가 있었다. ─그런데 이 경우에는 야수와의 싸움이 아니라, 부드럽고 이성적인 인간의 반대 개념인 사육되지 않은 인간, 잡탕인간, 찬달라와의 싸움이다. 그런데 이 체제 역시 찬달라를 병들게 만드는 것을 그들을 위험하지 않게, 약하게 만드는 유일한 수단으로 삼고 있었다─그것은 '대다수'와의 싸움이었다. 인도 도덕의 이러한 보호 조치보다 더 큰 반감을 일으키는 것은 아마 없을 것이다. "깨끗하지 않은 야채에 관해서"라는 세 번째 칙령은(아바다나 사스트라 I) 찬달라에게 허용될 수 있는 유일한 양식으로 마늘과 양파만을 정해놓고 있다. 이것은 성전이 그들에게 씨앗이나 씨앗을 갖는 열매, 또는 물과 불을 주는 것을 금하고 있다는 점을 염두에 둔 것이다. 동일한 칙령은 그들이 필요로 하는 물을 강물이나 샘 또는 연못에서 얻지 못하도록 규정하고 있다. 그들은 물을 늪의 입구나 짐승의 발자국으로 인해 생긴 구덩이에서만 떠와야 한다. 마찬가지로 그들에게는 빨래를 하는 일과 그들 자신을 씻는 일도 금지되어 있다. 왜냐하면 물은 그들에게 자비에 의해 허용되는 것으로, 단지 갈증을 없애기 위해서만 사용되어야 하기 때문이다. 마지막으로 수드라 여인이 찬달라 여인의 해산을 돕는 것이 금지되어 있고, 찬달라 여인들이 서로 돕는 것도 금지되어 있다…… ─이러한 위생 규정의 결과가 끝내 그 모습을 드러내 보이고야 말았다 : 치명적인 전염병, 끔찍한 성병들이 발생했고, 그래서 다시 남자 아이에게는 할례를, 여자아이에게는 소음순 제거를 명령하는 '수술법'이 생겼다. ─마누 자신은 이렇게 말한다 : "찬달라는 간통, 근친상간, 범죄의 열매이다(─이것은 사육 개념의 필연적 귀결이다). 그들의 옷은 죽은 사람이 입던 누더기여야 하고, 식기는 깨진 단지여야 하며, 장식품은 낡은 쇠붙이여야 하고, 예배는 악령에게만 드려야 한다 ; 그들은 쉴 새 없이 여기저기 방랑해야 한다. 그들에게는 왼쪽에서 오른쪽으로 글을 쓰는 것이 금지되고, 오른손으로 글을 쓰는 것도 금지된다 : 오른손을 사용하고, 왼쪽에서 오른쪽으로 쓰는 것은 단지 덕 있는 자들, 즉 계급에 속한 사람들만의 권한이다." —

4.

이런 규정들은 다분히 교훈적이다 : 그 안에서 우리는 정말 순수하고, 정말 근원적인 아리안적 휴머니티를 얻을 수 있다—우리는 '순수 혈통'이라는 개념이 무해한 개념과는 정반대라는 점을 배운다. 한편 어떤 민족에게서 이런 '휴머니티'에 대한 증오, 찬달라의 증오가 영구화되었는지, 이 증오가 어디서 종교가 되고, 어디서 천재가 되었는지가 명백해진다…… 이런 관점에서 복음서는 일류급 문서이다 ; 〈에녹서〉는 더욱 그렇다—유대적 뿌리에서 나오고, 단지 이 토대에서 자란 것으로만 이해될 수 있는 그리스도교는 사육과 계급과 특권의 도덕 각각에 대한 반대 운동을 표현하고 있다 :
—그것은 전형적인 반아리안적 종교이다 : 그리스도교는 모든 아리안적 가치들의 전도이자, 찬달라적 가치들의 승리이며, 가난한 자와 천한 자들에게 설교된 복음이고, 짓밟힌 자, 불우한 자, 실패자, 처우를 잘 받지 못하는 자들이 모두 '계급'에 맞서 벌이는 총체적 봉기이다. —영구적인 찬달라의 복수가 사랑의 종교로서……

5.

사육의 도덕과 길들임의 도덕은 그것들이 자신을 관철시키는 수단이라는 점에서 서로 완벽하게 어울린다 : 우리가 최고 명제로 내세울 수 있는 것은, 도덕을 성립시키기 위해서는 정반대의 것으로 무조건 향하는 의지를 가져야만 한다는 것이다. 이것이 내가 가장 오랫동안 몰두해온 엄청나고도 섬뜩한 문제 : 인류를 '개선시키는 자'의 심리학에 관한 것이다. 비소하지만 근본적으로는 겸손한 사실, 소위 말하는 종교를 빙자한 성스러운 거짓말이 내게 이 문제에 접근하는 첫 도입구를 제공했다 : 이것이 인류를 '개선시켰던' 모든 철학자와 신학자의 유전질인 것이다. 마누나 플라톤, 공자나 유대교와 그리스도교의 교사들도 한 번도 자기네들의 거짓을 말할 권리에 대해 의심을 품지 않았다. 그들은 그들 자신의 권리와는 완전히 다른 권리들에 대해 의심하지 않았던 것이다…… 정식화한다면 이렇게 말할 수 있으리라 : 지금까지 인류를 도덕적으로 만들어야만 했던 수단은 모두 근본적으로는 비도덕적이었다. ─

독일인에게 모자란 것.

1.

오늘날 독일인 사이에서는 정신을 가지고 있는 것만으로는 충분하지 않다 : 그들은 정신을 취해야만 하고, 자신으로부터 정신을 꺼내야만 한다……

나는 독일인을 알고 있다고 할 수 있을 것이며, 나 자신 그들에게 몇 가지 참된 말을 해도 될 것이다. 새로운 독일은 물려받고 주입당한 다량의 용감함을 보여주고 있으며, 그 축적된 힘이라는 보배는 한동안 허비해도 될 정도다. 새로운 독일과 더불어 지배자가 된 것은 높은 문화는 아니다. 섬세한 취향이나 본능의 고상한 '아름다움'은 더욱 아니다 ; 그렇지만 유럽의 다른 어떤 나라가 제시할 수 있는 것보다는 더욱 남성적인 덕들이다. 훨씬 뛰어난 용기와 자기 자신에 대한 존경, 훨씬 안정적인 타인과의 교제 및 상호 간의 의무 이행, 현저한 근면함과 지구력 ─ 그리고 제동보다는 자극을 필요로 하는 물려받은 절제가 그것들이며, 여기에 나는 복종을 욕되게 하지 않으면서 복종하는 것을 덧붙이겠다…… 그리고 어느 누구도 자신의 상대를 경멸하지 않는다는 것도 그들의 덕이다……

내가 독일인에게 공정하기를 바란다는 것은 알려져 있다 : 나는 이 점에서 나에게 충실하고 싶으며―그래서 나는 독일인에 대한 이의 제기도 하지 않으면 안 되는 것이다. 권력을 향해 간다는 것은 비싼 대가를 치러야 한다 : 권력은 우매하게 만든다…… 독일인들― 그들은 한때 사색가 민족으로 불리었다 : 오늘날에도 그들은 사색하고 있는가? ―독일인은 이제 정신에 염증을 느끼고, 정신을 불신한다. 정치가 진정 정신적인 것들에 대한 진지함 일체를 집어삼켜 버렸다―"독일, 천하의 독일",[40] 이것이 독일 철학의 종말이 아니었던가 하는 우려가 든다…… 나는 외국에서 "독일 철학자들이 존재하는가? 독일 시인들이 존재하는가? 독일에 좋은 책이 있는가?"라는 질문을 받았다. 나는 얼굴이 붉어지지만, 절망적인 경우라 해도 갖추고 있는 용기를 발휘하여 대답한다 : "그렇소. 비스마르크가 있소!"―하지만 오늘날 어떤 책들이 읽히고 있는지에 대해 고백해도 좋을까?…… 평범한 자들의 저주스러운 본능!―

2.

―독일 정신이 무엇일 수 있는지에 대해 우울한 생각을 해보지 않은 사람이 있겠는가! 그러나 이 민족은 거의 천 년 전부터 자의적으로 스스로를 우매하게 만들어왔다 : 알코올과 그리스도교라는 유럽의 두 가지 대단한 마약이 이렇게까지 부도덕하게 오용된 곳은 없었다. 여기에다가 최근에는 세 번째 마약이 첨가되었다. 그것은 그 자체로 이미 정신의 섬세하고 대담한 모든 움직임에 최후의 일격을 가해 살해해버릴 수 있는 음악이고, 그것도 변비에 걸려 있고 변비를 일으키는 우리의 독일 음악이다. ―얼마나 많은 짜증 나는 무게,

무능, 축축함, 편안하고 나태하게 하는 실내용 가운, 얼마나 많은 맥주가 독일 지성에 들어 있는지! 고도의 정신적인 목표에 자신의 삶을 헌신하는 젊은이들이 정신의 일차적 본능, 즉 정신의 자기 보존 본능에 대한 느낌을 상실하고—맥주를 마시는 것은 도대체 어떻게 가능한가?…… 배웠다는 젊은이들의 알코올 중독은 어쩌면 그들의 학식이라는 목표 내에서는 의문부호가 아닐 수는 있다—정신을 갖지 않고서도 심지어 대학자가 될 수는 있으니까—. 그러나 다른 모든 면에서 그것은 문제가 된다. —맥주가 정신 안에서 불러일으키는 그 은근한 퇴락을 발견하지 못할 곳이 어디냐 말이다! 언젠가 나는 유명해졌다고 할 수 있는 어떤 경우를 통해 그런 퇴락을 지적한 적이 있다—즉 우리가 가진 첫 번째의 독일적 자유정신인 똑똑한 다비드 슈트라우스가 선술집에 맞을 법한 복음과 "새로운 신앙"의 창시자가 되어버린 퇴락을…… 그가 "상냥한 다갈색 여인"인 맥주에게 운문의 형식을 빌려 맹세한 것은 헛된 일이 아니었다—죽음에 이르더라도 신의를 지킨다는 맹세를 한 것은……

3.

—나는 독일 정신에 대해 말했다 : 그것이 점점 조잡해지고 천박해진다고 말이다. 그런데 이것으로 충분한가? —나를 근본적으로 놀라게 한 것은 전혀 다른 어떤 것이었다 : 즉 정신적인 것에 있어서 독일적 진지함, 독일적 깊이, 독일적 열정이 어찌해서 점점 더 쇠퇴의 길을 걷고 있는지, 문제는 바로 그것이었다. 한갓 지성뿐 아니라, 파토스가 변해버리다니. —나는 여기저기에서 독일 대학들과

접촉한다 ; 대학의 식자들 사이를, 황량해지고 자족하면서 미지근해져버린 정신들 사이를 어떤 공기가 지배하고 있는지! 여기서 독일의 학문을 들어 내게 반박하려 한다면 그것은 깊은 오해일 것이다—게다가 나의 말을 한마디도 읽지 않았다는 것에 대한 증거이리라. 17년 동안 나는 지치지 않고 현재 우리 학문 탐구의 탈정신적인 영향을 밝혀내고 있다. 학문의 엄청난 범위는 오늘날 개개인을 혹독한 예속 상태에 있게 했고, 이것은 좀더 완전하게, 좀더 풍부하게, 좀더 깊이 있게 의도하는 본성의 소유자에게 적합한 교육과 교육자를 더 이상 발견 못하게 하는 주요 이유 중의 하나이다. 우리의 문화는 오만불손한 게으름뱅이와 휴머니티의 파편들이 과다하다는 점으로 고통받는다 ; 본의 아니게 우리의 대학들은 정신의 이런 식의 본능 위축 방식을 위한 사실상의 온실이 되어 있다. 그리고 유럽전체가 이미 그것을 알고 있다—위대한 정치는 아무도 기만하지 않는다…… 독일은 점점 더 유럽의 얕은 지대로 간주되고 있다. ― 내가 그와 함께하면서 내 방식대로 진지할 수 있을 만한 독일인을 아직도 나는 찾고 있다—내가 그와 함께하면서 명랑해도 좋은지는 말할 것도 없다. 우상의 황혼 : 아아! 여기서 어떤 진지함에 의해 은둔자 한 명이 쉬고 있는지 오늘날 누가 알 수 있을까? ―우리는 명랑함이라는 것이 가장 이해하기 어렵다……

4.

대략 계산해보자 : 독일 문화가 하강한다는 점만이 명백한 것이 아니라, 그러기 위한 충분한 이유도 있다는 점 또한 명백하다. 누구

도 궁극적으로는 자신이 갖고 있는 것보다 더 많이 소모할 수는 없다─이것은 개인에게나 민족에게나 다 적용된다. 권력이나 큰 정치나 경제나 세계 무역, 의회제, 군사적 관심에 힘을 다 써버리면─한 사람을 이루고 있는 오성, 진지함, 의지, 자기극복의 힘을 이런 방면에 다 주어버린다면, 다른 방면에서 그 힘은 결여되게 마련이다. 문화와 국가는 대척자이다─이 점에 대해 잘못 생각하지 말라 ─ : '문화-국가' 란 단지 근대적 이념일 뿐이다. 이 중 하나는 다른 것에 의존해 살아간다. 다른 것의 희생에 의거해 번성한다. 문화가 융성했던 시대는 전부 정치적으로는 하강기였다 : 문화적인 의미에서 중요했던 것은 비정치적이었고, 심지어는 반정치적이기도 하다. ─괴테의 마음은 나폴레옹이라는 현상에 대해 열렸다가─ '해방-전쟁' 에 이르러 닫혀버렸다…… 독일이 강대국으로 등장하는 순간, 프랑스는 문화 강국으로서 변모된 중요성을 획득했다. 오늘날에는 이미 상당히 새로운 정신적 진지함과 상당히 새로운 열정이 파리로 옮겨가 있다 ; 이를테면 염세주의 문제, 바그너 문제, 거의 모든 심리적이고 예술적인 문제들이 그곳에서는 독일에서와는 비교할 수 없을 정도로 정교하고도 근본적으로 검토되고 있다─독일인은 이런 종류의 진지함에는 무능하기까지 하다. ─유럽문화사에서 '독일제국' 의 등장이 특히 의미하는 바는 바로 이것 : 무게중심의 이동이다. 이 점은 이미 도처에 알려져 있다 : 핵심적인 사항에서─문화가 바로 이것인데─독일인은 더 이상은 고려되지 않는다. 사람들은 묻는다 : 당신들에게는 유럽에서 한몫 낄 만한 이렇다 할 정신적 인물이 한 명이라도 있는가? 당신들의 괴테와 헤겔, 하인리히 하이네, 쇼펜하우어가 그러했듯이? ─더 이상은 단 한 명의 독일 철학자도 없다는 것. 이것은 끝없이 놀랍다. ―

5.

독일의 고등교육 제도 전체에는 핵심 요소가 빠져버렸다 : 목적과 목적에 이르는 수단이 말이다. 교육과 교양 형성 자체가 목적이지 ― '독일제국'이 목적이 아니라는 것 ―그 목적을 위해서 교육자가 필요하다는 것―그리고 고등학교 교사와 대학의 식자들이 목적이 아니라는 것―이 점이 망각되어버렸다…… **자신들도 교육을 받은 교육자들,** 언제나 자기 자신을 탁월하고 고귀한 정신으로 입증하며, 말과 침묵으로 입증하고, 성숙하고 감미로워진 문화인들이 필요한 것이지 ―고등학교나 대학교가 오늘날 젊은이들에게 '고급 보모'로서 제공하는 배워먹은 무례한 자가 필요한 것이 아니다. 예외 중의 예외를 제외하고 보면, 교육의 첫 번째 선결 조건인 교육자들이 결여되어 있다 : 그래서 독일 문화가 하강하는 것이다. ―정말 진귀한 그 예외 중의 한 명이 바로 바젤 대학에 있는 나의 경외하는 지기인 야콥 부르크하르트J. Burckhardt이다 : 바젤 대학이 인문학에서 우위를 점하고 있는 것은 그의 덕택이다. 독일의 '상급 학교들'이 사실상 달성하고 있는 것은 하나의 잔인한 조련으로서, 이것은 시간의 손실을 가능한 한 최소화하면서 수없이 많은 젊은이들을 국가의 봉사에 이용할 수 있도록, 남김없이 이용할 수 있도록 만드는 것이다. '고등교육'과 다수의 사람―이것은 처음부터 모순된 것이다. 모든 고급 교육은 예외자들에게만 해당된다 : 그런 높은 특권을 누릴 권리를 갖기 위해서는 특권자여야만 한다. 위대한 것, 아름다운 것은 모두 결코 공유 재산이 될 수 없다 : 아름다움은 아주 소수의 것이다―독일 문화의 하강은 무엇 때문인가? '고등교육'이 더 이상 특전이 아니고―'일반적'이고, 공통적으로 된 교양의 민주주의라는 점 때문이다…… 병역상의 특혜가 상급 학교로의 과도한 진학을 본격적으로 강요한다는 것, 즉 상급 학교들의 몰락을 본격적으로 강요한다는 사실을 잊어서는 안 된다. ― 현재 독일에서는 누구도 자유롭게 자신의 아이들에게 고급 교육을 제공할 수 없다 ; 우리의 '상급' 학교들은 모두 교사나 교과 과정이나 교과의 목표상 가장 애매한 평균성을 지향한다. 그리고 만일 23세의 젊은이가 아직 '준비 완료'되어 있지 않아, 어떤 직업을?이라는 '핵심 문제'에 아직 대답을 못하는 경우, 마치 무엇인가가 소홀히 되었다는 듯이 생각하는 점잖지 못한 성급함이 도처에서 지배하고 있다―실례를 무릅쓰고 말하자면, 고급한 인간류는 '직업'을 중요하게 여기지 않는다. 그들은 자신들의 소명을 알고 있기 때문이다…… 그들은 시간 여유를 갖고, 서두르지 않으며, '준비 완료'라는 것에 대해서는 전혀 생각조차 하지 않는다. ―30세라는 나이는 고급 문화라는 의미에서는 초보자이며 어린아이이다. ―우리의 초만원 고등학교, 너무 많이 공급되고 어리석어진 우리의 고등학교 교사들은 일종의 스캔들이다 : 최근에 하이델베르크 대학의 교수들이 했듯이 이런 상태를 옹호하는 **구실**들이 있을 수도 있지만―합당한 근거는 전혀 존재하지 않는다.

6.

　—긍정하고, 부득이할 경우에만 간접적으로 반박하고 비판하는
내 방식에서 멀어지지 않기 위해, 나는 즉시 교육자를 필요로 하게
하는 세 가지 과제를 설정해본다. 사람들은 보는 법을 배워야 하다.
생각하는 법을 배워야 한다. 말하고 쓰는 법을 배워야 한다 : 이 세
가지 과제가 목표로 하는 것은 모두 고급 문화이다. —보는 법을 배
우는 것 —이것은 눈으로 하여금 평정에, 인내에, 그리고 자신에게-
다가오게-놔두는 일에 익숙하게 하는 것이다 ; 판단을 유보하고,
개별적인 경우를 모든 측면에서 다루어보고 포괄하는 법을 배운다
는 것이다. 이것이 정신성을 위한 첫 번째 준비 교육이다 : 특정 자
극에 즉각적으로 반응하지 않고, 오히려 그것을 억제하고 격리하는
본능을 통제 아래 두는 것이다. 보는 법을 배우는 것은 내가 이해하
기로는 비철학적 용어로 강한 의지라고 부르는 것과 거의 같은 것
이다 : 거기서 본질적인 것은 결정을 유예시키고자 하는 '의지' 가
아니라, 바로 그럴 능력이다. 비정신적인 것, 천박한 것은 모두 특정
자극에 저항할 수 없는 무능력에서 나온다—사람들은 반응해야만
하며, 개개의 자극에 따라야 한다는 것이다. 많은 경우 이런 당위가
벌써 병이고 하강이며 쇠진의 징후이다. —비철학적인 조잡함이
'악덕' 이라고 칭하는 것은 거의 전부 반응하지 못하는 생리적 무능
력일 뿐이다. 보는-법을-배웠다가 응용되는 경우 : 배우는 자로서
사람들은 대체로 서둘지 않게 되고 불신하게 되며 저항하게 된다.
사람들은 적의 어린 평정 상태에서 모든 종류의 낯설고 새로운 것을
자기에게 다가오게 한다. —그리고 그것에서 손을 뒤로 뺀다. 모든
문을 열어 개방하는 것, 온갖 사소한 사실 앞에서도 엎드리는 것,

다른 사람들이나 다른 사물들 안으로-들어가고, 그-안에-뛰어들
준비가 되어 있는 것, 요약하자면 유명한 근대적 '객관성'이라는 것
은 나쁜 취향이며 전형적인 저속함이다. ―

7.

생각하는 법을 배운다는 것 : 이것에 대해 우리의 학교들은 전혀
알지 못한다. 대학에서조차, 심지어는 철학을 진정 배웠다는 사람
들 사이에서마저 이론과 실천과 작업으로서의 논리가 사멸해가기
시작한다. 독일 책들을 읽어보라 : 그 책들은 생각하는 데에는 기술
과 교과 계획과 뛰어나려는 의지가 필요하다는 것을―우리가 춤을
배우려고 하듯 생각하는 것도 배우려고 해야 한다는 것을, 생각이
춤의 일종이라는 것을 더 이상은 희미하게라도 상기시켜주지 않는
다……정신의 가벼운 발이 모든 근육으로 옮기는 그 정교한 전율
을 지금도 경험을 통해 알고 있는 독일인이 누가 있단 말인가! ―정
신적인 동작의 뻣뻣한 무례함, 파악할 때의 굼뜬 손―이것이 독일
적이다. 외국인들이 대체적인 독일적 본성이라고 혼동할 정도로 독
일적이다. 독일인은 뉘앙스를 타진할 손가락이 없다……독일인들
이 그들의 철학자들을, 그리고 특히 위대한 칸트라고 하는, 지금까
지 있어왔던 것 중에서 가장 기형적인 개념의 불구자를 참아왔다는
사실이 독일적 온화함에 대해 알게 해준다. ―춤이라는 것은 어떤
형식이든 고급 교육과 분리될 수 없다. 다리를 가지고 춤출 수 있지
만, 개념들과 말을 가지고도 춤을 출 수 있다는 것 ; 펜을 가지고서
도 춤출 수 있어야만 한다는 것을 아직도 말해야 할까? ―사람들이

이런 글쓰는 법을 배워야만 한다는 것을? ―그렇지만 이 대목에서
나는 독일 독자들에게 완전히 수수께끼가 되어버리리라……

어느 반시대적 인간의 편력.

1.

내가 용인할 수 없는 자들─세네카 : 또는 덕의 투우사. ─루소 : 또는 자연적인 불결함으로의 자연의 복귀. ─실러 : 또는 재킹엔의 도덕적인 나팔수⁴⁵⁾ ─단테 : 또는 무덤 위에서 시를 짓는 하이에나. ─칸트 : 또는 예지적 성격으로서의 허위cant. ─빅토르 위고 : 또는 부조리의 바다에 있는 등대. ─리스트 : 또는 능숙함의 학교─여자들에 대한. ─조르주 상드 : 또는 넘치는 우유, 꾸미지 않고 말하면 : '근사한 양식'을 가진 젖소. ─미슐레 : 또는 치마를 벗어 던지는 열광…… 칼라일 : 또는 소화 안 된 점심 식사로서의 염세주의. ─존 스튜어트 밀 : 또는 거슬리는 명료함. ─공쿠르 형제 : 또는 호머와 싸우는 두 명의 아이아스⁴⁶⁾ 오펜바흐의 음악. 졸라 : 또는 "악취를 내는 기쁨". ─

2.

르낭E. Renan.─신학자 또는 '원죄' (그리스도교)에 의한 이성의 부패. 르낭의 신분증. 좀더 일반적인 긍정이나 부정을 감행하는 즉시 그는 수치스럽게도 한결같이 요점을 놓친다. 이를테면 그는 학문과 고귀한 것을 한데 엮고 싶어 한다 : 하지만 학문이 민주주의에 적합하다는 것은 명약관화하다. 그는 적잖은 야심에 차서 정신의 귀족주의를 제시해보려 했다 : 그러나 동시에 그는 그것과는 반대되는 가르침, 즉 미천한 자들의 복음에 무릎을 꿇었고 비단 무릎을 꿇은 것만이 아니었다…… 자신의 오장육부가 그리스도교인으로, 카톨릭교인으로, 심지어는 성직자인 채 있는데, 온갖 종류의 자유 정신, 근대성, 조소, 개미잡이새 같은 유연함이 무슨 소용이 있단 말인가! 르낭은 예수회원이나 고해신부와 똑같이 유혹 수단을 고안해내는 능력이 있다 ; 그의 정신은 성직자들의 빙긋거리는 불쾌한 웃음을 지으며―모든 성직자처럼 그도 사랑을 하게 되면 비로소 위험해진다. 생명을 위험하게 하는 치명적 방식으로 숭배한다는 점에서 어느 누구도 그와 비교될 수 없다…… 르낭의 이런 정신, 신경을 지치게 하는 정신은 불행하고 병들어 있으며 의지박약의 프랑스에게는 액운의 하나이다. ―

3.

생트 뵈브Sainte-Beuve. ―남성적인 것은 아무것도 없다 ; 모든 남성적 정신에 대한 작은 원한으로 가득 차 있다. 빈틈없고 호기심에 안달하여 캐내면서도 지루해하며 이러저리 돌아다닌다―근본적으로는 여자 같은 인물이며, 여자들의 격렬한 복수심과 감성을 갖고 있다. 심리학자로서 그는 비방의 천재이며 ; 이를 위해 무한할 만큼 풍부한 수단을 갖고 있다 ; 칭찬하면서 독을 섞는 일에 대해 그보다 더 잘 아는 자는 없다. 가장 심층적인 본능들에서는 천박하며 루소의 원한과 유사한 면을 보인다 : 결국 그는 낭만주의자이다 ─왜냐하면 모든 낭만주의의 저변에는 루소의 원한 본능이 꿀꿀거리며 탐하고 있으니까. 혁명가지만 공포심 때문에 아직은 억제되고 있다. 힘을 가진 것들 앞에서는 자유롭지 못하다(여론, 아카데미, 영주의 저택, 심지어는 포르-루아얄 앞에서도). 인간과 사물에서 위대한 모든 것, 자기 자신을 믿는 모든 것에 대해 격노한다. 시인이나 반(半)여자라도 충분히 위대함을 힘이라고 느낄 수 있는데 말이다 ; 그는 계속해서 밟힌다고 느끼기에, 잘 알려진 어떤 벌레처럼 몸을 계속 움츠리고 있다. 비판가로서의 그는 척도나 줏대나 근거는 갖지 못한 채 많은 것에 대해 세계주의적인 자유주의자의 혀는 갖고 있지만, 자기의 자유사상을 시인할 용기는 없다. 역사가로서는 철학과 철학적 시각의 힘을 갖지 못하며─그래서 모든 중요한 사항에서 판단을 내리는 임무를 거절하며, '객관성'을 가면으로 앞에 내놓는다. 노회하고도 이익을 가져오는 취향이 최고의 심의기관인 것 전부에게는 다른 식의 태도를 취한다 : 거기서 그는 진정 자신에 대한 용기와 기쁨을 갖는다─거기서 그는 대가이다. ─몇 가지 점들에 의거하면 보들레르의 초기 형태인 것이다. ─

4.

《그리스도의 후예》⁴⁷는 내가 생리적 거부감 없이는 손에 들고 있을 수 없는 책들 중 하나이다 : 이 책은 영원한-여성의 향기를 물씬 풍겨대며, 이것을 견뎌내려면 이미 프랑스 사람이어야만 한다─아니면 바그너주의자이든가…… 이 성자는 파리의 여인들마저도 호기심이 발동하게 되는 종류의 사랑에 대해 말하고 있다. ─사람들은 내게 그지없이 영리했던 예수회원이자, 자기네 프랑스인을 학문이라는 우회로를 통해 로마로 인도하고자 했던 콩트가 이 책에서 영감을 얻었노라고 말한다. 나는 이 말을 믿는다 : '마음의 종교' ……

5.

조지 엘리엇G. Eliot ─ 그들은 그리스도교의 신을 놓아버렸지만, 그럴수록 그리스도교적 도덕을 더욱 강하게 붙들고 있어야만 한다고 믿는다 : 이것이 영국적인 논리에 맞는 것이며, 우리는 이를 엘리엇류의 도덕적인-여자들의 탓으로 돌리고자 하지 않는다. 영국인들은 신학으로부터의 아주 사소한 해방을 위해 끔찍한 방식으로 도덕의 광신자라는 명예를 자기네들에게 다시 부여해야만 한다. 이것을 영국에서는 회개라고 여기고 있다. ─그들과는 다른 우리에게는 그렇지 않다. 그리스도교 신앙을 포기한다면, 그리스도교 도덕에 대한 권리의 근거도 없애버려야 한다. 그리스도교 도덕은 그 자체로는 결코 자명한 사실이 아니다 : 이 점은 영국적 멍청함에도 불구하고 항상 되풀이되어 밝혀져야 한다. 그리스도교는 사물에 대해 잘 종합된 특정한 전체적 견해이자 특정한 하나의 체계이다. 그리스도교에서 신에 대한 믿음이라는 핵심 개념을 떼어내면, 전체가 무너져버린다 : 필연적인 것은 아무것도 남아 있지 않게 된다. 그리스도교는 인간은 무엇이 자신에게 좋고 무엇이 나쁜지 알지 못하리라고, 알 수 없으리라고 전제한다 : 인간은 그것을 알고 있는 유일한 존재인 신을 믿을 따름이다. 그리스도교 도덕은 하나의 명령이다 ; 그것의 근원은 초월적이다 ; 그 도덕은 모든 비판과 비판할 모든 권리의 저편에 있다 ; 신이 진리일 경우, 그 도덕은 진리만을 갖는다 —이 도덕의 흥망은 신에 대한 믿음과 함께한다. —사실 영국인들이 독자적으로 '직관적으로' 무엇이 좋고 나쁜지를 알 수 있다고 믿어도, 그 결과 그리스도교를 더 이상 도덕의 보증자로서 필요로 하지 않는다 해도, 이것 자체가 단지 그리스도교적 가치판단이 행사했던 지배권의 결과에 지나지 않을 뿐이며, 이 지배가 강력하고도 심도 있게 이루어지고 있다는 표현에 지나지 않을 뿐이다 : 영국적 도덕의 기원이 잊혀져버리게 되었을 정도로, 극도로 제한되어 있는 그들의 생존 권리가 더 이상 인식되지 않게 되어버릴 정도다. 영국인에게 도덕은 아직도 문제시되지 않고 있는 것이다……

6.

조르주 상드J. Sand. —나는 《어느 여행가의 편지Lettres d'un voyageur》의 첫 번째 편지를 읽었다 : 루소에게서 나오는 모든 것이 그렇듯이 이것은 잘못되어 있고 인위적이며 허풍스럽고 과장되어 있다. 나는 이런 현란한 도배지 양식을 참아낼 수가 없다 ; 관대한 감정을 지니려는 천민적 야심도 참아낼 수가 없다. 물론 최악은, 배우지 못한 남자애들 같은 태도와 남성성을 겸비한 여성적 교태이다. —그러면서도 이 견뎌내기 어려운 여자 예술가는 얼마나 냉정해야만 했던지! 마치 시계 태엽을 감듯 그녀는 자기 자신을 조이고서—글을 썼다…… 글을 쓰기 시작하자마자 냉정해졌던 위고, 발작, 모든 진정한 낭만주의자들처럼 냉정하게! 그러면서 그녀는 얼마나 만족해하며 거기 누워 있기를 즐겼던가. 다산하는 글쓰는 암소인 그녀는 그녀의 스승 루소 자신과 마찬가지로, 나쁜 의미에서의 독일적인 어떤 것을 지니고 있었으며, 어쨌든 프랑스적인 취향이 쇠퇴했을 때에야 비로소 가능했던 존재이다! —그렇지만 르낭은 그녀를 경외했다……

7.

심리학자들을 위한 도덕. —속류 심리학을 하지 말 것! 관찰을 위한 관찰을 하지 말 것! 이것은 잘못된 시각을 제공하고 곁눈질을 하게 하며, 강제된 것과 과장된 것을 제공한다. 체험하기 원함 Erleben-Wollen으로서의 체험—이것은 성공하지 못한다. 체험하면서 자기 자신을 뒤돌아보아서는 안 된다. 그러면 모든 시선이 '악한 시선'이 되어버리고 만다. 타고난 심리학자는 본능적으로 보기 Sehen 위해서 보는 것을 경계한다 ; 이것은 타고난 화가도 마찬가지다. 그는 '자연을 따라' 일하지 않는다. —그는 그의 본능, 즉 자기의 암실에게 '경우들'과 '자연'과 '체험된 것'을 걸러내고 표현하는 일을 맡긴다…… 그의 의식으로 들어오는 것은 일반적인 것, 결론, 결과이다 : 개별적인 경우들을 임의적으로 추상해내는 일을 그의 의식은 알지 못한다. —그렇지 않다면 무슨 일이 생기겠는가? 예를 들어 파리의 소설가들의 방식대로 크고 작은 속류 심리학을 행한다면? 이것은 말하자면 실제의 경우들을 숨어서 기다리다가 저녁마다 신기한 것을 한 줌씩 집으로 가지고 돌아가는 것과 같은 것이 된다…… 하지만 보라, 그렇게 해서 결국 무엇이 도출되는지를 —얼룩들의 집합, 최선의 경우 모자이크, 어떤 경우든지 함께 덧붙여진 것, 불안정한 것, 색깔들의 외침일 뿐이다. 이런 것들의 최악에 이르고 있는 것은 공쿠르 형제들이다 : 그들은 눈을, 심리학자의 눈을 고통스럽게 하지 않는 문장은 세 문장도 함께 연결시키지 못한다. —자연은 예술적으로 평가해보자면 원본은 될 수 없다. 자연은 과장하고 일그러뜨리며 틈을 남긴다. 자연은 우연이다. "자연에 따르는" 연구는 내가 보기에는 나쁜 징후의 하나인 것 같다 : 이것은 종속, 약함, 숙명론을 드러내며 —대단찮은 것들 앞에서 이처럼 무릎을 꿇는다는 것은 예술가 전체의 체면을 깎는 일이다. 있는 대로 본다는 것 —이것은 다른 유의 정신에 속한다. 이것은 반예술적이고 사실적인 정신에 속한다. 우리는 우리 자신이 누구인지 알지 않으면 안 된다……

8.

예술가의 심리학. —예술이 있으려면, 어떤 미적 행위와 미적 인식이 있으려면 특정한 생리적 선결 조건이 필수 불가결하다 : 즉 도취라는 것이. 도취는 우선 기관 전체의 흥분을 고조시켜야만 한다 : 그러기 전에는 예술이 발생하지 않는다. 다양한 기원을 갖는 온갖 종류의 도취는 모두 예술을 발생시키는 힘을 갖추고 있다 : 가장 오래되고 가장 근원적인 도취인 성적 흥분의 도취가 특히 그러하다. 온갖 큰 욕구들, 온갖 강한 격정들의 결과로 생겨나는 도취도 마찬가지다 ; 축제나 경기, 걸작과 승리 및 극단적인 움직임 전부에

따르는 도취 ; 잔인함에 따르는 도취 ; 파괴 시의 도취 ; 기상적 영
향을 받아 생기는 도취, 이를테면 봄날의 도취 ; 또는 마약의 영향
으로 생기는 도취 ; 결국에는 의지의 도취, 가득 차고 팽창된 의지
의 도취. —도취에서 본질적인 것은 힘이 상승하는 느낌과 충만의
느낌이다. 이런 느낌으로 인해 사람들은 사물에게 나누어주고, 우
리로부터 받기를 사물에게 강요하며, 사물을 폭압한다—이런 과정
이 이상화라고 불린다. 여기서 편견 하나를 없애버리자 : 이상화는
보통 믿는 바와는 달리 자질구레하거나 부차적인 것을 빼내버리거
나 제해버리거나 하는 것이 아니다. 주요 특징들을 엄청나게 내몰아
버리는 일이 오히려 결정적인 것이어서, 그 때문에 다른 특징들이
사라져버리는 것이다.

9.

이런 상태에서 사람들은 자기 자신의 충만함으로 인해 만사를 풍
요롭게 만든다 : 무엇을 보고 무엇을 원하든 사람들은 그것을 부풀
려서 보고 절실한 것으로 보며 강하고 힘이 넘쳐나고 있다고 본다.
이런 상태에 있는 인간은 사물이 그의 힘을 다시 반영해낼 때까지
사물을 변모시킨다—사물이 자기의 완전함을 반영하게 될 때까지.
이렇게 완전성으로 변화시켜야 한다는 것 —바로 이것이 예술인 것
이다. 그의 원래 모습이 아닌 것 전부가 그럼에도 불구하고 그에게
는 기쁨이 된다 ; 예술에서 인간은 자신을 완전성으로서 즐기는 것
이다. —이와는 반대되는 상태인 본능의 특수한 반예술성을 생각해
볼 수 있을 것이다. —이것은 모든 사물을 피폐하게 만들고, 희석시

키며, 소모적으로 만드는 방식일 것이다. 그리고 실제로 그런 반−예술가들, 생명에 굶주린 자들은 역사상 아주 많이 있었다 : 필연적으로 사물을 취하고 쇠약하게 만들며 메마르게 만들지 않으면 안 되었던 자들이. 이를테면 진정한 그리스도교인이 그런 경우이고, 이를테면 파스칼이 그런 경우이다 : 예술가이면서 그리스도교인 경우는 전혀 없다…… 순진하게 라파엘이나 19세기의 몇몇 유사 요법과도 같은 그리스도교인을 예를 들면서 내게 반박하지 말라 : 라파엘은 긍정의 말을 했고, 그의 실천은 긍정이었으며, 그래서 라파엘은 그리스도교인이 아닌 것이다……

10.

내가 미학에 도입했던 아폴론적−디오니소스적이라는 대립 개념은, 도취의 일종으로 파악된 양자는 무엇을 의미하는가?—아폴론적 도취는 무엇보다도 눈을 자극시켜 환영을 보는 능력을 얻게 한다. 화가, 조각가, 서사시인은 환영을 보는 자들의 전형이다. 디오니소스적 상태에서는 그 반대로 격정의 체계 전체가 자극되고 고조된다 : 그래서 그 상태는 모든 종류의 표현 수단을 한꺼번에 분출시키고, 재현과 모방과 변형과 변화의 능력, 모든 종류의 흉내와 연기를 동시에 내몰아댄다. 그 상태에서 본질적인 것은 능숙한 변신, 반응을 하지 않고는 못 배기는 성질이다(—온갖 신호에 반응하여 어떤 역할이라도 하는 히스테리 환자와 유사하게). 어떤 종류의 암시를 이해하지 못한다는 것은 디오니소스적 인간에게는 불가능하다. 그는 격정의 어떤 신호도 간과하지 않으며, 그가 최고 단계의 전달

기술을 갖고 있듯이, 이해하고 알아차리는 데서도 최고 단계의 본능을 가지고 있다. 그는 모든 피부와 모든 격정의 내부로 들어간다 : 그는 자신을 계속해서 변모시킨다. ―오늘날 우리가 이해하는 음악 역시 격정들의 총체적인 흥분이자 총체적인 분출이다. 하지만 이것은 격정의 훨씬 더 충만한 표현 세계의 나머지에 불과한 것이다. 즉 디오니소스적인 연기의 잔재에 불과하다. 사람들은 음악을 특별한 예술로 만들기 위해 수많은 감각들을, 그중에서도 특히 근육의 감각을 움직이지 못하게 했다(적어도 상대적으로는 : 왜냐하면 모든 리듬은 일정 정도로는 우리의 근육에 여전히 말을 걸기 때문이다) : 그래서 인간은 그가 느끼는 모든 것을 더 이상은 곧바로 육체적으로 모방하거나 표현하지 않는다. 그럼에도 불구하고 그것은 디오니소스적 상태 특유의 정상적인 상태이며, 어쨌든 근원적인 상태인 것이다 ; 음악은 이런 상태를 서서히 특수화시켜 이르게 된 것이다. 가장 유사한 기능을 희생하는 대가를 치르고서.

11.

배우, 광대, 춤꾼, 음악가, 서정시인들은 본능상 근본적으로 유사하며 그 자체로 한 종류이다. 그러나 점차 특수화되면서 서로 서로 분리되었다―서로 대립하기에 이르도록. 서정시인은 가장 오랫동안 음악가와 하나로 남아 있었다 ; 배우는 춤꾼과. ―건축가는 디오니소스적 상태도 아폴론적 상태도 보여주지 않는다 : 건축가들에게서 예술을 요청하는 것은 강력한 의지의 작용이다. 즉 산을 옮기는 강력한 의지의 도취인 것이다. 그지없이 강력한 인간들은 언제나 건축가들에게 영감을 주었다 ; 건축가는 항상 권력을 암시했었다. 건축물에서는 긍지, 고난에 대한 승리, 힘에의 의지가 가시화되어야 한다 ; 건축은 형식을 통해 설득하고 때로는 아첨까지도 하며 때로는 명령하는, 권력에 대한 일종의 웅변술이다. 권력과 안전에 대한 최고의 느낌은 위대한 양식을 갖고 있는 것들에서 표현된다. 어떤 증거도 더 이상은 필요로 하지 않는 권력 ; 누구의 마음에 든다는 것을 경멸하며 거부하는 권력 ; 쉽사리 응답하지 않는 권력 ; 자기 주변에 어떤 증인도 있지 않다고 느끼는 권력 ; 자신에 대한 적대자가 있다는 것을 의식하지 않고 사는 권력 ; 자기 자신 안에서 안식하고, 숙명적이며, 법 중의 법인 권력 : 이 권력이 위대한 양식의 형식으로 자기에 대해 말을 하는 것이다. ―

12.

나는 토마스 칼라일T. Carlyle의 인생 여정을 읽었다. 그의 본의도 아니었고 그가 알지도 못했던 그 광대극을, 소화불량 상태에서 벌인 그 영웅적이고 도덕적인 해석을. ―칼라일. 강렬한 말과 태도의 남자. 강한 믿음을 끊임없이 요구하고 그럴 능력이 없다는 느낌이 촉발시키는 위기에서 연설하는 자(―이때 그는 전형적인 낭만주의자이다!). 강한 믿음에 대한 요구는 강한 믿음에 대한 증거가 아니라, 오히려 그 반대이다. 강한 믿음을 가진 자는 회의라는 사치를 자기 자신에게 허용해도 되는 자이다 : 그는 이런 사치를 누릴 수 있을 정도로 충분히 확실하고 충분히 확고하며 충분히 결속되어 있다. 칼라일은 강한 믿음의 소유자들에 대한 격렬한 존경심과 덜 우

직한 자들에 대한 분노에 의해 자신 안에 있는 무언가를 마취시킨
다 : 그에게는 소음이 필요하다. 스스로에 대한 지속적이면서도 열
렬한 부정직이 필요하다. ―이것이 그의 특질이며, 이 때문에 그는
흥미로운 자이고 흥미로운 자로 남는다. ―물론 영국에서는 그가
바로 정직하다는 이유로 경탄된다…… 이것이 진정 영국적인 것이
다 ; 그리고 영국인이 완전한 위선의 민족이라는 점을 주지하면, 정
당하기까지 하며 십분 이해가 간다. 근본적으로 칼라일은 무신론자
가 아니라는 점으로 존경받고 싶어 하는 영국적 무신론자인 것이다.

5

10

13.

에머슨R. W. Emerson. ―칼라일보다는 훨씬 더 계몽되었고 방
랑적이고 다층적이고 세련되었으며 무엇보다도 훨씬 더 행복한 인
물…… 본능적으로 암브로시아만을 먹으며 살았고, 소화시키지 못
할 만한 것은 취하지 않고 사물에 그대로 남겨놓는 인물. 칼라일에
비하면 그는 취향 있는 자로 여겨진다. ―칼라일은 에머슨을 아주
좋아했지만 그에 대해 : "그는 씹어볼 만한 것을 우리에게 충분히 주
지 않는다"고 말했다 : 옳은 말일 수 있지만, 결코 에머슨에게 불리
한 말은 아니다. ―에머슨은 모든 진지함의 기를 꺾어버리는 호의
적이면서 기지 넘치는 명랑함을 갖추고 있는 인물이다 ; 그는 자신
이 이미 얼마나 늙었는지 그리고 얼마나 더 젊어질지에 대해 전혀
알지 못한다―그는 그 자신에 대해 로페 데 베가Lope de Vega의
말을 빌려 다음처럼 말할 수 있으리라 : "나는 내 자신의 계승자다."
그의 정신은 만족할 이유와 감사할 이유까지도 늘 찾아낸다 ; 때때

15

20

로 그는 마치 모든 일이 잘되었다는 듯 사랑의 밀회에서 돌아와 감사하면서 "힘은 없더라도 욕망은 찬양할 만하다"고 말하는 어떤 양반의 명랑한 초월성을 살짝 스치기도 한다. ―

5

14.

반(反)다윈. ―그 유명한 생존을 위한 투쟁에 대해 말해보자면, 우선 그것은 입증되었다라기보다는 주장하고 있는 것 같다. 생존을 위한 투쟁은 발생하기는 하지만, 예외적인 것이다 ; 삶의 총체적인 면은 곤경이나 기근이라기보다는 오히려 풍부와 풍요, 심지어는 불합리한 낭비이기도 하며 ― 투쟁이 발생하는 곳에서는 힘을 위한 투쟁이 일어난다…… 맬서스와 자연을 혼동해서는 안 된다. ―그런데 이런 투쟁이 있다고 가정해보면 ―사실 이런 투쟁은 발생하는데 ―, 그 결과는 유감스럽게도 다윈 학파가 바라거나 이들과 더불어 사람들이 바랄 수 있을 만한 결과와는 완전히 정반대일 것이다 : 즉 강자나 특권자들이나 운 좋은 예외자들에게 불리할 것이다. 좋은 완전성 안에서는 성장하지 않는다 : 약자가 계속해서 강자를 지배한다―약자가 다수이고, 더 똑똑하기도 하기에…… 다윈은 정신을 잊어버렸었다(―이것이 영국적이다!), 약자가 더 정신적인데 말이다…… 정신을 얻으려면 정신을 필요로 해야만 한다―정신을 더 이상 필요로 하지 않으면, 정신은 상실된다. 힘을 소유한 자는 정신을 포기한다(―오늘날의 독일에서는 "정신은 죽게 놔두자!라고 생각되고 있다―하늘의 왕국이 우리에게 여전히 남아 있어야만 한다"[48]……). 사람들이 알고 있듯이 나는 조심, 인내, 책략, 위장, 강한

자기 지배와 모든 위장술을 정신이라고 이해한다(위장술에는 소위
말하는 덕의 대부분이 포함된다).

15.

심리학자의 궤변. ─심리학자는 인간을 잘 이해하는 사람이다는
것 : 그런데 심리학자는 진정 무슨 목적으로 인간을 탐구하는가?
자기들이 인간들을 조금이라도 능가하게 하거나 또는 많이 능가하
게 하는 유리한 점을 잡아채기 원한다─그는 아마추어 정치꾼이
다!…… 정치꾼도 인간을 잘 이해하는 사람이다 : 그리고 그는 그
자신을 위해서는 아무것도 원하지 않으며, "개인적이지 않은" 위대
한 존재라고 당신들은 말한다. 좀더 또렷하게 살펴보시라! 그는 심
지어는 인간들을 더욱더 나쁘게 능가하는 유리한 점을 원하고 있을지
도 모른다 : 즉 자신이 인간보다 우월하다고 느끼고, 인간들을 얕보
아도 되며, 그들과 더 이상은 뒤섞이고 싶지 않기를 원하고 있을지
도 모른다. 이런 "개인적이지 않은" 존재는 인간을 경멸하는 자이
다 : 심리학자는 그 외관이 말해주듯 이들보다는 더 인간적인 종류
이다. 그는 적어도 자기 자신이 다른 인간들과 동등한 체하며, 자신
을 그들 사이에 **포함시킨다**……

16.

독일인의 **심리적 분별**은 내가 생각하기에는 여러 경우들을 통해
볼 때 문제시할 만하다. 나의 겸손함은 내게 그 경우들의 목록을 제

154 니체 전집 15

시하지 못하게 한다. 그런데 한 경우가 나의 테제를 세우지 않을 수 없게 하는 중요한 동기를 내게 부여했다 : 나는 독일인들을 용서하지 않겠다. 그들은 칸트와, 내가 '뒷문 철학'이라고 부르는 칸트의 철학을 잘못 파악했다. ─그것은 지적 성실성의 예가 아니었다. ─내가 듣고 싶지 않은 또 다른 것은 그 악명 높은 '-와'이다 : 독일인들은 "괴테와 실러"라고 말한다. ─그들이 "실러와 괴테"라고 말하지 않을까 염려된다…… 아직도 사람들은 이 실러라는 인물을 파악하지 못하고 있단 말인가? ─좀더 심한 '-와'도 있다 ; 나는 내 귀로 직접, 물론 대학 교수들 틈에서 "쇼펜하우어와 하르트만"이라는 말도 들었다……

17.

가장 정신적인 인간들이 가장 용기 있는 자라고 전제한다면, 이들은 전적으로 가장 고통스러운 비극들도 체험하게 된다 : 하지만 삶이 그들에게 삶의 가장 막강한 적수를 대적케 한다는 것, 바로 그 때문에 그들은 삶을 경외한다.

18.

'지적 양심'. ─오늘날 진정한 위선보다 더 드문 것은 없는 듯하다. 이런 녀석이 우리 문화의 온화한 공기를 견디지 못할 거라는 의심이 강하게 든다. 위선은 강한 신앙의 시대에 속하는 것이다 : 다른 신앙을 내보여야 할 필요가 있을 때조차도 자신의 신앙을 버리지 않던 시대에. 오늘날 사람들은 자신의 신앙을 내버린다 ; 혹은 더 흔하게는 두 번째의 신앙을 덧붙인다―어느 경우든 그들은 솔직하기는 하다. 오늘날에는 예전보다 훨씬 더 많은 확신들이 가능하다는 것은 의심의 여지가 없다 : 가능하다는 것은 허용되었다는 것을 의미하고, 이것은 해롭지 않다는 것을 의미한다. 여기서 자기 자신에 대한 관용이 발생하는 것이다. ―자신에 대한 관용이 좀더 많은 확신들을 허용한다 : 이것들은 타협해가며 함께 살아간다―그것들은 오늘날의 전 세계가 그러하듯 서로의 체면을 손상시키려 하지 않는다. 오늘날에는 무엇이 사람들의 체면을 깎는가? 그 자신이 일관적이면. 그가 일직선으로 가면. 다섯 의미를 가진 애매함보다 그가 덜 애매하면. 그가 진짜이면…… 나는 현대인이 몇 가지 악덕에게 한마디로 아주 편안한 존재여서, 이 악덕들이 더 이상 악덕이 아니게 되어버리지나 않을까 : 그래서 이것들이 정말 사멸해버리지나 않을까 크게 우려하고 있다. 강력한 의지가 제약하는 악한 것은 전부― 의지의 강함 없이는 악이란 존재하지 않을 것이다―우리의 온화한 공기에서는 덕으로 변질해버리고 만다…… 내가 알게 된 소수의 위선자들은 위선을 흉내 내고 있었다 : 오늘날 거의 열 명 중 한 명이 그러하듯, 그들은 배우였다. ―

19.

아름다움과 추함. ―아름다움이라는 우리의 느낌보다 더 제약받는, 말하자면 더 제한되는 것은 없다. 인간이 인간 자신에 대해 느끼는 기쁨에서 아름다움을 분리시켜 생각해보려는 사람들은 즉시 자기 발 밑의 토대와 지반을 상실하게 될 것이다. '아름다움 그 자체' 는 단지 말에 불과하며, 개념도 되지 못한다. 아름다움 안에서 인간 은 자기 자신을 완전성에 대한 척도로 설정해놓으며 ; 특별한 경우 자신을 숭배하기도 한다. 인간이라는 종은 이런 식으로만 자기 자 신을 긍정할 수 있다. 이 종의 가장 심층적인 본능인 자기 보존과 자 기 증대 본능은 그런 숭고함 안에서 빛을 발한다. 인간은 세계 자체 가 아름다움으로 가득 차 있다고 믿는다―그는 자기가 원인이라는 점을 망각해버린다. 인간이 홀로 세계에 아름다움을, 아아! 아주 인 간적이고-너무나 인간적인 아름다움을 선사했는데 말이다…… 인 간은 근본적으로는 사물에 자기 자신만을 비추어보며, 그에게 자신 의 모습을 되비추어주는 것을 전부 아름답다고 여긴다 : '아름답다' 는 판단은 인간의 종적 허영심인 것이다…… 일말의 불신이 회의주 의자의 귀에 대고 의문을 속삭인다 : 인간이 세계를 아름답게 받아 들인다는 이유로 진정 세계가 아름다워졌는가? 인간은 세계를 인간 화시킨 것이고 : 이것이 전부이다. 그런데 인간이 바로 아름다움의 원형을 제공할 수 있다는 사실을 보장해주는 것은 아무것도, 전혀 아무것도 없다. 좀더 고급한 취향을 지닌 판단자의 눈에 인간이 어 떻게 보일지 누가 알겠는가? 위험을 무릅쓴 채 감행하는 것처럼 보일까? 유쾌하게 해주는 것으로도 보일까? 조금은 자의적으로 보 일까?…… "오! 디오니소스여, 신이여, 왜 당신은 내 귀를 잡아당 기는 거죠?라고 아리아드네는 일찍이 그 유명한 낙소스 섬에서의 대화 도중 자신의 철학자 연인에게 물은 적이 있었다. "아리아드네 여, 그대의 귀는 어딘가 우스운 데가 있소 : 왜 더 길지 않소?"

20.

　어느 것도 아름답지 않다. 인간 외에는 : 모든 미학은 이런 단순함에 기초하고 있으며, 이것이야말로 미학의 제1진리이다. 여기에 곧바로 제2의 진리를 추가해보자 : 퇴락한 인간보다 더 추한 것은 없다—이렇게 해서 미적 판단 영역의 경계가 지어진다. — 생리적으로 고찰해보면 추한 모든 것은 인간을 약화시키고 슬프게 한다. 그것은 인간에게 쇠퇴, 위험, 무력을 상기시킨다 ; 이러면서 인간은 실제로 힘을 상실한다. 추한 것의 효력은 동력계를 가지고 측정해볼 수 있다. 대체로 인간이 풀 죽고 우울해질 때, 그는 '추한 것'이 근접해 있다는 사실을 눈치 챈다. 힘에 대한 그의 느낌, 그의 힘에의 의지, 그의 용기, 그의 긍지—이런 것이 추한 것과 함께 사라지며, 아름다움과 함께 상승한다……어느 경우이든 우리는 한 가지 결론을 내린다 : 이 결론의 전제들은 우리의 본능 안에 엄청나게 쌓여 있다. 추함은 퇴화에 대한 암시이자 징후로 이해된다 : 아주 어렴풋이라도 퇴화를 상기시키는 것은 우리 안에서 '추하다'는 판단을 불러일으킨다. 소진, 고난, 연로, 피곤의 모든 징표, 경련이든 마비든 모든 종류의 부자유, 특히 해체와 부패의 냄새와 색깔과 형식들, 이것들이 끝까지 희석되어 상징이 되었다 하더라도—이 모든 것은 동일한 반작용을 불러일으킨다. 즉 '추하다'는 가치판단을 말이다. 이때 특정한 증오심이 돌출한다 : 이때 인간이 증오하는 것은 무엇인가? 의심할 여지 없이 : 자기 유형의 쇠퇴. 이때 그는 인간 종의 가장 심층적인 본능에 의해 증오한다 ; 이런 증오에는 공포, 신중, 심원함, 멀리 내다봄이 내재한다—이것이 모든 증오 중에서 가장 깊은 증오이다. 이것 때문에 예술이 깊이가 있는 것이다……

21.

쇼펜하우어. ―고찰의 대상이 되는 마지막 독일인 쇼펜하우어는 (―괴테와 헤겔과 하인리히 하이네와 마찬가지로 유럽적 사건의 하나이며, 한갓 지역적 사건이 아니라, '국가적' 사건인 것이다), 심리학자에게는 대단히 중요한 경우이다 : 삶에 대한 허무적인 총체적-폄하에 이롭게 하려고 바로 그 반대의 것들, 즉 "삶에의 의지"의 위대한 자기 긍정이나 삶의 풍요로운 형식들을 전쟁터로 보내는 악의에 찬 천재적 시도로서 말이다. 그는 예술, 영웅주의, 천재, 아름다움, 위대한 동정, 인식, 진리 의지, 비극을 차례차례 "의지"를 "부정"하는 데 따르는 또는 의지를 부정하려는 욕구에 따르는 현상으로 해석해냈다―이것은 그리스도교를 제외한다면 역사상 가장 엄청난 심리학적 날조이다. 좀더 면밀히 보면 이 점에 있어서 그는 그리스도교적 해석의 상속자에 불과하다 : 그가 그리스도교에 의해 거절되는 인류의 위대한 문화적 사실들을 여전히 그리스도교적인, 말하자면 허무적인 의미에서 시인할 줄 알았다는 것 때문에(―즉 '구원'에 이르는 길로서, '구원'의 예비 형식으로서, '구원'에 대한 갈망의 자극제로서……)

22.

그 개별적 경우를 하나 들어보겠다. 쇼펜하우어는 우울한 열정에 취해 아름다움에 대해 말한다―결국 무엇 때문인가? 그것은 그가 아름다움에서 하나의 다리를 보기 때문이다. 사람들이 거기서 더 나아가거나 또는 더 나아가려는 갈증을 얻는 다리를…… 그 아름다움이라는 다리는 그에게 '의지'에서의 찰나적인 구원이며—그 다리는 영원한 구원으로 유혹한다…… 특히 쇼펜하우어는 아름다움을 '의지의 초점'으로부터의 구원자, 성으로부터의 구원자로 찬미한다—미 속에서 그는 생식 충동이 부정되고 있다고 본다…… 기괴한 성자여! 누군가는 당신에게 이의를 제기할 것이며, 나는 그것이 자연이 아닐까 염려된다. 도대체 왜 아름다움은 자연 속의 소리와 색채와 향기와 리듬감 있는 운동에 깃들어 있다는 말인가? 무엇이 아름다움을 몰고 나온단 말인가? —다행히도 그 역시 철학자인어떤 사람이 그에게 이의를 제기하며, 그는 신과도 같은 플라톤(—이렇게 쇼펜하우어는 부른다)의 권위보다 덜하지 않는 권위에 의해다른 명제를 주장한다 : 모든 아름다움은 생식하게끔 자극한다라고—이것이 바로 가장 감각적인 것에서부터 가장 정신적인 것에 이르기까지 아름다움의 특징적 효능이라고……

23.

플라톤은 더 나아간다. 그는 '그리스도교인'이 아니라 그리스인만이 지닐 수 있는 순수함을 가지고, 아테네에 그처럼 아름다운 청년들이 없었더라면 플라톤 철학은 결코 존재하지 않았을 거라고 말한다 : 다름 아닌 그들의 용모가 철학자의 영혼을 에로틱한 환희의상태로 바꾸어놓고, 그 영혼이 그처럼 아름다운 대지에 모든 드높은 것들의 씨앗을 선사하며 내려줄 때까지 쉬게 하지 않는다는 것이다.[49] 아아, 또 한 명의 기괴한 성자여!—설령 플라톤을 믿는 자라고 하더라도, 자기의 귀를 의심할 일이다. 우리는 아테네에서는

철학이 이와는 달리 행해졌다는 것, 특히 공적으로 행해졌다는 사실
만큼은 적어도 추측할 수 있다. 한 은둔자의 개념의 거미줄 치기,
스피노자 식의 신을 향한 지적인 사랑만큼 그리스적이지 않은 것은
없다. 플라톤식의 철학은 차라리 에로틱한 경쟁이라고, 옛 체육 경
기와 그 전제들을 연수하고 내면화한 것이라고 정의할 수 있으리라.
플라톤의 그런 철학적 에로티시즘에서 결국 무엇이 나왔던가? 그
리스적 경기의 새로운 예술적 형식인 변증론이 나왔다. ―쇼펜하우
어에는 반대하지만 플라톤에게는 경의를 표하며 다음의 사실을 상
기해본다. 고전적 프랑스의 높은 문화와 문학도 전부 성적인 호기심
이라는 토대 위에서 성장했다는 사실을. 거기서는 여성에 대한 남
자의 특별한 친절과 예의, 관능, 성적 경쟁, '여자'를 어디서든 찾아
보아도 무방하다―결코 헛되지는 않다……

24.

예술을 위한 예술. ―예술 안의 목적에 맞서는 싸움은 항상 예술
안에 있는 **도덕화하는** 경향에 맞서는 싸움이며, 예술이 도덕의 하위
에 놓이는 것에 맞서는 싸움이다. 예술을 위한 예술이 의미하는
것 : 그것은 "도덕 같은 것은 꺼져버려라!"이다―하지만 이런 적대
감마저도 여전히 편견의 우세한 힘을 누설하고 있다. 도덕을 설교
하고 인간을 개선하려는 목적이 예술에서 배제되어도, 이것으로부
터 예술이 도대체가 목적이 없다는, 목표가 없다는, 의미가 없다는,
간략히 말해 예술을 위한 예술이라는―자기의 꼬리를 물고 있는
어떤 벌레라는―결론은 여전히 나오지 않는다. "도덕적인 목적을

갖느니 차라리 어떤 목적도 갖지 않으련다!"—단순한 격정은 이렇게 말한다. 이와는 반대로 한 심리학자는 묻는다 : 예술이 전부 하고 있는 일이 무엇이란 말인가? 예술은 칭찬하지 않는단 말인가? 예술은 찬미하지 않는단 말인가? 예술은 골라내지 않는단 말인가? 예술은 두드러지게 하지 않는단 말인가? 예술은 사실 이 모든 일을 하면서 특정한 가치 평가들을 강화하거나 약화시키거나 하는 것인데……이것이 단순히 부수적인 일에 불과하다는 말인가? 우연이란 말인가? 이것이 예술가의 본능이 전혀 개입하지 않는 어떤 것이라는 말인가? 아니면 그 반대로 : 예술가가 그럴 만한 능력이 있다는 것이 그 전제 조건이 아니란 말인가……? 그의 가장 심층적인 본능은 예술을 향하고 있는가, 오히려 예술의 의미인 삶을 향하고 있지는 않은가? 삶이 소망할 만한 것으로 향하고 있지는 않은가? —예술은 삶의 위대한 자극제이다 : 그런데 어떻게 그것이 목적이 없다거나, 목표가 없다거나, 예술을 위한 예술이라고 이해될 수 있단 말인가? —남아 있는 한 가지 물음 : 예술은 삶의 수없이 많은 추한 것, 강한 것, 의문시되는 것도 역시 등장시킨다—이렇게 해서 예술은 삶 때문에 괴로워하는 것으로 드러나는 것은 아닌가?—그리고 실제로 예술에 이런 식의 의미를 부여했던 철학자들이 있었다 : 쇼펜하우어는 '의지로부터의 해방'을 예술의 총체적 의도라고 가르쳤고, '체념시키는 것'을 비극이 갖는 중대한 유용성이라며 경외했다. —그런데 이것은—내가 이미 암시했듯이—염세주의자의 시각이며 '사악한 시선'이다— ; 우리는 예술가 자신들에게 호소해보지 않으면 안 된다. "비극적 예술가는 자신의 무엇을 전달하는 것인가? 그가 보여주는 것은 다름 아닌 끔찍한 것과 의문스러운 것 앞에서의

공포 없는 상태가 아닌가? —그 상태 자체가 지극히 소망할 만한
것이다 ; 이런 상태를 알고 있는 자는 이것에 최고의 경의를 표한
다. 그가 예술가라면, 그가 전달의 천재라면, 그는 그 상태를 전달
하며 전달하지 않으면 안 된다. 한 강력한 적수 앞에서, 커다란 재난
과 공포를 불러일으키는 문제 앞에서 느끼는 용기와 자유—이런 승
리의 상태가 바로 비극적 예술가가 선택하는 상태이며, 그가 찬미
하는 상태이다. 비극 앞에서 우리 영혼 내부의 전사가 자신의 사티
로스의 제의(祭儀)를 거행한다 ; 고통에 익숙한 자, 고통을 찾는 자,
영웅적인 인간은 비극과 더불어 자신의 존재를 찬양한다—오직 그
에게만 비극 시인은 그런 가장 달콤한 잔혹의 술을 권한다. —

25.

인간에 만족해서 그들을 견뎌내고, 인간을 향해 마음을 열어둔다
는 것. 이것은 진보적이기는 하지만 진보적인 것 이상은 아니다. 사
람들은 수많은 가려진 창문과 닫힌 상점에서 고귀하게 손님을 환대
할 수 있는 가슴을 알아낸다 : 이들은 이들의 최고의 공간을 비워둔
다. 무엇 때문에? —그들은 사람들이 '견뎌내지' 못하는 손님을 기
다리기 때문이다……

26.

우리를 전달할 때 우리는 우리 자신을 더 이상은 충분히 평가하
지 않는다. 우리의 고유한 체험들은 결코 수다스럽지 않다. 그것들

은 전달하고 싶어 한다고 해도 스스로를 전달할 수 없으리라. 그것들은 말을 갖고 있지 않기에. 우리가 말을 갖고 표현하려는 것을 우리는 이미 넘어서 있다. 모든 말에는 일말의 경멸이 놓여 있다. 언어는 단지 평균적인 것, 중간적인 것, 전달 가능한 것을 위해서만 고안되어 있는 듯 보인다. 화자는 언어에 의해 자신을 이미 통속화시킨다. ―농아자와 다른 철학자들을 위한 도덕으로부터.

27.

"이 그림은 황홀하리만큼 아름답다!"[50] ······ 불만족스럽고 흥분되어 있으며 심장과 내장이 황폐하고 자신의 몸 저 깊은 곳에서 "자식이냐 책이냐"고 정언적으로 속삭이는 명령에 고통스런 호기심으로 언제나 귀 기울이는 : 문학 깨나 한다는 여자. 자연이 라틴어로 이야기하는 소리까지 이해할 정도로 충분히 교육받고, 한편으로는 남몰래 프랑스어로 혼잣말을 할 정도로 허영기 있고 멍청한 문학 깨나 한다는 여자. "나는 나 자신을 보고, 나 자신을 읽고, 나 자신에게 황홀해할 것이며, 이렇게 말하게 될 것이다 : 어떻게 내가 이렇게 영감이 풍부할 수가 있을까?" 라고······

28.

"비개인적인 자들"이 말한다. ― "현명하고 인내하며 우월하게 있는 것보다 더 쉬운 일은 없다. 우리는 배려와 동정이라는 기름에 흠뻑 젖어 있다. 우리는 터무니없을 정도로 의로우며, 모든 것을 용서

한다. 바로 그 때문에 우리는 우리를 좀더 강하게 유지해야 한다 ;
바로 그 때문에 우리는 때때로 작은 어떤 격정, 격정의 어느 작은
악덕을 육성시켜야 한다. 이것은 우리에게 마땅찮은 일일 수 있으
며 ; 그러면서 우리가 제시하는 관점을 우리끼리는 비웃을 수도 있
다. 그렇지만 이 비웃음이 무슨 소용이 있다는 말인가! 우리가 자기
극복의 다른 방식을 갖지 않는데 말이다 : 이것이 우리의 금욕이고,
우리의 속죄이다"…… 개인적이 된다는 것―"비개인적인 자"의 덕
……

29.

어떤 박사학위 취득. ―"모든 고등교육의 과제는 무엇인가?"―인
간을 기계로 만드는 것입니다. ―"그것을 위한 수단은 무엇인가?"
―인간이 권태를 배워야만 합니다. ―"어떻게 그것이 가능한가?"
―의무 개념에 의해서입니다. ―"그러기 위한 모범은 누구인가?"
―문헌학자요 : 이들이 지독하게 공부하기 때문입니다. ―"완전한
인간은 누구인가?"―공무원입니다. ―"어떤 철학이 공무원을 위한
최고의 공식을 제공하는가?"―칸트의 철학이죠 : 칸트는 물자체로
서의 공무원을 현상으로서의 공무원에 대한 판관으로 설정합니다.
―

30.

우둔할 권리. ―선량하게 바라보며, 사태가 되어가는 대로 놔두

는, 지쳐 있고 천천히 숨을 쉬는 노동자 : 노동의(그리고 '제국'의!
—) 시대인 지금, 사회의 전 계층에서 마주치는 이런 전형적인 인물
은 오늘날 바로 예술을 자기네 것이라고 주장한다. 책도 그렇고, 저
널은 특히 그러하며—아름다운 자연과 이탈리아는 더 말할 것도 없
다…… 파우스트가 말하는 "고이 잠들어 있는 야성적 충동"[51]을 가
진 황혼의 인간은 여름날의 피서지를, 해수욕을, 빙하를, 바이로이
트를 필요로 한다……. 이런 시대에 예술은 순수한 어리석음에 대
한 권리를 갖는다—정신과 재기와 감수성을 위한 일종의 휴가로
서. 이것을 바그너는 이해했다. 순수한 어리석음이 재건된다……

31.

섭생법이 갖는 또 하나의 문제. ─율리우스 카이사르가 병과 두통
에서 자신을 방어했던 수단 : 강행군, 지극히 단순한 삶의 방식, 끊
임없는 노천 생활, 지속적인 혹사─이것들은 크게 보면 섬세하지
만, 비할 바 없는 압박을 받으며 일을 하는 천재라고 불리는 기계가
극도로 예민하기에 취하게 되는 보존 조치이자 보호 조치이다. ─

32.

비도덕주의자가 말한다. ─소망하고 있는 인간보다 더 철학자에게
거슬리는 자는 없다…… 철학자가 인간을 오로지 그의 행위에 의
해서만 바라보고, 그렇듯 가장 용감하고 교활하며 질긴 인간이라는
짐승이 심지어 미궁과 같은 곤경에 처해 헤매고 있는 것을 본다면,

그에게 인간은 얼마나 경탄할 만한 존재로 보일 것인가! 그는 인간을 위로할 것이다…… 하지만 소망하는 인간을 철학자는 경멸한다. '바람직한' 인간도 경멸한다―그리고 인간의 온갖 소망 사항들, 인간의 온갖 이상을 통틀어 경멸한다. 철학자가 허무주의자가 될 수 있다면, 그가 인간의 온갖 이상들의 배후에서 아무것도 발견하지 못하기 때문일 것이다. 무(無)조차도 발견 못하며―오히려 무가치한 것, 불합리한 것, 병든 것, 비겁한 것, 피곤한 것, 자신의 삶을 다 마셔버린 잔에 남아 있는 온갖 종류의 쓰레기만을 발견해서일 것이다…… 원래 모습으로는 그토록 경외받을 만한 인간이, 소망하게 되면 아무런 존경도 받지 못하는 것은 왜인가? 그렇게 용감한 실재의 모습을 갖고 있다는 점에 대한 보상을 해야만 하는 것인가? 그는 자기의 행위와 행위 전반에서 발생하는 머리와 의지의 긴장을 상상과 불합리 안에서 휴식을 취하는 것으로 상쇄시켜야만 하는 것인가? ―인간의 소망의 역사는 지금까지 인간의 치부였다 : 그 역사 안에서는 독서를 너무 오랫동안은 하지 않도록 해야 한다. 인간을 정당화하는 것은 그의 실재 모습이고―이것은 인간을 영원히 정당화해줄 것이다. 실재의 인간은 한갓 소망되고 꿈꾸어지고 새빨간 거짓이자 날조된 인간들과 비교하면 얼마나 더 큰 가치를 지닐까? 여느 이상적인 인간과 비교해보면 얼마나 더 큰 가치를 지닐까? ……그리고 철학자에게 거슬리는 인간은 오로지 이상적인 인간이다.

33.

이기주의의 자연적 가치. ―이기심을 갖는 자가 생리적으로 어떤 가치를 갖는지에 따라 이기심의 가치가 결정된다 : 이기심은 가치가 매우 클 수도 있고 무가치할 수도 있으며 경멸받을 수도 있다. 각각의 인간은 그가 삶의 상승선을 나타내는지 하강선을 나타내는지에 따라 평가되어도 무방하다. 이것에 대한 결정이 그들의 이기심이 어떤 가치가 있는지를 결정하는 규준이 된다. 그가 상승선을 나타내면 그의 가치는 실제로 뛰어나다―그리고 그와 더불어 삶의 총체는 한 발짝 더 전진하기에, 그에게 그럴 수 있는 최적의 조건을 유지하고 만들어주는 데 관심이 극단적으로 집중되어도 무방하다. 이제껏 대중과 철학자가 이해하는 바대로의 개개인, '개인'은 정말 하나의 오류이다 : 개인이란 존재는 홀로는 아무것도 아니다. 원자도 아니고 '사슬의 고리'도 아니며, 단순히 기존의 것을 물려받은 자도 아니다―개인이란 그에게까지 이르는 인간이라는 하나의 연속선 전체인 것이다…… 그가 하강하는 전개 과정, 쇠퇴, 지속적인 퇴화, 병증을 보이면(―병이라는 것은 크게 보면 이미 쇠퇴의 결과적 현상이지, 그것의 원인은 아니다), 그는 별 가치가 없다. 그리고 그가 제대로 된 자들에게서 가능한 한 적게 빼앗아가도록 하는 것이 공정함의 첫 번째 바람이다. 그는 제대로 된 자들에게는 여전히 기생충에 불과하다……

34.

그리스도교인과 아나키스트. ―사회의 쇠퇴 계층을 대변하는 자로서 아나키스트가 그럴듯한 분노를 가지고 '법'과 '정의'와 '평등권'을 요청한다면, 그가 교양의 결여에 의해 강제되었기 때문이다.

그는 왜 그가 정말 고통을 겪는지―그가 어디에서 궁핍한지를 알지 못한다. 삶이 궁핍하다는 것을 알지 못한다…… 원인-충동이 그에게서 강력해서 : 그가 열악한 상태에 있다는 것에 대한 책임을 누군가는 지지 않으면 안 되는 것이다…… '그럴듯한 분노' 자체는 그에게도 좋게 작용한다. 궁핍한 모든 악마를 욕하는 일이 즐거움을 준다―다소간의 권력의 도취를 준다. 불평과 자기 불만은 이미 삶에 자극을 줄 수 있다. 이 자극 때문에 사람들은 살아간다 : 모든 불평에는 복수심이 미세하게나마 들어 있다. 사람들은 자기가 열악한 상태에 있다는 느낌을, 그리고 경우에 따라서는 열악함 그 자체를 다른 사람들의 탓으로 돌려 그들을 비난한다. 마치 다른 사람들이 불의를 범하고, 용인되지 않은 특권을 소유하고 있다는 듯이. "내가 천민이면, 너 역시 천민이어야 한다" : 이 논리에 의거해 사람들은 혁명을 일으킨다. ―자신에 대한 불평은 어떤 경우에도 쓸모가 없다 : 이것은 약하기 때문에 생긴다. 자신의 열악한 처지를 다른 사람 탓으로 돌리든 자기 자신 탓으로 돌리든―첫 번째 경우는 사회주의자이고, 두 번째 경우의 예는 그리스도교인이다―본질적인 차이는 없다. 양 경우의 공통점, 무가치한 것이라고 우리가 말하는 점은 누군가가 사람들의 고통에 책임을 져야만 한다는 것이다. ―요약하면, 고통받는 자가 자신의 고통에 맞서 스스로에게 복수의 꿀을 처방한다는 것이다. 쾌락욕으로서의 이런 복수욕의 대상들은 우연한 원인들이다 : 고통받는 자는 어디서든 자신의 작은 복수를 식혀주는 원인들을 찾아낸다―그가 그리스도교인이라면, 다시 한번 말하지만 그는 그 원인을 자기 내부에서 찾는다…… 그리스도교인과 아나키스트―양자 모두 데카당이다. ―그런데 그리스도교인이

비록 '세상'에 유죄판결을 내리고 비방하고 더럽힌다 할지라도, 그
것은 사회를 유죄판결하고 비방하고 더럽히는 사회주의 노동자의
본능과 같은 본능에서 행해지는 것이다 : '최후의 심판'조차도 여전
히 복수라는 달콤한 위안이고—사회주의 노동자도 기대하는 혁명
5   이며, 이것을 단지 조금 더 멀리 생각한 것에 불과하다……'피안'
조차도 그러하다—차안을 더럽히는 수단이 아니라면 피안이 무슨
소용이겠는가?……

10   35.
데카당스 도덕에 대한 비판. — '이타적'도덕이자 이기심을 움츠리
게 하는 도덕 — 어떤 경우에도 나쁜 징조이다. 개인에게서도 그렇
고 민족에게서는 특히 그렇다. 이기심이 결여되기 시작하면, 최고
의 것이 결여되는 것이다. 본능적으로 자기 자신에게 해로운 것을 선
15   택하는 것, '이해관계 없는' 동기에 유혹되는 것은 거의 데카당스의
공식을 제공하는 것이나 진배없다. '자기에게 이익이 되는 것을 찾
지 않는다'—이것은 완전히 다른 사실, 즉 다음과 같은 생리적인
사실을 숨기는 도덕적인 덮개에 불과하다 : "나는 내게 이익이 되는
것을 어떻게 찾아야 할지 더 이상은 모르겠다라고 하는"……본능
20   의 분산! —이타적이 되어버리면 인간은 종말을 맞는다. — "나는 더
이상은 가치가 없다"고 단순하게 말하는 대신, 데카당의 입에서 나
오는 거짓 도덕은 : "가치 있는 것은 아무것도 없다—삶은 가치가
없다"고 말한다……이런 판단은 결국 엄청난 위험으로 남게 되고
전염되며—사회 전체의 병든 토양 위에서 때로는 무성하게 자라,

개념이라는 식물의 우림을 형성한다. 때로는 종교(그리스도교)라는
개념-식물의 우림을, 때로는 철학(쇼펜하우어 유의)이라는 개념-
식물의 우림을. 경우에 따라서는 부패에서 자라난 그러한 독식물의
독기가 계속해서, 수천 년간 삶에 해독을 끼칠지도 모른다……

5

36.

의사들을 위한 도덕. —병자는 사회의 기생충이다. 계속 살아간다
는 것은 어떤 경우에는 꼴사나운 일이다. 삶의 의미와 살 권리가 상
10 실되어버린 후에 의사들과 의사들의 처방에 비겁하게 의존하여 계
속 근근이 살아가는 것은 사회에서는 심한 경멸을 받아 마땅하다.
의사들은 그들 나름대로 그런 경멸을 전달하는 자여야만 한다—처
방전이 아니라, 매일매일 새로운 구역질을 한 움큼씩 자기들의 환자
에게 전달해야 한다…… 삶의 관심이, 상승하는 삶이 갖고 있는 최
15 고의 관심이, 퇴화하는 삶을 무자비하게 억압하고 밀쳐내도록 요구
하는 경우들을 위해서—이를테면 생식의 권리, 태어날 권리, 살 권
리…… 등을 위해 의사들의 새로운 책임을 창출하는 것…… 더 이
상은 당당하게 살 수 없을 경우에 당당하게 죽는 것. 자발적으로 선
택한 죽음, 제때에 자식들과 다른 이들이 지켜보는 가운데 명료한
20 의식 상태에서 기뻐하며 죽는 것 : 그래서 작별을 고하는 자가 아직
살아 있는 동안 진짜로 작별을 고하는 것이 가능한 죽음. 또한 자신
이 성취한 것과 원했던 것에 대한 진정한 평가와 삶에 대한 총결산
이 가능한 죽음—이 모든 것은 그리스도교가 죽음의 순간에 연출
하는 비열하고도 무시무시한 코미디와는 정반대다. 그리스도교는

죽어가는 사람의 약점을 악용하여 양심을 고통받게 만든다는 것. 그리스도교는 심지어는 죽는 방법을 인간과 과거에 대한 가치판단으로 악용했다는 것. 이 점들은 그리스도교에서 결코 잊혀져서는 안 되는 것들이다. ─여기서 온갖 비겁한 편견에 대항하여 무엇보다도 이른바 자연사에 대한 올바른 평가, 즉 생리학적인 평가를 내리는 일이 필요하다 : 자연사도 결국은 '비자연적' 인 죽음인 자살에 불과하다. 사람은 자기 자신 외의 어느 누구에 의해서도 죽지 않는 법이니까. 자연사라고 하는 것은 가장 경멸스러운 조건들 아래에서의 죽음일 뿐이며, 자유롭지 않은 죽음, 적당하지 않은 때의 죽음이자 비겁자의 죽음이다. 삶에 대한 사랑에서─, 사람들은 다른 식의 죽음을 원해야 한다. 우연적이거나 돌연적인 죽음이 아니라, 자유로우면서도 의식적인 죽음을…… 마지막으로 염세주의자 제위와 다른 데카당에게 던지는 충고 한마디. 우리는 우리의 출생을 막을 방법이 없다 : 그러나 우리는 그런 잘못을─지금까지는 그것은 잘못이었다─다시 바로잡을 수는 있다. 사람들이 스스로를 없애버린다면, 가장 존경할 만한 일을 하는 것이다 : 없애버리는 것은 삶을 획득하는 것이나 다름없다…… 사회, 아니! 삶 자체가 그렇게 해서 체념하거나 빈혈증을 앓거나 다른 덕들을 갖는 '삶' 보다 더 많은 이득을 얻는 것이다─사람들이 타인들을 자기들의 주시에서 해방시킨 것이다. 삶을 어떤 하나의 이의 제기에서 해방시킨 것이다……
순수하고 가공되지 않은 염세주의는 염세주의자 제위의 자기 부정에 의해 비로소 입증된다 : 쇼펜하우어가 했듯이 '의지와 표상' 만을 가지고서 삶을 부정하지 말고, 염세주의 논리에서 한 걸음 더 나아가야만 한다─, 가장 먼저 쇼펜하우어를 부정해야만 한다…… 덧붙여 말하자면, 염세주의는 전염성임에도 불구하고 한 시대, 한 종족의 병적 상태를 증대시키거나 하지는 않는다 : 그 병증에 대한 표현일 뿐이지. 콜레라에 걸리듯 삶들은 염세주의에 걸린다 : 그러려면 사람들이 이미 충분히 나약해야만 한다. 염세주의 자체는 단 한 사람의 데카당도 더 만들어내지 않는다 ; 콜레라가 창궐했던 해의 총사망자 수는 다른 해와 다름없었다는 통계 결과를 기억하고 있다.

37.

우리가 좀더 도덕적이 되었는지의 여부. ― "선악의 저편"이라는 내 개념에 반하여 기대했던 바대로 격렬한 도덕적 우매함 전체가 공격해왔다. 이 우매함이 독일에서는 도덕 자체로 간주된다는 것은 잘 알려져 있다 : 그중에서 몇 가지 악의 어린 사건에 대해 말하고 싶다. 이 사건들로 인해 나는 특히 도덕적 판단에 관한 우리 시대의 소위 "부정할 수 없는 우월성"에 대해, 그리고 여기서 우리가 진정 어떤 진보를 이루어냈는지에 대해 곰곰 생각해보게 되었다 : 우리와 비교해보자면 케사레 보르자Cesare Borgia는 내가 제시하듯 "좀더 높은 인간"이나 일종의 위버멘쉬로는 제시될 수 없다고 그들은 말한다……〈분트Bund〉의 스위스인 편집자는 모든 점잖은 감정들을 제거할 것을 요구하는 것이 내 작품의 의미라고 '이해'하기에 이른다.[52] 이것을 감행하는 용기에 대한 그의 경외를 표현하면서 말이다. 참으로 고마운 일이다! ―이에 대한 응답으로 나는 우리가 진정 좀더 도덕적이 되었는가라는 물음을 던지려 한다. 전 세계가 그렇게 믿고 있다는 사실이 이미 이에 대한 하나의 반론이 된다…… 아주 섬세하고 상처받기 쉬우며 오만 가지 배려를 주고받는 우리 현대인은 사실상 우리가 제시하는 이런 섬세한 인간성, 그리고 관용과 친절과 상호 신뢰에 있어 이르게 된 의견 합일이 하나의 긍정적인 진보라고 믿어버리고, 이 점으로 인해 우리가 르네상스 시대의 인간을 훨씬 능가하고 있다고 믿는다. 하지만 어떤 시대에서도 그렇게 생각되었고, 그렇게 생각되지 않을 수 없다. 우리는 우리를 르네상스적 상황에 위치시켜서는 안 되며, 생각으로라도 그렇게 하지 않을 것임이 확실하다 : 우리의 신경은 르네상스적 실재성을 견뎌내지 못할 것이다. 우리의 근육은 말할 나위도 없다. 그런데 이런 무능은 진보를 입증하는 것이 아니다. 오히려 다른 것, 즉 필연적으로 사려로 가득 찬 도덕을 발생시키는 더 약하고 더 유약함과 더 상처받기 쉬운 더 말기적인 소질을 증명해줄 뿐이다. 우리의 유약함과 말기성, 우리의 생리적 노화를 간과한다면, 우리의 '인간화' 도덕은 즉시 가치를 상실할 것이다 ―어떤 도덕도 그 자체로는 가치를 지니지 못하는 법이니까― : 우리는 그것을 얕보게 될 것이다. 다른 한편 우리 근대인이 어떤 걸림돌에도 손상을 입지 않고자 솜을 잔뜩 넣은 휴머니티를 가지고서, 체사레 보르자의 동시대인들에게 포복절도할 희극을 제공하리라는 것을 우리는 의심하지 않는다. 사실 우리는 우리의 근대적 '덕목들' 때문에 의도적이지는 않았더라도 더할 나위 없이 우스꽝스러운 모습이 되어 있다…… 대적적이고 불신을 불러일으키는 본능들의 감소는―이것이야말로 소위 우리의 '진보'라는 것이다―생명력의 일반적인 감소에서 나타나는 결과들 중의 하나를 보여준다 : 그렇게 제약되고 그렇게 말기적인 생존을 성취시키기 위해서는 백 배나 더 많은 노고와 신중함이 필요하다. 그때 사람들은 서로 돕고, 그때에는 누구나 어느 정도는 병자이며 어느 정도는 간호인이 된다. 그리고 이것이 '덕'이라고 불린다 — : 하지만 다르게 사는 삶, 즉 더 풍부하고 더 여유 있고 더 넘쳐흐르는 삶을 알고 있던 인간들 사이에서는 그것은 다른 이름으로, 아마도 '비겁', '비참', '허튼 도덕'이라고 불릴 것이다…… 우리의 관습의 유약화는 쇠퇴의 결과 중 하나인 것이다—이것이 나의 명제이자, 나의 혁신이라고도 할 수 있는 바이다 : 관습의 엄중과 끔찍스러움은 이와는 반대로 과잉된 삶의 한 결과일 수 있다 : 이런 경우라면 말하자면 많은 것이 감행되고, 많은 것이 요청되며, 많은 것이 또한 낭비되어도 된다. 예전에는 삶의 양념이었던 것이 우리에게는 독이 될 것이다…… 무관심한 것—이것 역시 강함의 한 가지 형식이다—그런데 무관심하게 있기에는 우리가 너무 늙어버렸으며 너무 늦었다 : 내가 최초로 경고했었으며, 도덕적 인상주의라고 명명될 수도 있을 만한 우리의 동정의 도덕. 이것은 모든 데카당적인 것들이 갖추고 있는 생리적 과민을 표현해주는 또 하나의 표현이다. 쇼펜하우어의 동정의 도덕을 수단으로 자기 자신이 학적임을 표방해보려고 했던 그 운동은—불행한 시도!—도덕에서의 진정한 데카당적 운동이며, 이런 것이기에 그것은 그리스도교 도덕과 아주 유사하다. 강력한 시대와 고상한 문화는 동정과 '이웃 사랑'과 자아와 자의식의 결여를 경멸스러운 것으로 여긴다. —각 시대는 그 시대의 적극적인 힘들에 의거해 측정될 수 있다—이럴 때 르네상스라는 그토록 풍요롭고 그토록 숙명적인 시대는 위대했던 최후의 시대로 드러나고, 우리 현대는 자기에 대한 소심한 염려와 이웃 사랑, 노동과 겸허와 공정성과 과학성이라는 덕을 가지고서—수집적이고 경제적이며 기계적으로 의도하는—약한 시대로 드러난다……
우리의 덕은 우리의 약함에 의해 제약되고 요청된다…… 어떤 것이
실제로 유사해지는 것을 의미하고, '평등권' 이론에서 그 표현을 얻
는 '평등'은 본질적으로 쇠퇴에 속한다 : 인간과 인간 사이의 간격,
계층과 계층 사이의 간격, 유형의 다수성, 자기 자신이고자 하는 의
지, 자신을 두드러지게 하고자 하는 의지, 내가 거리를 두는 파토스
Pathos der Distanz라고 부르는 것은 모든 강한 시대의 특성이다.
오늘날에는 극단적인 것들 사이의 긴장과 간격이 점점 더 줄어들고
있다—극단적인 것 자체가 희미해져 결국은 유사하게 되어버린다
…… 우리의 모든 정치 이론과 헌법 전체는 쇠퇴의 결과들이며 필
연적 귀결들이다. 이 점에서 '독일제국'도 결코 예외일 수 없다 ; 데
카당스의 무의식적 효능이 개별 학문의 이상마저도 지배하는 것이
다. 나는 영국과 프랑스의 사회학 전체에 대해 그것이 단지 사회의
쇠퇴상만을 경험을 통해 알 뿐이며, 자기의 쇠퇴 본능을 정말 순진
하게 사회학적 가치판단의 규범으로 삼는다는 점 때문에 반박한다.
하강하는 삶, 조직하는 힘의 감소, 달리 말해 분리시키고 간격을 벌
리며 아래와 위로 정돈해주는 힘의 감소가 오늘날의 사회학에서는
이상이라고 공식화된다…… 우리의 사회학자들은 데카당이며, 친
애하는 허버트 스펜서 역시 데카당이다—그는 이타주의의 승리를
바람직한 것으로 여긴다!……

38.

내 자유 개념. —한 사태의 가치는 가끔은 그 사태에 의해 달성되

는 것으로 결정되지 않는다. 오히려 그 사태로 인해 지불되는 것에 의해, 그 사태가 우리에게 치르게 하는 값에 의해 그 가치가 결정된다. 예를 하나 들어보겠다. 자유주의적 제도들은 자유주의적이 되는 동시에 더 이상 자유주의적이지 않다 : 나중에는 그런 자유주의적 제도들보다 더 역겹고 더 철저하게 자유를 손상시키는 것은 없게 된다. 그 제도가 가져오는 것이 무엇인지는 잘 알려져 있다 : 그것은 힘에의 의지의 토대를 허물어버린다. 그것은 도덕으로 끌어올려진 산과 골짜기의 평준화 작업이다. 그것은 작게 만들고, 비겁하게 만들며, 즐길 수 있게 만든다―매번 그것과 더불어 군서동물이 개가를 올린다. 자유주의 : 이것은 솔직하게 말하자면 **군서동물로 만드는 것이다**…… 그런 제도들은 그것이 여전히 쟁취의 대상인 한에서 완전히 다른 효능을 가져온다 ; 그것은 사실상 자유를 강력하게 증진시킨다. 좀더 엄밀하게 보자면 그런 효능을 가져오는 것은 바로 싸움이다. 즉 자유주의적 제도들을 위한 싸움이며, 싸움으로서 그것은 **자유주의적 본능들**을 지속시킨다. 그리고 싸움은 자유를 향하도록 훈련시킨다. 그러면 자유란 무엇이란 말인가! 자기 책임에의 의지를 갖는다는 것. 우리를 분리시키는 거리를 유지하는 것. 노고와 난관과 궁핍과 심지어는 삶에 대해서까지도 냉담해지는 것. 자신의 문제를 위해 인간들을 그리고 자기 자신마저도 희생시킬 준비가 되어 있다는 것. 자유는 남성적 본능, 전투적이고 승리의 기쁨에 찬 본능이 다른 본능들, 이를테면 '행복' 본능을 지배하는 것을 의미한다. 자유로워진 인간은, 그리고 자유로워진 정신은 더 말할 것도 없이, 소상인과 그리스도교인과 암소와 여자들과 영국인들과 다른 민주주의자들이 꿈꾸는 경멸스러운 복지를 짓밟아버린다. 자유로운 인간은 전사이다. ─개인에게서나 대중에게서 자유는 무엇에 의해 측정되는가? 극복되어야 할 저항에 의해서, 위에 머무르기 위해서 치르는 노력에 의해서. 최고로 자유로운 인간 유형은 최고의 저항이 끊임없이 극복되는 곳에서 발견될 수 있을 것이다 : 폭정에서 한 다섯 걸음쯤 떨어지고, 복종이라는 위험의 문턱이 가까이 있는 곳에서. 여기서 '폭정'을 자기 자신에 대한 권위와 훈육의 극대화를 요구하는 무자비하고도 끔찍한 본능으로 이해하는 것은─가장 훌륭한 전형이 율리우스 카이사르이다─, 심리학적으로는 옳다 ; 정치적으로도 옳다. 역사를 한번 둘러보기만 해보아라. 가치가 있었거나 가치 있게 된 민족들은 자유 제도 아래에서 그렇게 된 것은 아니었다 : 큰 위험이 이 제도를 존경을 얻게 할 만한 것으로 만들었다. 우리에게 우리의 수단과 미덕과 공격과 방어를, 그리고 우리의 정신을 비로소 가르쳐준 위험이 ─강해지라고 우리를 강요하는 위험이 말이다…… 제1원칙 : 강력해지는 것을 필요로 해야 한다 : 그렇지 않으면 결코 강력해지지 못한다. ─강력함과 그지없이 강한 종류의 인간을 위한 위대한 온실이었던 로마나 베니스식의 귀족공동체 국가는 내가 이해하는 의미와 같은 의미로 자유를 이해하고 있었다 : 즉 사람이 갖고 있으면서도 갖고 있지 않은 것, 사람이 원하고 사람이 쟁취하는 것으로서 말이다……

39.

현대성 비판. ─우리의 제도들은 더 이상은 쓸모없다 : 이 점에 대해서는 의견이 일치되어 있다. 그런데 그 탓은 제도에 있는 것이 아니라, 우리에게 있다. 우리에게서 제도들을 자라나게 하는 본능들을 모두 상실해버린 다음에 제도들이 우리에게서 사라져버린 것이다. 우리가 그 제도들에게 더 이상은 쓸모없기에 말이다. 민주주의는 언제든지 조직력의 쇠퇴 형국이었다 : 나는《인간적인 너무나 인간적인 I》, 318에서 이미 현대 민주주의와 '독일제국' 과 같은 그것의 불완전하고도 어중간한 형태를 통틀어 국가의 붕괴 형국으로 규정한 바 있다. 제도들이 존재하기 위해서는 악의에 이를 정도로 반자유주의적인 의지와 본능과 명령이 있어야만 한다 : 전통에의 의지가, 권위에의 의지가, 수세기 동안 지속되는 책임에의 의지가, 과거와 미래로 무한한 세대의 연속이라는 연대성이 있어야만 한다. 그런 의지가 있으면, 로마제국과 같은 것이 세워진다 : 또는 오늘날 그 자체로 지속하고 있고, 기다릴 수 있으며, 무엇인가를 여전히 약속할 수 있는 유일한 힘인 러시아와도 같은 것이 세워진다―러시아는 독일제국 건설과 함께 위기 상태로 돌입한 가련한 유럽의 소국들이나 유럽적 신경쇠약 상태와는 정반대되는 개념이다…… 서구 전체는 제도들을 자라나게 하고, 미래를 자라나게 하는 본능들을 더 이상은 갖고 있지 않다 : 아마도 그것만큼 서구의 '현대적 정신' 에 거슬리는 것은 없으리라. 사람들은 오늘을 위해 살고, 아주 재빠르게 살아간다―아주 무책임하게 살아간다 : 바로 이것을 사람들은 '자유' 라고 부른다. 제도를 제도로 만드는 것은 경멸받고 증오되며 거절된다 : '권위' 라는 말이 소리를 내기만 해도 사람들은 새로운 노예 상태의 위험이라고 믿는다. 우리의 정치가와 우리의 정당들의 가치 본능에는 데카당스가 그만큼 심해져 있다 : 그것은 와해하고 종말을 가속시키는 것을 본능적으로 선호한다…… 현대의 결혼이 그에 대

한 증명서다. 분명 현대의 결혼에서는 모든 이성이 사라져버렸다 :
그러나 이 점이 결혼을 반박하는 것은 아니다. 오히려 현대성에 대
한 반박이다. 결혼의 이성—이것은 남성의 법적인 단독 책임 아래
놓여 있었다 : 그래서 결혼은 중심점을 가질 수 있었다. 오늘날의
결혼이 두 다리로 절뚝거리고 있는 반면에 말이다. 결혼의 이성—
그것은 원칙적인 해제 불가에 놓여 있었다 : 그래서 결혼은 감정과
격정과 순간이라는 우연에 맞서 자신에게 귀 기울이게 만드는 강조점
을 획득했었다. 결혼의 이성은 또한 배우자를 선택할 때 가족이 책
임을 진다는 데 있었다. 그런데 연애결혼에 대해 점점 더 관대해지
면서 바로 결혼의 토대가, 즉 결혼을 제도로 만드는 것이 제거되어
버렸다. 하나의 제도는 결코 괴상한 어떤 것에 기초해서 성립되지
않으며, 결혼은 이미 말했듯이 '사랑' 에 기초해서 성립되지 않는다
—결혼의 토대는 성충동과 재산소유충동(여자와 아이는 재산이다)
과 지배충동이다. 지배충동은 끊임없이 최소 지배 형태인 가족을 조
직하고, 자식과 후계자들을 필요로 한다. 이룩해놓은 권력과 영향력
과 재화를 생리학적으로도 유지하고, 장기간의 과제와 수세기에 걸
친 본능의 유대를 준비시키기 위해서 말이다. 제도로서의 결혼은
가장 위대하고 가장 지속적인 조직 형태에 대한 긍정을 그 자체에
이미 내포하고 있다 : 만일 사회 자체가 큰 전체로서 가장 먼 세대
에까지 이르는 보증을 스스로 해줄 수 없다면, 결혼은 아무런 의미
도 없다. —현대의 결혼은 결혼의 의미를 상실해버렸으며—따라서
사람들은 그것을 폐기하고 있다. —

40.

노동 문제. ―근본적으로는 본능의 타락이자 오늘날의 모든 우매의 원인인 우매함은 노동 문제가 존재한다는 데 있다. 특정한 것들에 대해서는 문제 제기를 하지 않는다는 것 : 이것이 본능의 첫 번째 명령인데 말이다. ―유럽 노동자를 하나의 문제로 만들어놓고 난후, 사람들이 그들을 가지고 무엇을 하려는지를 나는 전혀 예측하지 못하겠다. 유럽 노동자는 단번에 더 많이, 더 뻔뻔스럽게 문제제기를 하기에는 너무나도 좋은 상태에 있다. 그는 결국 대다수를 자기 편으로 한다. 여기서 겸양하며 자족하는 종류의 인간, 중국인유형이 하나의 계층으로 형성될 희망은 완전히 물 건너 갔다 : 그것이 분별 있는 일이었을지도 모르는데, 그것이 바로 필연적이었을지도 모르는데 말이다. 사람들은 무엇을 했던가? ―그런 일을 위한전제 조건들을 그 싹부터 없애버리기 위해 온갖 짓을 다 했다―노동자를 계층으로 만드는, 독자적이게 만드는 본능을 가장 무책임한무분별함이 철저히 파괴해버렸다. 노동자를 군인처럼 용감하게 만들고, 그들에게 단결권과 정치적 참정권을 부여했다 : 노동자가 오늘날 자신의 존재를 이미 위기(도덕적으로 표현하면 정의롭지 않다고나 할까―)라고 느낀다 해도 그것이 뭐 이상한 일이겠는가? 그런데 다시 한번 물어보자. 사람들이 원하는 것이 무엇이란 말인가? 목표를 원하면, 수단도 원하지 않으면 안 된다 : 노예를 원하면서노예를 주인으로 교육한다면 바보가 아닐 수 없다.

41.

"내 뜻과는 다른 자유……"[53] ─오늘날과 같은 시대에 자신의 본능들에 의존하는 것은 또 하나의 숙명이다. 이런 본능들은 서로 대립하고 방해하며 파괴한다 ; 현대성이라는 것을 나는 이미 생리적인 자기 모순으로 규정했었다. 교육의 이성은 이런 본능 체계 중 적어도 하나가 다른 본능들이 허락되고 힘을 얻고 강해지도록 하기 위해 냉혹한 압력을 받아 무력해지기를 바라는 것 같다. 오늘날 개인은 잘라내버리는 일에 의해 가능하게 되었어야 했다 : 여기서의 가능은 완전을 의미한다…… 하지만 정반대의 일이 발생했다 : 어떤 강한 고삐라도 그들에게는 지나치지 않을 만한 자들이 독립과 자유로운 발전과 방임을 가장 열렬히 주장한다─정치에서도 그렇고, 예술에서도 마찬가지다. 그러나 이것은 데카당스의 징후인 것이다 : '자유'라는 우리의 현대적 개념은 본능의 퇴화에 대한 또 하나의 증거이다. ─

42.

믿음이 필요한 곳. ─도덕주의자와 성자들 사이에서 정직보다 더 드문 것은 없다 ; 이들은 이와는 반대로 말할지도 모르며, 심지어는 그렇게 믿고 있을지도 모른다. 의식적인 위선보다 믿음이 더 유익하고 효율적이며 설득력이 있을 때, 즉시 위선은 본능상 죄 없는 것이 되는 법이다 : 이것이 위대한 성자를 이해하기 위한 첫 번째 명제이다. 철학자들, 이들은 다른 종류의 성자들이라고 할 수 있다. 이들이 특정한 진리만을, 말하자면 그들의 작업이 공적인 인정을 받는 그런 진리만을—칸트적으로 말하자면, 실천이성의 진리들을 허용한다는 사실에서 그들의 작업 전체가 필연적으로 뒤따른다 : 이들은 자기들이 무엇을 증명하지 않으면 안 되는지를 알고 있으며, 이 점 때문에 그들은 효율적으로 일을 한다—그들은 '진리들'에 대해 그들이 의견일치를 본다는 점으로 인해 서로를 알아본다. —"거짓말을 해서는 안 된다"—이것을 꾸미지 않고 말하자면 : 친애하는 철학자여, 진리를 말하지 않도록 조심하라이다……

43.

보수주의자들의 귀에 대고 말한다. —예전에는 몰랐지만 오늘날은 알고 있고 알 수 있을 만한 것에 대해—. 즉 어떤 의미로든 어느 정도이든 퇴화와 귀환은 결코 가능하지 않다는 점을. 적어도 우리 생리학자들만큼은 이렇다는 것을 알고 있다. 하지만 성직자와 도덕주의자는 전부 그것이 가능하다고 믿었다—그들은 인류를 예전의 덕의 기준으로 되돌리고 싶어 하고 축소시키고 싶어 했다. 도덕은 언제나 프로크루스테스의 침대였다. 정치가조차 이 문제에 있어서는 덕을 설교하는 자들을 흉내 냈다 : 오늘날에도 만사의 **퇴보**를 목표로 꿈꾸는 정당들이 여전히 있다. 하지만 어느 누구도 임의대로 게처럼 거꾸로 갈 수는 없다. 그것은 도움이 되지 않는다 : 사람들은 앞으로 나아가야만 한다. 말하자면 데카당스 안에서 한 걸음 한 걸음 더 나아가야 한다(—이것이 내가 정의 내리는 현대적인 '진보'이다……). 이런 전개 과정을 저지할 수는 있다. 그리고 저지를 통해 퇴화 자체를 쌓게 하고 고이게 만들어서, 더욱 격렬하고 더욱 갑작스러운 것으로 만들 수는 있다 : 그 이상은 할 수 없다. —

44.

나의 천재 개념. —위대한 인간들은 위대한 시대처럼 엄청난 힘이 괴어 있는 폭발물이다 ; 역사적으로나 생리적으로 그들은 항상 다음의 전제 조건을 갖는다. 즉 오랫동안 그들 위에 힘이 모이고 축적되고 절약되며 보존된다는 것 —오랫동안 폭발이 일어나지 않았다는 것. 긴장이 아주 커지면, 가장 우연적인 자극이라도 '천재'와 '업적'과 위대한 운명을 충분히 세상에 불러낼 수 있다. 환경이나 시대, '시대정신'과 '여론' 따위가 뭐가 중요하단 말인가! —나폴레옹의 경우를 들어보자. 혁명기의 프랑스 그리고 혁명 이전의 프랑스는 더욱더 나폴레옹과 정반대되는 인물을 배출해냈을 것이고 : 또한 배출했었다. 그런데 나폴레옹은 달랐기 때문에, 당시 프랑스에서 스러지고 파편화되어버린 문명보다 더 강하고 더 지속되고 더 오래된 문명의 후예였기에, 그는 거기서 지배자가 되었고, 그만이 유일한 지배자였다. 위대한 인간은 필연적이지만, 그들이 등장하는 시대는 우연이다 ; 그들이 거의 언제나 자기 시대의 지배자가 되는 이유는 그들이 더 강하다는 데에, 더 오래되었다는 데에, 그들에게 더 오랫동안 힘이 모아졌다는 데에 있다. 한 천재와 그의 시대 사이에는 강함과 약함 사이에서나, 노령과 연소 사이에서와 같은 관계가 성립한다 : 시대는 언제나 상대적으로 훨씬 더 어리고, 더 부족하고, 더 미숙하고, 덜 안정적이며 더 유치하다. —오늘날 프랑스에서는 이 점을 아주 다르게 생각한다는 것(독일에서도 그렇다 : 하지만 중요하지 않다). 프랑스에서는 환경이론이라는 진짜 노이로제 환자의 이론이 신성불가침한 것으로, 거의 과학적인 것으로 되어버렸고, 생리학자들 사이에서도 믿어지고 있다는 것. 이것은 "좋지 않은 냄새가 나며", 비극적인 생각이 들게 한다. ─영국에서도 달리는 생각되지 않으며, 어느 누구도 이 점 때문에 슬퍼하지 않는다. 영국인에게는 천재나 '위대한 인간' 과 타협하는 길이 딱 두 가지만 열려 있다 : 버클Buckle식의 민주적인 방식이거나 칼라일식의 종교적 방식. ─위대한 인간이나 위대한 시대에 놓여 있는 위험은 특별하다 ; 모든 종류의 소진과 불모성이 그들의 뒤를 따른다. 위대한 인간은 종점이다 ; 위대한 시대, 예를 들어 르네상스 시대는 종점이다. 천재는─작업이나 업적에서─필연적으로 낭비하는 자이다 ; 전력을 다한다는 것. 이것이 그의 위대함인 것이다…… 말하자면 자기 보존 본능이 풀어져 있다 ; 발산되는 힘의 압도적인 압력이 그에게 그러한 보호와 신중함을 금한다. 사람들은 이것을 '희생' 이라고 부른다 ; 사람들은 그가 자기 자신의 안위에 무관심하다는 데서, 어떤 이념이나 위대한 사항이나 조국에 헌신한다는 데에서 그의 '영웅심' 을 칭찬한다 : 그러나 이것은 다 오해이다…… 그는 발산하고, 넘쳐흐르고, 자신을 탕진해버리며, 자신을 아끼지 않는다─이것은 숙명이고, 숙명적이며 자연적으로 그렇게 된다. 마치 강물이 자연적으로 범람하는 것처럼. 그러나 사람들은 그런 폭발의 덕을 많이 보기에 그들에게 많은 반대급부를 선사한다. 이를테면 좀더 높은 도덕 같은 것을 말이다……이것이 진정 인간적인 감사 방식이다 : 자신의 은인을 오해하는. ─

45.

범죄자 및 그와 유사한 것. ―범죄자 유형. 이것은 불리한 조건들에 처해 있는 강한 인간 유형으로, 병이 들게 되어버린 강한 인간이다. 그에게는 황야가 결여되어 있다. 즉 좀더 자유롭고 좀더 위험스러운 본성과 생존 형식이 결여되어 있다. 강한 인간의 본능에서 공격과 방어의 모든 본능을 정당하게 만들어주는 것들이 결여되어 있다. 그의 덕목은 사회에서는 파문당하고 ; 그가 갖춘 가장 활동적인 충동들은 곧장 억압하는 정동들이나 의심이나 공포나 치욕으로 뒤덮여버린다. 그런데 이것은 생리적 퇴화를 위한 처방이나 진배없다. 자신이 가장 잘할 수 있는 것, 가장 했으면 하고 바라는 것을 오랫동안 긴장하고 조심하면서 약삭빠르게 은밀히 해야만 하는 자는 빈혈증을 앓게 된다 ; 그리고 그는 자신의 본능들로 인해 항상 위험과 박해와 재앙만을 얻기에 그의 감정도 그 본능들을 적대하게 된다― 액운으로 여긴다. 사회. 길들여지고 평균적이며 거세된 우리의 사회에서는 산에서 나왔거나 또는 바다의 모험에서 온 야생적 인간은 필연적으로 범죄자로 변질되고 만다. 또는 거의 필연적으로 : 왜냐하면 그런 종류의 인간이 사회보다 더 강력하게 자신을 드러내는 경우가 있기 때문이다 : 가장 유명한 예로는 코르시카 사람 나폴레옹이 있다. 이런 문제에 대해서는 도스토예프스키가 내놓은 증거가 중요하다―도스토예프스키는, 덧붙여 말하자면, 내가 무언가를 배운 유일한 심리학자이다 : 그는 내 인생의 가장 멋진 행운 중의 하나이다. 스탕달을 발견했던 것보다 더 멋진. 이 심오한 인간이 천박한 독일인을 하찮게 평가한 것은 열 번 지당한 일이었으며, 그는 그가 오랫동안 살았던 시베리아 형무소의 수감자들, 사회로의 복귀

가능성을 더 이상 갖지 못하는 중범죄자들을 자신이 예상했던 바와는 전혀 다르게 느꼈다―대략 러시아 땅에서 자라는 것 중에서 가장 최고의 재목이자 가장 강하고 가치 있는 재목으로 만들어진 인간들이라고 느꼈던 것이다. 범죄자의 경우를 일반화시켜보자 : 어떤 이유에서든 일반적 동의를 얻지 못하는 자들, 자신이 유익하거나 쓸모 있게 여겨지지 않는다는 것을 알고 있는 자들의 본성을 생각해보자―동등하게 여겨지지 않고, 배척당하고 가치 없으며 더럽히는 존재로 간주된다는 찬달라적 감정을 생각해보자. 그런 자들 전체의 생각이나 행동은 지하적인 색채를 띤다 ; 이들에게서는 모든 것이 햇빛 아래 머무는 것들보다 더 창백하다. 하지만 오늘날 우리가 특별하다고 인정해주는 거의 모든 삶의 형식이 예전에는 이런 무덤 속 공기와 유사한 분위기 속에서 살았었다 : 학자, 예술가, 천재, 자유정신, 배우, 상인, 위대한 발견자들이 말이다…… 성직자가 최고의 유형으로 여겨지고 있었던 한, 가치 있는 인간 유형은 전부 탈가치화되었었다…… ―내가 약속하거니와―성직자가 최하의 유형으로, 우리의 찬달라로서, 가장 허위에 차 있고, 가장 비천한 인간으로 간주되는 때가 다가온다…… 오랫동안 너무 오랫동안 하층부였던 것, 그 괴이하면서도 비일반적이고 불투명했던 생존 형태가, 지금처럼 지상을 아니 적어도 유럽을 지배했던 가장 관대한 관습 아래에서 범죄자가 완성시키는 유형에 근접한다는 사실에 나는 주의를 기울인다. 정신의 혁신가들은 모두 한동안은 찬달라의 창백하고도 숙명적인 낙인을 이마에 찍고 다닌다 : 그들이 그렇게 느껴져서가 아니라, 전통적인 것이나 존중받는 모든 것과 그들을 구별짓는 끔찍한 간격을 그들 스스로 느끼기 때문이다. 거의 모든 천재는

'카틸리나적인 존재 방식'을 자기 발전의 하나로 인식하고 있다, 이미 존재하고 있으며 더 이상은 변하지 않는 모든 것에 대한 증오와 복수와 봉기의 느낌을…… 카틸리나―모든 황제의 선재(先在)형식.―

5

46.

여기서는 전망이 자유롭다.[54]―철학자가 침묵하면, 그것은 영혼의 높이일 수 있다 ; 그가 모순적이면, 그것은 사랑일 수 있다 ; 거짓을 말하는 인식자의 예의가 가능하다. 격한 감정을 토로하는 것은 위대한 영혼에는 어울리지 않는 행동이다 : 이렇게 섬세함을 결여하지는 않은 채 말해지고 있다 : 다만 여기에 부가되어야만 하는 것은 가장 값어치 없는 것을 두려워하지 않는 것도 마찬가지로 영혼의 크기일 수 있다는 점이다. 사랑에 빠진 여자는 자신의 명예를 희생시킨다 ; '사랑'하는 인식자는 아마도 자신의 인간성을 희생시킬 것이다 ; 사랑했던 신은 유대인이 되었다……

47.

아름다움은 우연이 아니다.―한 종족이나 가족의 아름다움, 그들의 모든 품행에서의 기품과 호의도 노력해서 얻어진다 : 그것은 천재와 마찬가지로 각 세대가 축적시킨 작업의 최종적 결과이다. 좋은 취향을 위해서는 큰 희생을 치러야만 하고, 그것 때문에 많은 것을 행하고 많은 것을 내버려두어야 한다―17세기의 프랑스는 두 가지 점에서 경탄할 만하다 — 그때 사람들은 사회를 위해, 주거, 의상, 성적 만족에 대한 선택 원칙을 가지지 않을 수 없었으며, 이익, 습관, 의견, 나태보다는 아름다움을 택하지 않을 수 없었다. 최고의 지침 : 자기 앞에서라도 자기를 "되는 대로 방치해서는" 안 된다. — 훌륭한 것은 비용이 많이 든다 : 그리고 그것을 소유하고 있는 자는 그것을 취득한 자와는 다르다는 규칙은 언제나 타당하다. 훌륭한 모든 것은 상속된 것이다 : 상속되지 않은 것은 불완전하고 시작에 불과하다…… 키케로 시대의 아테네에서는 남자와 청년들이 그 아름다움에서 여자들을 훨씬 능가했으며, 키케로도 그 점에 대해 놀라움을 표명했었다 : 하지만 아테네의 남성들이 수세기 동안 아름다움을 위해 자기 자신에게 어떤 노력과 수고를 요구했던지! —그때의 방식을 우리는 여기서 잘못 파악해서는 안 된다 : 감정과 생각을 단순히 훈련하는 것은 아무것도 아닌 것과 마찬가지다 (—바로 여기에 전적으로 미망에 불과한 독일 교육이 하고 있는 중대한 오해가 있다) : 가장 먼저 설득시켜야 하는 것은 바로 몸이다. 의미 있게 되고 선택되기 위해서는, 의미 있고 추려낸 품행을 엄격히 유지하는 것과 자기 자신을 '되는 대로 방치' 하지 않는 사람들과 살고자 하는 일종의 의무만 있으면 충분하다 : 두세 세대만 지나면 모든 것이 이미 내면화되어버린다. 민족과 인류의 운명을 위해서는, 문화를 올바른 자리에서 출발시키는 것이 결정적이다—(성직자나 반(半) 성직자의 숙명적인 미신이 그랬던 것처럼) '영혼' 에서 출발시키지 않는 일이 결정적이다 : 올바른 자리는 몸, 품행, 섭생, 생리학이며 나머지는 이것들에 뒤따른다…… 그래서 그리스인이 역사상 최초의 문화적 사건으로 남는 것이다—그들은 무엇이 필요한지를 알고 있

었고, 그것을 실행했다 ; 몸을 경멸했던 그리스도교는 지금까지 인류 최대의 불행이었다. ─

48.

내가 의미하는 진보. ─나 역시 "자연으로 돌아감"을 말한다. 이것이 본래는 돌아감이 아니라, 올라감이지만 말이다─즉 드높고 자유로우며 심지어는 섬뜩하기까지 한 자연과 자연성으로의 올라감, 큰 과제를 갖고 유희하며 유희가 허락되어 있는 자연과 자연성으로의 올라감이지만 말이다⋯⋯ 비유를 들어 말해보자면 : 내가 이해하는 한 나폴레옹은 한 편의 "자연으로 돌아감"이었다(이를테면 전술 면에서 그러했고, 군인들이 알고 있듯이 전략 면에는 더욱 그러했다). ─하지만 루소─그는 진정 어디로 돌아가기를 원했던가? 최초의 현대적 인간인 루소. 그라는 한 사람 안에 이상주의와 천민이 함께 있고 ; 자기 자신의 관점을 견뎌내기 위해 도덕적 '품격'을 필요로 했던 인물이며 ; 억제 안 되는 허영기와 자기 경멸 때문에 병들어 있었던 인물이다. 새 시대의 문턱에 자리잡았던 이 실패작 역시 "자연으로 돌아가기"를 원했다─다시 한번 묻거니와 루소는 어디로 돌아가기를 원했던가? ─나는 프랑스 혁명에 내재해 있는 루소도 증오한다 : 그 혁명은 이상주의와 천민이라는 루소식 이중성에 대한 세계사적 표현이다. 그 혁명을 수행시켰던 잔인한 광대극, 그것의 '비도덕주의'에 대해서는 나는 관심 없다 : 내가 증오하는 것은 그 혁명의 루소적인 도덕이다─혁명이 계속 영향을 끼치게 만들고, 모든 천박하고 평균적인 것들을 설득해대는 소위 말하는 혁명의

190 니체 전집 15

'진리'라는 것이다. 평등 선언이라니! …… 이것보다 더 유해한 독은 결코 존재하지 않는다 : 정의의 종말이었던 그것이 심지어는 정의를 설교하는 것처럼 보이기 때문이다…… "동등한 자에게는 동등을, 동등하지 않은 자에게는 동등하지 않음을—정의에 대한 진정한 표현은 바로 이것일 것이다 : 그리고 그 결과로서, 동등하지 않은 자를 결코 동등하게 만들지 말라." —평등 선언을 둘러싸고 그토록 끔찍하고도 잔인하게 일이 진행되었다는 사실이 그런 전형적인 '현대적 이념'에 일종의 영광과 불빛을 제공하여, 혁명이 하나의 연극으로서 가장 고상한 정신들마저도 유혹했을 정도였다. 결국 이것은 더 이상 혁명을 평가해줄 만한 이유가 되지 못한다. —혁명이 체험되어야 하는 바대로 혁명을 구역질 내며 체험한 자는 내가 보기에는 단 한 사람이었다—괴테……

49.

괴테. —독일적 사건이라기보다는, 유럽적 사건이다 : 자연으로 돌아감에 의해, 르네상스의 자연성으로 올라감에 의해 18세기를 극복하려는 탁월한 시도이자, 18세기 쪽에서의 일종의 자기 극복이다. —괴테는 18세기의 가장 강력한 본능들을 지니고 있었다 : 감수성, 자연—숭배, 반역사적인 것, 이상적인 것, 비실재적인 것과 혁명적인 것을(—혁명적인 것은 비실재적인 것의 한 형식일 뿐이다). 그는 스피노자처럼 역사와 자연과학과 고대와 특히 실천적 활동의 도움을 받았다 ; 그는 순전히 그 자체로 통일체를 이루는 지평들로 자신을 에워쌌다 ; 그는 자신을 삶으로부터 떨어뜨리지 않고, 삶 안에 정위시켰다 ; 그는 겁내지 않고 가능한 한 많은 것을 자신에게, 자신의 위에, 자신 안에 받아들였다. 그가 원했던 것은 총체성이었다 ; 그는 이성과 감성과 느낌과 의지의 분리에 대항하여 싸웠다 (―괴테의 대척자였던 칸트에 의해 설교된 끔찍한 현학에 대항하여), 그는 자신을 전체성을 향해 도야시켰으며, 자신을 만들었다 …… 괴테는 비실재적으로 사유하던 시대의 한가운데에 서 있던 확신에 찬 실재주의자였다 : 그와 이런 면에서 비슷한 것을 그는 모두 긍정했다. ―나폴레옹이라고 불리었던 최고로 실재적인 존재보다 더 큰 체험은 그에게는 없었다. 괴테는 강하고, 고도로 도야되고, 모든 육체적인 일에 능숙하며, 자기 자신을 억누르며, 자기 자신에게 경외심을 품는 인간을 구상했다. 자연의 범위와 풍요로움 전체를 자신에게 감히 허용해도 되는 인간, 이런 자유를 누릴 만큼 충분히 강한 인간 ; 평균적인 인간을 몰락시키는 것을 자신에게 이점으로 사용할 줄 알기에, 약해서가 아니라 강하기에 관용적인 인간 ; 악덕이라고 불리든 미덕이라고 불리든 이런 허약성만을 제외하고는 더 이상은 아무것도 금지되지 않는 인간을…… 그런 자유로워진 정신은 즐겁고도 신뢰가 가는 숙명론을 겸비한 채 우주 한가운데 서 있다. 오직 개별적으로 있는 것만이 비난받아 마땅하며, 전체 속에서는 모든 것이 구원받고 긍정될 수 있다는 믿음을 가지고서 ― 그는 더 이상 부정하지 않는다…… 그러나 그런 믿음은 가능한 온갖 믿음들 중에서 가장 최고의 믿음이다 : 나는 그 믿음에 디오니소스라는 이름으로 세례를 주었다. ―

50.

어떤 의미로는 19세기도 괴테가 한 개인으로서 추구했던 것 전부를 추구하고 있다고 말할 수 있다 : 이해하고 시인하는 데 있어서의 보편성, 모든 것을 그 자체로-다가오게-놔두는 것, 대담한 현실주의, 사실에 대한 경외를 말이다. 그런데 전체의 결과가 괴테가 아니라 혼돈인 것은 도대체 어째서인가? 허무적 탄식, 어디서-왔으며-또-어디로 가는지를-알지-못하며, 사실상은 계속 18세기에 다시 손을 대게끔 몰아대는 피로의 본능이 어찌해서 그 결과가 되었단 말인가? (―예를 들면 감정의 낭만주의, 이타주의 그리고 과도한 감상주의, 취향에서의 페미니즘, 정치에서의 사회주의가.) 19세기는 특히 그 끝머리에서 단순히 강화되고 거칠어진 18세기에 지나지 않는 게 아닐까? 다시 말해 데카당스의 세기일 뿐이지 않을까? 그래서 괴테는 독일뿐만 아니라, 유럽 전체에서 한갓 우발적 사건이자, 그럴듯한 헛수고에 지나지 않았던 것은 아닐까? ―그러나 위대한 인간들을 공적 이익이라는 궁색한 관점으로 바라보면, 오해하게 마련이다. 그들에게서 어떠한 이득도 취할 줄 모른다는 것. 이것 자체가 바로 위대함에 속하는 것일지도 모른다……

51.

괴테는 내가 존경하는 마지막 독일인이다 : 그는 내가 느끼는 세 가지 것을 느꼈을지도 모른다―우리는 '십자가'에 관해서도 의견이 일치한다…… 도대체 내가 왜 독일어로 글을 쓰는지에 대해 나는 비교적 자주 질문을 받는다 : 내 글이 내 조국에서보다 더 잘못

읽히는 곳은 없는데 말이다. 하지만 내가 오늘날에 읽혀지기만이라
도 바라고 있는지 결국 누가 알겠는가? —시간이 헛되이 이빨을 들
이대는 것들을 창조해내는 것 ; 형식과 **실질**에서 하나의 작은 영원
성을 추구하는 것—이보다 더 조금 나 자신에게 요구할 만큼 겸손
해본 적은 단 한 번도 없다. 독일인 중에 내가 최초의 대가가 되는
아포리즘과 잠언은 '영원' 의 형식들이다 ; 나의 야심은 다른 사람들
이 **책 한 권**으로 말하는 것을 열 문장으로 말하는 것이다—다른 사
람들이 한 권의 책으로도 **말하지 않는** 것을……

　　나는 인류에게 그들이 소유하고 있는 가장 심오한 책을 주었다.
나의 《차라투스트라는 이렇게 말했다》를 : 그들에게 나는 조만간 가
장 독자적인 책을 제공할 것이다. —

내가 옛 사람들의 덕을 보고 있는 것.

1.

옛 세계에 대해 마지막으로 한마디—내가 그리로 갈 통로들을 찾았었고, 어쩌면 하나의 새로운 통로를 발견했다고도 할 수 있는 시대에 대해. 너그러운 취향의 반대일 수 있는 내 취향은 여기서도 전적으로 그렇다고는 말하지 않는다 : 대체로 내 취향은 기꺼이 그렇다고 말하지 않는다. 차라리 아니라고 말하기를 좋아하고, 제일 좋아하는 것은 아무 말도 안 하는 것이다…… 이것은 문화 전체에

도 적용되고 책들에게도 적용된다—또한 장소와 경관에도 적용된다. 내 삶에서 고려되는 고서는 근본적으로는 몇 권 안 된다 ; 지극히 유명한 고서들은 그 안에 포함되지 않는다. 문체에 대한, 문체로서의 경구 Epigramm에 대한 내 감각은 살루스티우스 Gaius Sallustius Crispus를 접했을 때 거의 순간적으로 자각되었다. 존경

하는 스승 코르센이 라틴어를 가장 못하는 제자에게 최고 성적을 주어야만 했을 때 그가 느꼈던 놀라움을 나는 잊을 수가 없다—. 나는 단번에 해내버렸던 것이다. 간결함, 엄격함, 가능한 한 많은 내용, '미사여구'와 '멋진 감정'에 대한 냉정한 적의—여기서 나는 나 자신을 알아차렸다. 사람들은 나의 《차라투스트라》에서까지도

로마적인 문체에 대한, "청동보다 오래가는" 문체에 대한 아주 진지한 야망을 다시 알아차린다. ─호라티우스와의 첫 접촉도 내게는 다르지 않았다. 오늘날까지 나는 어떤 시인에게서도 호라티우스의 송가가 처음부터 내게 주었던 그러한 예술적 감격을 느끼지 못했다. 거기서 달성된 것은 어떤 언어들로는 바랄 수조차 없는 것이다. 개개의 말이 소리와 위치와 개념으로서 오른쪽으로 왼쪽으로 그리고 전체로 자신의 힘을 방출하는 말들의 모자이크, 기호의 최소한의 범위와 수, 그렇게 해서 이르게 된 기호의 극대 에너지 ─이 모든 것이 로마적이고, 고귀함의 전형이라고 나는 말하겠다. 반면 나머지 시는 모두 통속적인 것이 된다 ─ 한갓 감정의 수다가 된다……

2.

그리스인에게서는 그와 유사한 강한 인상을 받은 적이 없다 ; 이점을 직접적으로 말하자면, 그리스인은 우리에게 로마인 같을 수는 없다. 사람들은 그리스인에게는 아무것도 배우지 않는다 ─명령적으로 작용하고 '고전적'으로 작용하기에는 그들의 방식은 너무 낯설고, 너무 유동적이기도 하다. 한 번만이라도 그리스인에게서 글 쓰는 법을 배웠던 자가 누가 있단 말인가! 하지만 글 쓰는 법을 한 번만이라도 로마인 없이 배울 수 있었을 것인가!…… 플라톤을 들어 내게 반박하지 말라. 플라톤에 비하면 나는 더욱 철저한 회의주의자이고, 학자들 사이에서는 관례인 예술가 플라톤에 대한 감탄에 언제나 동의할 수 없었다. 결국 나는 여기서 고대인 가운데서 취향에 관한 한 가장 세련된 판관을 내 편으로 하고 있다. 플라톤은 내가 보기에는 문체의 모든 형식을 뒤죽박죽으로 만들어버린 것 같다. 그래서 그는 최초의 문체-데카당인 것이다 : 그는 어딘가 메니포스의 풍자를 만들어냈던 견유학파와 비슷한 것을 양심에 걸려 한다. 플라톤의《대화》. 이 무섭도록 자족적이고 유치한 변증론이 사람들에게 자극제로서 작용할 수 있으려면, 훌륭한 프랑스인들의 글이 결코 읽히지 않았어야만 했다―이를테면 퐁트넬 B. L. B. de Fontenelle의 글이. 플라톤은 지루하다. ―결국 플라톤에 대한 나의 불신은 심층적인 부분에까지 이르고 있다 : 내가 보기에 그는 헬레네인의 모든 근본 본능들에서 너무 벗어나 있고, 너무 도덕화되어 있으며, 너무 그리스도교의 조상 격이어서―그가 이미 '선' 개념을 최상의 개념으로 갖고 있었기에―플라톤이라는 현상 전체에 대해 나는 차라리 '고등 사기'라는 심한 말을, 또는 사람들이 더 듣기 좋아하는 '이상주의'라는 말을 다른 말보다는 더 사용하고 싶을 정도다. 이 아테네인이 이집트인들에게서(―아니 이집트의 유대인들 사이에서였던가?……) 무언가를 배웠다는 것에 대한 대가는 비싸게 치른 셈이다. 그리스도교라는 큰 액운 안에서 플라톤은 '이상'이라고 불리던 애매하고도 매혹적인 존재였다. 고대의 더욱 고귀한 본성의 소유자들에게 자기 자신을 오해하게 하고 '십자가'로 향하는 다리에 발을 들여놓게 했던 존재였다…… 그리고 '교회' 개념, 교회의 구조와 체계와 실천에 플라톤이 아직도 얼마나 많이 들어가 있는지!―나의 휴식, 나의 선호, 온갖 플라톤주의로부터의 나의 치료가 되었던 것은 언제나 투키디데스 Thukydides였다. 아무것도 속이지 않으며 이성을 '현실성'에서 보려고 하는 무조건적인 의지에 의해서 투키디데스와 그리고 아마도 마키아벨리의《군주론》은 나 자신과 가장 유사할 것이다—이들은 이성을 '이성' 안에서 보려 하지 않으며, '도덕' 안에서는 더더욱 보려 하지 않는다…… 그리스인들에 이상이라는 색채를 뒤집어씌운 저 통탄스러운 미화는 "고전적으로 도야된" 젊은이가 고등학교식 훈련을 받은 대가로 삶 속으로 끌어들이는 것이며, 이것을 투키디데스보다 더 근본적으로 치유하는 것은 없다. 그의 글을 우리는 한줄 한줄 보면서 그의 말처럼 그의 배후 생각도 분명하게 읽어내지 않으면 안 된다 : 투키디데스만큼 배후에 숨겨진 생각이 많은 사유가는 드물다. 그에게서는 소피스트의 문화가 등장한다. 말하자면 실재론자들의 문화가 완성된 표현에 이르러 있다 : 소크라테스 학파들이 여기저기서 벌이기 시작한 도덕과 이상의 사기 행각의 한가운데에 이 귀중한 운동이 있었다. 그리스적 본능의 데카당스로서의 그리스 철학 ; 투키디데스는 위대한 합계이고, 그 옛날의 헬레네인들의 본능에 놓여 있던 강력하고 엄격하면서도 냉혹했던 현실성의 마지막 구현이다. 결국 현실성 앞에서의 용기가 투키디데스와 플라톤 같은 본성의 소유자들을 구별짓는다 : 플라톤은 현실 앞에서 비겁했고—그래서 그는 이상으로 도망쳤다 ; 투키디데스는 자신을 지배한다. 그래서 사물에 대한 지배력도 유지하는 것이다……

3.

　그리스인에게서 '아름다운 영혼', '중용' 그리고 다른 완전성들을 알아내는 것, 그들의 위대함 속의 안주, 이상적인 성향, 고도의 단순성에 감탄하는 것—결국은 독일적인 어리석음인 이런 '고도의 단순성' 앞에서 내 안의 심리학자가 나를 보호해주었다. 나는 그들의 가장 강력한 본능인 힘에의 의지를 보았고, 이 충동의 제어되지 않는 위세 앞에서 그들이 떨고 있는 것을 보았다―그들의 제도들이 그들 안에 내재해 있는 폭발물에 맞서 서로의 안전을 위한 보호 조치에서 생겨나는 것을 보았다. 그 엄청난 내부의 긴장은 그러더니 외부를 향한 끔찍하고도 무자비한 적대심으로 폭발했다 : 도시 국가들은 시민 각자가 평안을 찾을 수 있도록 하기 위해 상대국을 무자비하게 부숴버렸다. 사람들은 강해질 필요가 있었다 : 위험이 가까이 있었으며―사방에 숨어 있었다. 훌륭한 유연한 신체, 헬레네인들 특유의 과감한 실재론과 비도덕주의는 필요였지, 그들의 '본성'은 아니었다. 그것은 나중에 따라나온 것이지, 처음부터 있었던 것은 아니었다. 그리고 축제나 예술을 수단으로 사람들이 원했던 것은 자기들이 우위를 점한다고 느끼고, 우위를 점한다는 것을 과시하는 것이었다 : 축제나 예술은 자기 자신을 찬미하고, 경우에 따라서는 자신을 두려워하게 만들려는 수단이었다…… 그리스인은 독일적인 태도를 가지고 그들의 철학자들을 평가했다. 이를테면 소크라테스 학파들의 속물성을 무엇이 근본적으로 헬레네적인지를 해명하는 데 사용했다! …… 철학자들은 진정 헬레니즘의 데카당들이며, 옛 취향과 고귀한 취향에 적대되는 운동이다(―경기 본능에 맞서고, 폴리스에 맞서고, 종족의 가치에 맞서며, 전통적인 것의 권위에 맞서는 운동이다). 소크라테스적 덕목들이 설교되었던 이유는 그것이 그리스인에게서 사라져버렸기 때문이다 : 그들은 죄다 흥분 잘하고, 겁 많고, 변덕 부리는 희극 배우들이었으며, 도덕을 설교당해야 할 만한 이유를 남아돌 만큼 갖고 있었다. 그것이 무언가에

도움이 되었다는 것은 아니다 : 하지만 그럴듯한 큰소리와 태도는 데카당들에게 너무나 잘 어울린다……

4.

고대의 본능을, 아직도 풍부하고 넘쳐흐르기까지 하는 옛 헬레네적 본능을 이해하기 위해서, 디오니소스라는 이름의 그 놀라운 현상을 진지하게 받아들였던 최초의 사람이 바로 나다 : 그 현상은 오로지 힘의 과다로부터만 설명될 수 있다. 그리스인을 탐구하는 사람이라면 이런 설명 방식이 무언가 기여하고 있다는 것을 금방 알아차리게 된다. 지금도 생존하고 있는 그리스 문화에 대한 가장 심오한 학자인 바젤 대학의 야콥 부르크하르트가 그랬듯이 : 부르크하르트는《그리스인의 문화》에 앞서 말한 현상에 관한 장(章)을 첨가했다. 반대의 경우를 바란다면 독일 문헌학자들이 디오니소스적인 것에 접근할 때 보여주는 흥겨울 정도인 본능의 빈곤을 보라. 특히 그 유명한 로벡 C. A. Lobeck을. 책 안에서 말라 비틀어진 책벌레의 존경할 만한 확실성을 겸비한 채 그는 비밀에 가득 차 있는 디오니소스 세계로 기어 들어가서는, 구역질이 날 정도인 그의 경박함과 유치함을 과학적이라고 자기 자신에게 설득했다—로벡은 박식을 수단으로 삼아 디오니소스 현상이 갖고 있는 그 모든 진기한 것들이 전부 아무런 의미가 없다고 시사했다. 사실 사제들은 디오니소스 제의에 참가한 사람들에게 몇 가지 가치 있을 만한 것을 전달해주고 싶어 했을 것이다. 예를 들면 술은 쾌락을 불러일으킨다든지, 경우에 따라서는 사람은 과일만으로도 살아갈 수 있다든지, 식물은 봄에 꽃이 피고 가을에 시든다든지 하는 것들을. 고대를 말 그대로 무성하게 뒤덮고 있던 주신제적인 기원을 갖는 기이하리만큼 풍부한 의식이나 상징이나 신화가 문제시되었을 때, 로벡은 그 자신 한 단계는 영민해질 수 있는 단초를 발견한다. 《아그라오파무스 *Aglaophamus*》, I, 672쪽에서 그는 말하고 있다. "그리스인들. 다른 할 일이 없을 때 그들은 웃거나 뛰거나 여기저기로 달리거나 했고, 사람이란 또 그러고 싶을 때가 있기에 주저앉아 울거나 탄식하거나 했다. 나중에 이방인이 와서 눈에 띄는 그런 존재 방식의 원인을 찾아보았다 ; 그런 풍속을 설명하기 위해 그 수많은 축제의 전설과 신화가 생겨난 것이다. 다른 한편 사람들은 축제의 날에 한번 발생한 그 익살스러운 법석들이 축제 행사에 필연적으로 속한다고 믿었으며, 제식에 필요 불가결한 부분으로 계속 지켜나갔다." ─이것은 업신여김을 당할 만한 허튼 소리이며, 아무도 로벡을 단 한순간이라도 진지하게 받아들이지 않게 된다. 빙켈만과 괴테가 형성시킨 '그리스적'이라는 개념을 검토해보고, 그리고 이런 식으로 이해된 이 개념이 디오니소스적 예술을 발생시킨 요소─즉 주신제와는 양립할 수 없다는 사실을 발견하게 되면, 그리스적이라는 개념은 우리에게 완전히 다른 감명을 준다. 사실 나는 괴테가 이런 유의 것을 그리스적 영혼의 가능성들에서 철저하게 배제해버렸을 것이라는 점을 의심치 않는다. 그 결과 괴테는 그리스인을 이해하지 못했다. 왜냐하면 디오니소스적 비의(秘儀)에서야, 디오니소스적 심리 상태에서야 비로소 헬레네적 본능의 근본적 사실이 표출되고 있기 때문이다─즉 그것의 '삶에의 의지'가 말이다. 헬레네인은 이런 비의에 의해 무엇을 보증하고 싶어 했던가? 영원한 삶, 삶의 영원회귀 ; 과거

안에서 약속되고 신성시된 미래 ; 죽음과 변화를 넘어서 있는 삶에 대한 개가를 부르는 긍정 ; 생식과 성적 신비를 통한 총체적 존속으로서의 진정한 삶을 보증하고 싶어 했다. 그래서 그리스인에게는 성적 상징은 신성한 상징 그 자체였고, 모든 고대적 경건성에 내재하고 있는 본래적인 심오함이었다. 생식과 수태와 출산시의 하나하나의 행위 모두가 최고의 감정과 그지없이 장엄한 감정을 불러일으켰다. 비의는 고통을 신성하다고 가르친다 : '산모의 통증'은 고통 일반을 신성하게 한다― 모든 생성과 성장, 미래를 담보하는 것은 전부 고통을 전제한다…… 창조의 기쁨이 있기 위해서는, 삶에의 의지가 영원히 자신을 긍정하기 위해서는, '산모의 고통'도 영원히 존재해야만 한다…… 이 모든 것을 디오니소스라는 말이 의미하고 있다 : 이런 그리스적 상징, 즉 디오니소스 축제의 상징보다 더 고차적인 상징을 나는 알지 못한다. 그 안에서 삶의 가장 깊은 본능인 미래를 향하는 본능, 삶의 영원을 향하는 본능이 종교적으로 체험되고 있다―삶으로 향하는 길 자체가, 즉 생식이 신성한 길로 체험된다 …… 성을 처음 불결한 것으로 만든 것은 삶에 대한 원한을 토대로 하고 있는 그리스도교였다 : 그리스도교는 삶의 시작에, 삶의 전제 조건에 오물을 들이부었던 것이다……

5.

그 안에서는 고통마저도 자극제로 작용하고 있는 넘쳐흐르는 삶과 힘의 느낌으로서의 주신제의 심리학은 아리스토텔레스뿐 아니라 특히 우리의 염세주의자들도 오해했던 비극적 감정이라는 개념을 이해할 열쇠를 내게 주었다. 비극은 쇼펜하우어가 의미했던 헬레네인들의 염세주의를 입증하는 것과는 거리가 멀다. 비극은 오히려 그런 것에 대한 결정적인 거부와 반대 절차로 간주되어야 한다. 삶 자체에 대한 긍정이 삶의 가장 낯설고 가장 가혹한 문제들 안에도 놓여 있는 것이다 ; 자신의 최고 유형의 희생을 통해 제 고유의 무한성에 환희를 느끼는 삶에의 의지 ─ 이것을 나는 디오니소스적이라고 불렀으며, 비극 시인의 심리에 이르는 다리로 파악했다. 공포와 동정에서 벗어나기 위해서나 감정의 격렬한 방출을 통해 위험한 감정에서 자기를 정화시키기 위해서가 아니다 ─ 아리스토텔레스는 이렇게 이해했지만 ─ : 오히려 공포와 동정을 넘어서서 생성에 대한 영원한 기쁨 자체이기 위해서 ─ 파괴에서 느끼는 기쁨도 역시 내포하고 있는 기쁨이기 위해서…… 이렇게 해서 나는 내가 처음 출발했던 그 대목을 다시 건드리고 있는 것이다 ─《비극의 탄생》은 모든 가치에 대한 나의 첫 번째 전도였다 ; 그것에 의해 나는 내 의지와 내 능력이 자라나는 그 지반으로 다시 돌아간다 ─ 철학자 디오니소스의 최후의 제자인 나는 ─ 영원회귀를 가르치는 나는……

망치가 말한다

《차라투스트라는 이렇게 말했다》 3, 90

"왜 그리도 단단한가!─언젠가 숯이 다이아몬드에게 말했다 : 우리는 가까운 친척 사이가 아닌가?"

왜 그리도 무른가? 오오, 내 형제들이여, 이렇게 나는 너희에게 묻는다 : 너희는 그렇다면─내 형제들이 아니란 말인가?

왜 그리도 무르고 왜 그리도 고분고분하며 굴복하는가? 왜 너희의 심
장에는 그토록 많은 부정과 거부가 있단 말인가? 왜 너희의 눈길에는 운명이 그토록 조금밖에 없는가?

그리고 너희가 운명이기를 원치 않고 가차없는 것이기를 원치 않는다면 : 어찌 너희가 장차 나와 함께─승리할 수 있단 말인가?

그리고 너희의 강함이 빛을 발하려 하지 않고, 갈라지거나 절단되고자
한다면 : 어찌 너희가 장차 나와 함께─창조할 수 있겠는가?

창조하는 자 모두는 말하자면 단단하다. 그리고 너희의 손을 밀랍에 눌러 찍듯, 수세기 동안 눌러 찍는 것을 지복으로 생각하지 않으면 안 된다─

─청동에 써 넣듯이 수세기의 의지 위에 써 넣는 것을─청동보다 단
단하고, 청동보다 고결하게 써 넣는 것을 지복이라고 생각하지 않으면 안 된다. 가장 고결한 자만이 단단하다.

이 새로운 서판을, 오오, 내 형제들이여, 나는 너희의 머리 위에 내건다 : 단단해질지어다!──

유고
(1888년 8월 ~ 1889년 1월 초)

Der Antichrist.

~~Umwerthung aller Werthe~~

Fluch auf das Christenthum.

니체의 인쇄된 원고에 있는 《안티크리스트》의 최종 표지.
니체가 지워버린 두 번째 줄에는 '모든 가치의 전도' 라고 씌어 있다.

안티크리스트

그리스도교에 대한 저주

Der Antichrist.

Versuch einer Kritik des Christenthums.

Erstes Buch

der Umwerthung aller Werthe.

서문.

이 책은 극소수를 위한 것이다. 아직은 그들 중 누구도 생존하지
조차 않을 수 있다. 그들은 나의 《차라투스트라는 이렇게 말했다》를
이해할 수 있는 사람들일 것이다 : 어찌 내가 오늘날에 이미 경청되
고 있는 자들과 혼동될 수 있다는 말인가? ―나의 날은 내일 이후
이다. 몇몇 사람은 사후에 태어난다.

나를 이해하게 하고, 그런 다음에 나를 필연적으로 이해하게 하는
조건들을〈, ―〉나는 너무나 정확히 알고 있다. 나의 진지함과 나의
열정도 견뎌낼 수 있기 위해서는, 사람들은 정신적인 문제에 냉혹
할 정도로 정직하지 않으면 안 된다. 산에서 살아가는 법을 익히고
있지 않으면 안 된다―정치와 민족 이기주의의 천박한 시대적 헛
소리를 자기의 발 아래의 것으로 내려다보는 법을 익히고 있지 않으
면 안 된다. 진리가 유용한지, 진리가 어떤 사람에게 숙명이 되는지
…… 등에 대해 무관심해지지 않으면 안 되며, 그런 질문을 결코 던
져서도 안 된다. 오늘날 어느 누구도 물어볼 용기가 없는 문제들을
선호하는 강건함 ; 금지된 것에 대한 용기 ; 미궁으로 향하는 예정된
운명. 일곱 가지 고독에 의한 한 가지 경험. 새로운 음악을 위한 새
로운 귀. 가장 멀리 있는 것을 위한 새로운 눈. 이제껏 침묵하고 있

던 진리들에 대한 새로운 양심. 그리고 위대한 양식의 경제성을 추구하려는 의지 : 그 힘과 열광을 흩어지지 않게 한데 모으려는 의지 …… 자신에 대한 존경 ; 자신에 대한 사랑 ; 자신에 대한 무조건적 자유……

자! 이런 자들만이 나의 독자이고, 나의 정당한 독자이며, 예정된 나의 독자이다 : 그 나머지는 뭐가 중요한가? —그 나머지는 한갓 인간일 뿐인데. —우리는 인간을 능가해야 한다. 힘과 영혼의 높이에 의해서—경멸에 의해서……

프리드리히 니체.

1.

─우리 서로의 얼굴을 쳐다보자. 우리는 히페르보레오스인이다.
─우리가 얼마나 멀리 떨어진 곳에 살고 있는지 우리는 잘 알고 있
다. "육지로든 바다로든 너는 히페르보레오스인에게로 가는 길을
발견할 수 없을 것이다"⁵⁵⁾ : 핀다로스Pindar는 이미 알고 있었던 것
이다. 우리가 그런 사람들이라는 것을. 북방 너머에, 얼음 너머에,
죽음 너머에 ─우리의 삶과 우리의 행복이 있다…… 우리는 행복을
발견했고 길을 알고 있으며 수세기에 걸친 미궁 전체에서 나가는
통로를 발견했다. 우리 외에 또 누가 그 길을 발견했던가? ─이를
테면 현대인이? 하지만 현대인은 "나는 어디서 와서 어디로 가는지
모른다 ; 나는 어디서와 어디로를 알지 못하는 것 전체이다"─라고
탄식한다…… 이런 현대성으로 인해 우리는 병들어 있다─나태한
평화로 인해, 비겁한 타협으로 인해, 현대적인 긍정과 부정의 유덕
한 불결함 전체로 인해. 모든 것을 '이해하기' 때문에, 모든 것을
'용서하는' 심장의 관용과 크기는 우리에게는 열풍이다. 그러니 현
대의 덕과 다른 남풍들 사이에서 사는 것보다는 차라리 얼음에서
사는 것이 낫다! …… 우리는 충분히 용감했고, 우리 자신도 다른
사람들도 아끼지 않았다 : 그런데 우리는 우리의 용기를 가지고서
어디로 가야 할지 오랫동안 알지 못했었다. 우리는 침울해졌으며,
우리는 숙명론자라고 불리었다. 우리의 숙명─그것은 힘의 충만과

긴장과 축적이었다. 우리는 번개와 행동을 갈망했었고, 약골들의 행복에서, '복종'으로부터 가장 멀리 떨어져 있었다…… 우리의 대기에 뇌우가 일었고, 우리 자신인 자연이 어두워져버렸다―우리에게 길이 없었기 때문에. 우리의 행복의 공식 : 하나의 긍정, 하나의 부정, 하나의 직선, 하나의 목표……

5

2.

좋은 것은 무엇인가? ―힘의 느낌, 힘에의 의지, 인간 안에서 힘 그 자체를 증대시키는 모든 것.

10

나쁜 것은 무엇인가? ―약함에서 유래하는 모든 것.

행복이란 무엇인가? ―힘이 증가된다는 느낌, 저항이 극복되었다는 느낌.

만족이 아니라 더 많은 힘 ; 결코 평화가 아니라 싸움, 덕이 아니라 유능함(르네상스 양식의 덕, 덕virtù, 허위도덕에서 자유로운 덕)

15

약자들과 실패자들은 몰락해야 한다 : 우리의 인간애의 제일 원리. 그리고 사람들은 그들의 몰락을 도와야 한다.

이러저러한 악덕보다 더 해로운 것은 무엇인가? ―모든 실패자와 약자에 대한 동정 행위―그리스도교……

20

3.

여기서 내가 제기하는 문제는 무엇이 인류를 존재자의 열에서 분리해내어야 하는가가 아니다(―인간은 하나의 종국이다―) : 오히

려 어떤 유형의 인간이 좀더 가치 있고, 좀더 살 만한 가치를 지니
며, 미래를 좀더 확신하는 자로서 사육되어야 하는지, 원해져야 하는
지이다.

이 좀더 가치 있는 유형은 이미 충분할 만큼 자주 존재했었다 :
그런데 행운이나 예외자로서였지, 한 번도 원해서는 아니었다. 오히
려 그런 자를 사람들은 가장 두려워했고, 지금까지 그런 자는 공포
그 자체였다 ; ─그리고 이 두려움으로 인해 그와는 반대되는 유형
이 원해지고, 사육되었으며, 달성되었다 : 즉 가축, 군서동물, 병든
동물적 인간─그리스도교인이……

4.

인류는 오늘날 우리가 믿고 있듯이 더 나은 것으로의 발전이나
또는 더 강력한 것으로의 발전이나 또는 더 높은 것으로의 발전을
보여주지 않는다. "진보"란 한갓 현대적 이념에 불과하며, 잘못된
이념 중 하나이다. 오늘날의 유럽인은 그 가치 면에서 르네상스 유
럽인보다 훨씬 밑에 있다 ; 진보는 어떤 필연성에 의해서도 결코 고
양이나 상승이나 강화일 수는 없다.

이것과는 다른 의미를 갖는 개별적인 경우들의 성공은 계속된다.
지상의 서로 다른 여러 곳에서, 서로 다른 여러 문화에서 좀더 높은
유형은 실제로 제시되어왔다 : 인류 전체와 비교해서는 일종의 위버
멘쉬인 유형이. 위대한 성공의 이런 행운적인 경우들은 항상 가능
했고 미래에도 언제나 가능할 것이다. 심지어는 전 세대가, 모든
종족과 민족도 경우에 따라서는 이렇게 맞아떨어지는 경우를 제시할

수 있다.

5.

그리스도교를 장식하거나 요란하게 치장해서는 안 된다 : 그리스
도교는 좀더 강한 유형의 인간에 대항하는 사투를 벌였으며, 그 유
형의 근본 본능을 모두 추방했고, 이 본능들로부터 악과 악인을 만
들어냈다—강한 인간을 비난받아 마땅하고 "버림받는 인간"의 전
형으로 만들어냈다. 그리스도교는 약자, 천한 자, 실패자 전부를 옹
호했으며, 강한 삶의 보존 본능에 대한 반박을 이상으로 만들어냈
다 ; 그리스도교는 정신의 최고 가치를 죄가 된다고, 오도한다고,
유혹이라고 느끼도록 가르치면서 가장 정신적인 인간의 이성마저도
망쳐버렸다. 가장 통탄스러운 예—파스칼의 타락. 그는 원죄에 의
해 자신의 이성이 타락했다고 믿었다. 그의 이성을 망친 것은 오로
지 그의 그리스도교였건만 말이다! —

6.

내게 고통스럽고도 몸서리쳐지는 어떤 광경이 분명하게 의식되
었다 : 나는 인간의 타락을 가리고 있던 장막을 걷어내버렸다. 내가
말하는 타락이라는 말은 적어도 하나의 혐의 앞에서는 안전하다 :
그것이 인간에 대한 도덕적인 고발을 포함하고 있지 않는가라는 혐
의로부터는. 그것은—다시 한번 강조하고 싶다—허위도덕으로부터
자유롭다moralinfrei : 이제껏 사람들이 가장 의식적으로 '덕'과 '신

성' 을 열망했던 바로 거기가 내게는 가장 강하게 타락이라고 느껴지는 바로 그만큼이나 말이다. 이미 알아차렸겠지만, 나는 타락을 데카당스라는 의미로 이해하고 있다 : 내가 주장하는 바는 현재 인류가 그들의 최고의 소망 사항을 통합해놓은 가치들은 모두 데카당스-가치라는 점이다.

어떤 짐승이나 종이나 어떤 개인이 자기의 본능을 상실할 때, 자기에게 불리한 것을 선택하고 선호할 때, 나는 그것들이 타락했다고 부른다. "좀더 고귀한 느낌"의 역사와 "인류의 이상"의 역사는—내가 이것들을 설명해야만 할지도 모른다—어째서 인간이 그렇듯 타락해버렸는지에 대한 설명일 수도 있으리라.

내가 보기에는 삶 자체가 성장을 위한 본능, 지속을 위한 본능, 힘의 축적을 위한 본능, 힘을 위한 본능인 것 같다 : 힘에의 의지가 결여되는 곳에서는 쇠퇴가 일어난다. 내가 주장하는 바는 인류의 모든 최고 가치에 이런 의지가 결여되어 있다는 것—쇠퇴의 가치들이, 허무적 가치들이 그것을 가장 성스러운 이름으로 지배하고 있었다는 것이다.

7.

그리스도교는 동정의 종교라고 불린다. —동정은 생명감의 에너지를 증대시키는 강장적인tonisch 격정과는 반대의 것이다 : 그것은 의기소침하게 만든다. 동정을 느낄 때, 사람들은 힘을 상실한다. 고통 자체가 이미 삶에 끼〈치는〉 힘의 손실은 동정으로 인해 더욱 커지고 몇 배로 불어난다. 고통 자체가 동정에 의해 감염되며 ; 경우에 따라서는 동정에 의해 삶과 생명력의 총체적 손실이 이루어질 수도 있다. 동정이라는 원인의 양과는 터무니없는 비례 관계를 형성하면서 말이다(─ 나사렛 사람의 죽음의 경우처럼). 이것이 첫 번째 관점이다 : 하지만 더 중요한 관점이 있다. 동정이 으레 초래하는 반응들의 가치에 의해 동정을 평가한다면, 삶을 위협하는 동정의 성격이 훨씬 더 명백하게 드러난다. 일반적으로 동정은 도태의 법칙인 진화의 법칙과 충돌한다. 그것은 몰락에 이르러 있는 것을 보존하고, 삶의 상속권을 박탈당한 것과 삶에서 유죄판결이 내려진 것을 위해 싸우며, 그것이 살려둔 아주 많은 종류의 실패자들에 의해 삶 자체에 음산하고도 의문스러운 측면을 부여한다. 사람들은 동정을 감히 덕이라고 불렀다(─ 모든 고귀한 도덕에서는 동정은 무능이라고 간주된다) ; 거기서 더 나아가서 그들은 동정을 덕 그 자체로, 모든 덕의 토대이자 근원으로 만들었다. ─물론 이것이 삶의 부정이라는 문장이 〈박혀 있는〉 방〈패〉를 든 허무주의 철학의 관점일 뿐이라는 점은 항상 유의해야만 한다. 이런 점에서 쇼펜하우어는 정당했다 : 동〈정〉에 의해 삶은 부정되고, 〈더〉 부정할 〈만한 것〉이 된다─동정은 허무주의의 실천인 것이다. 다시 한번 말하자면 : 그런 의기소침하고 전염적인 본능은 삶을 보존하고 삶의 가치를 드높이려고 애쓰는 본능들과 충돌한다 : 그것은 비참함을 곱절로 만드는 것이며 비참한 모든 것을 보존하는 것으로서 데카당스의 증대를 위한 핵심 도구의 하나가 된다─동정은 무를 설득시킨다! …… 그런데 사람들은 '무'라고 말하지 않는다 : 대신 '피안'이라 말한다 ; 또는 '신' ; 또는 '참된 삶' ; 또는 니르바나, 구원, 지복이라 말한다 …… 종교적─도덕적 특이 성질의 영역에서 나온 이런 순진한 수사

법은 여기서 어떤 성향이 숭고한 말의 외투를 뒤집어쓰고 있는지가
간파되는 즉시 훨씬 덜 순진한 것으로 드러나게 된다 : 삶에 적대적인
성향이 간파되는 즉시 말이다. 쇼펜하우어는 삶에 적대적이었다 :
그래서 그에게는 동정이 덕이 되었던 것이다…… 알려져 있듯이 아
리스토텔레스는 하제를 사용한 정화가 종종 좋은 역할을 하는 병들
고 위험한 상태를 동정이라고 보았다 : 그는 비극을 정화시키는 하
제라고 보았다.[56] 사람들은 사실상 병들고 위험한 그런 동정의 축적
에 구멍을 내는 수단을 생명 본능에서 찾아야 할지 모른다. 쇼펜하
우어의 경우가(그리고 유감스럽게도 상트페테르부르크에서 파리에
이르는, 톨스토이에서 바그너에 이르는 우리의 문화적 · 예술적 데
카당스의 경우도) 제시하듯이 말이다 : 축적된 동정이 터져버리도록
…… 우리의 병든 현대성의 한가운데서 그리스도교적 동정보다 더
병들어 있는 것은 없다. 여기서 의사이고 여기서 가차없게 되며 여기
서 칼을 들이대는 것 ―이것이 우리의 일이며, 이것이 우리 방식의
인간애이다. 이렇게 해서 우리는 철학자인 것이다. 우리, 히페르보
레오스인이여! ― ― ―

8.

우리가 누구를 우리의 반대자로 느끼는지에 대해 말할 필요가 있
다―신학자와 신학자의 피를 몸 안에 갖고 있는 모든 것 ―우리의
철학 전체가 바로 그것이다…… 사람들은 이런 액운을 가까이에서
보았어야만 했다. 아니, 이런 액운을 스스로 체험하고, 그것 때문에
거의 몰락에 이르렀어야 했다. 더 이상은 거기서 아무런 재미도 느

끼지 못하도록 하기 위해서는 말이다(―우리의 자연과학자 제씨들과 생리학자들의 자유정신은 내게는 재밋거리이다―그들에게는 그 일에 대한 열정이 없고, 그 일로 인해 고생도 하지 않는다―) 우리와는 반대되는 자의 해독은 우리의 생각보다 훨씬 더 멀리 미친

5 다 : 오늘날 사람들이 '이상주의자'라고 자처하는 곳이라면 어디서나―자신들의 높은 출신 성분 덕분에 현실의 우위에 서고, 현실을 낮설게 바라볼 권리를 가지려고 하는 곳이라면 어디서나, 나는 오만이라는 신학자의 본능을 다시 발견했다…… 이상주의자는 성직자와 아주 똑같이 위대한 개념들을 전부 손아귀에 넣어두고 있다

10 (―단지 손아귀에 넣는 것만으로 그치지 않는다!). 그는 그것들을 선의의 경멸에 의해 '오성', '감각', '명예', '유복한 생활', '학문' 등에 반목시킨다. 그는 이런 것들을 해롭고도 유혹하는 힘이라고, 자기 아래에 있는 것이라고 여기며, 이런 힘들 위에 '정신'이 노닐고 있다고 생각한다 : ―마치 겸허, 정절, 가난, 한마디로 신성함이

15 그 어떤 공포나 악덕보다 말할 수 없이 많은 해악을 삶에 지금까지 끼쳐왔다는 것이 사실이 아니라는 듯이 말이다…… 순수정신이란 전적으로 거짓이다…… 그 직업상 삶의 부정자이고 비방자이며 삶을 독살하는 자인 성직자가 좀더 고급한 인간형으로 간주되는 한 : 진리란 무엇인가?라는 질문에 대한 답은 없다. 무와 부정에 대한 의

20 식적인 변호인이 '진리'의 대변자로 간주될 때, 이미 진리는 거꾸로 세워져버렸기에……

9.

　이런 신학자-본능과 나는 전쟁을 한다 : 나는 그것의 흔적을 여기저기서 발견한다. 신학자-피를 몸 안에 갖고 있는 자는 처음부터 만사에 대해 삐딱하고 부정직한 태도를 취한다. 그리고 거기에서 발전된 파토스를 신앙이라고 부른다 : 치유 불가능한 허위의 측면으로 인해 고통받지 않도록 자신에 대해서는 영원히 눈을 감아버리는 것. 만사에 대한 이러한 그릇된 관점에서 사람들은 도덕과 덕과 신성함을 만들어내며, 그것을 양심을 그릇되게-보는 것과 엮어버린다. ―자기 자신의 광학을 '신' '구원' '영원' 의 이름으로 신성불가침으로 만든 다음, 다른 종류의 광학은 더 이상 어떤 가치도 가져서는 안 된다고 요구한다. 신학자-본능을 나는 도처에서 캐내었다 : 그것은 지상에 존재하는 것 중에서 가장 널리 퍼져 있으며, 본래는 지하적인 형식의 허위다. 어떤 신학자가 참이라고 느끼는 것은 거짓이지 않으면 안 된다 : 이런 사실은 진리에 대한 하나의 규준이 될 만하다. 실재성이라면 어떤 점이든 존중하지 못하게 하고 입에 담지조차 못하게 하는 것. 이것이야말로 신학자의 가장 심층적인 자기 보존 본능이다. 신학자의 영향이 미치는 한, 가치판단은 뒤집히고, '참' 과 '거짓' 이라는 개념도 필연적으로 뒤바뀐다 : 삶에 가장 해로운 것. 이것이 여기서 '참' 이라 불리고, 삶을 고양하고 증대시키고 긍정하고 정당화하며 승리하게 만드는 것. 이것이 '거짓' 이라고 불린다…… 신학자들이 군주(또는 민족―)의 '양심' 을 통해 권력을 향해 손을 뻗는 일이 발생할 때마다, 그 근본에서 발생하고 있는 것에 대해 의구심을 품지 말자 : 종말에의 의지, 허무적 의지가 권력을 원하고 있는 것이다……

10.

신학자의 피가 철학을 부패시켰다고 내가 말하면 독일인들은 즉시 이해한다. 프로테스탄트 목사는 독일 철학의 할아버지이고, 프로테스탄티즘 자체는 독일 철학의 원죄이다. 프로테스탄티즘에 대한 정의 : 반신불수 그리스도교—그리고 반신불수 이성…… 독일 철학이 근본적으로 무엇인지를 파악하기 위해서는 '튀빙엔 신학교'라는 말을 내뱉는 것으로도 족하다—독일 철학은 교활한 신학이다…… 슈바벤 사람들은 독일에서 제일가는 거짓말쟁이들이며, 그들은 천진난만하게 거짓말을 한다…… 칸트가 출현했을 때 4분의 3이 목사의 자식들과 교사의 자식들로 구성된 독일학계가 지른 환호는 어디서 온 것인가? — 칸트와 더불어 개선으로의 전환이 시작되었다는, 오늘날까지도 여전히 그 메아리를 찾을 수 있는 독일적 확신은 어디서 온 것인가? 독일 학자에게 있는 신학자-본능이 무엇이 다시 가능해졌는지를 알아차린 것이다…… 옛 이상으로 향하는 샛길이 열렸고, '참된 세계' 라는 개념과 세계의 요체로서의 도덕 개념이(—오류들 중 가장 사악한 이 두 가지 오류들이!) 영리하고도-교활한 회의 덕분에 증명은 불가능하더라도 더 이상은 논박할 수 없는 것이 다시 되어버렸다…… 이성과 이성의 권리는 그렇게까지는 멀리 미칠 수 없다…… 실재가 '가상' 이 되어버렸다 ; 반면 완전히 날조된 존재자의 세계가 실재가 되어버렸다…… 칸트의 성공은 단지 신학자의 성공에 불과하다 : 칸트는 루터나 라이프니츠와 마찬가지로 그 자체로도 정확하지 않은 독일적 성실성에 제동을 거는 또 하나의 브레이크이다— —

11.

도덕주의자 칸트에 대해 한마디 더. 덕은 우리의 고안물이어야만 하고, 우리의 가장 개인적인 정당방위이며 필수품이어야만 한다 : 다른 의미로서의 덕은 어떤 의미에서든 한갓 위험일 뿐이다. 우리의 삶의 조건이 아닌 것은 삶을 해친다 : 칸트가 원했던 것처럼 '덕' 개념에 대한 존경심에서만 나온 덕은 해롭다. '덕', '의무', '선 그 자체', 비개인성과 보편 타당성이라는 성격을 갖는 선—이것은 삶의 몰락과 삶의 최후의 소진과 쾨니히스베르크의 중국주의가 표명하는 환영들이다. 그러나 가장 심층적인 보존법칙과 성장의 법칙들은 그 반대의 것을 제공한다 : 각자가 자기의 덕, 자기의 정언명령을 고안한다는 것을 말이다. 그러니 어떤 민족이 자신의 의무를 의무 개념 일반과 혼동하게 되면, 그 민족은 몰락하게 된다. 모든 '비개인적인' 의무, 추상이라는 몰로흐 신에게 바치는 모든 희생보다 더 깊고, 더 내적으로 파괴하는 것은 없다. —칸트의 정언명령이 삶에 위험한 것으로 느껴지지 않았다니! …… 오로지 신학자–본능만이 그를 보호했었다니! —삶의 본능이 강요하는 행위가 옳은 행위라는 것에 대한 증거는 바로 기쁨이다 : 그런데 그리스도교적–독단적인 내장을 갖고 있는 허무주의자는 기쁨을 반박으로 이해했다…… 내적인 필연성도 없고, 철저한 개인적 선택도 없이, 기쁨도 없이 일하고 생각하고 느끼는 것보다 더 빨리 파괴하는 것이 무엇이란 말인가? '의무'라는 기계보다 더 빨리 파괴하는 것이 무엇이란 말인가? 그런 것이 바로 데카당스로 향하게 하는, 백치로 향하게 하는 처방전인데 말이다…… 칸트는 백치가 되어버렸다. —그런데 그가 괴테와 동시대인이라니! 이 숙명의 거미가 독일 철학자로 간주되었고—

여전히 간주되고 있다니! …… 내가 독일인을 어떻게 생각하는지에 대해서는 굳이 말하지 않으련다…… 칸트는 프랑스 혁명에서 비유기적인 국가 형태로부터 유기적인 국가 형태로의 이행을 보지 않았더란 말인가? 그는 인간의 도덕적 성향에 의하지 않고서도 설명될 수 있는 사건이 있는지의 여부에 대해 자문해보지 않았더란 말인가?, 인간의 도덕적 성향을 가지고 단번에 '선을 추구하는 인간의 경향이' 증명되었다고 할 정도로? 이에 대한 칸트의 대답 : '이것은 혁명이다.' 모든 것과 개개의 것에 들어 있는 잘못을 저지르는 본능, 본능으로서의 반자연, 철학으로서의 독일의 데카당스― 이것이 바로 칸트다! ―⁵⁷⁾

12.

나는 몇몇 회의주의자를, 철학사에서 볼 수 있는 분별 있는 유형을 제외한다 : 그러나 나머지는 지적 성실성의 첫 요구들을 알지 못한다. 그들은 하나같이 여자들처럼 행한다. 그 모든 대단한 몽상가와 불가사의한 자들―그들은 '아름다운 감정'을 이미 논거로, '고양된 가슴'을 신성의 송풍구로, 확신을 진리의 규준으로 간주해버린다. 그런 부패의 형식과 지적 양심의 부족을 결국 칸트가 '독일적'인 천진함에 의해 '실천이성'이라는 개념하에서 학문으로 만들려고 했다 : 그는 특별히 하나의 이성을 사람들이 이성을 염려하지 않아도 되는 경우들을 위해 고안해내었다. 즉 도덕이 소리를 낼 때를 위해서, "너는 이러저러해야 한다"라는 고상한 요구가 소리를 낼 때를 위해서. 거의 모든 민족에게서 철학자라는 자들은 사제 유형이 발전된 것에 지나지 않는다는 생각을 하게 되면, 위와 같은 사제의 유산, 즉 자기 기만적인 거짓부렁들이 더 이상은 놀랍지 않다. 사람들이 이를테면 인류를 개선하고 구제하고 구원한다는 신성한 사명을 지닌다면, 사람들이 신성을 가슴에 지니고 있고 피안의 명령을 대변하는 자라면, 그러한 사명은 그들을 한갓 합리적일 뿐인 가치평가 전체의 외부에 위치하게 한다. —그들은 심지어는 그런 과제에 의해 이미 성스럽게 되어 있고, 이미 그런 높은 서열의 유형인 것이다! …… 사제에게 학문이 무슨 소용이 있단 말인가! 그러기에는 그는 너무나도 높이 있는데 말이다! —그리고 지금까지는 사제가 지배했었다! 그가 '진리'와 '비진리'를 결정했었다! ……

13.

펌하하지 말자 : 우리 자신, 우리 자유정신들이 이미 "모든 가치의 전도"이고, '진리'와 '비진리'라는 모든 옛 개념에 대한 생생한 선전포고이며 승리의 선언이라는 점을. 가장 가치 있는 통찰들은 가장 늦게 발견된다 ; 그런데 가장 가치 있는 통찰들은 방법론들이다. 오늘날 우리의 학문이 갖는 모든 방법과 모든 전제는 수세기 동안 가장 깊이 경멸받고 있었으며, 그 점 때문에 '올바른' 사람들과의 교제는 맺을 수 없었다—그것들은 '신의 적', '진리의 경멸자', '귀신들린 자'로 간주되었었다. 학적 인물로서는 찬달라였던 것이다 …… 우리는 인류의 모든 파토스를 우리에게 대적시켰다—진리는 무엇이어야 하고, 진리에 헌신하는 것이 무엇이어야 하는지에 대한 그들의 개념을 말이다 : 모든 '너는 어떠해야 한다'는 지금까지는

우리에게 적대적이었다…… 우리의 대상들, 우리의 실행들, 조용하고 조심스럽고 불신하는 우리의 방식 —이 모든 것이 그들에게는 완전히 무가치하고 경멸할 만한 것으로 보였다. —결국엔 인류를 그렇게 오랫동안 눈 멀게 했던 것이 사실은 미적 취향이 아니었던가라고 우리가 자문해도 온당할 것이다 : 인류는 진리에게는 그림처럼 아름다운 효과를 바랐고, 마찬가지로 인식자에게는 감각에 엄격하기를 바랐었으니까. 우리의 겸손함은 가장 오랫동안 인류의 취향에 거슬렸었다…… 오오, 그들은 이 점을 얼마나 잘 알아차렸던가, 이런 신의 수칠면조들이 ——

14.

우리는 달리 생각하는 법을 배웠다. 우리는 모든 면에서 더 겸손해졌다. 우리는 인간을 더 이상은 '정신'과 '신성'으로 소급시키지 않는다. 우리는 인간을 동물 가운데로 되돌려놓았다. 우리는 인간을 가장 교활하다는 이유 때문에 가장 강한 동물로 간주한다 : 그의 정신성이란 것은 그 한 가지 결과다. 여기에서도 우리는 다시 소리를 내려고 하는 허영심에 저항한다 : 마치 인간이 동물 진화의 위대한 숨겨진 의도였다는 듯이 생각하는 허영심에. 인간은 결코 창조의 극치가 아니다. 모든 존재자는 인간과 나란히 있고 같은 단계에서 완전하다…… 그런데 이렇게 주장하면서 사실 우리는 지나치게 많은 주장을 하고 있는 셈이다 : 인간은 상대적으로 보자면 모든 동물 중에서 최고의 실패작이다. 가장 병적이고, 자신의 본능에서 가장 위험하게 벗어나 있는 동물인 것이다—물론 이 모든 것에도 불구하고 가장 흥미로운 동물이기는 하다! ―동물에 관해 말하자면, 제일 먼저 데카르트가 경외할 만큼 대담하게 동물을 기계로 이해해 보려는 사유를 감행했었다 : 우리의 생리학 전체가 이 명제를 입증 하려고 전념하고 있다. 우리 역시 합당하게 데카르트가 했듯이 인 간을 제외하지 않는다 : 오늘날 인간에 대해 파악된 것은 통틀어 데 카르트가 기계적이라고 파악했던 바로 그만큼이다. 이전에 사람들 은 인간에게 '자유의지' 를 좀더 높은 질서에서 부여된 그의 지참금 이라고 하며 주었다 : 오늘날 우리는 인간에게서 의지마저 빼앗아 버렸다. 의지를 더 이상은 어떤 능력으로 이해해서는 안 된다는 의 미에서 말이다. '의지' 라는 낡은 단어는 부분적으로는 모순되고 부 분적으로는 조화되는 수많은 자극들에 필연적으로 따르는 결과, 일 종의 개별적인 반응을 표시하는 데 쓰일 따름이다 : ―의지는 더 이상은 '작용' 하지 않는다. 더 이상은 '움직이지' 않는다…… 이전 에 사람들은 인간의 의식 안에서, '정신' 안에서 인간의 더욱 고등 한 기원과 그의 신성에 대한 증거를 보았다 ; 인간을 완성시키기 위 해 인간에게 충고하기를, 감관을 거북이처럼 안으로 끌어들이고 지 상의 것들과의 교제를 중지하며 사멸하는 껍데기를 벗어버리라고 했다 : 그러면 인간의 핵심이, '순수한 정신' 이 남으리라는 것이다. 이 점에 대해서도 우리는 더 나은 생각을 하고 있다 : 의식적이 된 다는 것, '정신' 이라는 것을 우리는 유기체의 상대적인 불완전성의 징후로서, 시도와 모색과 실수로서, 불필요하게 많은 신경에너지가 사용되는 노력으로 간주한다―우리는 무언가가 완전해질 수 있으 리라는 것을 부정한다. 그것이 의식되게 만들어지는 한에서는 말이 다. "순수정신" 은 순전한 우매이다 : 신경계와 감관을, '사멸하는 껍데기'를 빼버린다면, 우리는 우리에 대해 오산하고 있는 것이며 — 그 이상은 아니다!……

5

15.

그리스도교 안에서는 도덕도 종교도 실재성의 어떤 부분과도 접촉하지 못한다. 순전히 공상적 원인들('신', '영혼', '나', '정신', '자유의지' —또는 '자유롭지 않은 의지'도) ; 순전히 공상적인 효력들('죄', '구원', '은총', '죄의 사함'). 공상적인 존재들 사이의 교류('신', '영(靈)', '영혼') ; 공상적인 자연과학(인간 중심적이고 ; 자연적 원인 개념을 완전히 결여한다), 공상적 심리학(순전히 자기 오해이고, 쾌와 불쾌라는 일반 감정에 대한 해석들이다. 예를 들면 교감신경의 상태를 종교적이고-도덕적인 특이 성질을 가진 상징언어— '후회', '양심의 가책', '악마의 유혹', '신의 다가옴' 등의 도움을 받아 해석해낸다) ; 공상적 신학('신의 나라', '최후의 심판', '영생'). —이런 순전히 허구인 세계는 꿈의 세계와는 구별된다. 허구 세계가 실재성을 왜곡시키고 탈가치화시키며 부정하는 반면, 꿈의 세계는 실재성을 반영하기에, 이 구별은 허구 세계에는 불리한 구별이다. '자연'이 '신'의 대립 개념으로 고안된 다음부터 '자연적'은 '비난받아 마땅한'을 가리키는 말이어야만 했다. —허구 세계 전체는 자연적인 것(—실재성!—)에 대한 증오에 자신의 뿌리를 두고 있으며, 실재성에 대한 깊은 불만족의 표현인 것이다 …… 하지만 이렇게 해서 모든 것이 해명되어버렸다. 그런데 도대체 어떤 자만이 실재성에서 나가라는 거짓말을 스스로에게 할 이유를 갖는가? 실재성으로 인해 고통받는 자. 그런데 실재성으로 인해 고통받는다는 것은 그 실재성이 실패한 실재성이라는 것을 의미한다······ 쾌에 대한 불쾌의 우세는 허구적인 도덕과 허구적인 종교의 원인이다 : 그런데 그런 우세가 데카당스에 대한 공식을 제공하는 것이다······

16.

같은 결론에 이르기 위해 그리스도교 신 개념에 대한 비판이 필요하다. ─스스로를 여전히 믿고 있는 민족은 자기네의 고유한 신 또한 갖는다. 신 안에서 그 민족은 그들을 정상에 위치시키는 조건들, 즉 그들의 덕을 숭배한다. ─그 민족은 자신에 대한 기쁨을, 자신이 힘을 가지고 있다는 느낌을 그것에 대해 감사할 수 있는 존재에 투사한다. 풍요로운 자는 베풀기를 원한다 ; 긍지에 찬 민족은 희생하기 위해 신을 필요로 한다······ 그런 전제들 안에서 종교는 감사하는 형식의 하나이다. 사람들은 자기 자신에게 감사한다 : 이를 위해 신을 필요로 한다. ─그런 신은 이로울 수도 해로울 수도 있어야 하며, 친구일 수도 적일 수도 있어야 한다. ─그는 선한 점으로나 악한 점으로 인해 반드시 경탄받는다. 신에게 반자연적인 거세를 가해 한갓 선한 신으로 만드는 것은 여기서는 바람직한 일이 아니다. 사람들은 악한 신을 선한 신만큼이나 필요로 한다 : 그들 고유의 존재는 관용과 박애 덕분만은 아니니까······ 분노와 복수와 질투와 조소와 간계와 폭행을 알지 못하는 신이 무슨 가치가 있을 것인가? 승리와 파괴의 황홀한 열정조차 알지 못할 그런 신이 말이다. 누구

도 그런 신은 이해하지 못할 것인데 : 왜 그런 신을 가져야 한단 말
인가?—물론 : 한 민족이 몰락할 때 ; 미래에 대한 믿음과 자유에
대한 그들의 희망이 완전히 사라져버렸다고 느낄 때 ; 복종이 가장
이로우며, 복종한 자의 덕목을 보존 조건으로 의식할 때, 그들의 신
또한 바뀌지 않을 수 없다. 그는 이제 음험한 위선자가 되고 겁도 많
아지고 겸손해져서 '영혼의 평화'를, 더 이상-증오하지-않기를,
관용을, 친구와 적마저도 '사랑'하기를 권할 것이다. 그는 계속해서
도덕화되고, 모든 개인적인 덕의 동굴로 기어 들어가, 모든 이를 위
한 신이 되고, 사인(私人)이 되며, 사해동포주의자가 된다…… 신
은 예전에는 한 민족, 한 민족의 강력한 힘, 한 민족의 영혼에서 나
오는 공격적인 모든 것과 모든 힘에의 갈망을 표현했었다 : 이제 신
은 한갓 선한 신일 뿐이다…… 사실 신들에 대한 다른 대안은 없
다 : 그들은 힘에의 의지Wille zur Macht이든가—이런 한에서 그들
은 민족의 신들이 된다—아니면 힘에의 무기력Ohnmacht zur
Macht이든가이다—이러면 그들은 필연적으로 선해진다……

17.

힘에의 의지가 어떤 형태로든 쇠퇴하는 곳에서는 언제나 생리적
퇴행이, 즉 데카당스가 있다. 가장 남성적인 덕목과 충동들을 제거
당한 데카당스의 신은 이제 필연적으로 생리적으로 퇴행한 자들의
신이, 약자들의 신이 된다. 이들은 스스로를 약자라고 부르지 않고,
'선한 자'라 부른다…… 우리는 더 이상 어떤 힌트도 필요 없이 역
사의 어느 순간에 선한 신과 악한 신이라는 이분법적 허구가 비로

소 가능해졌는지를 이해하고 있다. 자기네의 신을 '선 그 자체'로 끌어내리는 피정복자들의 본능이 정복자들의 신에게서 선한 속성을 삭제해버린다 ; 이들은 자신들의 지배자들에게 그들의 신을 악마로 만들면서 복수하는 것이다. ─선한 신 그리고 악마 : 양자는 모두 마찬가지로 데카당스의 소산이다. ─그리스도교 신학자들은 '이스라엘의 신', '민족 신'으로부터 그리스도교적 신, 모든 선의 총괄 개념으로 신 개념이 전개된 것이 진보라고 하는 훈령을 내리는데, 오늘날 누가 이들과 보조를 맞출 정도로 그들의 단순함에 동의하겠는가? ─하지만 르낭마저 그러고 있다. 마치 르낭 자신은 단순할 권리를 갖고 있기라도 하다는 듯이! 하지만 그것과는 반대의 경우가 눈에 들어온다. 상승하는 삶의 전제들이, 즉 강한 것과 용감한 것과 탁월한 것과 긍지가 신 개념에서 제거된다면, 신 개념이 지친 자들을 위한 지팡이라는 상징으로, 물에 빠진 모든 자를 위한 구조대라는 상징으로 한 걸음 한 걸음 침몰해간다면, 신 개념이 가난한 자들의 신, 죄인의 신, 병자의 신의 전형이 되면, 그리고 '구세주', '구원자'라는 술어가 말하자면 신에 대한 술어로 남게 된다면 : 이런 변신은 무엇에 대해 말하고 있는 것인가? 신적인 것을 이렇게 환원시킨 것은 무엇에 대해 말하고 있는 것인가? ─물론 : '신의 왕국'은 그렇게 해서 좀더 커졌다. 예전에 신은 단지 그의 민족, 그의 '선택된' 민족만을 가졌을 뿐이었다. 그사이에 그는 그의 민족과 똑같이 외국으로 나가, 사방을 돌아다니게 되었다. 그때부터 그는 어디서든 가만히 눌러 있지 못하게 되었다 : 그가 마침내 온갖 곳에 본거지를 틀고, 위대한 사해동포주의자가 되기에 이르도록─그가 '대다수'를 그리고 지구의 반쪽을 자기편으로 얻기에 이르도록 말이다. 그러나 '대다수'의 신, 신들 중의 민주주의자는 그럼에도 불구하고 긍지에 찬 이방인의 신은 되지 못했다 : 그 신은 유대인으로 남았고, 구석지의 신으로, 온갖 어두운 구석과 어두운 장소의 신, 전 세계의 불건전한 영역 전체의 신으로 남았다! …… 그의 세계 제
5 국은 변함없이 명부(冥府)의 제국, 병원, 지하 제국, 게토Getto의 제국이다…… 그리고 그 자신 너무도 창백하고 너무도 약하고 너무도 데카당이 되었다…… 창백한 자들 중에서 가장 창백한 자인 형이상학자 제씨들, 이 개념의 백색증 환자들마저 그 신을 지배하게 되었다. 신이 그들의 짓거리에 최면이 걸려 한 마리 거미가, 형
10 이상학자가 되어버릴 때까지 그들은 그의 주변에 오랫동안 그물을 쳤다. 이제 신은 세계를 다시 자기 자신에게서 짜냈으며 ―스피노자적으로―, 이제 스스로를 점점 더 얄팍하고 점점 더 창백하게 변모시켜, 그는 '이상'이 되었고, '순수정신'이 되었으며, '절대자'가 되었고, '물자체'가 되었다…… 신의 붕괴 : 신이 '물자체'가 되었
15 다……

18.

그리스도교 신 개념―병자의 신으로서의 신, 거미로서의 신, 정
20 신으로서의 신―이것은 지상에 실현되었던 것 중에서 가장 부패한 신 개념 중 하나이다 ; 더 나아가 그것은 신-유형의 하향적 전개에 있어 바닥 수위를 나타내주고 있는지도 모른다. 신이 삶에 대한 미화이자 삶에 대한 영원한 긍정이 되는 대신, 삶에 대한 반박으로 변질되어버리다니! 신 안에서 삶과 자연과 삶에의 의지에 대한 적대

가 선언되고 있다니! '이 세상'에 대한 온갖 비방의 공식이자, '저 세상'에 대한 온갖 거짓 공식이 신이라니! 신 안에서 무Nichts가 신격화되고, 무에의 의지Wille zum Nichts가 신성시되다니!……

19.

북유럽의 강한 종족들이 그리스도교 신을 거부하지 않았다는 사실은, 그들의 취미는 말할 것도 없고 그들의 종교적 소질에도 정말 명예롭지 않다. 그들은 그처럼 병들고 노쇠한 데카당스의 소산을 잘 처리해버렸어야만 했다. 하지만 그들이 그것을 잘 처리해버리지 못했기에 그들은 저주를 받고 있다 : 그들은 병, 노쇠, 모순을 그들의 본능 속으로 받아들여버렸고—그 후로 그들은 어떤 신도 더 만들어내지 않았다! 거의 2천 년 동안이나 단 하나의 새로운 신도 말이다! 오히려 그리스도교적인 유일신론의 가련한 신이 마치 신을 만들어내는 인간의 힘과 창조 정신의 궁극점이자 극대점이라는 듯 여전히 당연시되며 존재하고 있다! 무와 개념과 모순이 혼성되어 있는 이 타락상에서 온갖 데카당스 본능, 영혼의 온갖 비겁과 피로가 재가를 받고 있다!——

20.

그리스도교에 유죄판결을 내리면서 그와 유사한 종교, 즉 신도 수가 더 많은 불교에 부당한 일을 하고 싶지는 않다. 이 두 종교는 허무주의 종교—데카당스 종교—라는 점에서는 관련이 있지만,

지극히 독특한 방식에 의해 서로 구별된다. 여기서 이 종교들을 비교할 수 있다는 것에 대해 그리스도교의 비판가들은 인도의 학자들에게 깊이 감사하고 있다. ― 불교는 그리스도교보다 백 배나 더 실제적이고―객관적이고 냉정한 문제 제기의 유산을 갖추고 있다. 그것은 수백 년 동안 철학적 운동이 지속된 다음에 등장한다. 그것이 등장했을 때 '신' 개념은 이미 폐기되어 있었다. 불교는 역사가 우리에게 보여준 단 하나의 진정한 **실증적** 종교이며, 그것의 인식이론(엄밀한 현상주의―)에서도 마찬가지다. 불교는 더 이상은 '죄에 대한 싸움'을 말하지 않고, 오히려 현실을 인정하면서 '고통에 대한 싸움'을 말한다. 불교는―이 점이 불교를 그리스도교로부터 철저히 갈라놓는다―도덕 개념의 자기 기만을 이미 뒤로하고 있다. 내 언어로 말하자면 불교는 선과 악의 **저편**에 서 있는 것이다. ―불교가 기반으로 삼고 있고, 관심을 보이는 것은 두 가지 생리적 사실이다 : 하나는 세밀하게 고통을 느끼는 능력으로 표현되는 감수성의 지극한 민감함이고, 다른 하나는 지나친 정신화와, 그리고 개인의 본능을 '비개인적인 것'에 이롭게 만들면서 개인의 본능에 해를 가하는 개념과 논리적 추론에서 너무나 오랫동안 살아왔다는 사실이다(―이 두 상태를 적어도 내 독자 중에서 '객관적인' 몇 독자들은 나처럼 경험을 통해 알게 될 것이다). 이런 생리적 조건들을 토대로 우울증이 발생한다 : 이 증세에 맞서 부처는 위생적인 조치를 취한다. 그는 그 증세에 맞서 야외 생활, 유랑 생활, 절제되고 선택적인 식생활을 한다 ; 알코올에 대해서는 조심하고 ; 분노를 일으키고 피를 끓게 하는 모든 격정에 대해서도 마찬가지로 조심한다 ; 자신을 위해서도 타인을 위해서도 번뇌하지 않는다. 부처는 평온을

주거나 명랑하게 하는 생각들을 요구한다―그는 타인에게서 벗어
나게 하는 수단을 강구해냈다. 그는 선의나 관대를 건강을 증진시
키는 것으로 이해한다. 기도는 금욕과 마찬가지로 배제된다 ; 정언
명령도 없고, 어떠한 강제도 없다. 심지어는 수도원 내부에서도(―
누구든 다시 나갈 수 있다―). 이 모든 것이 그 지극한 민감성을 강
화시키는 수단일 수 있었으리라. 바로 그 때문에 부처는 다른 식으
로 생각하는 자들에 대해 싸움을 걸지 않는다 ; 그의 가르침은 바로
복수 감정과 혐오 감정과 원한 감정을 경계하라는 것일 뿐이다(―
"적대는 적대를 통해서는 종결되지 않는다"[58] : 불교 전체의 심금을
울리는 후렴구……). 그리고 지당하다 : 바로 이런 격정들이야말
로 불교의 섭생요법적인 핵심 목적에 비추어서는 완전히 불건강한
것이었을 테니. 부처가 발견했으며, 너무나도 대단한 '객관성' (즉
개인적 관심사의 약화, 중점의 상실, '이기주의'의 상실)에서 표현
되는 정신적 피로에 맞서 〈그는〉 가장 정신적인 관심사도 개인으로
엄격하게 소급시켜버리면서 싸운다. 부처의 가르침에서는 이기주
의가 의무가 된다 : '필요한 한 가지', 즉 "너는 어떻게 고통에서 벗
어날 수 있는가"가 정신적인 섭생 전체를 규정하며 제한한다(― 우
리는 순수한 '학문성' 과도 마찬가지로 싸웠던 아테네인을 떠올릴
수 있을 것이다. 개인 이기주의도 그런 문제 영역 안에서 도덕으로
끌어올린 소크라테스를.)

21.

불교의 전제 조건은 아주 온화한 풍토와 아주 온유하고 자유로운

관습이지, 군국주의가 아니다 ; 그리고 그 운동을 따르는 무리가 상위층이며 게다가 식자층이다. 사람들은 명랑과 평정과 무욕을 최고의 목표로 원하게 되고, 그 목표에 이른다. 불교는 한갓 완전성만을 열망하는 종교가 아니다 : 완전성이란 평상적인 경우이기에. ―

5 그리스도교에서는 정복된 자와 압박받는 자의 본능들이 전면에 나타난다 : 그리스도교에서 구원을 찾는 이런 자들은 최하층 사람들이다. 이 종교에서는 죄에 대한 궤변, 자기 비판, 양심의 심문이 권태에 맞서는 일이자 수단으로서 행해진다 ; 이 종교에서는 '신'이라 불리는 권력자에 대한 격정이 지속적으로 유지된다(기도를 통해
10 서) ; 이 종교에서는 최고의 것은 도달 불가능한 것으로, 선물로, '은총'으로 간주된다. 이 종교에는 또한 공개성이 결여되어 있다 ; 은신처와 어두운 공간이 그리스도교적인 것이다. 이 종교에서는 육체가 경멸된다. 위생은 육체적인 것이라 하여 거부된다 ; 교회는 위생에 저항하기조차 한다(―무어인들을 추방한 후, 그리스도교가
15 맨 먼저 한 조치는 코르도바에만도 270개나 있었던 공중 목욕탕들을 폐쇄한 일이다). 자기 자신과 타인에 대한 어떤 의미에서의 잔인함이 그리스도교적이다 ; 다르게 생각하는 자들에 대한 증오와 ; 박해하려는 의지도 그리스도교적이다. 음산하면서도 선동적인 생각들이 전면에 서 있으며 ; 가장 열망되고, 최고의 명칭으로 불리는
20 상태들은 간질적 상태이다 ; 섭생법은 병적인 현상을 이롭게 하고 신경을 지나치게 자극하기 위해 선택된다. 지상의 주인들과, '고귀한 자'들과 불구대천의 원수지간을 형성하는 것이―동시에 그들과의 은폐되고도 은밀한 경쟁이 그리스도교적이다(―그들에게는 '육체'를 허용하고, 자기네들은 '영혼'만을 원한다……) 정신, 긍지,

용기, 자유, 정신의 자유사상에 대한 증오가 그리스도교적이다 ; 감각에 대한 증오, 감각의 기쁨에 대한 증오, 기쁨 일반에 대한 증오가 그리스도교적이다……

5

22.

이런 그리스도교가 자기의 첫 지반이었던 최하층, 고대 세계의 밑바닥 세계를 떠나 야만 민족들 밑에서 권력을 추구하기 시작했을 때, 그리스도교는 더 이상은 지쳐 있는 인간들을 전제 조건으로 하지 않았다. 오히려 내적으로 야만화되고 스스로를 괴롭히는―강한 인간이지만 실패작인 자들을 전제 조건으로 삼았다. 자기 자신에 대한 불만, 자기 자신으로 인한 고통이 여기서는 불교 신자들에게 서처럼 극도의 민감성이나 고통 감수성 때문이 아니라, 오히려 거꾸로 고통을 주려는 강력한 요구, 내적 긴장을 적대적인 행위와 표상들로 방출하려는 강력한 요구 때문에 생긴다. 그리스도교는 야만인들을 지배하기 위해서 야만적 개념과 가치들을 필요로 했다 : 첫 자식을 제물로 바치는 것, 성찬식에서 피를 마시는 것, 정신과 문화를 경멸하는 것 ; 육체적이거나 비육체적인 형식의 온갖 고문 ; 대단하게 화려한 제의 등을 말이다. 불교는 노년의 인간을 위한, 쉽게 고통을 느끼는 호의적이고 부드럽고 지나치게 정신적이 되어버린 인간 종을 위한 종교이다(―유럽은 아직도 불교를 받아들일 정도로 성숙하지 못하다―) : 불교는 그런 자들을 평화와 명랑으로 복귀시키며, 정신적인 것에서는 섭생요법으로, 육체적인 것에서는 특정한 단련으로 복귀시킨다. 그리스도교는 야수의 지배자가 되기를 원한

10

15

20

다 ; 그 수단은 바로 그들을 병들게 하는 것이다—약화는 길들이기 위한, '문명'을 위한 그리스도교적 처방전이다. 불교는 문명의 종말을 위한, 지쳐버린 문명을 위한 종교이다. 그리스도교는 문명을 발견하지조차 못하지만—필요하다면 그 기초를 세우기도 한다.

5

23.

다시 한번 말하지만 불교는 백 배나 더 냉정하고 진실되고 객관적이다. 그것은 자기 자신의 고통과 고통을 느끼는 능력을 더 이상
10 은 죄 해석을 수단으로 하여 **바람직한 것으로** 만들어야 할 필요를 느끼지 않는다. —불교는 '나는 괴롭다'에 대한 자신의 생각을 말할 뿐이다. 반면 야만인에게서는 고통이란 그 자체로 바람직하지 않은 것이다 : 그가 괴롭다는 것을(그의 본능은 그에게 오히려 고통을 부정하라고, 말없이 감내하라고 지시한다) 시인하기 위해 그는 먼저
15 어떤 해석을 필요로 한다. 이때 '악마'라는 말이 일익을 담당한다 : 이제 사람들은 그런 막강하고 무서운 적을 하나 갖고 있다—그래서 그런 적으로 인해 고통당한다는 것을 부끄러워할 필요가 없다.—

그리스도교의 토대에는 몇 가지 동방적인 정교함이 있다. 특히
20 어떤 것이 참⟨인지⟩의 여부는 그 자체로는 전혀 상관없는 것이며, 어떤 것이 참이라고 믿어지는 한에서 최고로 중요하다는 것을 그리스도교는 알고 있다. 진리 그리고 어떤 것이 진리라는 믿음 : 이 두 가지 완전히 분리된 관심 세계, 거의 정반대인 두 세계—이 두 세계에는 근본적으로 상이한 길을 통해 이르게 된다. 이런 점을 아는 것

—바로 이것이 동방에서는 현자를 만든다 : 브라만도 그렇게 이해했고 플라톤도 그렇게 이해했으며 비교(秘敎)적 지혜의 모든 문하생이 그렇게 이해했다. 예를 들어, 인간이 죄에서 구원받았다고 믿는 데에 그 자신의 행복이 있다면, 이때 필요한 전제는 인간이 죄지은 자라는 것이 아니라, 오히려 인간 스스로 죄를 지었다고 느끼는 것이다. 하지만 만사에 앞서서 **믿음**이 필요하기에, 이성과 인식과 탐구는 그 명예가 훼손되지 않으면 안 되는 것이다 : 진리로 향하는 길은 금지된 길이다. —강력한 소망은 개별적이고−실제로 등장하는 여느 행운보다 훨씬 더 강력한 삶의 자극제이다. 고통받는 자는 소망에 의해 지탱되어야 한다. 어떤 현실로도 반박당할 수 없고—실현되었다고 해서 없어지지 않는 소망에 의해서 : 피안의 소망에 의해서. (불행한 자를 잡아두는 바로 이런 능력 때문에 그리스인에게서는 소망이 악 중의 악으로, 진정 악의 있는 악으로 간주되었다 : 그것은 악의 통 안에 남겨져 있었다). —사랑이 가능하려면 신은 인격적 존재여야만 한다 ; 가장 하부의 본능들이 말참견할 수 있기 위해서는 신은 젊어야만 한다. 여자의 열정을 위해서는 잘생긴 성자를, 남자의 열정을 위해서는 마리아를 전면에 세워야만 한다. 아프로디테 숭배와 아도니스 숭배가 제의의 개념을 이미 규정하고 있는 곳에서 그리스도교가 지배하려 한다는 점이 그런 사실의 전제이다. **순결**에 대한 요구는 종교적 본능의 격렬함과 내면성을 강화시킨다 —이것이 제의를 더 뜨겁게 하고, 더 열광적이게 하며, 더 영적으로 만든다. —사랑이란 인간이 어떤 것을 대부분 사실과는 다르게 보는 상태인 것이다. 여기서는 환영을 만드는 힘이 정점에 이르러 있다. 달콤하게 하고 미화하는 힘도 마찬가지로 중요하다. 사람들은

사랑하면서 어느 때보다 더 잘 견디며, 모든 것을 참아낸다. 그러니 그 종교 안에서 사랑받을 수 있는 그런 종교를 고안해내야 한다 : 이로써 사람들은 삶에서 최악의 것을 넘어선다 ─ 그것은 더 이상은 보이지도 않는다. ─ 그리스도교의 세 가지 덕목인 믿음, 사랑, 소망에 대해서는 이쯤 해두자 : 나는 이것들을 세 가지 그리스도교적인 교활이라고 부른다. ─ 불교는 이런 방식으로 교활하기에는 너무 노년 적이고 너무 실증적이다.

24.

여기서 나는 그리스도교의 기원 문제만을 건드려보겠다. 문제 해결을 위한 첫 번째 명제는 다음과 같다 : 그리스도교는 그것이 생겨난 토대로부터만 이해할 수 있다 ─ 그리스도교는 유대 본능에 맞서는 반대 운동이 아니며, 유대 본능의 수미일관함 자체이며, 공포감을 조성하는 유대 본능의 논리에서 한 발짝 더 나아간 결론이다. 구원자의 공식으로는 : "구원은 유대인에게서 온다"[59]이다. ─ 그 두 번째 명제는 이렇다 : 갈릴리인의 심리적 유형은 그리스도교에서도 여전히 알아볼 수 있지만, 그것은 완전히(낯선 특성으로 인해 훼손되고 과부화되어서 ─) 변질되어야 비로소 그것이 소용되는 목적에 이바지할 수 있다. 즉 인류의 구원자 유형이라는 목적에 말이다. ─

유대인은 세계사에서 가장 진기한 민족이다. 왜냐하면 그들은 존재와 비존재의 문제에 직면해서 정말 섬뜩하리만큼 고의적으로 어떤 대가를 치르고서라도 존재를 우선시했기 때문이다 : 그들이 치른 대가는 모든 자연, 모든 자연성, 모든 현실성, 외부 세계 및 내부 세계 전부에 대한 극단적인 왜곡이었다. 그들은 이제껏 한 민족을 살 수 있게 하고, 살 수 있게 허용한 모든 조건과 거리를 두었다. 그들은 자연적 조건들에 대한 반대 개념을 자기 자신들에게서 만들어 냈다. ―그들은 종교, 제의, 도덕, 역사, 심리학을 차례차례 치유 불가능한 방식을 써서 그것들의 자연적 가치와는 반대되는 것으로 뒤집어 버렸다. 우리는 그 현상을 다시 한번, 말할 수 없이 엄청난 비율로 확대되었음에도 불구하고 복사에 지나지 않는 현상으로서 맞닥뜨린다 : ―그리스도교 교회는 '성자들의 민족'과 비교하면 독창성에 대한 주장을 결여하고 있다. 바로 그 때문에 유대인은 세계사에서 가장 숙명적인 민족인 것이다 : 오늘날 그리스도교인이 스스로가 유대인의 궁극적 귀결이라는 점을 이해하지 못한 채 반유대적 감정을 가질 수 있을 정도로, 유대인은 그들의 후유증을 통해 인류를 기만해온 것이다.

　나는 《도덕의 계보》에서 최초로 고귀한 도덕과 원한의 도덕이라는 반대 개념을 심리학적으로, 후자는 전자에 대한 부정에서 발생하는 것으로 소개했다 : 그런데 후자는 전적으로 유대적–그리스도교적인 도덕이다. 삶의 상승 운동, 제대로 잘됨, 힘, 아름다움, 지상에서의 자기 긍정을 나타내는 모든 것을 부정할 수 있기 위해서는, 거기서 천재적이 된 원한 본능이 또 다른 세계를 고안해내지 않으면 안 된다. 삶의 긍정을 악으로, 배척받아야 할 것 그 자체로 보이게 하는 세계를 말이다. 심리학적으로 고찰해보면, 유대 민족은 가장 질긴 생명력을 지닌 민족이다. 있을 법하지조차 않을 정도의 악조건들에 처해서도 그들은 자기 보존이라는 가장 심층적인 교활함을 발휘하여 자발적으로 모든 데카당스 본능의 편을 들었다. ―그 본능들에게 지배당해서가 아니라, 오히려 그 본능들 안에서 '세계'에 맞서서 자신을 관철시킬 수 있는 힘을 간파해냈기 때문이다. 유대 민족은 데카당과는 반대이다 : 하지만 그들은 착각을 일으킬 정도로 데카당스를 표현하지 않으면 안 되었다. 그들은 더할 나위 없는 배우적 천재성을 발휘하여, 모든 데카당스 운동의 정상에 서는 법을 알고 있었다(—바울의 그리스도교로서). 그들에게서 삶을 긍정하는 온갖 당파보다 더욱 강력한 무언가를 만들어내기 위해서. 유대교와 그리스도교에서 힘을 원하는 인간 종류인 사제적 인간에게 데카당스는 단지 수단에 불과하다 : 이런 종류의 인간의 삶에 대한 관심은 인간을 병들게 만들고, '선'과 '악', '진리'와 '오류'라는 개념들을 삶에 위험하고 삶을 비방하는 의미로 뒤집어놓는 데 있다. —

25.

이스라엘의 역사는 자연적 가치가 완전히 **탈자연화된** 역사의 전형으로서 귀중한 가치가 있다 : 이에 관한 다섯 가지 사실을 서술해보겠다. 근원적으로 이스라엘은 특히 왕정시대에 만사와 옳은 관계를, 다시 말해 자연적인 관계를 맺고 있었다. 그의 야훼는 힘-의식에 대한 표현이었고, 기쁨 그 자체에 대한 표현이었으며, 그들 자신에 대한 희망의 표현이었다 : 야훼 안에서 이스라엘 사람들은 승리와 구원을 기대하고, 야훼와 함께 그들은 자연을 자기들에게 필요한 것을—특히 비를 주는 것으로 신뢰했었다. 야훼는 이스라엘의 신이고, 따라서 정의의 신이다 : 힘을 갖고 있으며, 그에 관한 어떤 양심의 가책도 없는 민족의 논리. 한 민족의 자기 긍정의 이런 양면은 축제의식을 통해 표현된다 : 그들은 그들을 정상에 서게 한 위대한 운명에 대해 감사한다. 그들은 계절의 변화에 대해, 목축과 농경에서 얻는 모든 복에 대해 감사한다. ―이런 상태는 오랫동안 이상적인 상태로 남아 있었으며, 그 상태가 불행한 방식에 의해 : 내부적으로는 아나키, 외부적으로는 아시리아인에 의해 제거되었을 때조차도 이상으로서 남아 있었다. 하지만 그 민족은 좋은 군인이자 강력한 판관이라는 왕의 상(像)을 최고 소망 사항으로 견지하고 있었다 : 특히 예언가(말하자면 그 시대의 비판가이자 그 시대의 풍자가)의 전형인 이사야가 그랬다. ―하지만 그 희망은 성취되지 않았다. 옛 신은 그가 예전에 할 수 있었던 것을 더 이상은 할 수 없었다. 사람들은 그를 차라리 버려야 했다. 그런데 실제로 일어난 일은 무엇인가? 사람들은 신 개념을 변경시켜버렸다. ―사람들은 신 개념을 탈자연화시켜버렸다 : 이런 대가를 치르면서도 사람들은 신을 놓지 않았다. ― '정의의 신' 인 야훼 ―더 이상은 이스라엘과 하나가 아니다. 더 이상은 민족적 자존심의 표현이 아니다 : 단지 조건에 의해 제약된 신일 뿐이다…… 신 개념은 이제 사제 선동가들의 손아귀에서 도구가 되어버렸다. 이들은 이제 모든 행복을 보상으로, 모든 불행을 신에 대한 불복종의 벌로, '죄' 에 대한 벌로 해석해낸다 : 이것이 자연적인 '원인' 과 '결과' 개념을 영영 뒤집어버린, 소위 말하는 "도덕적 세계질서"라는 가장 기만적인 해석 방식이다. 보상과 벌에 의해 자연적 인과율을 세상에서 없애버리고 나면, 반자연적인 인과율이 필요하게 되는 법이다 : 그리고 나머지 모든 비자연성이 이제 그 뒤를 따르게 된다. 요구하는 신이―도움을 주고 방도를 강구하며 근본적으로 용기와 자기 신뢰의 행복한 영감에 대한 대명사인

신을 대체해버린다…… 도덕. 이것은 더 이상은 한 민족〈의〉 생존과 성장 조건에 대한 표현이 아니다. 더 이상은 그 민족의 가장 심층적인 삶의 본능이 아니다. 오히려 그것은 추상화되어버렸고 삶의 반대가 되어버렸다. ―상상력의 철저한 악화로서의 도덕, 만사에 대한 '사악한 시선'으로서의 도덕이 되어버렸다. 유대적 도덕은 무엇이고, 그리스도교적인 도덕은 무엇인가? 순수함이 죽어버린 우연 ; 불행을 '죄' 개념으로 더럽히는 것 ; 위험으로서, '유혹'으로서의 잘살고 있음 ; 양심이라는 벌레의 독에 중독된 생리적 불편이다……

26.

신 개념이 변조되어버렸다 ; 도덕 개념이 변조되어버렸다 : ―유대의 사제들은 여기서 그치지 않았다. 이스라엘의 전체 역사가 그들에게는 필요가 없었다 : 사라졌으면 좋겠다! ―이 사제들은 변조의 기적을 이루어내었으며, 그 기록은 성서의 상당 부분으로 우리 앞에 놓여 있다 : 그들은 모든 전승과 역사적 실재성에 대해 비할 바 없는 경멸감을 품고서 자기네 민족의 과거를 종교적인 것으로 옮겨버렸다. 말하자면 자기네 민족의 과거를 야훼에 대한 죄와 벌, 야훼에 대한 경건함과 보상이라는 바보 같은 구원기제로 만들어버렸다. 만일 수천 년에 걸친 교회의 역사 해석이 우리를 역사에 대해 성실하라는 요구에 거의 무감각하게 만들어놓지 않았더라면, 우리는 이런 더할 나위 없이 치욕스러운 역사 왜곡 행위를 훨씬 더 뼈아프게 느낄 수도 있었을 것이다. 그런데 철학자들이 교회를 변호하고 나선

것이다 : 그 수단인 "도덕적 세계질서"라는 거짓말은 철학의 전개
과정 전체에, 최근의 철학에마저도 스며들어 있다. "도덕적 세계질
서"가 의미하는 바는 무엇인가? 인간이 해야 할 것과 하지 말아야
할 것에 대한 영원한 신의 뜻이 존재한다는 것 ; 한 민족의 가치와
한 개인의 가치는 얼마만큼 신의 뜻에 복종했는지에 의거해 측정된
다는 것 ; 한 민족과 한 개인의 운명에서 신의 뜻은 지배적인 것으
로, 즉 복종의 정도에 따라 그들을 처벌하고 보상하면서 입증된다
는 것이다. 이런 측은한 거짓말을 대체할 실상은 다음과 같다 : 삶의
건강한 도야 전체를 희생시키는 기생충 같은 인간, 즉 사제가 신의
이름을 오용하고 있다 : 그는 자기가 가치를 결정할 수 있는 만사의
상태를 "신의 나라"라고 부른다 ; 그런 상태에 도달시키고 그 상태
를 유지시킬 수 있는 수단을 그는 "신의 뜻"이라고 부른다 ; 냉혹한
냉소주의에 의해 그는 민족과 시대와 개인들을 사제들의 우위 상황
에 유용한지 아니면 반대하는지의 여부에 따라 평가한다. 사제들이
하는 일을 보라 : 유대 사제들의 손아귀에서 이스라엘 역사상 위대
한 시기가 쇠퇴의 시기로 되어버렸다 ; 오랫동안의 불운이었던 망
명 생활은 그 위대한 시기에 대한 영원한 형벌로 변화되어버렸다—
즉 사제가 아직 아무것도 아닌 존재였던 시기에 대한 형벌로……
사제들은 이스라엘의 역사에서 강력하면서도 아주 자유롭게 된 인물
들을 필요에 따라 불쌍한 굴종자나 위선자 또는 '신을 모르는 자'로
만들어버렸다. 그들은 위대한 사건 각각을 "신에 대한 복종 아니면
불복종"이라는 백치적인 공식으로 단순화시켰다. —한 발 더 나아
가서 : '신의 뜻'이라는 사제 권력을 유지해주는 조건은 사람들에게
알려져 있지 않으면 안 되었기에—이런 목적 때문에 그들은 '계시'

를 필요로 했다. 꾸미지 않고 말하자면 : 대단한 문헌 위조가 필요
했고, '성서'를 발견해냈던 것이다—성서는 사제들의 온갖 현란한
과장과 더불어, 오랫동안의 '죄'에 대한 속죄의 날들과 절규를 통해
공포된다. '신의 뜻'은 오래전에 세워져 있었다 ; 모든 불행은 사람
들이 '성서'로부터 멀어졌다는 데 있다…… '신의 뜻'은 이미 모세
에게 계시되었다…… 무슨 일이 생겼던 것인가? 사제는 엄격하고
꼼꼼하게, 사람들이 그에게 지불해야 했던 많고 적은 세금에 이르
기까지(—고기의 가장 맛있는 부위도 잊지 않고 : 왜냐하면 사제는
쇠고기 식충이니까) 그가 무엇을 갖고자 하는지, 즉 '신의 뜻이 무엇
인지'를 단번에 정식화시켰다…… 그때부터 삶의 만사는 어디서든
사제가 필요 불가결하도록 정리되었다 ; 출생이나 결혼이나 병이나
죽음에서, 그리고 희생('만찬')에서는 말할 것도 없이, 삶의 모든
자연적인 일들에서 성스러운 기생충이 그것들을 탈자연화시키고자
등장한다 : 그의 말로는 "성스럽게 만들고자" 등장한다…… 그러므
로 다음과 같은 것이 파악되어야만 한다 : 모든 자연적인 관습, 모
든 자연적 제도(국가, 법질서, 결혼, 병자와 약자를 돌봄), 삶의 본
능이 고취시킨 요구 전부, 요약하면 그 자체로서 가치를 갖는 모든
것이 사제의 기생(또는 "도덕적 세계질서")에 의해 근본적으로 무
가치해지고, 가치를 거스르게 된다는 것 ; 이것은 추후의 인가를 필
요로 한다. —즉 자연을 부정하고, 바로 그 때문에 어떤 가치를 창
조해내는, 가치를 부여하는 하나의 권력이 필요한 것이다…… 이제
사제가 자연을 탈가치화하고 탈신성화시킨다 : 이런 대가를 치르고
서야 사제는 존재할 수 있는 것이다. —신에 대한 불복종, 달리 말
해 사제에 대한 불복종, '법'에 대한 불복종은 이제 '죄'라는 이름

을 얻게 된다 ; 다시 '신과 화해하는' 수단들은 사제들에 대한 복종을 훨씬 더 철저하게 보장하는 바로 그 수단들일 게 뻔하다 : 오직 사제만이 '구원한다' …… 심리학적으로 고찰해보면 그 조직상 사제사회인 곳은 어디서나 '죄'가 필수 불가결하다 : 이것이 진정 권력을 부리는 것이며, 사제는 죄에 의존해 생존한다. 그에게는 '죄를 범하는' 것이 필요하다…… 지상 명제 : "신은 회개하는 자를 용서한다" ─ 사실대로 말하자면 : 사제에게 복종하는 자를. ─

27.

모든 자연과 모든 자연-가치와 모든 현실성이 지배 계급의 가장 심층적인 본능에 역행하는 왜곡된 지반에서 그리스도교는 자라났다. 현실성에 대한 지금까지도 능가된 바 없는 그러한 불구대천적인 원수의 형식이 말이다. 만사에 대해 오로지 사제적 가치만을, 오로지 사제의 말만을 남겨두고, 공포를 불러일으킬 만큼 수미일관하게 지상의 힘있는 모든 것을 '신성하지 않다'라거나 '세속'이라거나 '죄'라 하면서 자신들에게서 분리시켰던 '신성한 민족' ─ 이 민족이 자기네의 본능을 위해 최후의 정식을 만들어냈다. 자기 부정에 이를 정도로 논리적인 정식을 : 이 민족은 그리스도교로서 현실성의 마지막 형식마저도 부정해버렸다. '성스러운 민족', '선택된 민족'이라는 유대적인 현실성마저도. 이것은 대단히 중요한 일이다 : 나사렛 예수라는 이름으로 명명된 작은 봉기 운동은 또 하나의 유대 본능이며 ─ 달리 말하자면 사제를 현실적인 것으로서는 더 이상은 견디지 못하겠다는 사제 본능이고, 훨씬 더 추상적인 존재 형식의 발명이자, 교회 조직이 제약해놓은 것보다 더 비현실적인 세계상의 발명이다. 그리스도교는 교회를 부정한다……

예수가 주모자로 이해되는 또는 주모자라고 오해되었던 그 봉기가 유대 교회, 즉 오늘날 우리가 이해하는 바로 그 의미로 이해된 교회에 대항하는 봉기가 아니라면, 과연 무엇에 대항하는 봉기였는지 나는 알 수 없다. 그것은 '선한 자와 의로운 자'에 대한 봉기였고, '이스라엘의 성자들'에 대한 봉기였으며, 사회의 위계질서에 대한 봉기였다―그것들의 부패에 대해서가 아니라, 계급과 특권과 질서와 정식에 대항한 봉기였다 ; 그것은 '더 높은 사람들'에 대한 불신이었고, 사제와 신학자였던 모두에 대한 부정이었다. 하지만 일시적으로나마 문제시되었던 위계제도는 '홍수' 속에서 유대 민족을 살아남게 한 수상가옥이고 방주였으며, 살아남기 위해 힘들게 얻은 마지막 가능성이자 그네들의 독특한 정치적인 삶의 처지의 잔재였다 : 위계질서에 대한 공격은 가장 심층적인 민족 본능에 대한, 어느 것과도 비할 바 없이 질겼던 민족-생존-의지에 대한 공격이었다. 예수라는 성스러운 아나키스트는 하층민과 배제된 자와 '죄인'과 유대교 내부의 찬달라에게 지배 질서에 대한 저항을 호소했다―복음서를 믿어도 된다면, 오늘날에도 여전히 시베리아 유형 신세가 될지도 모르는 말을 사용해서 말이다. 이런 그는 정치범이었다. 터무니없이 비정치적인 사회에서 가능한 그런 형태의 정치범이었다. 이 점이 그를 십자가로 몰고 간 것이다 : 이에 대한 증거는 십자가에 붙어 있는 명패이다. 그는 자신의 죄 때문에 죽었다―그가 다른 이들의 죄 때문에 죽었다는 것은 비록 그것이 자주 주장된다고 하더라도 근거 없는 말이다. ―

28.

예수가 그런 대립을 의식하고 있었는지의 여부—그가 단지 그런 대립자로서 느껴졌을 뿐인지의 여부는 완전히 다른 문제이다. 이 대목에서 나는 비로소 구원자의 심리 문제를 건드려본다. —복음서만큼 내가 읽기 어려웠던 책은 몇 안 된다는 사실을 나는 솔직히 고백한다. 내가 말하는 어려움은 독일 정신의 박식한 호기심이 가장 잊지 못할 개가 중의 하나를 올리면서 입증했던 어려움과는 다르다. 다른 젊은 학자들처럼 나마저도 정밀한 문헌학자의 영리한 완만성을 가지고 비할 바 없는 슈트라우스의 작품을 음미했을 때[60]와 지금은 아주 멀리 떨어져 있다. 그 당시 나는 20세였다 : 지금의 나는 그러기에는 너무나 진지하다. '전승된 것'의 갖가지 모순점들이 나와 무슨 상관이란 말인가? 도대체 성자의 전설이 어떻게 '전승된 것'이라고 불린단 말인가! 성자들의 이야기들은 비할 바 없이 애매한 문헌들이다 : 다른 기록들이 남아 있지 않은 그런 경우에다가 학적 방법론을 사용한다는 것은 시작부터 별 볼일 없는 일이다—배운 자들의 한가로운 짓거리일 뿐이다……

29.

내게 문제가 되는 것은 구원자의 심리 유형이다. 복음서가 제아무리 훼손되고 낯선 특성들로 과부화되어 있다 하더라도, 진정 그것을 포함하고 있을 수 있다 : 프란츠 폰 아시시Franciscus von Assisi에 대한 전설이 그 전설적인 면에도 불구하고 그의 심리 유형을 포함하고 있는 것처럼 말이다. 여기서 관건이 되는 질문은 그가 행했던 것이나 그가 말했던 것이나 그가 정말 어떻게 죽었던가에 대한 사실 여부에 관한 것이 아니다 : 오히려 그라는 유형이 표상 가능한 가? 그가 '전승' 된 것인가?의 여부이다. ─복음서로부터 한 사람의 '영혼' 의 역사마저 끄집어내려고 하는, 내가 알고 있는 여러 시도들 은 혐오할 만한 심리학적 경박성을 입증하는 것이라고 생각한다. 심리학 방면에서는 어릿광대인 르낭 씨는 예수라는 유형을 설명하기 위해 가장 합당치 않은 개념 두 개를 끌어들였다 : 천재 개념과 영웅(héros) 개념을. 그렇지만 무언가 비복음적인 것이 있다면, 그것은 바로 영웅 개념이다. 모든 싸움에 대립하고, 자신이─싸우고 있다는─느낌 전체에 대립하는 것이 복음에서는 본능적이 된다 : 저항에의 무능력이 도덕이 된다("악에 저항하지 말라". 복음서의 가장 뜻 깊은 말이고, 어떤 의미에서는 복음서를 이해하는 관건이기도 하다[61] 평화 안에, 온유함 안에, 적대─하지─않을 수─있음에 깃들어 있는 지복. '기쁜 소식' 은 무엇을 의미하는가? 참된 삶이, 영원한 삶이 발견되었다는 것 ─이런 삶은 약속되지 않는다. 이런 삶은 거기, 너희 안에 있다 : 사랑하며 사는 삶으로서, 뺄 것도 제할 것도 없이 거리를 두지 않는 사랑을 하며 사는 삶으로서. 누구든지 다 신의 자식이다─예수는 그 어느 것도 결코 자신에게만 적용된다고 하지 않는다─신의 자식으로서 누구든 다 서로 동등하다…… 그런데 예수를 영웅으로 만들어놓다니! ─게다가 '천재' 라는 말은 또 그 어떤 오해란 말인가! '정신' 이라고 하는 우리의 개념 전체는, 이 우리의 문화적 개념은 예수가 살던 시대에는 전혀 아무런 의미도 없었다. 생리학자들의 엄밀성으로 말하자면, 거기서는 오히려 완전히 다른 말이 더 적합할 것이다 : 즉 백치라는 말이. 우리는 단단한 대상을 건드리기만 하거나 만지기만 해도 움츠러드는, 병적으로 민감한 촉감의 상태에 대해 알고 있다. 이런 생리적 습관을 그것의 궁극적 논리로 번역해보라―현실적인 것 전부에 대한 본능적 증오, '잡을 수 없는 것'으로의 도피, '파악할 수 없는 것'으로의 도피, 모든 정식에 대한 반감, 모든 시간 개념과 공간 개념에 대한 반감, 확고한 모든 것, 관습이고 제도이고 교회인 것 전부에 대한 반감, 어떤 종류의 현실성도 더 이상은 건드리지 않는 세계, 한갓 '내적'인 세계, '참된' 세계, '영원한' 세계 안에 안주하는 것으로 번역해보라…… "신의 나라는 너희 안에 있다"[62]……

30.

현실성에 대한 본능적 증오 : 모든 접촉을 너무 심도 있게 느끼기에 더 이상의 '접촉'을 전혀 원하지 않는, 고통과 자극에 대한 극단적인 감수성의 결과.

모든 혐오와 적개심과 감정의 한계 및 거리에 대한 본능적 배제 : 모든 저항이나 저항하지-않으면-안 됨을 이미 감당할 수 없는 불쾌로 (즉 해로우며, 자기 보존 본능을 말리는 것으로) 느끼고, 지복(기쁨)은 누구에게든, 악에든 악인에게든 더 이상은 저항하지 않는 것에 있는 것으로 알며―사랑을 삶의 유일하고도 궁극적인 가능성으로 알고 있는 고통과 자극에 대한 극단적인 감수성의 결과……

이것들이 구원의 가르침을 탄생시킨 두 가지 생리적 현실들이다. 나는 이것들을 전적으로 병든 토대를 갖고 있는 쾌락주의가 고상하게 발전된 것이라고 부른다. 이것과 가장 유사한 것은 이교도의 구원 교설인 에피쿠로스주의이다. 비록 이것이 그리스적 생명력과 정신력의 보조를 듬뿍 받고 있기는 하지만 말이다. 에피쿠로스는 전형적인 데카당이다 : 나는 이 점을 최초로 알아차렸다. ─고통에 대한 공포, 한없이 작은 고통에 대해서마저도 갖는 공포─이런 공포는 오로지 사랑의 종교 안에서만 종결될 수 있다……

31.

앞의 문제에 대한 답을 나는 이미 제공한 것이다. 그 답은 구세주 유형이 우리에게는 강하게 왜곡된 채로 유지되고 있다는 것을 전제로 하고 있다 : 이 왜곡이 있었을 확률은 그 자체로 아주 크다 : 그런 유형은 여러 이유로 인해 순수하고 완전하게 첨가물들로부터 자유롭게 남아 있을 수 없는 법이다. 이 진기한 인물이 활동했던 환경이 그에게 흔적을 남기지 않았을 리 없고, 초기 그리스도교 공동체의 역사와 운명은 더욱 그랬을 것이다 : 이런 흔적을 소급해 올라가서 그 흔적 중에서 싸움과 선전 목적과 관련되어서만 이해될 수 있는 특징들이 이 유형에 갖춰지게 되면서 그의 모습은 풍부해졌던 것이다. 복음서가 우리에게 소개하는 진기하고도 병든 세계는─러시아 소설에 나오는 사회의 찌꺼기와 신경질환과 '어린애 같은' 백치들이 밀회하고 있는 것 같은 세계는─어떤 경우에든 그 유형을 조야하게 만들었음이 틀림없다 : 특히 첫 사도들은 온통 상징과 불가해성 안에서 허우적거리고 있는 그 존재에 관하여 어떤 것이라도 이해해 보려고 그네들의 조잡성으로 그를 번역해버렸다. ─그들에게 예수라는 유형은 좀더 잘 알려져 있는 형식으로 변형된 후에야 비로소 존재할 수 있었다…… 선지자, 구세주, 미래의 판관, 도덕의 설교자, 기적을 행하는 자, 세례자 요한―그 유형을 오해할 계기는 이처럼 많았다…… 마지막으로 가장 큰 특징적 계기인 종파적 숭배를 경시하지 말자 : 이것은 숭배되는 존재에서 독창적이기에 종종 불쾌감을 주는 낯선 특징들과 특이 성질들을 지워버린다―이것들을 보지조차 못한다. 도스토예프스키 같은 자가, 즉 숭고한 것과 병적인 것과 유치한 것의 그러한 혼합이 갖는 감동적인 매력을 느낄 수 있는 자가 이런 가장 흥미로운 데카당 근처에 살지 않았던 것이 유감스럽기까지 하다. 마지막 관점 : 데카당스 유형으로서 그 유형은 사실 독특한 다양성과 모순을 지닌 유형일 수 있었다 : 그 가능성을 완전히 배제할 수는 없다. 그럼에도 불구하고 모든 것이 그 가능성을 단념하라고 내게 충고한다 : 그 가능성을 위해서는 바로 전승된 내용이 정말 특이하게도 사실에 충실하고 객관적이지 않으면 안 되겠지만 : 우리에게는 반대의 경우를 상정할 근거들이 있기 때문이다. 그러는 사이, 인도적인 토대를 거의 갖고 있지 않은 부처 같다는 인상을 주는 모습의 산과 호수와 들판의 설교자, 그리고 심술궂은 르낭이 "반어법의 이 위대한 대가"⁶³⁾라며 찬미했던 공격의 광신자, 신학자와 사제의 불구대천의 원수로서의 그의 모습 사이에는 하나의 모순이 입을 벌리고 있다. 그리스도교적 선전 활동의 격앙된 상태에서 쓰디쓴 생각이(에스프리에서조차) 엄청나게 그 스승 유형으로 흘러 들어갔다는 사실을 나는 의심치 않는다 : 자신들의 스승을 자신들을 변호하기 위해 이용하는 온갖 종파주의자들의 무분별함은 충분히 알려져 있다. 원시 그리스도교 공동체는 다른 신학자들과 대항하기 위해 판결하고 다투고 분노하며 사악하고 궤변을 늘어놓는 신학자가 한 사람 필요했고, 그래서 자기네의 신을 창조했던 것이다 : 그들이 그의 입에 완전히 비복음적인 개념들도, 즉 이제는 그들에게 필요 불가결하게 된 '재림'과 '최후의 심판'과 온 갖 종류의 이 세상의 기대와 약속을 아무 주저 없이 주워 담았던 것처럼. —

32.

다시 한번 말하지만 나는 구세주 유형에 광신자를 집어 넣는 것에 반대한다 : 르낭이 사용하는 '명령적'이라는 말은 이미 그를 무화시키고 있다. '복음'이란 바로 아무런 대립자도 더 이상은 없다는 것이다 ; 하늘나라는 아이들의 것이다 ; 여기서 말하는 신앙은 싸워 획득한 신앙이 아니다. —이 신앙은 거기, 시작부터 있었다. 그것은 말하자면 정신적인 것에 아이 같은 천진함이 되돌아간 것이다. 성숙기가 늦어지고 육체적으로도 부진해 있는 경우(이 경우를 생리학자들은 퇴화의 결과로 알고 있다. —그런데) 그런 신앙은 노하지 않고 탓하지 않으며 저항하지 않는다 : 그것은 '칼'[64]을 불러들이지 않는다—언제 어느 정도로 분리시켜버릴 수 있을지에 대해 그런 신앙은 어렴풋하게라도 알지 못한다. 그것은 자신을 기적에 의해서든 보상이나 약속에 의해서든 입증하지 않는다. '성서'에 의해서는 더욱 아니다 : 신앙 그 자체가 매 순간마다 신앙의 기적이고, 신앙에 대한 보상이자 증거이며 '신의 나라'인 것이다. 이런 신앙은 자신을 공식화하지도 않는다—그것은 살아 있고, 공식들에는 저항한다. 물론 환경과 언어와 예비 지식의 우연성이 특정한 개념군을 규

정한다 : 원시 그리스도교는 단지 유대적-셈적인 개념들만을 사용했었다(—성찬식에서 먹고 마시는 것은 이에 속하며, 이것은 유대적인 것이 전부 그러하듯 교회에서 심각하게 오용하고 있는 개념이다.[65] 하지만 그런 개념군 안에서 어떤 기호 언어, 어떤 기호학, 비유의 기회 이상의 것을 보지 않도록 조심해야 한다. 어떤 말도 말 그대로 받아들여지지 않는다는 것이야말로 이런 반실재론자들에게는 도대체가 그들이 말을 할 수 있게 해주는 조건인 것이다. 그것은 인도인 사이에서라면 상캬 개념을, 중국인 사이에서라면 노자의 개념을 이용했을 것이다—그러면서 아무런 차이점도 느끼지 못했을 것이다. —표현을 자유롭게 해보자면 예수를 '자유정신'이라고 부를 수도 있으리라—그에게는 고정된 것은 죄다 전혀 중요하지 않으니까 : 말은 죽이는 것이고, 고정된 것은 모두 죽이는 것이다. 그가 유일하게 알고 있는 개념인 '삶'의 경험은 그에게서는 온갖 종류의 말, 공식, 법칙, 신앙, 교의와 대립한다. 그는 단지 가장 내적인 것에 대해 말하고 있을 뿐이다 : '삶' 또는 '진리' 또는 '빛'은 가장 내적인 것에 대해 그가 사용하는 대명사이다.[66] —나머지 전부, 현실성 전체, 자연 전체, 언어마저도 그에게는 하나의 기호로서의 가치를, 한 가지 비유로서의 가치를 지닐 뿐이다. —여기서 우리는 결코 잘못 짚어서는 안 된다. 그리스도교적인 편견이, 즉 교회의 편견에 놓여 있는 유혹이 제아무리 클지라도 : 상징의 그러한 전형은 모든 종교, 모든 제의 개념, 모든 역사, 모든 자연과학, 모든 세계 경험, 모든 지식, 모든 정치, 모든 심리학, 모든 서적, 모든 예술을 넘어서 있다—그의 '앎'은 바로 이러한 것들이 존재한다는 사실을 알지 못하는 순진한 바보인 것이다. 문화라는 것을 그는 알지 못한다.

들어서라도. 그는 문화에 대한 싸움을 필요로 하지도 않는다―그는 문화를 부정하지 않는다……국가의 경우도, 시민적 질서 전체와 사회의 경우도, 노동과 전쟁의 경우에도 마찬가지다―그는 '세상'을 부정할 이유를 한 번도 가져본 적이 없다. 그는 교회적인 '세상' 개념을 한 번도 어렴풋하게라도 알지 못했다……부정한다는 것. 그에게는 이것이 정말 불가능하다. ―마찬가지로 그에게는 변증술도 없고, 하나의 믿음과 하나의 '진리'가 근거에 의해 입증될 수 있으리라는 생각도 없다(―그의 증거는 내적인 '빛', 내적인 기쁨과 자기 긍정이며, 온통 '힘의 증거'이다―) 이런 교설은 반박할 수도 없다. 이 교설은 다른 교설들이 있고, 또 있을 수 있다는 사실을 결코 이해하지 못한다. 이 교설은 상반되는 판단들을 상상할 수도 없다……그런 것들이 등장하면 이 교설은 가슴속 깊이 간직하고 있는 동정심으로 인해 그것들의 '맹목'을 슬퍼하지만―자기가 '빛'을 보기 때문에―이의를 제기하지는 않는다……

33.

'복음'의 심리 전체에는 죄와 벌의 개념이 없다 ; 보상이라는 개념도 없다. 신과 인간 사이의 관계를 멀어지게 하는 '죄'가 없어졌다는 것. ―바로 이것이 '복음, 기쁜 소식'이다. 지복은 약속되지 않으며, 조건들에 묶여 있지 않다 : 이것이 유일한 사실이다―나머지는 이런 사실을 말하기 위한 기호일 뿐이다……

그런 상태의 결과가 하나의 새로운 실천으로, 진짜 복음적인 실천으로 투영된다. '신앙'이 그리스도교인을 구별 짓지 않는다 : 그리스도교인은 행동하고, 행동이 달라서 구별된다. 그에게 못되게 구는 자에게 그는 말로도 마음으로도 저항하지 않는다는 것. 이방인과 토착민, 유대인과 비유대인의 구별을 하지 않는다는 것('이웃'이란 원래는 신앙의 동지, 즉 유대인을 말한다). 누구에게도 화내지 않고, 누구도 멸시하지 않는다는 것. 법정에 나서지도 않고, 나서기를 요구하지도 않는다는 것('맹세하지 말라'). 그 어떤 경우라도, 아내의 부정이 입증된 경우라도 이혼하지 않는다는 것.[67] —이 모든 것은 근본적으로는 하나의 명제이며, 이 모든 것이 하나의 본능의 결과들이다—

구세주의 삶은 이러한 실천일 뿐이었다—그의 죽음 역시 다르지 않았다…… 그는 신과 교통하기 위해 어떤 공식도 어떤 의식도 필요로 하지 않았다—기도조차도. 그는 유대적인 회개의 교설 및 화해의 교설과 담판을 지어버렸다 ; 그는 사람들이 자신들을 '신적'이고, '복되며', '복음적이고', 언제나 '신의 자식'이라고 느끼게 해주는 유일한 것이 어째서 삶의 실천인지를 알고 있었다. 신에게 향하는 길은 '회개'도 아니고 '용서의 기도'도 아니다 : 오로지 복음적인 실천만이 신에게 인도하며, 복음의 실천이 바로 '신'이다—복음과 함께 없어진 것. 그것은 '죄', '죄의 사함', '신앙', '신앙을 통한 구원' 개념을 갖고 있는 유대교였다—이런 유대 교회의 교설 전체가 '기쁜 소식'에서는 부정되었다.

다른 행태로는 자기 자신이 '천국에 있다'고 전혀 느끼지 않으며, 자신이 '천국에' 있다고 느끼기 위해서나 '영원'하다고 느끼기 위해서는 어떻게 살아야만 하는지에 대한 심층적 본능 : 오로지 이것이 '구원'이라고 하는 것의 유일한 심리적 사실이다. —하나의 새로운 변화인 것이지, 새로운 신앙은 아니다……

34.

이 대단한 상징주의자에 대해 내가 무엇인가를 이해했다면, 그것은 그가 내적 사실들만을 실재로, '진리'로 받아들였다는 점이다. ─그가 그 나머지 것, 즉 자연적인 것과 시간적인 것과 공간적인 것과 역사적인 모든 것을 단지 기호로서, 비유의 계기로서 이해했다는 점이다. '인간 아들'이란 개념은 특정한 구체적인 인물, 역사 속의 개별적이고도 일회적인 인물이 아니다. 오히려 하나의 '영원한' 사실, 시간 개념으로부터 자유롭게 된 하나의 심적인 상징인 것이다. 이런 점은 전형적인 상징주의자의 신에게도, '신의 나라'에게도, '천국'에게도, '신의 자식'에게도 다시 한번, 그것도 최고의 의미로 적용된다. 인격 존재로서의 신, 앞으로 올 '신의 나라', 피안의 천국, 삼위일체의 제2 격인 '신의 아들'에 대한 교회의 조잡함보다 더 비그리스도교적인 것은 없다. 이 모든 것은─이 표현을 용서해달라─눈 위의 주먹처럼 얼토당토않다─오오, 그런데 그 어떤 눈인가! 그것은 복음의 눈이다. 즉 그 모든 것이 얼토당토않게 복음을 망쳐버린 것이다 ; 상징의 조롱 안에 있는 세계사적 냉소주의…… 그런데 '아버지'와 '아들'이라는 기호에 의해 무엇이 암시되는지는 명약관화하다─모든 이에게 명약관화하지는 않다는 점은 나도 인정하기는 하지만 말이다 : '아들'이라는 말로는 만사가 총체적으로-변용하는-느낌(지복)으로의 진입이 표현되고 있고, '아버지'라는 말로는 이런 감정 자체가, 영원과-완성의-느낌이 표현되고 있다. ─이런 상징으로부터 교회가 무엇을 만들어왔는지. 그것을 떠올리는 것도 부끄러울 지경이다 : 교회는 암피트리온Amphitryon 이야기를 그리스도교적 '신앙' 의 문턱에 갖다 놓지 않았던가? 거기다가 '원죄 없는 정결한 잉태' 라는 도그마를 덧붙이지 않았던가?…… 그런데 교회는 이렇게 해서 잉태를 더럽혀버린 것이다――

'천국' 은 마음의 특정한 상태이다― '지상의 위' 또는 '죽은 다음' 에 오는 어떤 것이 아니다. 복음에는 자연사 개념이 없다 : 죽음이란 하나의 다리도, 하나의 이행도 아니며, 죽음은 전혀 다른 한갓 가상적인 세계, 한갓 상징을 위해서만 쓸모 있는 세계에 속하기 때문이다. '임종의 시각' 은 그리스도교적 개념이 아니다― '시각' 이나 시간, 생리적 삶이나 이런 삶의 위기들이라는 것은 '기쁜 소식' 을 가르치는 스승에게는 전혀 존재하지 않는 것들이다…… '신의 나라' 는 사람들이 오기를 고대하는 그런 것이 아니다 ; 그것은 어제를 갖고 있지 않으며, 내일 이후를 갖지 않는다. 그것은 '천 년' 이 되어도 오지 않는다―신의 나라는 마음속의 특정한 경험이다 ; 그것은 어디에든 있고, 어디에도 없다……

35.

이 '기쁜 소식을 가져온 자' 는 그가 살아왔고, 그가 가르쳤던 대로 죽었다― '인간을 구원하기' 위해서가 아니라, 어떻게 살아야 하는가를 보여주기 위해 죽었다. 그가 인류에게 남겨놓은 것은 바로 실천이었다 : 재판관과 호위병과 고발자와 온갖 종류의 비방과 조소 앞에서 보여주었던 그의 태도―십자가에서 보여주었던 그의 태도.

그는 저항하지 않는다. 자신의 권리를 변호하지 않는다. 그는 최악의 사태를 피하려는 조치를 취하지 않는다. 오히려 그런 사태를 도발한다…… 그리고 그는 자신에게 악을 행하는 자들과 함께, 그들 안에서, 간구하고 괴로워하고 사랑한다…… 십자가에 매달린 도적에게 그가 한 말은 복음 전체를 포함하고 있다. "이 사람이야말로 진정 신적인 사람이었구나. '신의 자식'이었구나"라고 그 도적은 말했다. "네가 그것을 느끼면─구세주가 답하기를─그러면 너는 낙원에 있는 것이다. 너 역시 신의 자식인 것이다……" 자신을 방어하지 말라. 노하지 말라. 책임 지우지 말라…… 또한 악한 자에게도 저항하지 말고─그를 사랑하라……

36.

─비로소 우리가, 자유로워진 정신인 우리가 19세기 동안 오해되었던 것을 이해할 수 있는 전제 조건을 갖게 되었다. ─즉 그 어떤 다른 거짓말보다 종교를 빙자한 '성스러운 거짓말'에 맞서 싸우는, 본능이 되고 열정이 되어버린 정직성을 말이다…… 사람들은 우리의 애정 깊고 조심스러운 중립성에서, 그처럼 낯설고 민감한 사항들을 간파해내게 해주는 유일한 지성의 훈련에서 이루 말할 수 없이 동떨어져 있다 : 어느 시대나 사람들은 파렴치한 사욕에 의해 복음에서 자기들의 이익만을 원했고, 복음과는 정반대되는 것을 기초로 해서 교회를 세웠다.[68]……

누군가가 세계의 장엄한 유희의 배후에 아이러니컬한 신성이 작용하고 있다는 표시를 찾는다면, 그는 그 단초를 그리스도교라는 이름의 거대한 의문부호 안에서 발견할 수 있으리라. 인류는 복음의 근원이고 의미이며 권능이었던 것과는 정반대의 것 앞에 무릎을 꿇는다는 것. "기쁜 소식을 가져온 자"가 자신의 아래에 있다고, 자신의 뒤에 넘겨버렸다고 여겼던 것을 인류는 '교회'라는 개념 안에서 신성시한다는 것—이것보다 더 엄청난 형식의 세계사적 아이러니를 찾는 것은 헛된 일이다——

37.

—우리 시대는 자기가 역사적 감각을 갖고 있다고 자랑스러워한다 : 그런데 어떻게 해서 우리 시대가 그리스도교의 출발점에 기적을 행하는 자와 구세주에 관한 조야한 우화가 서는 불합리를—그리고 영적인 것과 상징적인 것 전부가 그 나중에 발전된 것일 뿐인 불합리를 믿게 되었단 말인가? 사실은 그 반대이다 : 그리스도교의 역사는—더구나 십자가에서의 죽음에서부터는—하나의 근원적인 상징 체제를 점차 더 조야하게 오해해온 역사인 것이다. 그리스도교를 탄생시켰던 전제 조건들에서는 계속 멀어지고 있으며, 수적으로는 더 많지만 더 미개한 대중들 사이로 그리스도교가 점점 더 퍼져나감에 따라, 그리스도교는 통속화되고 야만화될 필요가 있게 되었다. —그리스도교는 로마제국의 온갖 지하적 의식의 교의와 제식을 갖추고 있었다. 그리스도교는 모든 종류의 병든 이성의 불합리를 꿀꺽 삼켜버렸다. 이런 그리스도교는 그리스도교에 의해 충족되었어야 할 욕구들이 병들고 천박하고 통속적일 때, 필연적으로 그 신앙마저도 그처럼 병들고 천박하고 통속화되지 않을 수 없는 운명이

었다. 병든 야만성 자체가 결집되어 드디어는 교회라는 형식으로서 권력이 되어버렸다―모든 정직성, 모든 영혼의 높이, 정신의 모든 훈련, 모든 솔직하고도 관대한 인간성에 대한 불구대천의 원수 형식인 교회로서. ―그리스도교적 가치 대 고귀한 가치 : 우리가 비로소, 자유로워진 정신들인 우리가 이런 최고로 중요한 가치의 대립을 재건시켰다!――

38.

―이 대목에서 나는 탄식을 억누를 수 없다. 가장 암울한 우울보다 더 암울한 느낌이―인간에 대한 경멸이―나를 엄습하는 날들이 있는 것이다. 내가 무엇을 경멸하는지에 대해, 내가 누구를 경멸하는지에 대해 한 점 의혹을 남기지 않기 위해서 말하자면 : 그것은 오늘날의 인간이다. 숙명적으로 나와 동시대를 살고 있는 인간을 나는 경멸한다. 오늘날의 인간―그의 불결한 숨결에 나는 질식해 버린다…… 과거에 대해서는 나는 다른 모든 인식자들처럼 아주 관용적으로 대한다. 말하자면 도량 있는 자제력을 가지고서 : 전 세기에 걸친 정신병원-세계를, 즉 '그리스도교', '그리스도교적 신앙', '그리스도교적 교회'를 나는 암울한 신중함을 가지고 통과해 간다―나는 인류에게 그들의 정신병에 대한 책임을 지우지 않도록 조심한다. 하지만 내가 현 시대로, 우리의 시대로 들어서자마자 곧 내 감정은 뒤바뀌고 폭발해버린다. 우리 시대는 알고 있다…… 예전에는 병이 들었을 뿐이었던 것이 오늘날에는 품위 없는 것으로 되어버렸음을―오늘날에 그리스도교인이라는 것은 품위 없는 일

이라는 것을. 그리고 여기서 나는 메스꺼워지기 시작한다. —내 주위를 둘러보면 : 예전에 '진리'라고 불리던 것에 대한 말은 한마디도 남아 있지 않다. 우리는 사제가 '진리'라는 말을 입에 담기만 해도 참아내지 못한다. 정직하자는 요구를 아무리 미약하게 하더라도, 오늘날 우리가 알아야 하는 것은 신학자와 사제와 교황이 하는 모든 말은 잘못되었을 뿐만 아니라, 거짓이라는 사실이다 —그들이 '순진'해서나, '무지'때문에 거짓을 말하는 것은 아니라는 사실이다. 다른 모든 이가 알고 있듯이 사제 또한 '신', '죄인', '구세주'란 더 이상은 존재하지 않는다는 사실을 알고 있다. — '자유의지'와 '도덕적 세계질서'가 거짓말들이라는 사실을 : —정신의 진지함과 심오한 자기 극복은 단 한 사람도 이 사실들을 모르고 지나가게 하지 않는다…… 교회의 모든 개념이 그것의 진짜 모습으로, 즉 자연과 자연가치를 탈가치화하는 목적을 가진 가장 사악하고도 날조된 허위들로 인식된다 ; 사제 자신이 그의 진짜 모습으로, 즉 가장 위험한 기생충이자, 삶의 진정한 독거미로 인식된다…… 오늘날 우리는 알고 있으며, 우리의 양심은 알고 있다—사제와 교회의 그 섬뜩한 고안물들이 어떤 가치를 가지고 있으며, 어디에 사용될 것인지를. 인류가 그들의 모습에서 구역질을 일으킬 정도로 인류의 자기 모독 상태를 달성시킨 그 고안물들이 말이다—즉 '피안', '최후의 심판', '영혼의 불멸', '영혼' 자체라는 개념들이 말이다 ; 이것들은 사제들을 지배자로 만들었고 지배자로 남게 했던 고문 기구들이자, 잔인함의 체계들이다…… 누구나 이 사실을 알고 있다 : 그럼에도 불구하고 변한 것은 아무것도 없다. 다른 점에서는 전혀 얽매이지 않고 철저하게 반그리스도교적인 행동을 하는 우리의 정치가들조차 여전히 그리스도교인임을 자처하고 성찬식에 나가는 오늘날, 품위와 자존심이라는 최후의 감정은 어디로 가버린 것일까? …… 제 민족의 이기주의와 과시에 대한 멋진 표현이자, 자기 정권의 정점에 서 있는 젊은 지배자 비스마르크―하지만 그는 부끄러워하지 않고 자기 자신이 그리스도교인이라고 고백하고 있지 않은가! …… 그렇다면 그리스도교가 부정하는 것은 누구인가? '이 세상'을 무엇이라고 말하고 있는가? 사람들이 군인이라는 것, 판관이라는 것, 애국자라는 것 ; 자신을 방어한다는 것 ; 명예를 지킨다는 것 ; 이익을 원한다는 것 ; 긍지를 지닌다는 것…… 등을 '세상'이라 말하며 이런 자들을 부정하지 않는가. 이런 순간들의 모든 실천이, 이 모든 본능이, 행위로 된 모든 가치평가가 오늘날에는 반그리스도교적인 것들이라고 하는데 : 그럼에도 불구하고 현대인은 그리스도교인이라고 불리는 것을 부끄러워하지 않으니, 현대인은 도대체 어떤 종류의 허위의 괴물이어야 한단 말인가! ――――

39.

―다시 원점으로 돌아가서 그리스도교의 **진짜** 역사에 대해 말해보겠다. ― '그리스도교'라는 말 자체가 벌써 오해이며―, 근본적으로는 오직 한 사람의 그리스도교인이 존재했었고, 그는 십자가에서 죽었다. '복음'이 십자가에서 죽어버렸다. 그 순간부터 '복음'이라고 불리는 것은 이미 그 유일한 그리스도교인이 체험했던 것과는 정반대였다 ; '나쁜 소식', 즉 화음Dysangelium이었다. '신앙'에서, 말하자면 그리스도를 통한 구원에 대한 믿음에서 그리스도교인의

표지를 찾는 일은 터무니없을 정도로 잘못된 것이다 : 오로지 그리스도교적 실천만이, 즉 십자가에서 죽었던 그가 살았던 것처럼 사는 것만이 그리스도교적이다…… 오늘날에도 그런 삶은 가능하며, 특정인들을 위해서는 심지어 필요하기까지 하다 : 진정한 그리스도교, 근원적인 그리스도교는 어느 시대에나 가능할 것이다…… 신앙이 아니라 행동이, 무엇보다도 많은 것을-행하지-않음, 다른 식의 존재가 말이다…… 의식의 여러 상태, 어떤 믿음, 어떤 특정한 것을-참으로-간주하는 일은 이를테면 ―심리학자들은 다 알고 있지만― 본능의 가치에 비하면 정말 중요하지 않고, 5류에 불과하다 : 좀더 엄밀하게 말하자면, 정신적인 원인성이라는 개념 전체가 잘못되어 있다. 그리스도교인-임과 그리스도교성을 어떤 특정한 것을-참으로-간주하는 일로, 한갓 하나의 의식-현상으로 환원하는 일은 그리스도교성을 부정하는 것이다. 사실상 그리스도교인은 단 한 사람도 없었다. '그리스도교인'이라고, 2천 년 동안 그리스도교인이라고 불리어온 것은 한갓 심리적인 자기 오해에 불과하다. 좀더 상세히 관찰해보면, 그 모든 '신앙'에도 불구하고 그의 본능들만이 그리스도교인을 지배해왔다는 것이 드러난다―그리고 그 어떤 본능이었단 말인가!―모든 시대에 '신앙'은, 루터를 예로 들어보더라도 외투이자 구실이며 장막이었다. 그 배후에는 본능들이 작용하고 있었다―신앙은 특정한 본능들의 지배를 가리는 교활한 눈가림이었다…… '신앙'―나는 이것을 이미 진정한 그리스도교적 교활이라고 부른 바 있다―사람들이 항상 '신앙'에 대해 말했지만, 항상 '본능'에 의해서만 행동했기에…… 그리스도교인의 표상 세계에서는 현실성을 건드리기만이라도 하는 것은 아무것도 없다 : 오히려 거꾸로 현실성에 대한 본능적 증오 안에 동적 요소가 있음을, 그리스도교의 뿌리 안에 있는 유일한 동적 요소가 거기에 있음을 우리는 알아차리고 있다. 이런 사실의 귀결점은 무엇인가? 그리스도교에서는 심리적 사항에 있어서도 오류가 근본적이라는 것, 즉 오류가 본질을 규정한다는 것, 말하자면 오류가 골자라는 것이다. 여기서 하나의 개념을 제거하고, 그 자리에 유일한 하나의 현실을 가져다 놓으면 ─그리스도교 전체는 무가 되어버린다! ─모든 것 중에서 가장 낯선 이 종교, 오류들에 의해 규정되었을 뿐만 아니라, 해로운 오류의 경우에서만, 삶과 마음에 독을 타는 오류에서만 발명적이고 심지어는 천재적이기까지 한 이 종교는 높은 곳에서 바라보면 신들에게는 하나의 구경거리일 뿐이다─철학자들이기도 한 그 신들, 이를테면 내가 낙소스 섬의 그 유명한 대화에서 만났던 그 신들에게는……이 신들에게서(─그리고 우리에게서) 혐오감이 사라지는 순간에 그들은 그리스도교인들이 보여준 구경거리에 감사할 것이다 : 지구라고 하는 가련하고도 작은 별은 이런 진기한 경우를 위해서만 신의 눈길과 신의 참여를 받게 된다……그러니 그리스도교인들을 폄하하지 말자 : 그리스도교인은 죄를 물을 수 없을 정도로 잘못되어 있고, 원숭이를 훨씬 능가한다─그리스도교인에 관한 한 그 유명한 유전이론은 한갓 듣기 좋은 말에 불과하다……

40.

─복음의 운명은 죽음과 함께 결정되었다. ─그것은 '십자가'에 매달렸다…… 바로 그 죽음, 그 예기치 않았던 치욕적인 죽음. 바로

그 십자가, 대개는 남을 해치고 속이는 천민에게만 사용되었던 십자가. ―바로 이 가장 끔찍한 역설이 사도들을 진정한 수수께끼에 맞닥뜨리게 했다 : "그 사람은 누구였던가? 저 사건은 무엇이었던가?" ―동요되고 마음속 깊이 모욕당한 느낌, 그런 죽음이야말로 그의 행적에 대한 반박일 거라는 의심. "왜 그러했던가?"라는 섬뜩한 의문부호―이런 상태는 충분히 이해되고도 남는다. 거기서 모든 것은 필연적이어야만 했고, 의미를 가져야만 했으며, 합리적이어야, 최대한 합리적이어야만 했다 ; 사도〈의〉 사랑은 우연을 알지 못한다. 이제서야 비로소 틈이 생겼다 : "누가 그를 죽였나?" "누가 그의 당연한 원수인가?"―이런 물음이 번개처럼 떠〈올〉랐다. 대답 : 지배하던 유대 민족, 유대 민족의 제1계층. 이 순간부터 사람들은 자신들이 질서에 거스르는 봉기를 일으키고 있다고 느꼈다. 그 다음에는 예수를 질서에 거스르는 봉기를 일으키는 자로 이해했다. 그때까지는 예수의 모습에 그런 호전적인 특징이, 이처럼 부정의 말을 하고 부정하는 행동을 하는 특징이 없었다 ; 더구나 이런 특징은 그의 모습과는 정반대였다. 명백히 그 작은 집단은 이런 요점을 이해하지 못했다. 그런 방식의 죽음이 보여준 모범을, 즉 모든 원한 감정을 넘어서 있는 자유와 능가라는 모범을 : ―이 점이 그들이 얼마만큼 그를 이해하지 못했는지를 알려주는 표시인 것이다! 예수 자신은 자기의 죽음을 통해 가장 혹독한 시험을 공개적으로 치르면서 자기의 가르침을 입증하는 것 외에는 아무것도 바라지 않았다…… 하지만 그의 사도들은 이런 죽음을 용서해주는 데에서 멀리 있었다―용서해주는 것이 가장 최고의 의미에서 복음적이었을 텐데도 ; 평안하고 기분 좋은 평정한 마음으로 그런 죽음을 자청하는 것은 말할 것도 없이 더 복음적이었을 텐데도…… 바로 가장 비복음적인 감정인 복수심이 맨 위로 올라섰다 : 그 죽음을 그대로 끝내버릴 수는 없었다 : 사람들은 '보복'과 '심판'을 필요로 했다 (—그런데 '보상', '벌', '판결'보다 더 비복음적일 수 있는 것이 무엇이란 말인가!) 다시 한 번 메시아에 대한 대중적인 기대가 전면에 나섰다 : 어떤 역사적 순간이 주목되었다 : '신의 나라'가 자기의 적을 심판하러 오는 순간이…… 하지만 이렇게 해서 모든 것이 오해되어버렸다 : '신의 나라'가 마지막 장이요, 약속이라니! 예수의 복음은 바로 그런 '나라'가 현존하고, 이루어졌으며, 현실이라는 것이었다. 예수의 그런 죽음이야말로 바로 이런 '신의 나라'였던 것이다…… 이제 바리새인과 신학자들에 대한 경멸과 반감이 모두 그네들의 스승의 모습으로 들어가버렸다—이로써 사람들은 그를 바리새인으로, 신학자로 만들어버렸던 것이다! 한편, 엉망진창이 되어버린 이런 영혼들의 광포해진 숭배심은 만인이 신의 자식이라는, 예수가 가르쳤던 복음적 평등권리를 더 이상 견딜 수 없었다 : 그들의 복수는 터무니없는 방식으로 예수를 치켜세우고, 그들과 분리시키는 것이었다 : 예전에 유대인이 자기네 적에 복수하기 위해 자기네들의 신을 자신들로부터 분리시켜 높이 치켜세웠듯이. 단 하나의 신과 단 하나의 신의 아들 : 이 두 가지가 다 원한의 산물이다……

41.

—그리고 이제부터 "신이 어떻게 그런 죽음을 허용할 수 있었단 말인가?"라는 터무니없는 문제가 대두되었다. 그 작은 집단의 교란

된 이성은 즉시 끔찍할 정도로 허무맹랑한 답변을 찾아냈다 : 신이 죄의 사함을 위해서 자신의 아들을 희생물로 주었다는 답변을. 복음이 단 한순간에 그렇게 끝장나버리다니! 죄의 희생양이라니! 그것도 가장 역겹고도 가장 야만적인 형식의 희생양이라니! 죄지은 자의 죄를 위해 죄 없는 자가 희생된다니! 이 얼마나 소름끼치는 이교주의인가!—진정 예수야말로 '죄' 개념 자체를 없애버렸었다. —그야말로 신과 인간 사이의 간격 일체를 부정했으며, 인간으로서 신과의 그러한 통일을 그의 '기쁜 소식'으로 삼고 살았었다…… 하지만 특권으로서는 아니었다! —이때부터 구원자 유형 안으로 단계적으로 들어오는 것, 그것은 : 심판과 재림에 대한 교리, 희생적 죽음으로서의 죽음에 대한 교리, 부활에 대한 교리. 이 부활에 대한 교리를 통해 '지복' 개념 전체가, 복음 전체의 사실이자 유일한 사실이 요술처럼 사라져버리고 말았다—죽은 다음의 상태를 위해서! …… 바울은 그를 모든 면에서 특징짓는 라비적인 뻔뻔스러움으로 이런 이해 방식을, 이런 외설과도 같은 이해 방식을 다음과 같이 논리화시켰다 : "그리스도가 죽은 자 가운데서 부활하지 않았다면, 우리의 믿음은 헛된 것이다."⁶⁹⁾ —그리고 단 한순간에 복음이 실현될 수 없는 모든 약속 중에서 가장 경멸스러운 약속, 즉 개인의 불멸에 대한 파렴치한 교설이 되어버렸다…… 바울 자신은 개인의 불멸을 보상이라고 가르치기까지 했다! ……

42.

십자가에서의 죽음과 함께 끝나버린 것이 무엇이었는지 알 수 있

게 되었다 : 불교적 평화운동으로의 새롭고도 전적으로 근원적인 단초가, 사실적이며 한갓 약속일 뿐인 것은 아닌 지상에서의 행복을 향하게 하는 단초가 끝나버린 것이다. 왜냐하면—내가 이미 지적했듯이—두 가지 데카당스-종교들 사이에는 근본적인 차이점이 있기 때문이다 : 불교는 약속하지 않지만 지키며, 그리스도교는 모든 것을 약속하지만 아무것도 지키지 않는다. — '기쁜 소식'의 뒤를 곧바로 가장 나쁜 소식이 따랐다 : 즉 바울이 전한 소식이. 바울 안에는 '기쁜 소식을 전하는 자'와는 반대되는 유형이 구현되어 있다. 증오와 증오의 환상과 증오의 냉혹한 논리를 만드는 데에는 천재인 유형이. 이 화음을 전하는 자가 무엇을 죄다 증오에 희생시켜버렸던가! 무엇보다도 먼저 구세주가 희생당했다 : 그는 구세주를 자기의 십자가에 못 박아버렸다. 구세주의 삶과 모범을, 구세주의 가르침과 죽음을, 복음 전체의 의미와 권능을 못 박아버렸다—증오에 찬 이 위조가가 이용할 수 있을 만한 것으로 파악했던 것 외에는 아무것도 남겨지지 않았다. 사실도 없어져버렸고, 역사적 진리도 없어져버렸다! …… 그리고 유대인의 사제본능이 또 한번 역사에 동일하게 큰 범죄를 저질렀다—그리스도교의 어제와 어제 이전의 날을 간단히 지워버리고서 스스로 초대 그리스도교의 역사를 고안해내었던 것이다. 심지어는 : 자기네들의 행위의 선사(先史)로 보이게 하기 위해 이스라엘의 역사를 또 한번 왜곡했다 : 모든 선지자가 그들의 '구세주'에 대해 이야기하고 있다고…… 나중에 교회는 심지어는 인류의 역사를 그리스도교의 선사로 변조해버렸다…… 구세주 유형, 가르침, 실천, 죽음, 죽음의 의미, 심지어는 죽음 이후까지도— 어느 것도 그냥 놔두지 않았으며, 실제 모습과 비슷하게라도 남아

있는 것은 아무것도 없게 되었다. 바울은 그러한 삶 전체의 중심을
간단히 이 세계적인 삶의 배후로— '부활' 한 예수에 대한 거짓말 안
으로 옮겨버렸다. 근본적으로 바울은 구세주의 삶을 도대체 이용할
수 없었다—그가 필요로 했던 것은 십자가에서의 죽음이었으며,
그 이상의 다른 것도 필요로 했다…… 스토아적 계몽의 중심지에
고향을 둔 바울이 구세주가 여전히 살아 있다는 것에 대한 증거로
어떤 환영을 꾸며냈을 때, 그를 정직하다고 간주하는 것이나 그가
그런 환영을 보았다는 그의 이야기를 믿는 것은 심리학자가 보기에
는 정말 어리석은 짓일 것이다 : 하지만 바울은 목적을 원했고, 따라
서 수단 또한 원했다…… 그 자신도 믿지 않았던 것을 그의 교설을
전해 받은 바보들은 믿었다. —그가 필요로 했던 것은 권력이었다 ;
그와 함께 사제가 또 한번 권력을 원했다—그는 대중들을 폭압하
고 이들을 무리로 형성시키기 위한 개념과 교설과 상징들만을 이용
할 수 있었다. —후에 마호메트가 그리스도교에서 빌린 단 하나가
무엇이겠는가? 그것은 사제의 압제와 무리를 형성시키기 위한 바울
의 수단이자 바울의 고안물인 불멸에 대한 믿음이다—즉 '심판' 에
대한 교설이다……

43.

삶의 중심을 삶에 두지 않고, 오히려 '피안' 으로—무로—옮겨버
린다면, 진정 삶에서 중심을 빼앗아버리는 것이 된다. 개인의 불멸
에 대한 엄청난 거짓말은 모든 이성과 본능의 자연성 전부를 파괴
해버린다. —본능에 있는 유익한 모든 것, 삶을 증진시키는 모든

것, 미래를 보장해주는 모든 것이 이제는 불신을 조장한다. 사는 것이 더 이상 의미가 없다는 식으로 그렇게 사는 것. 이것이 이제 삶의 '의미'가 되어버린다…… 공공심은 뭐 하려고? 혈통과 선조에 대한 감사는 뭐 하려고? 협동과 신뢰와 전체의 복지를 증진하고 염두에 두는 것은 뭐 하려고? …… 이런 식의 '유혹들'이 수도 없고, 이런 식의 '옳은 길'로부터의 일탈이 수도 없이 많다―이때 "필요한 것은 한 가지."[70] …… 모든 이가 '불멸적 영혼'으로서 동등하다는 것. 전 존재의 총체성 안에서 각 개별자의 '구원'이 영구적으로 중요하다고 주장될 수 있다는 것. 불평을 늘어놓는 자와 4분의 3 정도쯤 미친 자가 자기네들을 위해 자연법칙이 계속 깨뜨려진다고 착각해도 된다는 것―이런 종류의 이기주의가 무한히 파렴치할 정도로 커지는 것에 대해서는 경멸의 낙인을 아무리 많이 찍어도 충분하지 않다. 그런데 그리스도교는 개인의 허영심에 그런 식으로 가련한 아첨을 떨어대어 승리를 한다―바로 이렇게 해서 온갖 실패자, 반항적 성향을 가진 자, 제대로 잘되지 못한 자, 인류의 찌꺼기와 쓰레기 전부를 설득시킨 것이다. '영혼의 구원'이라는 것―이것을 꾸미지 않고 말하면 : "세계는 나를 중심으로 돈다"이다…… '만인 평등권' 교설의 독소―그리스도교는 이것을 철저히 전파시켰다 ; 그리스도교는 인간과 인간 사이의 존경심과 차이감에 대해, 즉 문화의 모든 상승과 성장의 전제 조건에 대해 사악한 본능의 가장 은밀한 구석에서 사투를 벌여왔다. ―그것은 우리에 맞서는, 지상의 모든 고결하고 기쁘며 고귀한 것에 맞서는, 우리의 지상적 행복에 맞서는 주 무기를 대중의 원한에서 만들어냈다…… 모든 베드로와 모든 바울에게 귀속된 '불멸성'은 지금까지 고귀한 인간성에 대한 가장 크고도 가장 악의적인 암살 행위였다. ― 그리고 그리스도교에서 정치로까지 슬쩍 기어 들어간 그 액운을 경시하지 말자! 누구도 오늘날 특권이나 지배권을 주장할 용기를, 자기 자신과 자신과 같은 부류를 경외할 용기를 더 이상 갖지 못한다―거리의 파토스를 느낄 용기를 말이다…… 우리의 정치는 이런 용기가 없어서 병들어버린 것이다!―귀족주의 성향은 영혼들이-평등하다는-거짓말에 의해 땅속 가장 깊숙한 곳에 묻혀버렸다 ; 그리고 '다수의 특권'에 대한 믿음이 혁명을 일으키고 또 일으키게 된다면, 그 혁명을 오로지 피와 범죄로만 바꿔놓는 것이 바로 그리스도교이고, 그리스도교 가치이다. 이 점을 의심하지 말라! 그리스도교는 높이를 갖고 있는 것에 대적하는, 땅을 기어다니는 모든 것의 봉기다 : '천한 자'의 복음은 천하게 만든다……

44.

―초대 그리스도교 공동체 내부의 이미 저지할 수 없게 되어버린 부패에 대한 증거로서 복음서가 갖고 있는 가치는 헤아릴 수 없을 정도이다. 후에 바울이 라비적인 논리학자-냉소주의에 의해 그 끝점에 이르게 했던 것은, 그럼에도 불구하고 구세주의 죽음과 함께 시작되었던 붕괴의 진행 과정에 불과했다. ―이런 복음서들은 아무리 주의해서 읽어도 충분하지 않다 ; 한마디 한마디마다 난점을 갖고 있으니. 바로 그 때문에 복음서들이 심리학자에게는―모든 종류의 소박한 타락과는 반대되는 것으로서, 세련됨의 전형으로서, 심적 타락의 예술가적 탁월함으로서―최고로 재미있는 것이 된다는

사실을 내가 고백하니 좋게 봐주기 바란다. 복음서들은 독보적이다. 성서는 단연 어떠한 비교도 허용하지 않는다. 우리는 유대인 사이에 있다 : 이 점이 이 대목에서 실마리를 완전히 잃어버리지 않기 위한 첫 번째 관점이다. 여기서의 자기 위장은 정말 천재적이 되어 '성스러움'으로 위장하고, 이것에는 다른 서적이나 사람이 결코 근접하지 못한다. 이런 자기 위장, 기술로서의 이런 말과 행동의 위조는 개개인의 소질이나 예외적인 천품의 우연적 소산은 아니다. 그런 일에 적합한 것은 종족이다. 성스러운 거짓말을 해대는 기술인 그리스도교 안에서 유대주의 전체가, 수백 년간 가장 진지했던 유대인의 예습과 테크닉이 그 궁극적인 대가의 경지에 이르고 있다. 그리스도교인, 이 최후의 거짓된 사유 방식의 소유자는 또 하나의 유대인인 것이다―심지어는 세 곱절로…… ―사제의 실천이 입증하듯이 오로지 개념들과 상징들과 태도들만을 사용하려는 철저한 의지, 다른 종류의 모든 실천과 다른 종류의 가치 관점과 유용성 관점 전부에 대한 본능적 거부―이것은 전통이 아니다. 이것은 유산이다 : 오로지 유산으로서 그것은 자연적인 효과를 지닌다. 전 인류가, 심지어는 가장 뛰어난 시대의 가장 뛰어난 머리들마저도―(한 사람은 제외하고. 그는 아마도 인간이 아닌 괴물일 것이다)―기만당해왔다. 복음서를 무죄의 책으로 읽어왔던 것이다…… : 거기서 어떠한 대가적인 기교의 연기가 펼쳐져왔었는지를 보여주는 작지 않은 힌트인 것이다. ―물론 : 우리가 그 모든 경이로운 위선자와 예술-성자들을 일시적으로나마 직시하게 된다면, 이들은 끝장나버릴 것이다―그리고 나는 행동을 보지 않고서는 아무런 말도 읽어내지 않기 때문에, 내가 그들을 끝장내버릴 것이다…… 나는 그들이 복음서를 읽어내는 방식을 도저히 견뎌낼 수가 없다. ―다행히도 대부분의 사람들에게 책은 단지 문헌에 불과하다――우리를 오도되게 놔둬서는 안 된다 : '판결하지 말라'고 말하면서도 그들은 자기들을 방해하는 것은 전부 지옥으로 보내버린다. 그들은 신에게 판결하게 함으로써 자신들이 판결을 내리고 ; 신을 영광스럽게 함으로써 그들 자신을 영광스럽게 한다 ; 그들의 능력에 미치는 덕들만을―더욱이 자기네의 우위를 지키는 데 필요한 덕들만을 그들은 요청한다 ―, 그러면서 그들은 덕을 위해 투쟁한다는, 덕의 지배를 위해 싸운다는 가상을 자기들에게 부여한다. "우리는 선을 위해 살고, 선을 위해 죽으며, 선을 위해 희생한다"(― '진리'와 '빛'과 '신의 나라'를 위해)라고 : 사실상 그들은 자기네가 그만둘 수 없는 것을 하고 있는 것이다. 비열한 자가 자기를 관철시키는 방식으로 자신을 관철시키고, 구석진 곳에 웅크리고 있으며, 음침한 곳에서 음침하게 생활하면서, 그들은 그런 것들을 자기들의 의무로 만든다 : 의무로서의 그들의 삶은 순종으로 나타나고, 순종으로서 그들의 삶은 신앙심에 대한 또 하나의 증거가 된다…… 아아, 순종적이고 순결하며 인정 많은 그런 허위여! "우리에게는 덕 자체가 증거여야 한다"…… 복음서를 도덕을 수단으로 하여 유혹하는 서적으로 읽어보라 : 도덕은 이런 비소한 사람들에 의해 독점되었다―이들은 도덕을 가지고 무엇을 할 수 있는지를 알고 있다! 인류는 도덕에 의해 가장 잘 우롱당한다는 것을!―사실, 여기서는 선민이라는 가장 의식적인 오만이 겸허로 가장하고 있다 : 자기네와 '공동체'와 '선한 자와 의로운 자'를 영영 한쪽 편에, 즉 '진리'의 편에 놓아버리고―그리고 그 나머지와 '세상'을 반대편에 놓았다…… 이런 일은 이

제깟 지상에 존재했던 것 중에서 가장 숙명적인 유형의 과대망상이
었다 : 비소한 실패작들인 위선자와 거짓말쟁이들이 '신', '진리',
'빛', '정신', '사랑', '지혜', '삶' 개념을 독점적으로 주장하기 시
작했다. 말하자면 자기네들과 동의어로 말이다. '세계'와 자기네를
차단시키기 위해, 각종 정신병원에 들어갈 정도로 정신나간 그 비
소한 유대인의 최상급들은 그리스도교인만이 의미이고 소금이고
척도이며 나머지 것들 전부에 대한 '최고 법정'이라는 듯 가치를 자
기네에 맞게 비틀어버렸……모든 액운은 이 세상에 이미 이런
자들과 친족뻘 되고, 인종적으로도 친족뻘 되는 자들의, 즉 유대적
인 과대망상이 존재했었다는 사실만으로도 가능했다 : 그런데 유대
인과 유대 그리스도교인 사이에 간격이 한번 벌어지자마자, 후자에
게는 유대적 본능이 권했던 자기 보존의 절차들을 유대인을 상대로
사용하는 것 외의 다른 길은 남아 있지 않았다. 그 유대인들이 그
절차들을 이제껏은 비유대적인 것 전부를 상대하면서 사용했었는
데 말이다. 그리스도교인은 단지 '좀더 자유로운' 종파의 유대인에
불과하다. ―

45.

―그 비소한 자들이 자기네 머리에 집어 넣었던 것, 그들이 자기
네 스승의 입에 담아놓았던 것 중에서 몇 가지 예를 들어보겠다 : 순
전히 '아름다운 영혼들'의 고백들을. ―

"그리고 너희를 영접하지 않거나 너희의 말을 듣지 않는 고장이
있거든, 그곳을 떠나면서 그들을 반대하는 증거로서 너희의 발에서

먼지를 털어버려라. 진정으로 내가 너희에게 말하노니 최후의 심판에서는 저런 고장보다 소돔과 고모라가 더 나으리라"(〈마가복음〉 6장 11절) ─ 이 어찌 복음적이란 말인가!……

"또 나를 믿는 이 보잘것없는 사람 하나를 화나게 하는 사람은 차라리 그 목에 맷돌을 달아 바다에 던져버리는 편이 나을 것이다"(〈마가복음〉 9장 42절) ─ 이 어찌 복음적이란 말인가!……

"눈이 죄를 짓게 하거든, 눈을 빼버려라. 두 눈을 가지고 지옥에 들어가는 것보다는 애꾸눈이 되더라도 신의 나라에 들어가는 편이 나을 것이다. 그곳, 지옥에서는 구더기도 죽지 않고 불도 꺼지지 않는다"(〈마가복음〉 9장 47절) ─ 여기서는 단순히 눈만을 의미하는 것은 아니다……

"진정으로 내가 말하노니, 여기 서 있는 사람들 중에는 죽기 전에 신의 나라가 권능을 떨치며 오는 것을 볼 사람들도 있다"(〈마가복음〉 9장 1절). ─ 근사하게 속였다, 사자여……

"나를 따르려는 사람은 누구든지 자기를 버리고 제 십자가를 지고 따라야 한다. 왜냐하면 ……"(어떤 심리학자의 논평. 그리스도교 도덕은 그 왜냐하면 때문에 반박된다 : 그것의 '이유들'에 의해 반박된다─그래서 그것은 그리스도교적이다)〈마가복음〉 8장 34절. ─

"남을 판결하지 말라. 그러면 너희도 판결받지 않을 것이다. 남을 저울질하는 대로, 너희도 저울질당할 것이다"(〈마태복음〉 7장 1절) ─ 어떤 정의 개념이고, 어떤 '정의로운' 판관 개념이란 말인가!……

"왜냐하면 너희가 자기를 사랑하는 사람들만 사랑한다면 무슨 보상을 받겠느냐? 세리들도 그만큼은 하지 않겠느냐? 또 너희가 자기 형제들에게만 친절하다면 남보다 더 나을 것이 무엇이냐? 세리들도 또한 그만큼은 하지 않겠느냐?(〈마태복음〉 5장 46절) — '그리스도교적 사랑' 원칙 : 결국 그들은 보상을 잘 받기를 원한다……

5   "왜냐하면 너희가 남의 잘못을 용서해야 하늘에 계신 아버지께서도 너희를 용서하실 것이기 때문이다"(〈마태복음〉 6장 15절) — '아버지'라는 자의 위신을 아주 떨어뜨린다……

"너희는 먼저 신의 나라와 신께서 의롭게 여기시는 것을 구하여라. 그러면 이 모든 것도 곁들여 받게 될 것이다"(〈마태복음〉 6장 33
10   절). 그 모든 것이란 : 양식, 의복, 삶에 필요한 모든 것을 말한다. 겸손하게 표현하자면 이것은 오류이다……이 말 바로 앞에서는 신이 적어도 어떤 상황에서는 옷 만드는 자로 등장한다……

"그러므로 너희는 기뻐하고 춤추어라 ; 왜냐하면 보라. 하늘에서 너희는 큰 상을 받으리라. 이와 같은 일을 너희의 아버지는 선지자
15   들에게도 했다"(〈누가복음〉 6장 23절) 파렴치한 무뢰배들! 이미 자기네를 선지자들과 비교하고 있다……

"여러분은 자신이 신의 성전이며 신의 성령께서 자기 안에 거하신다는 것을 모르십니까? 만일 누구든지 신의 성전을 더럽히면 신께서도 그 사람을 멸하실 것입니다. 왜냐하면 성전은 거룩하며 여러분
20   자신이 바로 신의 성전이기 때문입니다"(〈고린도전서〉 3장 16절) — 이런 것은 아무리 경멸해도 충분하지 않다……

"여러분은 성도들이 세상을 판결하게 되리라는 것을 모르십니까? 온 세상이 여러분에 의해 판결될 텐데 : 그런데 지극히 작은 사건들조차 판결할 능력이 여러분에게 없다는 말입니까?"(〈고린도전

서〉 6장 2절) 어떤 미치광이의 헛소리에 불과한 것이 아니니, 유감스러운 일이다⋯⋯ 이런 끔찍한 사기꾼이 말을 계속한다 : "우리가 천사들까지 판결하게 되리라는 것을 모르십니까? 그런 우리가 이 세상에 속한 사소한 사건을 심판할 수 없겠습니까!"⋯⋯

"신께서 이 세상의 지혜가 어리석다는 것을 보여주시지 않았습니까? 왜냐하면 신의 지혜로운 경륜에 따르면 세상은 자기 지혜로는 신을 알 수 없기 때문에, 신께서 우리가 전하는 소위 어리석다는 복음을 통해서 믿는 사람들을 구원하시기로 작정하셨습니다. 부르심을 받은 사람들 중에 육체의 의거해서 지혜로운 자, 능한 사람, 또는 가문 좋은 사람은 얼마 되지 않습니다. 오히려 신께서 지혜 있다는 자들을 부끄럽게 하시려고 이 세상의 어리석은 사람들을 택하셨으며 ; 강하다는 자들을 부끄럽게 하시려고 이 세상의 약한 사람들을 택하셨습니다. 유력한 자를 무력하게 하시려고 세상에서 보잘것없는 사람들과 멸시받는 사람들, 곧 아무것도 아닌 사람들을 택하셨습니다. 그러니 육체를 가진 인간으로서는 아무도 신 앞에서 자랑할 수 없다는 말입니다"(〈고린도전서〉 1장 20절 이하)—찬달라 도덕의 심리에 대한 최상의 증거가 여기에 있다는 것을 이해하려면, 나의 《도덕의 계보》 첫 장을 읽어보라 : 거기에서는 고귀한 도덕과 원한이나 어찌할 수 없는 복수심에서 나온 찬달라 도덕 사이의 대립이 최초로 밝혀지고 있다. 바울은 모든 복수의 사도 중 최고였다⋯⋯

46.

─여기서 어떤 결론이 도출되는가?《신약성서》를 읽을 때는 장갑을 끼는 게 좋다는 것이다. 가까이에 있는 그토록 많은 불결함이 그렇게 하도록 거의 강요하고 있다. 폴란드계 유대인과 교제를 할 마음이 별로 없듯이 우리는 '초대 그리스도교인'과의 교제도 내켜하지 않는다 : 그들에 대한 반박을 하나라도 할 필요가 있다는 말이 아니다…… 양자 모두 좋지 않은 냄새를 풍긴다. ─나는《신약성서》에서 단 한 가지라도 공감 가는 점을 알아내려고 했지만 헛수고였다 ; 그 안에는 자유롭다거나 너그럽다거나 숨김없다거나 정직하다거나 할 만한 것은 아무것도 없다. 거기서는 인간적인 것이 아직도 시작조차 되고 있지 않다─깨끗함에 대한 본능이 결여되어 있다……《신약성서》에는 오로지 나쁜 본능들만이 있을 뿐, 이런 나쁜 본능들에 대한 용기조차도 없다. 그 안에 있는 모든 것이 비겁하고, 모든 것이 눈을 감아버리는 것이며, 모든 것이 자기 기만이다.《신약성서》를 읽고 나면 온갖 책이 다 깨끗해 보인다 : 예를 들자면 바울을 읽은 직후 나는 가장 기품 있고 가장 원기 발랄한 조롱꾼인 페트로니우스를 감탄하면서 읽었다. 페트로니우스에 대해서는 도메니코 보카치오Domenico Boccaccio가 케사레 보르자에 대해 파르마 공작에게 보낸 편지에서 썼던 "축제 그 자체"라는 말을 써도 좋으리라─그는 불멸의 건강과 불멸의 명랑함과 불멸의 성공을 갖추고 있다…… 그 옹졸한 위선자들은 말하자면 핵심을 잘못 생각하고 있다. 그들은 공격하지만, 그들에게 공격당한 것은 모두 바로 이 공격 때문에 부각된다. '초대 그리스도교인'이 공격하는 자는 그들에 의해서는 더럽혀지지 않는다…… 반대로 : '초대 그리스도교인'

을 적으로 삼고 있다는 것은 명예가 된다. 《신약성서》를 읽으면 그 안에서 부당한 취급을 당하는 것을 더 좋아하게 된다―한 뻔뻔스러운 허풍쟁이가 "소위 어리석다는 설교"를 통해 헛되이 치욕스럽게 만들려고 했던 "이 세상의 지혜"는 말할 것도 없다…… 그런데 바리새인과 율법학자들조차도 그런 적대 관계에 의해 이득을 보았다 : 그렇게 점잖지 못한 방식으로 증오를 받을 만큼 그들은 이미 어떤 가치가 있었음이 틀림없다고 생각되었기 때문이다. 위선 짓거리―이것은 '초대 그리스도교인들'에게 퍼부을 만한 비난이리라!―결국 그들은 특권자들이었다 : 이 사실만으로도 충분했고, 찬달라적 증오는 더 이상의 이유를 필요로 하지 않는다. '초대 그리스도교인'은―내가 아마도 체험하게 될 '마지막 그리스도교인'도 역시 그러하지 않을까 염려되지만―모든 특권자에게 가장 심층적인 본능으로 대항하는 반항자이다―그는 '평등의 권리'를 위해 살고, 투쟁한다…… 좀더 면밀히 살펴보면 그에게는 다른 길이 없다. 누군가가 자기 자신을 위해 "신이 선택한 자"가 되기를 원하면―또는 "신의 성전", 또는 "천사의 판결자"가 되기를 원하면―, 다른 모든 선택의 원칙들, 예를 들어 정직, 정신, 남성성과 긍지, 마음의 아름다움과 자유, 간단히 말해 '이 세상'을 선택하는 원칙은―악 그 자체가 되어버리고 만다…… 교훈 : '초대 그리스도교인'의 입에서 나오는 모든 말은 거짓이고, 그가 하는 행동은 전부 본능적 허위이다―그의 모든 가치와 모든 목표는 해롭다. 하지만 그가 증오하는 자와 그가 증오하는 것. 이것들은 가치를 지닌다…… 그리스도교인, 특별히 그리스도교인-사제는 가치의 기준이 된다――《신약성서》에서는 경외받아 마땅한 형상은 단 하나만 나타난다는 것을 내가 더 말해야만 하는가? 그것은 로마의 총독인 빌라도였다. 유대인 문제를 진지하게 받아들인다는 것 —이것을 그는 자신에게 설득시킬 수 없다. 유대인 한 명이 더 있거나 없거나—이것이 뭐가 중요하단 말인가?…… '진리'라는 말이 자기 앞에서 뻔뻔스럽게 오용되었을 때 보여주었던 그 로마인의 고결한 조소가 《신약성서》를 풍부하게 해주었다. 가치를 지니고 있는 유일한 말을 가지고서 말이다—그의 비판이었고, 그의 파괴였던 : 그 말은 "진리가 무엇이란 말인가!"였다……

47.

우리를 구별 짓는 점은 우리가 역사에서든 자연에서든 자연의 배후에서든 아무런 신도 다시 발견하지 못한다는 데 있는 것은 아니다—오히려 신으로서 경외되었던 것을 우리는 '신적'으로가 아니라, 가련하고 불합리하며 해롭다고 느끼는 데 있다. 그리고 오류로서뿐만 아니라 삶에 대한 범죄라고 느낀다는 데 있다…… 우리가 신의 신임을 부정한다는 데 있는 것이다…… 만일 그리스도교인의 이런 신이 우리에게 증명된다면, 우리는 이 신을 믿어야 할지에 대해 더욱 회의적이 될 것이다. —정식화해보면 : 바울이 만들어낸 신은 신에 대한 부정이다. —그리스도교처럼 현실과는 한 점도 접촉하지 않고, 현실의 어떤 한 점에서라도 권리를 보장받는 즉시 와해되어버리는 종교는 "세상의 지혜", 말하자면 학문과는 불구대천의 원수지간일 것은 뻔한 일이다. —그리스도교 같은 종교는 정신의 훈련에, 지적 양심의 투명성과 엄격성에, 정신의 고결한 냉정함과 자유에 해독을 끼치고 비방을 가하고 평판을 나쁘게 만들 수 있는 모든 수단을 좋다고 할 것이다. 명령으로서의 '신앙'은 학문에 대한 거부이다—사실상 어떤 희생도 마다 않는 거짓말인 것이다…… 바울은 거짓이—즉 '신앙'이 필요하다는 것을 이해하고 있었다 ; 후에 교회는 다시 바울을 이해했다.—바울이 고안해냈던 '신', '세상의 지혜'를(좀더 좁은 의미로는 모든 미신에 대한 두 적수들, 즉 문헌학과 의학을) '불명예스럽게 만드는' 신이란 사실상은 바울 자신이 그렇게 하려는 결연한 결심 외에 다른 것이 아니었다 : 자기 자신의 의지를 '신'이라고 명명하는 것. 토라Thora라고 명명하는 것. 이것은 원래 유대적인 짓이다. 바울은 '세상의 지혜'를 불명예스럽게 만들고자 했다 : 그의 적들은 알렉산드리아학파의 훌륭한 문헌학자와 의사들이었다.—바울은 이들과 싸우고 있었던 것이다. 사실상 문헌학자이고 의사이려면 동시에 반그리스도교인이지 않을 수 없다. 문헌학자로서는 사람들은 '성스러운 서적'의 배후를 보고, 의사로서는 전형적인 그리스도교인의 생리적 타락상의 배후를 본다. 의사는 '치유 불가'라고 말하고, 문헌학자는 '사기'라고 말한다……

48.

—성경의 처음에 나오는 그 유명한 이야기를—지식에 대한 신의 심한 공포를 진정 이해하고 있는가? …… 사람들은 이해하지 못하고 있다. 이 전형적인 사제의 책은, 지당한 일이지만, 사제가 갖고 있는 큰 내적 어려움으로 시작된다 : 사제에게는 단 하나의 큰 위험이 있다, 따라서 '신'에게 단 하나의 큰 위험이 있다. —

모두 '정신'이고 모두 대제사장이며 완전성인 옛 신이 그의 정원

을 노닐고 있다 : 단지 그는 지루해한다. 신들 역시 지루함과 부질없는 싸움을 벌이기도 한다. 그 신은 무엇을 하는가? 그는 인간을 만들었다—인간은 재미가 있다…… 그런데 보라, 인간 역시 지루해한다. 어떤 낙원에라도 있는 그 단 하나의 고민거리에 대한 신의 동정은 끝이 없다 : 그는 즉시 다른 동물들을 창조해냈다. 신의 첫 실책 : 인간은 이 동물들을 재미있어하지 않았다—인간은 동물을 지배해버렸고, 심지어 그는 '동물'이고 싶어 하지 않았다. —그래서 신은 결국 여자를 창조해냈다. 지루함이 이렇게 해서 사실상 끝이 났다—그런데 지루함과 더불어 다른 것도 같이 끝나버렸던 것이다! 여자는 신의 두 번째 실책이었다. —"여자는 본질상 뱀이다, 하와이다"[71]—이 점은 사제라면 누구든 알고 있다 ; "여자에게서 세상의 온갖 악이 나온다"—이 점 또한 사제라면 누구든 알고 있다. "따라서 여자에게서 지식도 나온다"…… 여자를 통해서야 비로소 인간은 인식의 나무를 맛보는 법을 배웠기에. —무슨 일이 생겼던가? 옛 신은 심한 공포에 사로잡혔다. 인간 자체가 신의 가장 큰 실책이 되어버렸던 것이다. 그는 자신의 라이벌을 창조했던 것이다. 지식은 신과 동등하게 만드는 것이다—인간이 지적이 되면 사제와 신들은 끝장난다! —교훈 : 지식은 금지된 것 그 자체이다—오직 지식만을 금지한다. 지식은 첫 번째 죄이자 모든 죄의 씨앗이며 원죄이다. —"인식해서는 안 된다"—오직 이것만이 도덕이다 : 나머지 것들은 그 뒤를 따른다. —그런데 신의 심한 공포는 인간이 영민해짐을 방해하지는 못했다. 지식에 어떻게 저항해야 할까? 이것이 오랫동안 그의 핵심 문제가 되었다. 대답 : 인간을 낙원에서 추방해버리자! 행복하고 한가로우면 생각하게 마련이다—모든 생각은 나쁜

생각이다…… 인간은 생각해서는 안 된다. —그리고 '사제 그 자
체'인 그는 고난, 죽음, 임신 중의 치명적 위험, 온갖 종류의 괴로
움, 노쇠, 노고, 무엇보다도 병을 발명해냈다—이 모두가 지식과 싸
우는 수단이다! 고난은 인간을 생각하게 하지 않는다…… 하지만
그럼에도 불구하고! 놀랍게도! 인식의 건축물이 우뚝 솟아올라 하
늘을 휩쓸어버리고 신성을 비추기 시작한다. —무엇을 해야 한단
말인가! —옛 신은 전쟁을 고안해냈다. 그는 민족들을 갈라놓았다.
그는 인간들을 서로 파괴하게 만들었다(—사제들은 언제나 전쟁을
필요로 했다……) 전쟁 —무엇보다도 지식의 대 교란자! —그런데
믿을 수가 없다! 인식이, 사제로부터의 해방이 전쟁에도 불구하고 증
대하다니. —그리하여 옛 신은 최후의 결단을 내린다 : '인간이 지
적이 되어버렸다 : —어떤 것도 소용없다. 인간을 익사시키지 않으면
안 되겠다!' ……

49.

 —내 말을 이해했을 것이다. 성서의 첫 부분은 사제의 심리 전체
를 포함하고 있다. —사제가 알고 있는 단 하나의 큰 위험 : 그것은
지식이다—건강한 원인과 결과 개념이다. 하지만 지식은 전체적으
로는 단지 운이 좋은 상황에서만 번성한다— '인식' 하기 위해서는
시간과 정신이 넘쳐나야만 한다…… "따라서 인간을 불행하게 만들
지 않으면 안 된다." —이것이 언제나 사제의 논리였다. —이런 논
리에 따라 이런 논리와 더불어 결국 무엇이 이 세상에 등장하는지는
미리 짐작할 수 있다 : —그것은 '죄'이다…… 죄와 벌 개념, '도덕

적 세계질서' 전체가 지식에 대항하여 고안되었다―인간이 사제에게서 분리되는 것에 대항하여……인간은 자신을 넘어서 위를 보아서는 안 되고, 자기의 내부를 보아야 한다 ; 배우는 자로서 인간은 현명하게나 조심스럽게 사물을 들여다보아서는 안 된다. 도대체가 5 보는 것은 안 된다 : 그는 고통받아야 한다……게다가 그가 언제나 사제를 필요로 하게끔 괴로워해야 한다. ―의사들은 없어져라! 필요한 것은 구세주다. ― '은총' 과 '구원' 과 '용서' 에 대한 교설도 포함해서 죄와 벌 개념은―그 어떤 심적 실재성도 갖고 있지 않은 철두철미한 거짓이며―인간의 원인-감각을 파괴하기 위해서 고안되 10 었다 : 그것들은 원인과 결과 개념에 대한 암살 행위인 것이다!― 그런데 주먹이나 칼이나 솔직한 증오나 사랑에 의한 암살 행위가 아니다! 오히려 가장 비겁하고 가장 교활하며 가장 천한 본능에서 나오는 암살 행위이다! 사제의 암살 행위이다! 기생충들의 암살 행위이다! 지하세계의 창백한 흡혈귀들의 흡혈미신이다! ……어떤 15 행위의 자연적 결과가 더 이상 '자연적' 이지 않고, 미신의 유령과도 같은 개념들인 '신' 이나 '영' 이나 '영혼' 에 의해 초래된다고 생각되면, 한갓 '도덕적' 귀결이자 보상과 벌과 징표와 교육 수단이라고 생각되면, 인식의 전제들이 다 파괴되어버린다―이런 식으로 인류에 대한 가장 큰 범죄가 저질러진 것이다. ―다시 한번 말하지만 죄라 20 고 하는 인간의 전형적인 자기 모독 형식은 지식과 문화와 인간의 고양과 고결함을 불가능하게 만들기 위해 고안된 것이다 ; 죄를 고안해냈기에 사제가 지배한다. ―

50.

　—이 자리에서 나는 '믿음'과 '믿는 자'의 심리를 당연히 '믿는 자'에게 도움을 주기 위해서 논하지 않을 수 없다. '믿는다는 것'이 어째서 품위 없는 짓인지를 알지 못하는 자가—또는 데카당의 표시이자 꺾인 삶의 의지에 대한 표시라는 것을 알지 못하는 자가—오늘날에도 있다면, 내일은 그것을 알게 될 것이다. 청각 장애자에게도 내 소리는 도달할 테니. —내가 잘못 듣지 않았다면, 그리스도교인들 사이에서는 '효력 증거'라고 불리는 일종의 진리의 규준이 있다. "믿으면 복을 받는다 : 그러므로 믿음이 진리이다." —여기서 먼저 반박할 수 있는 것은 바로 복게 한다는 것이 입증되지 않았고, 단지 약속되어 있을 뿐이라는 점이다 : 지복이 '신앙'이라는 조건과 결합되어 있다—믿기 때문에 장차 복을 받아야 한다…… 하지만 사제가 신도에게 약속하는 피안은 통제의 대상이 아닌데, 그것이 실제로 일어난다는 사실을 어떻게 입증할 수 있단 말인가? —그러므로 소위 말하는 '효력 증거'란 근본적으로는 믿음에 의해 약속된 결과가 생길 것이라고 다시 한번 믿는 것에 불과한 것이다. 공식화하면 : '믿음이 복되게 만든다는 것을 나는 믿는다 ; —따라서 그것은 참이다.' —그러나 이로써 우리는 이미 그 끝에 이르러버린 것이다. 그리고 그 '따라서'란 진리의 규준으로서는 불합리 그 자체일 것이다. —하지만 십분 양보하여 복되게 한다는 것이 믿음을 통해 입증되었다고 가정해보자—한갓 소망 사항으로서만이 아니고, 의심쩍은 사제의 입을 통한 약속으로서만도 아니라고 해보자 : 그렇다 하더라도 지복이—좀더 기술적으로 말해서 쾌(快)가 언제든 진리의 증거일 수 있는 건가? '무엇이 참인가?'라는 질문에 말참견을 하게

되는 쾌감은 거의 그 반대되는 것에 대한 증거를 제공할 정도로, 적어도 '진리'에 대한 최고의 양심을 제공할 정도로, 쾌는 진리에 대한 증거일 수 없다. 쾌에 의한 증거는 쾌에 대한 증거일 뿐—그 이상은 아니다 ; 세상의 모든 것에서 참된 판단은 그릇된 판단보다 더 즐거움을 주고, 예정된 조화에 따라 좋은 느낌을 필연적으로 수반한다는 사실이 도대체 어디에서 나와서 확립될 수 있었단 말인가? —모든 엄격한 정신, 모든 심오한 기질의 정신은 그와는 반대로 가르친다. 진리는 한 걸음씩 애써서 쟁취되어야만 한다. 반면 삶에 대한 우리의 마음과 우리의 사랑과 우리의 신뢰가 의존하고 있는 다른 모든 것은 거의 포기되어야만 한다. 그러기 위해서는 영혼의 크기가 필요하다 : 진리에 대한 봉사는 가장 어려운 봉사인 것이다. —그렇다면 정신적인 사항들에 있어서 정직하다는 것은 무엇을 의미하는가? 자기의 마음에 엄격하다는 것, '아름다운 감정'을 경멸한다는 것, 모든 긍정과 부정을 일종의 양심으로 만든다는 것!——
—믿음은 복되게 한다 : 따라서 믿음은 거짓말을 하고 있다……

51.

믿음이 특정 상황에서는 복되게 한다는 것. 지복이 어떤 고정관념을 아직은 참된 관념으로 만들지는 않았다는 것. 믿음이 산을 옮기지는 못하더라도, 아마도 산이 없는 곳에 산을 갖다 놓을 수는 있다는 것 : 이 점들은 어떤 정신병원을 대충 둘러보기만 해도 충분히 깨우쳐진다. 물론 사제는 깨우치지 못한다 : 왜냐하면 그는 병이 병이라는 것을, 정신병원이 정신병원이라는 것을 본능적으로 부정하기 때문이다. 그리스도교는 헬레니즘이 넘쳐나는 건강을 필요로 했던 것처럼 병을 필요로 한다. ─병들게-만드는 것은 교회의 구원 절차 체계 전체에 숨겨져 있는 진짜 의도인 것이다. 그리고 교회 자체 ─그 궁극적 이상은 카톨릭적 정신병원이 아닌가? ─지상 전체가 정신병원이 되는 것이 아닌가?─교회가 바라는 종교적 인간은 전형적인 데카당이다 ; 종교적 위기가 한 민족을 지배하는 시기에는 항상 전염성 신경증이 특징적으로 나타난다 ; 종교적 인간의 '내면 세계'는 과민하고 소진한 자들의 '내면 세계'와 혼동을 일으킬 정도로 유사하다 ; 그리스도교가 모든 가치 중 최고 가치로서 인류의 머리 위에 걸어놓은 '가장 드높은' 상태들은 간질과 유사하다─교회는 단지 미치광이 아니면 대단한 사기꾼만을 신을 경배하기 위해 성자로 간주했다 …… 언젠가 한번 나는 그리스도교의 참회와 구원의 훈련 전체를(오늘날 영국에서 가장 잘 연구할 수 있는) 방법적으로 산출된 주기적인 발작으로, 이미 마련되어 있는 철저히 병든 지반에서의 발작으로 묘사했었고, 이것은 지당했다. 누구나가 다 마음대로 그리스도교인이 되는 것은 아니다 : 그리스도교로는 '귀의'하는 것이 아니다─병이 충분히 들어 있어야만 그리스도교인이 되는 법이다…… 건강할 용기 그리고 경멸할 용기를 갖고 있는 우리 다른 자들은 육체를 오해하라고 가르쳤던 종교를 어떤 식으로 경멸할 것인가! 영혼-미신을 제거하려 하지 않는 종교를! 충분하지 않은 영양 섭취를 '마땅한 것으로' 만드는 종교를! 건강을 일종의 적수로서, 악마로서, 유혹으로서 적대하며 싸우는 종교를! 죽은 시신안에 '완전한 영혼'을 지니고 다닐 수 있다고 믿게 하고, 그러기위해서 '완전성'이라는 새로운 개념을, 창백하고 병들고 백치처럼 열광하는 본성을, 소위 말하는 '신성함'을 준비해야 할 필요가 있었던 종교를! ─신성함이란 것은 피폐되고 쇠잔해지고 치유가 불가할 정도로 부패한 육체의 여러 증후들의 대열에 불과하다! …… 하나의 유럽적 운동으로서의 그리스도교 운동은 처음부터 온갖 종류의

5 저질적 요소와 쓰레기 같은 요소들의 총체적인 운동이다 : ─이것들이 그리스도교와 더불어 권력을 원한다. 이것은 특정 종족의 쇠퇴를 표현하지 않는다. 이것은 도처에서 서로 밀려들고 서로를 찾아오는 데카당스 유형들이 집적된 모습이다. 고대 자체의 부패, 고귀한 고대의 부패가 그리스도교를 가능하게 했다고 사람들은 믿지만,

10 사실은 그렇지 않다 : 오늘날에도 그런 식의 주장을 견지하고 있는 학식 있는 백치들에게는 아무리 신랄한 반박을 가해도 지나치지 않다. 전 로마제국에서 병들고 부패한 찬달라 계층이 그리스도교화되었던 시기는, 바로 그 반대 유형인 귀족 계층이 가장 아름답고도 가장 성숙한 모습으로 존재했던 시기였다. 다수가 지배자가 되었

15 고 ; 그리스도교적 본능의 민주주의가 승리했다…… 그리스도교는 '민족적'이지 않았고, 종족에 묶이지 않았다─이것은 삶의 폐적(廢嫡)자들에게로 어떤 종류든 가리지 않고 향했고, 도처에 자기 편이 있었다. 그리스도교는 그 근본에 병든 자의 양심을 갖고 있었고, 그것의 본능은 건강한 자와 건강함에 적대적이었다. 제대로 잘되어 있

20 고, 긍지 있고, 원기발랄하며 아름다운 것 모두는 그의 귀와 눈을 특히 아프게 한다. 다시 한번 나는 바울의 그 비할 바 없이 중요한 말을 떠올려본다. "하느님은 세상의 약한 자, 세상의 어리석은 자, 세상의 비천하고 멸시받는 자를 택하셨습니다" : 이것이 공식이었다. 이 표적에 의해 데카당스가 승리했다. ─ 십자가에 매달린 신─이 상징에

숨어 있는 끔찍한 의도를 아직도 이해하지 못한단 말인가? —고통받는 모든 것, 십자가에 매달린 모든 것이 신적이다…… 우리 모두가 십자가에 매달리고, 따라서 우리는 신적이다…… 우리만이 유일하게 신적이다…… 그리스도교는 하나의 승리였으며, 좀더 고귀한 성향이 그리스도교로 인해 몰락했다. —그리스도교는 이제까지 인류의 가장 큰 불운이었다. — —

52.

그리스도교는 제대로 된 정신적인 성숙 전체와는 대립 관계에 있다. —그것은 단지 병든 이성만을 그리스도교적 이성으로 이용할 수 있었고, 온갖 백치들 편을 들며, '정신'과 건강한 정신의 드높음에 대해 저주의 말을 내뱉는다. 병이 그리스도교의 본질에 속하기에, 전형적인 그리스도교적 상태인 '신앙' 역시 병든 형태이지 않으면 안 된다. 인식을 향하는 바르고 정직하고 학적인 길은 교회에 의해 금지된 길로서 거부되지 않으면 안 된다. 의심도 이미 죄다…… 사제에게 전적으로 결여되어 있는 심적 순수함은—그의 시선에서 보여지는—데카당스의 결과적 현상의 하나다. —우리는 히스테리증 여자들이나 곱사등이 어린아이들의 본능적인 허위와, 거짓말을 위한 거짓말을 하는 즐거움이나, 똑바로 볼 수 없고 걸을 수 없는 무능력이 통상적인 데카당스의 표현이라는 것을 발견할 수 있다. '신앙'이란 무엇이 참인지를 알고자-하지-않는다는 것을 의미한다. 경건주의자와 남녀 사제는 그릇되어 있다. 병이 들었기 때문이다 : 그들의 본능은 진리가 어떤 점에서도 권리 주장을 못하기를 요구한다. "병들게 하는 것은 선하다 ; 충만과 넘침과 힘으로부터 오는 것은 악하다" : 이렇게 신앙인들은 느낀다. 거짓에의 강박―이 점에 의해 나는 운명적으로 미리 결정되어 있는 신학자들을 알아차린다. ―신학자의 또 다른 표지는 그가 문헌학에 무능하다는 것이다. 여기
5 서의 문헌학은 아주 일반적인 의미로, 잘 읽는 기술로 이해되어야 한다―해석에 의해 왜곡시키지 않고, 이해하려는 요구로 인해 신중함과 인내와 정교함을 잃지 않으면서 사실들을 읽어낼 수 있는 기술로. 해석상의 신중성으로서의 문헌학 : 서적이나 신문 기사나 운명이나 날씨에 대해서도 그렇고― '영혼의 구원' 에 대해서는 말할 것
10 도 없다…… 어떤 신학자가 베를린에서든 로마에서든 전혀 신경도 쓰지 않고, '성서의 말' 인지 체험된 것이지도 전혀 상관하지 않고, 이를테면 자기 나라 군대의 승리를 다윗의 시편처럼 높은 조명에 비추어 해석하는 것은 늘 뻔뻔스러워서, 문헌학자로서는 도저히 참아낼 수 없을 지경이다. 그리고 슈바벤 출신의 경건주의자들과 그
15 밖의 암소 같은 족속들이 자기네 삶의 궁색한 일상과 매캐함을 '신의 손' 을 사용하여 '은총' 과 '섭리' 와 '구원의 체험' 이라는 기적으로 만들어놓을 때 문헌학자는 도대체 어찌해야 한단 말인가! 그러나 분별은 말할 것도 없고, 정신을 아주 조금만이라도 사용한다면, 신의 손가락 놀림에 대한 그런 식의 남용이 전적으로 유치하고 값
20 어치 없다는 것을 해석자들에게 확인시킬 수 있을 것이다. 우리에게 아주 미약한 신앙심이라도 남아 있다면, 코감기를 제때에 고쳐주는 신이나 폭우가 막 쏟아지려는 순간에 마차를 타라고 말해주는 신은 너무 엉터리 같다고 우리는 여기게 된다. 그런 신은 존재한다고 하더라도 폐기되지 않으면 안 될 것이다. 하인으로서의 신, 우편

배달부로서의 신, 일기예보가로서의 신 — 근본적으로 온갖 우연 중에서도 가장 어리석은 우연에 대한 대명사…… '교양 있는 독일'에서 오늘날에도 여전히 대충 세 명당 한 명은 믿고 있는 '신의 섭리'라는 것은 더 강한 반박을 생각할 수 없는, 신에 대한 가장 강한 반박일 것이다. 그리고 어쨌든 그것은 독일인에 대한 반박이다!……

53.

—순교자가 어떤 사태의 진실에 관해 무언가를 보여준다는 것은, 순교자가 한 번이라도 진실과 관계를 맺은 적이 있다는 것을 부정해버리고 싶을 정도로 진실과는 거리가 있다. 자기가-참으로-간주하는 것을 세상에 대놓고 말해대는 순교자의 어조에는 저급한 지적 성실성과 진리 문제에 대한 둔감함이 이미 표현되고 있다. 반박할 필요조차 전혀 없을 정도로 말이다. 진리란 누군가는 가졌을 것이고 다른 누군가는 갖지 않고 있을 그런 것은 아니다 : 농민들이나 루터 같은 농민의 사도라야 진리를 이런 식으로 생각할 수 있을 것이다. 정신적인 문제에 있어서의 양심의 정도에 따라 이 문제에서의 겸손과 만족이 점점 더 커진다는 것은 확실하다. 다섯 가지만 알고 다른 것을 알기를 가볍게 거부한다…… 모든 선지자, 모든 종파 신도, 모든 자유정신, 모든 사회주의자, 모든 고위 성직자가 이해하는 '진리'는 다음과 같은 사실에 대한 완벽한 증거이다. 즉 아주 작고도 작은 어떠한 진리라도 발견하기 위해 필요한 정신 교육과 자기 극복이 시작되지조차 않았다는 것. —덧붙여 말하자면 순교자의 죽음은 역사상 큰 불운이었다 : 그것은 유혹해왔던 것이다…… 여자

와 대중도 포함해서 모든 백치의 추론은 이렇다. 즉 누군가를 죽음에 이르게 하는 것은(또는 초대 그리스도교처럼 치명적인 전염병을 발생시킨 것은 말할 것도 없고) 무언가 중요하다. ―이런 추론은 검증에 대해서는, 검증하고 신중한 정신에 대해서는 말할 수 없을 정도의 장애물이 되어왔다. 순교자는 진리에 해를 입혔다…… 오늘날에도 여전히 그 자체로서는 보잘것없는 종파일지라도 명예로운 이름을 얻으려면, 조잡한 박해라도 박해만 있으면 된다. ―뭐라고? 어떤 것을 위해 누군가가 목숨을 버리면, 그것의 가치가 뭔가 달라진다고? ―명예롭게 되는 오류는 더 유혹적인 오류이다 : 우리가 당신들 신학자들께 당신들의 거짓을 위해서 순교자가 될 계기를 마련해주리라 믿는가? ―어떤 것을 반박할 때 우리는 그것을 얼음 위에 정중히 놓으면서 반박한다―신학자에게도 우리는 이런 식으로 반박한다…… 모든 박해자들의 세계사적 우매함은 바로 그들이 자기들의 적대자에게 명예로운 모습을 부여했다는 데 있다―그들에게 순교의 매력을 선사했다는 데 있다…… 여자는 오늘날에도 어떤 오류 앞에서 무릎을 꿇는다. 누군가가 그 오류를 위해 십자가에서 죽었다고 이야기되기 때문이다. 그렇다면 십자가가 논거란 말인가?――하지만 이 모든 것에 대해서 오직 한 사람만이 이 천 년 동안 필요했을 말을 했다―**차라투스트라**가.

그들이 지나간 길 위에 그들은 핏자국을 남겼다. 그리고 그들의 어리석음은 진리를 피로 입증해야 한다고 가르쳤다.

하지만 피는 진리에 대한 최악의 증인이다 ; 피는 더없이 순수한 가르침조차 마음의 망상과 증오로 중독시켜버리기 때문이다.

그리고 누군가가 자신의 가르침을 위해 불길 속을 걸어간다고 할 때―이것이 무엇을 입증해준단 말인가! 자기 자신의 불길에서 가르침이 나온다는 것이 더 참이리라.[72]

5

54.

오도되게 놔두지 마라 : 위대한 정신들은 회의주의자다. 차라투스트라는 회의주의자다. 정신의 강력함에서, 정신의 힘과 힘의 넘침에서 나오는 자유는 회의를 통해 입증된다. 확신하는 인간은 가치와 무가치의 문제에서 근본적인 것 전부를 전혀 고려하지 못한다. 확신은 감옥이다. 이것은 충분히 넓게 보지 않고, 발 아래를 보지 않는다 : 하지만 가치와 무가치에 대해 말참견할 수 있으려면, 오백 가지 확신들을 자신의 발 아래로 굽어보아야만 한다―자신의 뒤에 있는 것으로 보아야만 한다…… 위대한 것을 원하고, 그것을 위한 수단을 원하는 정신은 필연적으로 회의주의자다. 온갖 종류의 확신으로부터의 자유는 자유롭게-볼-수 있는 강한 힘에 속한다…… 그라는 존재의 근거이자 힘인 위대한 열정은 그 자신보다 훨씬 더 계몽되고 훨씬 더 오만하다. 그의 열정은 그라는 존재의 지성 전체를 자신에게 봉사시킨다 ; 그것은 대담하게 만들고 ; 지성에게 심지어는 신성하지 못한 수단마저도 사용할 수 있는 용기를 주며 ; 경우에 따라서는 확신을 허용해준다. 수단으로서의 확신 : 많은 것이 단지 확신을 수단으로 해서만 달성된다. 위대한 열정은 확신들을 사용하고 남김없이 사용해버리기도 하지만, 확신에 굴복하지는 않는다― 그것은 자신이 주권자임을 알고 있다. ―그 반대로 : 믿음에 대한 욕구, 어떤 무조건적인 긍정과 부정에의 욕구, 칼라일주의는 이런 표현을 관대히 봐준다면 약한 힘의 욕구라고 말할 수 있다. 믿음을 가진 자, 온갖 종류의 '신앙을 가진 자'는 필연적으로 의존적인 종류의 사람이다―자신을 목적으로 설정하지 않고, 더욱이 자발적으로는 목적을 도대체가 설정할 수 없는 자들이다. '믿는 자'는 자기 자신에게 속하지 않는다. 그는 단지 수단일 수 있을 뿐이며, 사용되지 않으면 안 된다. 그는 그를 사용할 누군가를 필요로 한다. 그의 본능은 탈아Entselbstung의 도덕에 최고의 명예를 부여한다 ; 모든 것이, 그의 영리함과 경험 그리고 허영심이 그를 그렇게 하라고 설득한다. 모든 종류의 믿음은 그 자체로는 탈아의 한 표현이고, 자기 소외의 한 표현이다…… 대다수 사람들에게 그들을 묶고 고정시키는 외부의 규정이 얼마나 필요한지를 생각해보면, 그리고 강압이나 좀더 고차적인 의미에서의 노예제가 어떻게 해서 의지박약의 인간을, 특히 여자를 번성시키는 유일하고도 궁극적인 조건인지에 대해 생각해보면 : 확신이라는 것이, '믿음'이라는 것이 무엇인지를 알 수 있게 된다. 확신하는 인간에게 확신은 그를 지탱해주는 기둥이다. 많은 것을 보지 않고, 그 어느 것에도 공평하지 않고, 철저히 편파적이며, 모든 가치를 엄격하고도 필요한 시각으로 보는 것―이것만이 확신하는 인간 종류를 존재하게 해주는 유일한 조건이다. 하지만 이렇게 해서 그는 진실한 인간의 반대이자 적대자이고―진리의 반대이자 적대자이다…… 믿는 자는 '참'과 '거짓'이라는 문제에 대한 양심을 자기 마음대로 가질 수는 없는 법이다 : 이때 정직하면, 그는 즉시 몰락해버릴 것이다. 확신하는 자의 시각의 병적 제약성은 그를 광신자로 만든다―사보나롤라, 루터, 루소, 로베스피에르, 생시몽처럼―강하고 자유롭게 된 정신의 반대 유형으로 만든다. 하지만 이런 병든 정신들, 이런 개념의 간질병자의 거창한 태도는 많은 대중에게 효력을 발휘한다―광신자들은 그림처럼 아름답게 보인다. 인간은 근거를 듣느니보다 제스처 보기를 더 좋아한다……

5

55.

　―확신과 '믿음'의 심리학에서 한 걸음 더. 확신이 거짓보다 더 위험한 진리의 적수일 수 있다는 것에 대해 나는 이미 오래전에 생각할 계기를 제공했었다(《인간적인 너무나 인간적인》, 〈331〉쪽) 이번에는 결정적인 문제를 제기하고 싶다 : 거짓과 확신은 정녕 대립 관계인가? ―온 세상이 그렇게 믿고 있다 ; 하지만 온 세상이 무엇은 믿지 않는다는 말인가! ―모든 확신은 나름의 역사, 나름의 선재 형식, 나름의 시험적 모습과 실책을 갖고 있다 : 오랫동안 확신이 아니었던 시기 이후에, 확신인지 아닌지가 불분명했던 더 오랜 시기를 거친 다음에 그것은 확신이 된다. 뭐라고? 확신의 이런 태아적 형태에는 거짓은 들어 있지 않았을 거라고? ―하지만 이따금은 인물만 변경할 것이 요구되기도 한다 : 아버지에게 거짓이었던 것이 아들에게서는 확신이 되는 것처럼. ―보이는 것을 보려 하지 않고, 보이는 그대로 보려 하지 않는 것. 이것을 나는 거짓이라고 부른다 : 거짓이 증인 앞에서 행해지는가 아니면 증인 없이 행해지는가는 고려 대상이 아니다. 가장 습관적인 거짓은 자기 자신을 속이는 거짓이다 ; 다른 사람들을 속이는 것은 상대적으로 예외의 경우이다. ―그런데 보이는 것을 보려-하지-않는 것, 보이는 그대로-보

려-하지-않는 것은 어떤 의미에서든 모든 당파적인 자들의 제1조건이다 : 당파적인 사람은 필연적으로 거짓말쟁이이다. 예를 들어 독일의 역사 서술은 로마가 전제주의였고, 게르만인들이 자유정신을 세계에 들여왔다고 확신하고 있다 : 이런 확신과 어떤 거짓말 사이에는 무슨 차이가 있단 말인가? 독일 역사가들을 포함해서 모든 당파가 본능적으로 도덕에 대한 거창한 말들을 입에 담는다면―도덕이란 것은 모든 종류의 당파적 인간이 매 순간 필요로 하기 때문에 존속한다라고 한다면, 이에 대해 우리가 놀라워해야 할까? ―"이것이 우리의 확신이다 : 우리는 전 세상에 이것을 고백하고, 이것 때문에 우리는 살고 죽는다―확신을 갖는 모든 것에게 경의를!"― 이런 식의 말을 나는 심지어 반유대주의자의 입을 통해서도 들었다. 그렇지만 여러분, 그 반대가 맞다! 반유대주의자는 그가 원칙적인 거짓말쟁이라는 점에 의해 절대로 더 품위 있어지지는 않는다 …… 사제들은 그런 일들에서 더 노회하다. 그들은 목적에 필요한 허위이기에 원칙적인 허위인, 그런 확신 개념에 대한 반박을 아주 잘 이해하고 있다. 그는 유대인들에게서 영민함을 전수받아, 그 대목에 '신', '신의 뜻', '신의 계시' 개념을 밀어넣었다. 칸트 역시 그의 정언명법을 가지고 같은 길을 걸었다 : 그의 이성이 거기서 실천적이 되었다. ―진리와 비진리를 인간이 결정할 수 없는 문제들이 있다 ; 최고의 문제들과 최고의 가치 문제들은 전부 인간 이성을 넘어서 있다…… 이성의 한계가 파악된다―이것이 비로소 진정한 철학이다…… 무슨 목적으로 신은 인간에게 계시를 주었던가? 신이 그처럼 불필요한 일을 했을 것인가? 인간은 무엇이 선하고 무엇이 옳은지를 스스로 알 수 없다. 그래서 신이 인간에게 자신의 뜻을 가르치는 것이다…… 교훈 : 사제는 거짓말하지 않는다. —사제가 말하는 것들이 '참'인가 '거짓'인가 하는 문제는 거짓을 허용하지 않는다. 왜냐하면 거짓말을 하려면, 거기서 무엇이 참인지를 결정할 수 있어야만 하기 때문이다. 하지만 인간은 그럴 수 없다 ; 이로써 사제는 신의 대변자일 뿐이다. —이러한 사제-삼단논법은 결코 유대적이거나 그리스도교적인 것만은 아니다 : 거짓을 말할 권리와 '계시'라는 영민함은 사제의 유형에 속하는 것들이다. 이교도 사제에게 속하듯이 데카당스 사제에게도 속한다(—이교도란 삶에 대해 긍정의 말을 하는 자 전부를 말한다. 이들에게 '신'은 만사에 대한 위대한 긍정의 대명사이다) —'율법', '신의 뜻', '성서', '영감' —이 모든 것은 사제가 그것 아래에서 권력을 잡고, 그것을 가지고 그의 권력을 유지시키는 여러 조건들에 대한 표현법에 불과하다—그 개념들은 모든 사제 조직과, 모든 사제적이거나 또는 철학적-사제적 권력 구조의 기초에서 발견된다. "신성한 거짓말"—이것은 공자, 마누 법전, 마호메트, 그리스도교 교회에 공통적이다 : 플라톤에게서도 빠지지 않는다. "진리가 여기 있다" : 어디서 말해지든 이 말은 사제는 거짓말한다를 의미한다……

56.

—어떤 목적으로 거짓말을 하는가가 결국 문제인 것이다. 그리스도교의 수단에 대한 나의 반박은 그리스도교에는 '신성한' 목적이 결여되었다는 것이다. 죄다 나쁜 목적들만이 있을 뿐이다 : 삶의 독살, 삶의 비방, 삶의 부정, 육체의 경멸, 죄 개념을 통한 인간 가치

의 저하와 인간의 자기 모독이라는 목적들―따라서 그 수단 역시 나쁘다.―나는 정반대의 느낌을 가지면서 마누의 법전을 읽는다. 그것은 비교할 수 없을 정도로 정신적이고 뛰어난 작품이며, 이것을 성경과 동시에 언급하는 것이 그 정신에 죄가 될 정도이다. 단번에 알아차릴 수 있는 점 : 마누 법전이 진정한 철학을 배후에 두고 있고, 그 안에도 두고 있다는 것. 한갓 고약한 냄새를 풍기는 율법주의와 미신의 유대적 요소가 아니라는 것.―그것이 지극히 까다로운 심리학자에게조차 무언가 곱씹어볼 만한 것을 제공한다는 것. 마누 법전과 성서들을 근본적으로 다른 것으로 만들어주는 핵심도 잊지 말자 : 고귀한 계층인 철학자들과 전사들이 마누 법전을 수단으로 대중을 통솔한다는 것 ; 그 책 전체를 고상한 가치들, 완전성에 대한 느낌, 삶에 대한 긍정, 자기 자신과 삶에서 개가를 올리는 쾌감이―태양이 비추고 있다.―그리스도교가 해명할 바 없는 깊은 악의를 부어대는 것은 모두 예를 들어 생식, 여자, 혼인 등은 그 책에서는 진지하게 경외심과 사랑과 신뢰로 다루어진다. 다음처럼 저속한 말을 포함하는 책을 어떻게 아이들과 부인들의 손에 쥐어줄 수 있는가? : "음행이 성행하고 있으니 남자는 각각 자기 아내를 가지고 여자는 각각 자기 남편을 가지도록 하십시오 : 욕정에 불타는 것보다는 자유롭게 사는 편이 낫습니다."[73] 그리고 인간의 탄생이 원죄 없는 처녀 잉태의 개념으로 그리스도교화되어 있는데도, 말하자면 더럽혀져 있는데도 그리스도교인일 수 있는가? …… 나는 마누 법전에서처럼 여자에게 그토록 부드럽고도 좋은 것들을 많이 말하고 있는 다른 책을 알지 못한다 ; 그 백발 노인들과 성자들은 여자들에 대해 능가할 수 없는 정중한 태도를 보이고 있다. "여인의 입, 소녀의 가슴, 어린아이의 기도, 희생 제물의 연기는 언제나 순결하다" —라고 말한다. 다른 대목에서는 : "태양의 빛, 암소의 그림자, 공기, 물, 불, 소녀의 숨결보다 더 순결한 것은 결코 없다"라고 말하고 있다. 마지막 구절에서는—이것도 신성한 거짓말 중 하나지만— : "배꼽 위쪽 몸의 모든 구멍은 순결하고, 아래쪽의 모든 구멍은 불결하다. 처녀의 경우에만 온몸이 순결하다"고 적혀 있다.

57.

그리스도교의 목적을 마누 법전의 목적과 한번 비교해보면 —목적의 이 같은 가장 큰 대립을 명백히 밝혀보면, 그리스도교적 수단의 신성치 못함이 현장에서 포착된다. 그리스도교 비판가들은 그리스도교를 경멸스럽게 만드는 일을 할 수밖에 없다. —마누 법전 같은 법전은 모든 훌륭한 법전이 생기듯이 생겨난다 : 그것은 오랜 세월의 경험과 지혜와 실험적 도덕을 요약하고 있다. 그것은 끝을 맺으며, 더 이상 새로운 것은 만들어내지 않는다. 서서히 값비싸게 획득된 하나의 진리에 권위를 부여하는 수단은 그 진리를 입증하게 될 수단들과는 근본적으로 다르다는 통찰이 바로 그런 법전 편찬의 전제 조건이 된다. 법전은 어떤 법의 유용성과 근거와 법 형성 경위에서의 결의론에 대해서는 결코 말하지 않는 법이다 : 그렇지 않으면 그 법은 명령적 어조를, "너는 해야 한다"라는 복종의 조건을 상실하게 되기 때문이다. 바로 여기서 문제가 생긴다. —한 민족의 전개 과정 중의 어느 특정 시점에서 그 민족의 가장 신중한 계층, 즉 가장 반성적이고 가장 멀리 내다보는 계층이 그 민족이 경험해야 할 것이

―다시 말해 경험할 수 있는 것이―완성되었다고 선언하게 되는 것
이다. 그들의 목표는 실험의 시기와 나쁜 경험의 시기로부터 가능한
한 풍요롭고 충실한 수확을 거두어들이는 것이다. 따라서 이제 가
장 피해야 할 것은 여전히-계속-실험하는 것, 가치의 유동 상태가
지속되는 것, 가치를 무한히 검증하고 선택하며 비판하는 일이다.
이런 일에 대해서는 이중의 방책이 세워져 있다 : 첫째는 계시이다.
이것은 그 법의 이성은 인간적인 연원을 갖지 않고, 서서히 그리고
실책을 통해 구해지거나 발견되거나 하지는 않는다는 것, 오히려 신
적인 근원으로서 전체이고, 완전하고, 역사를 갖지 않으며, 하나의
은사이고 하나의 기적이라는 것을 전달할 뿐인 주장이다……그
다음의 것은 전통이다. 이것은 법이 이미 태고적부터 있었다는 것,
그것을 의심한다는 것은 불경이고 선조들에 대한 범죄 행위라는 것
에 대한 주장이다. 그 법의 권위는 다음의 테제에 의해 근거 지어진
다 : 신이 그 법을 주었고, 선조들이 그 법을 따라 살았다. ―이런 절
차의 심원한 이성은 옳은 것으로 인정된(즉 엄청난 양의 면밀하게
걸러진 경험을 통해 입증된) 삶으로부터 의식을 다시 한 단계 한 단
계 되돌려버리려는 의도에 놓여 있다 : 그래서 본능의 완전한 자동
화를 달성하는 데 놓여 있다. ―이것은 삶의 기술에서 모든 종류의
대가적 경지, 모든 종류의 완전성을 위한 전제 조건이다. 마누 법전
과 같은 법전을 성립시키는 것은 그 민족이 장래에 대가가 될 권리
를, 완전하게 될 권리를― 삶의 최고의 기술에 대한 야망을 가질
권리를 승인한다는 말이다. 그러기 위해서는 법이 무의식적으로 되지
않으면 안 된다 : 이것이 모든 신성한 거짓말의 목적이다. ―카스트
계급 질서. 이 최고법이자 지배법은 어떠한 자의성이나 어떠한 '현

대적 이념'도 그 힘을 행사 못하는 첫째가는 자연질서와 자연법칙을 재가한 것에 지나지 않는다. 모든 건강한 사회에서는 생리적으로 중요한 차이가 있지만 서로에게 이끌리며, 서로 제한을 가하는 세 가지 유형이 등장한다. 이 유형들은 제각기 자신들의 건강법, 자신의 노동 영역, 자신의 완전성에 대한 느낌과 대가의 경지를 확보하고 있다. 마누 법전이 아니라 자연이 주로 정신적인 유형, 주로 근육과 활력이 강한 유형, 그리고 전자에도 후자에도 특징적이지 않은 세 번째 유형인 평균적인 유형을 서로 분리한다─마지막 유형이 대다수이며, 첫 번째 유형은 선택된 자들이다. 최고의 계급은─나는 그것을 극소수라고 부른다─완전한 계급이고 소수의 특권을 갖는다 : 지상의 행복과 아름다움과 선을 제시하는 특권이 이 계급의 것이다. 가장 정신적인 인간에게만 아름다움과 아름다운 것들이 허락된다 : 오직 그들에게만 선의가 약점이 아니다. 아름다움은 아주 소수의 것이다. : 선은 특권이다. 그들에게 추한 태도나 염세적 시각, 추하게 만드는 눈보다 허용이 덜 되는 것은 없다─사물의 총체적인 면에 대한 분노는 말할 것도 없다. 분노는 찬달라의 특권이다 : 염세주의도. "세상은 완전하다─이렇게 가장 정신적인 자의 본능은, 긍정하는 본능은 말한다 : 불완전성, 우리의 밑에 있는 모든 것, 거리, 거리의 파토스, 찬달라 자체도 바로 그 완전성의 일부인 것이다." 가장 강한 인간으로서 가장 정신적인 인간은 그들의 행복을, 다른 자들이라면 몰락을 발견하게 될 바로 거기에서 발견한다 : 즉 미궁에서, 자기 자신과 타인들에 대한 엄격함에서, 시도하는 데에서 ; 그들의 즐거움은 극기이다 : 그들에게서는 금욕이 본성이 되고 욕구가 되며 본능이 된다. 어려운 과제는 그들에게는 특권으로 간

주되고, 타인들을 압박하는 악습과 더불어 유희하는 것은 그들에게
는 기분전환이 된다…… 인식 ―이것은 특정한 금욕 형식이다. ―
그들은 가장 경외할 만한 종류의 인간이다 : 그렇다고 이 점이 그들
이 가장 명랑하고, 가장 사랑스러운 자들이라는 점을 배제시켜버리
5 는 것은 아니다. 그들은 그들이 원해서가 아니라, 그들이 존재하기
에 지배한다. 그들은 임의로 두 번째 계급이 될 수는 없다. ―두 번
째 계급 : 그들은 법의 수호자이고 질서와 안전의 관리인이다. 그들
은 고귀한 전사이다. 그리고 무엇보다도 전사와 판관과 법의 유지
자에 대한 최고의 공식으로서의 왕이 이 두 번째 계급에 속한다. 이
10 두 번째 계급들은 가장 정신적인 제1계급의 행정관이며, 그 제1계
급에 속한 것들에 가장 가까이 있는 자들이고, 그 계급이 통치할 때
발생하는 온갖 조잡한 것들을 이들이 제거해준다―이들은 그 계급
의 추종자이고 그 계급의 오른팔이자 최고의 학생들이다. ―다시
한번 말하자면, 이 모든 것에서는 어느 것도 자의에 의해서거나,
15 '만들어지거나' 하지 않는다 ; 이것과 다른 것이 만들어지는 것이
지. ―만일 이렇지 않다면 자연에 치욕감을 주게 될 것이다…… 카
스트 질서, 서열은 오로지 삶의 최고의 법칙 자체를 공식화한다. 세
유형의 분리는 사회의 유지를 위해 필요하며, 좀더 높은 유형과 최
고의 유형을 가능하게 하기 위해서 필요하다―권리의 불평등이야
20 말로 진정 권리가 존재하기 위한 조건인 것이다. ―권리는 특권이
다. 각자의 존재 방식에서 각자는 나름의 특권을 갖는다. 평균적인
유형의 특권도 폄하하지 말도록 하자. 삶은 높이를 더해갈수록 점점
더 어려워지며―추위도 심해지고 책임도 커진다. 높은 문화는 일
종의 피라미드이다 : 그것은 단지 넓은 지반에서만 설 수 있으며,

무엇보다도 강력하고도 건강하게 다져진 평균성을 전제로 한다. 수공업, 상업, 농업, 학문, 예술의 대부분, 한마디로 직업이라는 총괄 개념은 전적으로 평균적 능력과 평균적 욕망과만 어울릴 수 있다 : 이러한 것들은 예외자들에게는 어울리지 않고, 이것들에 적합한 본능은 귀족주의뿐 아니라 아나키즘에도 반대될 것이다. 공적으로 유용해지고, 특정한 하나의 톱니바퀴로서 특정한 하나의 기능을 하는 데에는 자연적 소질이 필요하다 : 그들을 지적인 기계로 만드는 것은 대다수만이 얻을 수 있는 종류의 행복이지 사회가 아니다. 평균적 유형에게는 평균적인 것이 행복이다 ; 한 가지 일에서의 대가적 솜씨, 전문성은 자연적 본능이다. 평균성 그 자체가 이미 반박이라고 보는 것은 좀더 심오한 정신에게는 어울리지 않는다. 평균성 자체가 예외자들의 존재를 필연적인 것으로 만들어주는 **첫 번째 요소**이다 : 높은 문화의 조건은 평균성이다. 만일 예외적인 인간이 바로 평균적인 인간을 자기나 자기와 같은 사람들을 다루듯이 부드럽게 다룬다면, 단순히 마음에서 우러난 예의에서가 아니다. ─그것이 명백히 그의 의무이기 때문이지…… 오늘날의 천민 중 나는 누구를 가장 미워하는가? 사회주의자-천민, 찬달라-사도들이다. 이들은 노동자의 본능과 쾌락을, 그네들의 변변찮은 존재에 대한 자족감을 파괴해버린다 ― 노동자를 시기하게 만들고 복수를 가르친다…… 불평등한 권리가 결코 부당한 것은 아니다. '평등한' 권리를 주장하는 것이 부당하다…… 무엇이 나쁜 것인가? 내가 이미 말했다 : 약함과 시기와 복수에서 나오는 모든 것이라고. ─아나키스트와 그리스도교인은 같은 혈통이다……

58.

─실제로 어떤 목적으로 거짓말하는가에 따라 차이가 있다 : 유지하려고 거짓말하는가 아니면 파괴하려고 거짓말하는가에 따라서. 이 점에서 그리스도교인과 아나키스트는 완전히 같다고도 말할 수 있다 : 그들의 목적과 그들의 본능은 오로지 파괴로만 향한다. 이 문장에 대한 증거는 역사에서 읽어낼 수 있다 : 역사는 무서울 정도로 명료한 증거를 가지고 있다. 우리는 방금 종교적인 입법 과정을 알게 되었다. 그것의 목적은 삶을 증진시키기 위한 최고의 조건인 사회라는 거대 조직을 '영구화' 시키는 것이었고, 반면 그리스도교는 삶이 그런 사회 안에서 증진했었기 때문에 그것을 끝장내는 일을 자기의 사명으로 발견해냈다. 전자에서는 오랜 실험의 세월과 오랜 불확실한 세월에서 얻은 이성의 수확물이 가장 먼 미래의 편익을 위해 투자되어야만 했고, 가능한 한 크고 풍요롭고 완전한 수확을 거두어들일 수 있어야만 했다 ; 반면 그리스도교에서는 밤 사이에 수확이 오염되고 말았다······ 청동보다 오래[74] 존속하는 로마제국은 어려운 조건들 밑에서 지금까지 이룩된 것 중 가장 웅대한 조직 형태이고, 이전의 모든 것과 이후의 모든 것은 이것과 비교하면 불완전하고 서투르며 졸렬하다. ─그리스도교인이라는 그 신성한 아나키스트들은 이 '세상'을, 다시 말해 이런 로마제국을 파괴하는 것을 '깊은 신앙'으로 만들어버렸다. 로마제국의 돌 하나도 남아 있지 않을 때까지 ─심지어는 게르만족과 그 밖의 조야한 민족이 지배자가 될 수 있을 때까지 파괴하는 것을······ 그리스도교인과 아나키스트 : 둘 다 데카당이다. 둘 다 해체시키고, 오염시키고, 쇠약하게 하며, 흡혈귀처럼 작용하는 일 외에는 할 수 없다. 둘 다 세워져 있거

나, 웅장하게 서 있거나, 지속적이거나 삶에 미래를 약속하는 것 전부를 아주 격렬하게 증오하는 본능이다…… 그리스도교는 로마제국의 피를 빨았던 흡혈귀이다―그리스도교는 시간이 소요되는 위대한 문화를 위한 지반을 얻으려는 로마인들의 거대한 업적을 밤 사이에 무효화시키고 말았다. ―이것을 여전히 이해하지 못하는가? 우리가 알고 있고, 로마 식민지의 역사가 우리에게 점점 더 잘 알게 해주는 로마제국. 위대한 양식을 가진 이 가장 경탄스러운 예술 작품은 하나의 시작이었다. 그것이 지어놓은 것은 수천 년 동안 스스로를 입증하도록 짜여져 있었다. ―오늘날까지도 그러한 건축은 다시는 존재하지 않았으며, 그 정도로 영원할 어떤 것을 짓는다는 것은 다시는 꿈꾸어지지조차 않았다! ―로마의 조직은 나쁜 황제들을 견뎌낼 수 있을 정도로 충분히 견고했다 : 사람들의 우연적 사건은 그런 일에 아무런 관여도 해서는 안 된다는 것 ― 이것이 모든 위대한 건축의 제1원칙이다. 그러나 그렇게 건축된 조직도 가장 부패한 종류의 부패에 대해서만큼은, 즉 그리스도교인에 대해서만큼은 충분히 견고하지 못했다…… 밤과 안개와 모호함 속에서 모든 개개인에게 살금살금 접근해서는 참된 것들에 대한 그들의 진지함과 실재성에 대한 본능 일반을 다 빨아먹는 이 은밀한 벌레. 비겁하고 여성적이며 달콤한 이 무리들은 점차 그 거대한 건축에서 '영혼'을 소외시켜버렸다―로마적인 것에서 자기의 고유한 것과 고유의 진지함과 고유의 긍지를 느꼈던 그 가치 있고 남성적이며-고결했던 본성을 말이다. 위선자의 음흉한 짓거리, 비밀집회의 은밀함, 지옥이나 죄 없는 자의 희생 또는 피를 마시면서 이루어지는 신비적 합일 등의 음산한 개념들, 특히 서서히 들쑤셔 돋우어진 복수의 불길, 찬달라의 복수의 불길 — 이것들이 로마를 지배해버렸다. 에피쿠로스는 이미 이런 종류의 종교의 선행 형식과 싸운 적이 있었다. 에피쿠로스가 무엇과 싸웠는지를 파악하기 위해서는 루크레티우스를 읽어보라. 그는 이교도와 싸우지 않았다. 오히려 그는 '그리스도교'에 맞서 싸웠다. 말하자면 죄 개념에 의한, 벌과 불멸 개념에 의한 영혼의 타락에 맞서 싸웠다. —그는 지하적 제의들, 잠복하고 있던 그리스도교 전체에 맞서 싸웠다—불멸을 부정한다는 것은 당시에 이미 진정한 구원이었다. —그리고 에피쿠로스가 이겼을 수도 있다. 로마제국의 존경할 만한 사람은 전부 에피쿠로스주의자였기에 : 그때 바울이 등장한 것이다 …… 바울, 로마와 '세상'에 대한 찬달라적 증오의 육화이자 찬달라적 증오의 천재인 바울, 유대인이며 영원한 유대인의 전형인 바울…… 그가 알아차렸던 것, 그것은 어떻게 유대교 변두리의 작고도 종파적인 그리스도교-운동을 이용하여 '세계적인 불길'을 일으킬 수 있을지, 어떻게 '십자가의 신'이라는 상징을 가지고서 하부에 있는 모든 것, 은밀히-반항하는 모든 것, 로마제국 안에 있는 아나키적 책동의 유산 전체를 거대한 힘에 이르게 할 수 있을지에 관한 것이었다. "구원은 유대인에게서 온다."[75] — 온갖 종류의 지하적 제의, 예를 들어 오시리스 제의, 대모신 제의, 미트라스 제의를 능가하기 위한—그리고 그것들을 뭉뚱그리기 위한 공식으로서의 그리스도교 : 바울의 천재성은 바로 이런 것에 대한 통찰에 있다. 그의 본능은 확실했다. 그래서 그는 진리에 가차없는 폭압을 가하면서 그 찬달라적 종교들의 매혹 수단이었던 표상들을 자신의 고안물인 '구세주'의 입 안에 집어 넣었다. 비단 입 안에만 넣은 것이 아니다—그는 구세주를 미트라의 사제도 이해할 수

있을 만한 그 무엇으로 만들어버렸다…… 이때가 그가 다마스커스로
가던 때였다 : 그는 '세상'의 가치를 빼앗아버리기 위해서는 불멸에
대한 믿음이 필요하다는 사실을 간파해냈다. 그는 '지옥' 개념이라면
로마를 지배할 수 있으리라는 사실을 — '피안'이 삶을 죽여버린다는
사실을 간파해냈다…… 허무주의자Nihilist와 그리스도교인Christ :
운(韻)이 맞는다. 비단 운만 맞는 것이 아니다……

59.

고대 세계의 수고가 깡그리 부질없게 되었다 : 이런 끔찍한 것에
대한 내 느낌을 표현할 말이 없다. —그리고 그들의 수고가 하나의
준비 작업이었다는 것, 화강암같이 단단한 자기 신뢰에 의해 몇천
년간 지속될 작업을 위한 기초만이 겨우 놓여졌다는 것, 이 점들을
고려해보면 고대 세계가 갖고 있던 의미 전체가 부질없다! …… 그
리스인이 무슨 소용이며, 로마인이 무슨 소용이란 말인가? —그런
데 학적 문화의 모든 전제 조건, 모든 학적 방법론이 죄다 벌써 그
곳에 있었다. 잘 읽기 위한 위대하고도 비할 바 없는 기술이 이미
확립되어 있었다—문화전통을 위한, 학문의 통일을 위한 이런 전
제 조건이 ; 수학 및 역학과 연대하고 있는 자연과학은 최고의 길을
걷고 있었다—사실적 감각, 즉 모든 감각 중에서도 최종 감각이면서
도 가장 가치 있는 감각이 여러 학파들을, 이미 수세기를 이어온 전
통을 가지고 있었다. 이것을 이해하고 있는가? 작업을 시작하기 위
한 모든 본질적인 것이 이미 발견되어 있었다는 것을 : —방법론이
야말로 본질적인 것이면서도 가장 어려운 것이며, 또한 가장 오랫

동안 습관과 게으름에 대항해왔던 것이라는 점은 자꾸자꾸 말해야
한다. 오늘날 우리가 말할 수 없을 만큼의 극기에 의해 ─왜냐하면
우리는 모두 나쁜 본능인 그리스도교적 본능을 어떤 식으로든 몸에
갖추고 있기에 ─되찾은 것은 현실에 대한 자유로운 시선, 신중한
손, 아주 사소한 것들에 대한 인내와 진지, 앎의 정직성 전체이다 ─
그런데 이것들은 이미 존재하고 있었던 것이다! 2천 년도 전에 이
미! 게다가 좋고도 섬세한 분별력과 취향도 있었다! 두뇌 훈련으로
서가 아니고! 불한당 같은 태도를 취하는 '독일적' 교양으로서도 아
니며! 오히려 몸으로서, 몸짓으로서, 본능으로서 ─한마디로 실재로
서⋯⋯그런데 모든 것이 부질없게 되었다! 밤 사이에 단순히 기억만
남아버렸다! ─그리스인! 로마인! 본능과 취향의 고귀함, 방법적 탐
구, 조직과 관리의 천재, 인간의 미래에 대한 신념과 의지, 만사에 대
한 위대한 긍정이 로마제국으로서 가시화되고, 모든 감각에 가시화
되며, 위대한 양식이 더 이상은 단순한 기술이 아니라, 현실이 되었
고 진리가 되었으며 삶이 되었었는데 말이다⋯⋯ ─그런데 밤 사이
에 묻혀버렸다. 그것도 자연 현상에 의한 것이 아니었다! 게르만인
이나 다른 멍청이들에게 짓밟힌 것도 아니었다! 오히려 교활하고 은
밀하고 보이지 않으며 피에 굶주린 흡혈귀에게 치욕을 당한 것이다!
정복된 것이 아니라 ─다만 피를 다 빨려버린 것이다! ⋯⋯ 은밀한
복수심, 비소한 시기심이 지배자가 되어버렸다! 비천한 모든 것, 자
신으로 인해-고통받는 모든 것, 좋지 않은-느낌에 의해-엄습당한
것 모두, 영혼의 게토-세계 전체가 단번에 위로 올라섰다! ─ ─어떤
불결한 작자들이 그렇게 해서 위에 올라섰는지를 파악하고 냄새를
맡아보려면 그리스도교 선동가, 그들 중 누구든 읽어보라. 이를테면

성 아우구스티누스를. 우리가 그리스도교 운동의 지도자들이 어떤 식으로든 이성을 잃고 있다고 전제한다면, 우리는 착각하고 있는 것이리라 : ─오오, 그들 교부님들은 정말 영리하다. 신성하리만큼 영리하다! 그들에게 안녕을 고하며 그들을 떠나버린 것은 완전히 다른 것이다. 자연이 그들을 소홀히 했던 것이다─자연은 그들에게 존경할 만하고 품위 있으며 순수한 본능이라는 겸손한 선물을 함께 주는 것을 잊어버렸던 것이다…… 우리끼리 얘기지만 그들은 남자도 아니다…… 이슬람교가 그리스도교를 경멸한다면, 골천 번 그럴 권리가 있다 : 이슬람교는 남자를 전제 조건으로 하기 때문이다……

60.

그리스도교는 우리에게서 고대 문화의 수확물을 빼앗아버렸다. 나중에는 다시 이슬람 문화의 수확물을. 그리스와 로마보다 더 근본적으로 우리와 유사하고, 우리의 감각과 취향에 말을 거는 스페인의 놀랄 만한 무어적인 문화세계가 짓밟혀버렸다─어떤 발굴에 의해서인지는 말하지 않으련다─왜? 왜냐하면 그들이 고귀했기 때문이다. 왜냐하면 그들의 탄생이 남성적 본능의 덕을 입었기 때문이다. 무어적 삶의 진기하고도 정밀한 귀중품들을 가지고서도 여전히 삶을 긍정했었기 때문이다! …… 후에 십자군들은 그들이 무릎 꿇는 편이 더 나았을 것과 맞서 싸웠다─즉 우리의 19세기조차도 그것에 비하면 아주 빈약하고 아주 '뒤처져' 있다고 여겨질 문화에 맞서 싸웠던 것이다. ─물론 십자군들이 원했던 것은 전리품이었다 ; 동양은 부유했다…… 편견을 갖지 말자! 십자군 원정은─고등한 해

적질일 뿐, 그 이상은 아니다! ―근본적으로 바이킹 귀족이었던 독일 귀족은 그런 짓거리에서 자신의 본령을 찾았다 : 교회는 독일 귀족들을 어떻게 손에 넣을 수 있는지를 너무나도 잘 알고 있었다……언제나 교회의 '친위병'이고, 언제나 교회의 온갖 나쁜 본능들을 위해 봉사하는 독일 귀족들을―그런데 보수는 잘 받는다…… 교회가 다름 아닌 이 독일 무사들의 도움으로, 독일의 피와 용기에 힘입어 지상에 있는 모든 고결한 것들에 대해 불구대천의 원수 간에 벌어지는 전쟁을 수행했다는 것! 이 대목에서 수많은 고통스러운 물음들이 제기된다. 독일 귀족은 높은 문화의 역사 속에서는 거의 찾아볼 수 없다 : 그 이유는 알 수 있다…… 그리스도교와 알코올―부패의 이 두 가지 중요한 수단이 그 이유이다…… 이슬람교와 그리스도교를 목전에 두고서는 본질적으로 선택이 있을 수 없다. 아랍인들과 유대인을 목전에 두었을 때처럼. 결정은 이미 내려져 있고, 거기서는 누구든 임의대로 선택할 수 없다. 찬달라이든가 아니면 아니든가 둘 중 하나이다…… "로마와는 혈전! 이슬람과는 평화와 우정" : 이렇게 프리드리히 2세는 느꼈고, 실행에 옮겼다. 이 위대한 자유정신이자 독일 황제 중의 천재가. 어떤가? 독일인이 분별 있게 느끼려면 먼저 천재여야 하고 자유정신이어야만 하는 것이 아닐까?―어떻게 독일인이 일찍이 그리스도교적으로 느낄 수 있었는지 나는 정말 알 수 없다……

61.

이 대목에서 독일인에게 수백 배나 더 수치스러운 기억을 건드릴 필요가 있다. 독일인은 유럽이 거두어들이도록 주어진 최후의 위대한 문화적 수확물을 유럽에서 빼앗아버렸다―즉 르네상스의 수확을. 르네상스가 무엇이었는지에 대해 드디어 이해했는가? 이해하기를 원하는가? 그리스도교적 가치의 전도이자, 모든 수단과 본능과 천재들을 가지고 수행되었으며, 그 반대되는 가치인 고귀한 가치를 승리하게끔 했던 시도를…… 위대한 싸움은 이제껏 바로 이것밖에 없었다. 르네상스의 문제 제기보다 더 결정적인 문제 제기는 이제껏 없었다. ―나의 물음은 르네상스의 물음이다― : 이보다 더 철저하고 직접적이며 강하게 적의 정면 전체와 중심을 돌파하는 공격 형식도 결코 없었다! 그리스도교의 결정적 지점과 본거지 자체를 공격하는 것, 거기서 고귀한 가치를 왕좌에 올리는 것, 말하자면 거기서 왕좌에 앉아 있는 자의 본능과 가장 심층적인 필요와 욕구에 고귀한 가치를 집어 넣는 것…… 나는 완전히 초지상적인 마력과 찬란함을 지니고 있는 가능성을 내 앞에 보고 있다 : ―그 가능성이 세련된 아름다움의 전율로 반짝거리는 것 같다. 거기서 신적인, 악마처럼 신적인 어떤 것이 일을 하고 있는 것 같다. 그래서 그와 같은 두 번째의 가능성을 찾아 수천 년간을 헤매는 것은 헛된 일이라고 여겨질 정도다 ; 나는 하나의 광경을 보고 있다. 올림포스의 제 신들을 영원히 박장대소하게 할 만한 단초가 될 정도로 그렇게 감각적이고 그렇게 놀라우면서도 동시에 모순적인 광경을―교황으로서의 케사레 보르자를…… 나를 이해하겠는가? …… 좋다. 이것이야말로 내가 오늘날 유일하게 요구하는 승리였을 것이다― : 이로써 그리스도교는 폐지되고 말았으니![76] ―하지만 무슨 일이 생겼던가? 루터라는 독일인 수도승이 로마로 갔다. 좌절당한 사제의 복수심에 불타는 본능을 죄다 지니고 있는 이 수도승이 로마에서 르네상스에 대항하여 들고 일어났다…… 그리스도교를 그 본거지에서 극복하려는, 실제로 일어났었던 그 거대한 사건을 깊이 감사하면서 이해하는 대신—루터의 증오심은 그 광경에서 자신을 살찌울 양식만을 끄집어낼 줄 알았을 뿐이었다. 종교적인 인간은 단지 자기 자신만을 생각하는 법이니까. —루터가 본 것은 교황청의 부패였다. 바로 그 반대가 명약관화했었는데 말이다 : 옛 부패, 원죄라는 것, 그리스도교는 더 이상은 교황의 자리에 앉아 있지 않았는데도! 오히려 삶이 그 자리에 앉아 있었는데도! 오히려 삶의 개가가! 오히려 높고도 아름답고도 대담한 모든 것에 대한 위대한 긍정이 그 자리에 앉아 있었는데도 말이다!…… 그리고 루터는 교회를 재건했다 : 교회를 공격하면서…… 르네상스가—의미 없는 사건으로, 엄청난 헛수고가 되어버리고 말았다니! —아아, 그 독일인들, 그들은 우리에게 벌써 어떤 대가를 치르게 했던가! 헛수고—이것은 항상 독일인들의 작품이다—종교개혁 ; 라이프니츠 ; 칸트와 소위 독일 철학 ; 해방전쟁 ; 독일제국—매번 기존의 것에 대한, 돌이킬 수 없는 것에 대한 헛수고이다…… 고백하거니와 이런 독일인들은 나의 적이다 : 나는 이들에게 있는 온갖 종류의 개념의 불결과 가치의 불결을, 그리고 정직한 긍정과 부정 앞에서의 비겁을 경멸한다. 거의 천 년 동안 그들은 자기들이 손댄 모든 것을 엉크러뜨리고 혼란에 빠뜨렸다. 그들은 유럽을 병들게 만든 모든 반쪽짜리 것—아니 8분의 3쪽짜리 것!—에 대한 책임이 있다. 또한 그들은 존재하는 것 중 가장 불결한 유형의 그리스도교에, 가장 치유하기 어렵고, 가장 반박하기 어려운 유형의 그리스도교에, 즉 프로테스탄티즘에 대해 책임이

있다…… 우리가 그리스도교를 끝장내버리지 못한다면, 독일인들
이 그 책임을 져야 할 것이다……

62.

—이것으로 나는 끝을 맺고 나의 판결을 내린다. 나는 그리스도
교에 유죄판결을 내리며, 그리스도교 교회를 가장 혹독하게 탄핵한
다. 그 어떤 고발자가 입에 담았던 탄핵보다도 혹독하게. 내가 보기
에 그리스도교 교회는 인간이 생각할 수 있는 부패 중 최고의 부패
이며, 궁극적이지만 실제로도 가능한 부패에의 의지를 지녔다. 그
리스도교 교회가 부패의 손길을 대지 않은 것은 아무것도 없으며,
모든 가치를 무가치로, 모든 진리를 한 가지 거짓으로, 모든 정직성
을 영혼의 비열성 하나로 만들어버렸다. 그럼에도 사람들이 내게
아직도 감히 교회의 '인도적' 축복에 대해서 지껄여대다니! 여느
비상사태를 없애버리는 것은 교회의 뿌리 깊은 유용성에 어긋난다
—교회는 비상사태를 통해 연명해왔고, 자기를 영구화시키기 위해
비상사태를 만들어냈다…… 죄라는 벌레가 그 예이다 : 교회야말로
이 비상사태를 가지고서 인류를 풍부하게 만들었던 것이다! — '신
앞에서의 평등'이라는 것. 이 허위, 천한 성향을 지닌 모든 자의 원
한을 위한 이 **구실**, 결국 혁명으로, 현대적 이념으로, 사회질서 전체
의 몰락의 원칙이 되어버렸던 이 폭발성 개념. 이것은—<u>그리스도교</u>
적인 다이너마이트다…… 그리스도교의 '인도적'인 축복이라니!
인류애로부터 자기 모순을, 자기 모독의 기술을, 어떤 대가를 치르
든 거짓에의 의지를, 모든 선하고 정직한 본능에 대한 반감과 경멸

을 길러내는 것! ―이것들이야말로 내가 바라보는 그리스도교의 축복이라는 것이다! ―교회의 유일한 실천으로서의 기생주의 ; 자기의 빈혈증-이상과 '신성함'-이상을 수단으로, 피와 사랑과 삶에의 희망을 전부 다 마셔버려 고갈시켜버린다 ; 모든 현실성을 부정하려는 의지로서의 피안 ; 이제껏 존재했던 것 중에서 가장 지하적인 모반을 인식하게 하는 표지로서의 십자가―건강과 아름다움과 제대로 된 성장과 용기와 정신과 영혼의 선의에 맞서고, 삶 자체에 맞서는 모반……

그리스도교에 대한 이런 영원한 탄핵을 나는 벽이 있는 곳이라면 어디든지 적으려 한다―눈먼 자도 볼 수 있게 하는 글자를 나는 가지고 있다. …… 나는 그리스도교를 단 하나의 엄청난 저주라고 부른다. 단 하나의 엄청난, 가장 내면적인 타락이라고 부른다. 단 하나의 엄청난 복수 본능이라고 부른다. 어떤 수단도 이것에 대해서는 독성과 은밀함과 지하적임과 비소함에 있어 충분할 수 없다―나는 그리스도교를 인류의 단 하나의 영원한 오점이라고 부른다……

그런데 우리는 이런 액운이 시작되었던 그 불행한 날을 기점으로 시간을 계산한다―그리스도교가 시작한 첫날을 기점으로! ―왜 차라리 그리스도교의 최후의 날을 기점으로 삼지 않는가? ―오늘을[77] 기점으로 삼지 않는가? ―모든 가치의 전도!……

*
*   *

*   *
*   *   *   *

그리스도교 반대법

5

제1년의 첫날, 구원의 날에(―잘못된 시간 계산법으로는
1888년 9월 30일에) 선고되었다

범죄와의 사투 : 그 범죄는 그리스도교다

10

제1조. ―모든 종류의 반자연은 악덕이다. 가장 악덕한 인간은 사
제다 : 그는 반자연을 가르친다. 사제에게는 이유가 필요 없다. 감옥
이 있을 뿐.

15

제2조. ―어떤 식의 예배 참여라도 모두 공중도덕에 대한 암살 행
위다. 카톨릭 신자보다는 프로테스탄트 신자를 더 엄하게 대해야
한다. 맹신자보다는 급진적인 프로테스탄트 신자를 더 엄하게 대해
야 한다. 그리스도교인에게 있는 범죄적 요소는 사람들이 지식에
다가가는 정도에 따라 증가한다. 따라서 범죄자 중의 범죄자는 철학

20
자다.

제3조. ―그리스도교가 나쁜 짓을 도모했던 저주받아 마땅한 곳은
완전히 파괴되어야 한다. 그리고 지상의 사악한 곳으로서 후세 전체
에게 공포의 대상이 되어야 한다. 거기서는 독사를 사육해야 한다.

제4조. ―순결에 대한 설교는 반자연을 공공연히 도발한다. 성생활에 대한 모든 경멸, 성생활을 '불결하다'는 개념으로 더럽히는 것은 삶의 성령을 거스르는 진정한 죄다.

제5조. ―사제와 한자리에서 식사하면 제명당한다 : 그렇게 하면 스스로 정직한 사회에서 탈퇴해버리는 것이다. 사제는 우리의 찬달라다. ―그를 추방하고 굶겨서 온갖 종류의 사막으로 추방해야 한다.

제6조. ― '성스러운' 역사를 그것이 마땅히 불리어야 할 이름인 빌어먹을 역사라고 명명해야 한다 ; '신', '구세주', '구원자', '성자'라는 말들은 욕설이나, 범죄자에 대한 표지로 사용해야 한다.

제7조. ―이것들로부터 그 나머지 것들은 귀결된다.

안티크리스트

이 사람을 보라

어떻게 사람은 자기의 모습이 되는가?

Ecce homo.

Wie man wird, was man ist.

Von

Friedrich Nietzsche

Leipzig,

Verlag von C. G. Naumann
1889.

서문.

1.

내가 조만간 인류에게 역사상 가장 어려운 요구를 해야만 한다는
생각이 들기에 내가 누구인지를 밝혀두는 것이 반드시 필요한 것 같
다. 사실 사람들은 내가 누구인지 이미 알고 있을 수 있다 : 나는 나
를 '보여주지 않은 채 놔두지' 않았기 때문이다. 하지만 내 과제의
위대함과 동시대인의 비소함 사이에서 오는 오해는 사람들이 내 얘
기를 들어보지도 않았고 나를 쳐다보지도 않았다는 사실로 나타난
다. 나는 내 자신의 신용에 의거해서만 살아간다. 내가 살아 있다는
것이 한갓 편견일 수도 있지 않을까? ……내가 살아 있지 않다는
사실을 확신하기 위해서는 여름에 오버엥가딘으로 오는 '식자' 중
누구라도 붙들고 이야기해보면 된다…… 이런 상황에서 근본적으
로 내 습관이 거부하고 내 본능의 긍지는 더욱 거세게 저항을 해대
지만, 말하자면 다음처럼 말할 의무가 있다 : '내 말을 들으시오! 나
는 이러이러한 사람이기 때문이오. 무엇보다도 나를 혼동하지 마시오!

2.

　나는 이를테면 허깨비인형도 아니고 도덕괴물도 아니다—더욱이 나는 이제껏 덕 있다고 존경받았던 인간 종류에 정반대되는 본성을 지닌 존재이다. 우리끼리 말하자면, 이 점이 바로 내 긍지의 일부분인 것 같다는 생각이 든다. 나는 철학자 디오니소스의 제자이다. 나는 성인이 되느니 차라리 사티로스이고 싶다. 하지만 이 책을 읽어보아야 할 것이다. 이 책은 그런 대립을 명랑하고도 박애적인 방식으로 표현하는 것 외에 다른 의미는 결코 없을 것이며, 이 책은 성공적으로 씌어졌다고 할 수 있으니. 인류를 '개선'한다는 따위는 나는 결코 약속하지 않을 것이다. 나는 어떤 새로운 우상도 일으켜세우지 않는다 ; 옛 우상들은 진흙으로 만든 다리가 무엇인지를 알게 될 것이다. 우상('이상'을 표현하는 내 단어)의 파괴—이것은 이미 내 작업의 일부이다. 이상적 세계가 날조되었던 바로 그 정도만큼, 실재의 가치와 의미와 진실성은 사라져버렸다…… '참된 세계'와 '가상 세계'—사실대로 말하자면 : 날조된 세계와 실재…… 이상이라는 거짓말은 이제껏 실재에 대한 저주였고, 이 거짓에 의해 인류의 가장 심층적인 본능마저도 부정직해지고 그릇되어버려—인류는 그들의 성장과 미래와 미래에 대한 고도의 권리를 보장해줄 수 있는 가치와는 정반대되는 가치를 숭배하기에 이르렀다.

3.

　—내 책들의 공기를 맡을 수 있는 자는 그것이 높은 곳의 공기이며 강렬한 공기임을 안다. 이 공기의 찬 기운으로 인해 병이 나게 될

위험이 적지 않기 때문에, 사람들은 이 공기에 알맞게, 그것을 견뎌 낼 수 있게끔 되어 있어야만 한다. 얼음이 가까이에 있고, 고독은 엄청나다―그런데도 모든 것이 어찌나 유유자적하게 태양빛 아래 있는지! 어찌나 자유롭게 사람들은 숨쉬고 있는지! 얼마나 많은 것 을 사람들은 자기 발 아래 두고 있다고 느끼는지!―내가 지금까지 이해하고 있는 철학, 내가 지금까지 실행하고 있는 철학은 얼음과 높은 산에서 자발적으로 살아가는 것이다―삶의 낯설고 의문스러 운 모든 것을, 이제껏 도덕에 의해 추방당해왔던 모든 것을 찾아내 는 것이다. 금지된 것들 사이에서 그렇게 방랑했던 내 오랜 경험에 의해, 나는 지금까지 도덕화와 이상화를 행했던 원인들을 그 바람 직하다고 여겨지던 모습과는 완전히 다르게 보는 법을 배웠다 : 철 학의 숨겨진 역사, 철학이라는 위대한 이름의 심리가 내게 분명해졌 다. ―어떤 정신이 얼마나 많은 진리를 견뎌내는가? 얼마나 많은 진 리를 감행하는가? 이것이 나에게는 점점 진정한 가치 기준이 되었 다. 오류(―이상에 대한 믿음―)는 맹목이 아니다. 오류는 비겁이 다…… 인식의 모든 성과와 발전은 용기에서, 자신에 대한 엄격과 순수함에서 나온다…… 나는 이상들을 반박하지 않는다. 나는 단지 그것들 앞에서 장갑을 낄 뿐이다…… 우리는 금지된 것일수록 얻 으려 애쓴다Nitimur in vetitum : 이런 표지 아래 나의 철학은 언젠 가는 승리할 것이다. 지금까지는 오로지 진리만이 철저하게 금지되 어왔기 때문이다. ―

4.

—내 작품 중에서 《차라투스트라는 이렇게 말했다》는 독보적이다. 이 책으로 나는 인류에게 지금까지 주어진 그 어떤 선물보다 가장 큰 선물을 주었다. 수천 년간을 퍼져나갈 목소리를 지닌 이 책은 존재하는 것 중 최고의 책이며, 진정 높은 공기의 책이다—인간의 만사가 그것의 밑에 아득하게 놓여 있다—그뿐 아니라 이 책은 가장 심오한 책으로서, 진리의 가장 깊숙한 보고에서 탄생했고, 두레박을 내리면 황금과 선의가 담겨 올라오지 않을 수 없는 고갈되지 않는 샘이다. 거기서는 어떤 '선지자'도, 종교의 창시자라고 불리는 병과 권력의지의 섬뜩한 자웅동체도 말하지 않는다. 차라투스트라의 지혜의 뜻에 불쌍하게도 부당한 일을 하지 않으려면, 무엇보다도 그의 입에서 흘러나오는 그 평온한 음조를 제대로 들어야만 한다. "폭풍을 일으키는 것, 그것은 더없이 잔잔한 말들이다. 비둘기처럼 조용히 찾아오는 사상, 그것이 세계를 이끌어간다"—78)

무화과가 나무에서 떨어진다. 잘 익어 달콤하다 : 떨어지면서 그 붉은 껍질을 터뜨린다. 나는 잘 익은 무화과에 불어대는 북풍이다.

나의 벗들이여, 무화과가 떨어지듯 너희에게는 이 가르침이 떨어진다 : 이제 그 열매의 즙을 마시고 그 달콤한 살을 먹어라! 온 사방이 가을이고 하늘은 맑으며 오후의 시간이다 —79)

여기서는 광신자가 말하지 않는다. 여기서는 '설교되지' 않는다.

여기서는 믿음이 요구되지 않는다 : 무한히 풍부한 빛과 무한히 깊은 행복에서 한 방울 한 방울, 한마디 한마디가 떨어진다―그 말은 부드럽고도 완만한 속도를 갖는다. 그 말은 선택된 자들에게만 들린다 ; 이때 그 말을 듣는 자가 된다는 것은 비할 바 없는 특권이다 ; 하지만 차라투스트라를 들을 귀를 아무나 마음대로 갖게 되는 것은 아니다…… 이런 점들 때문에 차라투스트라는 유혹자인 걸까? …… 그렇지만 그가 처음 그의 고독으로 되돌아왔을 때, 그는 어떤 독백을 했던가? 여느 '현자' 나 '성자' 나 '세상의 구원자', 여느 데카당이 그런 경우에 말했을 법한 것과는 정반대로, 바로 그렇게 말하지 않았던가…… 그는 다르게 말할 뿐만이 아니다. 그는 다른 존재이기도 한 것이다……

나의 제자들이여 나는 홀로 가련다! 너희도 각각 홀로 길을 떠나라! 내가 바라는 것이 바로 그것이다.

나를 떠나라. 그리고 차라투스트라에 맞서라! 더 바람직한 것은 : 그의 존재를 부끄러워하라! 그가 너희를 속였을지도 모르지 않은가.

인식하는 인간은 자신의 적을 사랑하는 것뿐만 아니라, 자신의 벗을 미워할 줄도 알아야만 한다.

영원히 제자로만 머문다면 그것은 선생에 대한 도리가 아니다. 너희는 어찌하여 내가 쓰고 있는 월계관을 낚아채려 하지 않는가?

너희는 나를 숭배한다 : 하지만 어느 날 너희의 숭배가 뒤집히게 되면 어찌할 것인가? 신상에 깔려 죽는 일이 없도록 주의하라!

너희는 차라투스트라를 믿는다고 말하는가? 하지만 차라투스트라가 뭐 중요하단 말인가! 너희는 나의 신도다. 하지만 신도가 뭐 중요하단 말인가!

너희는 너희 자신을 아직도 찾아내지 않고 있었다 : 그때 너희는 나를 발견했다.

신도들은 너 나 할 것 없이 이 모양이다 ; 그러니 신앙이란 것이 하나같이 그렇고 그럴 수밖에.

이제 너희에게 말하니, 나를 버리고 너희를 찾도록 해라 ; 그리고 너희가 모두 나를 부인할 때에야 나는 너희에게 돌아오리라……[80]

프리드리히 니체.

차례

    포도가 갈색이 되었을 뿐 아니라, 모든 것이 잘 익은 이 완벽한 날에 다름 아닌 한 줄기 햇살이 내 삶을 비추었다 ; 나는 되돌아보았고, 멀리 내다보기도 했다. 내가 그처럼 많은 좋은 것들을 한꺼번에 본 적이 한 번도 없었다. 나의 마흔네 번째 해를 오늘 내가 묻어버리는 것은 헛되지 않다. 나는 그것을 묻어버려도 된다―이 한 해 동안 생명을 받았던 것이 구원을 받았으며 영구적이 되었으니까. 〈모든 가치의 전도〉,《디오니소스 송가》, 그리고 휴양을 위해 쓴《우상의 황혼》―이 모든 것이 이 해의 선물이고, 그것도 이 해의 마지막 석 달간의 선물이다! 어찌 내가 나의 전 삶에 감사하지 않을 수 있을까? 그래서 나는 나 자신에게 나의 삶을 이야기한다.

나는 왜 이렇게 현명한지.

1.

내 삶의 행복, 내 삶의 유일성은 아마도 내 삶의 숙명에 자리하고 있으리라 : 수수께끼 형식으로 말하자면, 나는 내 아버지로서는 이미 사망했고, 내 어머니로서는 아직도 살아서 늙어가고 있다. 이런 이중적 혈통, 말하자면 생명의 사다리에서 제일 꼭대기와 제일 밑바닥으로부터의 혈통은 데카당이면서 동시에 시작이기도 하다─이러한 이중적인 혈통은 중립성과 삶 전체의 문제를 편파적으로 보는 데로부터의 해방을 설명해주며, 이것은 아마도 나를 특징짓는 점들일 것이다. 나는 어떤 인간보다도 상승과 하강에 대한 예민한 후각을 갖고 있다. 나는 그것을 가르치는 교사 중의 교사이며─나는 양편 모두를 알고 있고, 나 자신이 양편 모두이다. ─내 아버지는 36세로 타계했다 : 그는 섬세하고 상냥했지만 병약했다. 마치 삶을 단지 스치고 지나가도록 규정된 존재와도 같았다─아니, 삶 자체를 살고자 한다기보다는 삶에 대한 좋은 기억만을 갖도록 규정된 존재와도 같았다. 그의 삶이 기울던 해에 나의 삶 또한 기울었다 : 36세에 나는 내 생명력의 가장 낮은 지점에 이르러버렸던 것이다─나는 여전히 살고 있었지만, 세 발짝 앞도 보지 못했다. 그 당시─

1879년―나는 바젤 대학 교수직을 사임하고 여름을 성 모리츠에서 그림자처럼 보냈으며, 내 삶에서 태양 빛이 가장 적었던 그 다음 겨울을 나움부르크에서 그림자로 보냈다. 내 생명력의 최소치 : 〈방랑자와 그의 그림자〉는 그 사이에 나왔다. 의심할 여지 없이 나는

5 그 당시 그림자에 대해 잘 알고 있었다…… 제노바에서의 나의 첫 겨울인 그 다음 겨울, 피와 근육의 극심한 빈곤이 야기시켰다고도 할 수 있는 안락함과 정신화가 《아침놀》을 탄생시켰다. 이 작품에 반영된 내 정신의 완벽한 명철, 명랑, 그 풍부함마저도 내게서는 극도의 심적인 약함과 양립할 수 있었다. 그뿐 아니라 심지어는 과도

10 한 고통과도 양립할 수 있었다. 힘들게 위액을 토하게 하는 사흘 동안 지속되던 편두통의 고문에 시달리는 와중에―나는 변증론자의 탁월한 명석함을 갖추고 있었으며, 사물에 대해 아주 냉정하게 숙고했다. 그보다 양호한 상태였더라면 나는 그렇게 숙고하지 못했을 것이고, 그럴 수 있을 만큼 충분히 예리하지도 냉정하지도 못했을

15 것이다. 내 독자들은 내가 어떤 점에서 변증법을 데카당스의 징후로 고찰했는지를 알고 있을 것이다. 그 가장 유명한 경우를 예로 들면서 : 즉 소크라테스의 경우를. ―지성의 온갖 병적인 장해, 심지어 열광을 수반하는 반마취 상태는 나에게는 오늘날까지도 철저히 낯설며, 그런 상태의 본성과 빈도에 대해서 나는 먼저 여러 가지 알

20 려져 있는 방식에 의해 알아보지 않으면 안 되었다. 나의 피는 서서히 흐른다. 어느 누구도 내게서 열광을 확인해낼 수는 없었다. 나를 오랫동안 신경질환자로 치료해왔던 어느 의사는 결국에는 말하기를 : "아닙니다! 당신의 신경에는 이상이 없습니다. 나 자신이 신경과민이오." 내 몸에서 어떤 부분적인 퇴화는 결코 입증될 수 없다 ;

내 위의 통증은 그것이 아무리 극심하다고 하더라도 몸 전체가 소진한 결과이고, 내장 조직 전체가 극도로 약화되어서이지 위 그 자체만이 원인인 것은 아니다. 때때로 보지 못할 정도의 위험에 이르기도 하는 내 눈의 통증도 단지 결과일 뿐이지 그런 위험의 원인은 아니다 : 내 생명력이 증대됨에 따라 시력 또한 다시 좋아졌으니 말이다. —긴 세월, 너무나도 긴 세월은 내게는 회복을 의미한다—유감스럽지만 그것은 동시에 특정 유형의 재발과 붕괴라는 데카당스의 주기성을 의미하기도 한다. 이러함에도 내가 데카당스 문제에 관한 한 전문가라고 굳이 말할 필요가 있겠는가? 나는 데카당스를 앞에서 뒤로, 그리고 뒤에서 앞으로 판독해보았다. 파악과 이해에 있어서의 섬세한 세공술 일반, 뉘앙스에 대한 감지력, '구석을-바라보는' 심리, 그리고 나를 특징짓는 그 밖의 것들을 나는 이때 배웠다. 그것들은 내게서 모든 것이, 전 관찰기관 및 관찰 자체마저도 섬세하게 되었던 그때 내가 받았던 진정한 선물들이다. 병자의 광학으로부터 좀더 건강한 개념들과 가치들을 바라본다든지, 그 역으로 풍부한 삶의 충만과 자기 확신으로부터 데카당스 본능의 은밀한 작업을 내려다본다는 것 —이것은 가장 오랫동안 나의 연습이었고, 진정한 경험이었다. 어디선가 내가 대가가 되었다면, 바로 여기서다. 이제 나는 관점을 전환할 근거를 가지고 있고, 관점을 전환할 도구를 가지고 있다 : 왜 오로지 나에게만 '가치의 전환'이 도대체 가능할 수 있는지에 대한 첫 번째 이유이다. —

2.

    내가 데카당이라는 사실은 별도로 하고, 나는 데카당의 반대이기도 하다. 이 점에 대한 나의 증거는 다른 무엇보다 내가 불행한 사태에 대해 항상 적합한 수단을 본능적으로 선택했다는 사실이다 : 데카당은 그 자체로 항상 자신에게 불리한 수단을 선택하는 반면에 말이다. 나는 총체로서는 건강했으나, 특정한 각도로서나 특수한 면에서는 데카당이었다. 절대적인 고독을 그리고 습관적인 상황으로부터의 탈출을 지향하는 에너지, 나 자신을 더 이상 보살피거나, 나 자신에게 봉사하게 하거나, 나 자신을 치료받게 하지 말라는 압력—이것이 그 당시 내게 필요했던 것이 무엇인지에 대해 내 본능이 절대적으로 확실히 알고 있었다는 점을 알게 해준다. 나는 내 자신을 떠맡아, 내 스스로 다시 건강하게 만들었다 : 그럴 수 있었던 전제 조건은—모든 생리학자가 인정할 것이지만—사람들은 근본적으로는 건강하다는 사실이었다. 전형적인 병든 존재는 건강해질 수 없고, 자기 스스로 건강하게 만들기는 더욱 어렵다 ; 전형적인 건강한 존재가 그 반대인 반면에 말이다. 그에게는 심지어는 병들어 있는 것이 삶을 위한, 더 풍부한 삶을 위한 효과적인 자극제이다. 그래서 내게는 현재가 사실상 오랫동안 병들어 있는 시기로 여겨지는 것이다 : 나는 나 자신을 포함하여 삶을, 말하자면 새롭게 발견했다. 나는 모든 좋은 것과, 다른 사람들이 쉽사리 맛볼 수 없을 사소한 것들까지 맛보았다—내 건강에의 의지와 삶에의 의지를 나는 나의 철학으로 만들었다…… 왜냐하면 다음의 사실을 주목해보라 : 내 생명력이 가장 낮았던 그해는 바로 내가 염세주의자임을 그만두었던 때였다 : 나의 자기 재건 본능이 내게 비참과 낙담의 철학을 금지해버렸던 것이다…… 그러면 우리는 근본적으로 어떤 점에서 우리가 제대로 잘되어 있다는 것Wohlgerathenheit을 알아차리는 것인가! 제대로 잘된 인간은 우리의 감각에 좋은 일을 한다는 점 : 그의 육체와 정신이 천성적으로 단단하면서도 부드러우며 동시에 좋은 냄새가 난다는 점에서 알아차린다. 그는 자신에게 유익한 것만을 맛있게 느낀다 ; 자신에게 유익한 것의 한계를 넘어서면 그의 만족감과 기쁨은 중지해버린다. 그는 해로운 것에 대한 치유책을 알아맞힐 수 있다. 그는 우연한 나쁜 경우들을 자기에게 유용하게 만들 줄 안다 ; 그를 죽이지 못하는 것은 그를 더욱 강하게 만든다. 그는 자기가 보고 듣고 체험한 모든 것을 본능적으로 모아서, 자기만의 합계를 낸다 : 그가 선택의 원칙이고, 그는 많은 것을 버려버린다. 그가 교제하는 것이 책이든 사람이든 지역이든 그는 언제나 자기의 사회 안에 처해 있다 : 선택하면서, 용인하면서, 신뢰하면서 그는 경의를 표한다. 그는 모든 종류의 자극에 서서히 반응한다. 오랫동안의 신중함과 의욕된 긍지가 그를 그렇게 양육시켰다―그는 자신에게 다가오는 자극을 검사해보지, 그것을 마중 나가지 않는다. 그는 '불행'도 '죄'도 믿지 않는다 : 그는 자기 자신과 다른 사람들을 잘 조절하며, 잊어버릴 줄도 안다―그에게는 모든 것이 최대한 제공되지 않으면 안 될 정도로 그는 충분히 강하다. ―자, 나는 데카당의 반대이다 : 다름 아닌 나 자신에 대해 내가 지금까지 진술한 것이니.

3.

그런 아버지를 가졌었다는 것은 큰 특권이라고 나는 생각한다 :

내 아버지의 설교를 들었던 농부들은—알텐부르크 성에서 몇 년을 산 후, 마지막 몇 년간 그는 목사였다—천사는 바로 그 같은 모습이어야 할 것이라고 말했다. —그런데 여기서 나는 혈통 문제를 언급하려 한다. 나는 나쁜 피는 한 방울도 섞이지 않고 독일 피는 거의 섞여 있지 않은 폴란드 정통 귀족이다. 나와 가장 철저하게 대립하는, 생각할 수 없을 정도로 상스러운 본능을 찾아보게 되면, 언제나 나는 내 어머니와 여동생을 발견한다—이런 천민들과 내가 친족이라고 믿는 것은 나의 신성함에 대한 하나의 불경이리라. 내 어머니와 여동생이 나를 대했던 것에 관한 내 경험은 지금 이 순간까지도 말할 수 없을 만큼의 공포를 내게 불러일으킨다 : 이럴 때, 하나의 완벽한 시한폭탄이 작동을 시작한다. 그것도 한 치의 오차도 없이 사람들이 나를 피투성이로 만들 수 있는 바로 그 순간에 말이다—내 최고의 순간에 말이다…… 내게는 독벌레에 저항할 힘이 없기에…… 그들과 나와의 생리적인 근접이 그런 예정된 부조화를 가능하게 했다…… 하지만 고백하거니와 나의 진정한 심연적 사유인 '영원회귀'에 대한 가장 철저한 반박은 언제나 어머니와 여동생이다. —하지만 폴란드인으로서 나는 엄청난 격세유전질이다. 지상에 존재했던 것 중에서 가장 고귀한 이 혈통을, 내가 보여주는 것처럼 그 순수한 본능을 대중 속에서 발견하려면, 몇 세기를 거슬러 올라가야 할 것이다. 나는 오늘날 귀족적이라고 불리는 모든 것이 나와는 다르다는 무제한적인 느낌을 갖는다—나는 독일의 젊은 황제에게도 내 마부일 수 있는 명예마저도 허용하지 않을 것이다. 나와 동류임을 인정하게 하는 경우는 딱 한 경우밖에 없다—깊은 감사의 염을 가지고 고백하거니와 코지마 바그너는 전적으로 가장 고귀한 본성의 소유자다 ; 한마디도 부족하지 않기 위해 말하지만 리하르트 바그너는 전적으로 나와 가장 유사한 남자였다…… 나머지 것은 말하지 않으련다…… 친족 유사성의 단계에 대해서 통용되고 있는 생각들은 전부 그 무엇도 능가할 수 없을 정도의 생리학적 불합리이다. 교황은 오늘날에도 여전히 이런 불합리와 거래하고 있다. 사람들은 자기 부모를 가장 적게 닮는다 : 자기 부모를 닮는다는 것은 비천함을 표현해주는 가장 강력한 표시이다. 좀더 고귀한 본성의 소유자들은 그들에게로 가장 오랫동안 모아지고 아껴지고 축적되어야만 했던 그들의 근원을 무한히 계속 소급해간다. 위대한 개인들은 가장 오래된 사람들이다 : 내가 알고 있지는 못하지만, 율리우스 카이사르가 내 아버지일 수도 있으리라―아니면 알렉산더, 이 육화된 디오니소스가…… 이것을 쓰고 있는 이 순간 우편배달부가 내게 디오니소스의 머리를 배달한다……

4.

나에게 반감을 품게 만드는 기술을 나는 전혀 알지 못한다―이것 또한 비할 바 없는 내 아버지의 덕이다―그런 기술이 큰 가치가 있다고 내가 여길 때도 마찬가지다. 아주 반그리스도교적으로 보일지도 모르지만, 나는 나 자신에게조차도 반감을 품지 않는다. 사람들은 내 삶을 이리저리 뒤집어볼 수 있으리라. 그럴 때 그들은 누군가가 나에게 악의를 품고 있었다는 어떤 흔적도 발견할 수 없으리라. 한 경우는 제외하고 말이다. ―하지만 선의의 흔적은 아마도 너무 많이 발견할 것이다…… 누구든지 나쁜 경험을 하게 되는 그런 것들에 대해서마저도 내 경험은 예외 없이 그것들에 유리한 말을 한다 ; 나는 온갖 곰들을 사육하고, 어릿광대를 예의 바르게 만든다. 내가 바젤 교육고등학교에서 그리스어를 7년간 가르치는 동안 나는 벌을 줄 필요를 느끼지 않았다 ; 가장 게으른 학생도 내 수업에서는 열성적이 되었다. 언제나 나는 우연히 발생하는 일을 잘 견뎌낼 수 있었다 ; 나 자신을 지배하기 위해서는 사전 준비를 하지 않아야 했다. 인간이라는 악기가 제 소리를 잃을 수 있는 것처럼, 설령 어떤 악기가 제 소리를 잃게 된다 하더라도―그것에서 귀 기울일 무언가를 찾아내지 못한다면, 나는 병들어 있음이 틀림없다. 그리고 나는 '악기들' 스스로가 자기들이 그렇게 좋은 소리를 들은 적이 한 번도 없노라고 말하는 것을 얼마나 자주 들었던지 …… 가장 아름다운 소리를 낸 사람은 애석하게도 일찍 작고한 하인리히 폰 슈타인H. v. Stein이었다. 그는 한번은 정중하게 허락을 구한 후 3일간 실스 마리아에 나타나서는 모든 사람에게 자기는 엥가딘 때문에 온 것은 아니라고 해명했다고 한다. 프러시아의 젊은 귀족답게 저돌적으로 우직하게 바그너의 늪으로(―게다가 뒤링의 늪으로도!) 빠져들었던 이 특출한 사람은 그 3일간 자유의 폭풍에 의해 완전히 다른 사람으로 변했다. 갑자기 자신의 정점으로 들어 올려지고 날개를 얻은 사람처럼. 나는 그에게 그건 바로 이 높은 곳의 신선한 공기 때문이고, 모든 사람이 마찬가지 경험을 하며, 바이로이트에서 6천 피트나 높은 곳에 있는 것이 헛된 일은 아니라고 항상 말했다―하지만 그는 나를 믿으려 하지 않았다…… 나는 크고 작은 무례한 행위들을 겪어야 했지만, 그럼에도 불구하고 그 원인은 '의지'가 아니었고, 악의는 더더욱 아니었다 : ―내가 암시했듯이 ― 오히려 내 삶에 적지 않은 폐를 끼친 것은 선의였고, 차라리 이것에 대해 내가 불평해야 했었을 것이다. 내 경험은 내게 소위 말하는 '사심 없는' 충동들이나, 충고하고 행동하게 하는 '이웃 사랑' 전체를 불신할 권리를 부여한다. 이런 것들은 내가 보기에는 그 자체가 나약함이고, 자극에 대해 저항할 수 없는 무능력의 특수한 경우이다. ―동정은 데카당에게서만 덕의 일종이다. 나는 동정하는 자들을 비난한다. 그들에게서는 수치심, 경외감, 거리를 느끼는 민감함이 쉽사리 사라졌다고, 동정은 순식간에 천민 냄새를 풍기고 무례한 태도와 혼동될 정도로 비슷하게 보인다고 ―위대한 운명에, 상처입은 고독에, 중대한 죄에 대한 특권에 동정의 손길이 뻗치게 되면, 그것은 경우에 따라서는 즉시 파괴적이 된다고 말이다. 동정을 극복하는 것을 나는 고귀한 덕목의 하나로 친다 : 나는 "차라투스트라의 유혹"으로서 어떤 경우를 운문화했던 적이 있다. 즉 엄청난 비탄의 소리가 차라투스트라에게 들려오고, 동정이 최후의 죄처럼 그를 엄습하여 그에게 자신을 등지게 하려는 경우를. 이런 경우에 동정을 극복하는 것, 이런 경우에 자기 자신의 과제의 드높음을, 소위 사심 없는 행동들 안에서 작동하고 있는 훨씬 더 비천하고 단견적인 충동들로부터 스스로를 순수하게 유지하는 것. 이것이 시험이며, 아마도 차라투스트라가 치러야만 하는 마지막 시험일 것이다―그의 힘에 대한 진정한 증거일 것이다……

5.

또 다른 점에서도 나는 재차 내 아버지일 뿐이다. 말하자면 너무나 빨리 그가 요절한 후에도 지속되고 있는 그의 삶인 것이다. 자기와 동등한 자들 사이에서 한 번도 살아보지 못하고, '평등권' 개념처럼 '보복' 개념도 사용할 줄 모르는 자들처럼, 나는 작든지 아주 크든지 어떤 어리석음이 내게 가해질 경우에 내게 모든 대응책이나 방어책을 금지한다―모든 보호책이나 '정당화' 도 당연히 금지한다. 내 보복책은 가능한 한 빨리 현명함이 어리석음의 뒤를 쫓아가게 하는 것이다 : 그러면 아마도 어리석음을 따라잡을 수 있을 테니까. 비유적으로 말하자면 : 신맛 나는 이야기를 없애버리기 위해 나는 과일잼 통을 하나 보낸다…… 내게 나쁜 짓을 한번 해보기만 하면, 내가 그렇게 '보복' 한다는 것을 확신할 수 있다 : 나는 즉시 '나쁜 짓을 하는 자' 에게 내가 감사하고 있다는 것을 표현할 기회를 포착해낸다(심지어는 그의 나쁜 행동에 대해서도)―또는 그에게 무언가를 주는 것보다 더 구속력이 있을 수 있는 어떤 것을 청할 기회를 포착해내기도 한다…… 또 내가 보기에는 가장 거친 말, 가장 거친 편지가 침묵보다는 더 선의에 차 있고 더 예의 바른 것 같다. 침묵하는 자들에게는 거의 항상 마음 씀씀이의 섬세함과 정중함이 결여되어 있다 ; 침묵은 하나의 반박이다. 깊이 삼켜버리는 것은 필연적으로 나쁜 성격을 만든다―그것은 심지어는 위를 상하게 한다. 침묵하는 자는 모두 소화불량증 환자이다. ―내가 조야함을 평가절하하고 싶어 하지 않는다는 것을 사람들은 알고 있다. 조야함은 전적으로 가장 인간적인 반박 형식이며, 유약해진 현대의 한가운데 있는 우리의 최고 덕목이다. ―조야할 수 있을 정도로 풍요로운 인간에게는 부당한 것 자체가 하나의 행복이다. 지상에 내려올 수 있을 만한 신은 오로지 부당한 행위만을 해야 하리라―벌이 아니라 죄를 스스로 짊어지는 것이 비로소 신적이라고 할 수 있으리라.

6.

원한에서 해방되고, 원한의 진상을 규명했다는 것―결국 내가 이런 점 때문에 내 오랜 병에 얼마나 감사해야만 하는지를 누가 알겠는가! 그러나 이것은 그리 간단한 문제가 아니다 : 사람들이 원한을 자기의 강함을 통해 그리고 약함을 통해 체험해보지 않으면 안 되니까 말이다. 병들어 있다는 것이나 약하다는 것을 어떤 이유에 의거해서든 누군가가 정녕 반대해야만 한다면, 이것은 그에게서 진정한 치유 본능, 즉 인간 안에 있는 저항과 공격 본능이 쇠퇴해간다는 점을 나타내는 것이다. 그런 인간은 어떤 것에서도 벗어날 수 없고, 어떤 것도 잘 처리해내지 못하며, 어떤 것도 퇴치할 수 없다― 모든 것이 그에게 상처를 입힌다. 인간과 사물은 집요하게 그에게 접근하고, 체험들은 깊은 충격을 주며 기억은 곪아버린 상처가 된다. 병들어 있다는 것 그 자체는 일종의 원한이다. ―이에 대해 병자는 오직 하나의 위대한 치료책을 갖고 있을 뿐이다―나는 그것을 러시아적 숙명론이라고 부른다. 이것은 행군이 너무 혹독하면 결국 눈 위에 쓰러지고야 마는 러시아 군인의 무저항의 숙명론이다. 도대체가 더 이상은 어느 것도 받아들이지 않고, 어느 것도 그 자체로 받아들이지 않으며, 어느 것도 자기 속으로 받아들이지 못한다― 도대체가 더 이상은 반응하지 않는다…… 이런 숙명론이 늘상 죽음에의 용기인 것은 아니다. 오히려 이것의 위대한 이성은 가장 치명적인 상황하에서 삶을 유지하게 한다. 신진대사를 감소시키거나 완만하게 이끌어 일종의 겨울잠을 자게 만드는 의지로서 말이다.
이 논리를 따라 몇 걸음 더 나아가면 우리는 몇 주간이나 무덤 속에
서 잠을 자는 회교 수도승을 만나게 된다…… 일단 반응을 하게 되
면 너무 빨리 소모되어버리기에, 더 이상은 전혀 반응하지 않는
5 다 : 이것이 그 논리이다. 그리고 원한이라는 격정에 의해 사람들은
가장 신속히 자기 자신을 불살라버린다. 노여움, 병적인 예민함, 복
수할 수 없는 무기력, 쾌락, 복수에 대한 갈망, 모든 의미의 독살—
이런 것은 소진되어버린 자에게는 확실히 가장 불리한 반응 양식이
다 : 이것은 신경에너지의 급격한 소모나 해로운 배설의 병적 증가
10 를, 이를테면 위에서 담즙의 병적인 분비 등을 발생하게 한다. 원한
은 병자에게는 그 자체로 금물이다—이것은 그에게는 악이지만 : 유
감스럽게도 그의 가장 자연적인 성향이기도 하다. —심오한 생리학
자인 부처는 이 점을 파악하고 있었다. 그의 '종교'를 그리스도교
같은 비참한 것들과 섞어버리지 않기 위해서는 그것을 위생법이라
15 고 명명하는 편이 더 나을 것이다. 불교의 효력과 원한에 대한 승리
는 상호 의존적이다 : 불교는 영혼을 원한으로부터 아예 해방시켜버
린다—그리고 이것이야말로 회복에 이르는 첫 걸음인 것이다. "적
대는 적대를 통해서는 종결되지 않고, 우호를 통해서 종결된다" :
이것이 부처의 가르침의 서두에 위치하고 있다—도덕이 그렇게 하
20 라고 말하는 것이 아니라, 생리학이 그렇게 하라고 말한다. —유약
함에서 생겨나고, 그 누구보다도 약자 자신을 가장 해롭게 하는 원
한—이것은 풍부한 본성의 소유자를 전제하는 다른 경우에서는 불
필요한 감정이다. 이 감정을 극복한다는 것은 거의 풍요로움에 대한
증거일 수도 있다. 복수심과 뒷감정에 대한 투쟁에, 그리고 '자유의

지' 설에 대한 투쟁에까지도 받아들인 내 철학의 진지함을 아는 자는—그리스도교에 대한 투쟁은 그 한 경우일 뿐이다—이해하게 될 것이다. 어째서 내가 실행할 때의 내 개인적 태도와 내 본능적인 확실성을 바로 여기서 드러내는지를 말이다. 데카당스 시기를 겪고 있을 때 나는 그것들이 내게 해롭기에 금했다 ; 삶이 다시 풍부해지고 충분히 긍지를 갖게 됨과 동시에 나는 그것이 내 밑에 있는 것이기에 금했다. 언젠가 한 번 우연히 주어졌을 뿐이었던 견딜 수 없을 정도의 상황과 장소와 집과 사회 속에서 몇 년간을 끈질기게 버티고 있을 때, 내가 전에 말했던 '러시아적 숙명론' 이 내게 나타났다. —그런 우연한 것들을 바꾸거나 바꿀 수 있다고 느끼는 것보다는 그 러시아적 숙명론이 더 나았다—그런 것들에 맞서 반항하는 것보다도 더 나았다…… 이런 숙명론에 처해 있는 나를 방해하고, 나를 강제로 깨우는 일을 그 당시 나는 치명적인 것으로서 나쁘게 받아들였다 : —실제로 그것은 매번 치명적일 정도로 위험했었다. —스스로를 숙명처럼 받아들이는 것, '다른' 자기 자신을 원하지 않는 것—이것이 바로 그런 상황들에서는 위대한 이성 그 자체이다.

7.

나를 특징짓는 또 하나의 것은 싸움이다. 나는 기질상 호전적이다. 공격은 내 본능의 일부이다. 적수일 수 있다는 것, 적수라는 것—이것은 아마도 강한 본성을 전제할 것이고, 어떤 경우라도 모든 강한 본성에서만 가능할 것이다. 그것은 저항을 필요로 한다. 따라서 저항을 찾는다 : 복수심과 뒷감정이 필연적으로 약함에 속하는 것처럼 공격적 파토스는 필연적으로 강함에 속한다. 예를 들면 여자에게는 복수욕이 있다 : 이것은 그녀가 약해서 그렇고, 그녀가 타자의 곤경에 대해 민감한 것도 바로 그 때문이다. ―공격자가 어떤 적수를 필요로 하는지는 그의 힘을 측정하는 일종의 척도이다 ; 성장한다는 것은 좀더 강력한 적수를 찾는다는 데서―또는 좀더 강력한 문제를 찾는다는 데서 드러난다 : 호전적인 철학자는 또한 문제들에 결투를 신청하지만, 그의 과제는 정녕 적수들을 다 이기는 데 있지 않고, 오히려 자기의 전 역량과 유연함과 싸움 기술을 힘껏 발휘하면서 전력을 다해야 하는 적수를 이겨내는 데 있기 때문이다―대등한 적수를 이겨내는 데 있기 때문이다…… 적과의 대등함―정직한 결투를 위한 첫 번째 전제. 적을 경멸한다면 싸움을 할 수 없다 ; 명령을 하거나, 어떤 것을 자기 밑에 있다고 얕잡아보면 싸움은 이루어질 수 없다. ―내 싸움 방식은 네 가지 명제로 요약될 수 있다. 첫째 : 나는 승리하고 있는 것들만 공격한다―경우에 따라서는 그것이 승리할 때까지 기다린다. 둘째 : 나는 내 우군이 없을 만한 것, 나 홀로 싸우는 것―내가 오로지 나만을 위태롭게 하는 것만을 공격한다…… 나는 위태롭게 하지 않는 일은 한 번도 공공연하게 해본 적이 없다 : 이것이 옳은 행위에 대한 내 기준이다. 셋째 : 나는 결코 개인을 공격하지 않는다―다만 개인을 강력한 확대경처럼 사용할 뿐이다. 이 확대경은 일반적이지만 살금살금 기어다니면서 잘 잡히지 않는 비상사태를 보이게 만들어준다. 그래서 나는 다비드 슈트라우스를 공격했던 것이다. 정확히는 낡아빠진 책 한 권이 독일적 '교양'에서 거둔 성공을―그 교양이란 것을 현장에서 급습했던 것이다…… 그래서 나는 바그너도 공격했던 것이다. 정확히는 교활한 자를 풍요로운 자로, 뒤처진 자를 위대한 자로 혼동하는 우리 '문명'의 허위와 본능의 불완전함을. 넷째 : 온갖 개인적 차이가 배제되고, 그 배후에서 나쁜 경험을 하게 될 것이 없는 것만을 공격한다. 내게서 공격이란 거꾸로 호의에 대한 증거이며, 경우에 따라서는 감사함에 대한 증거이다. 내 이름을 특정 일이나 특정 개인과 연관시킴으로써 나는 그것에 경의를 표하고 특별한 것으로 만든다 : 내가 찬성하든 반대하든ㅡ내게는 그런 점에서는 마찬가지다. 내가 그리스도교와 싸움을 한다면, 내게 그럴 권한이 있기 때문이다. 나는 그리스도교 쪽으로부터 어떤 숙명이나 심적 압박도 체험하지 않는다ㅡ가장 진지한 그리스도교인들은 내게 항상 호의적이었다. 그리스도교에 꼭 필요한 적인 나 자신은 수천 년간의 숙명을 한 개인의 탓으로 돌릴 생각은 없다. ㅡ

8.

타인과의 교제에서 적지 않은 어려움을 야기시키는 내 본성의 마지막 특징에 대해 운을 떼어도 될까? 나는 섬뜩할 정도로 완벽하게 민감한, 순수에 대한 본능을 갖고 있다. 그래서 나는 모든 영혼의 근접을 또는ㅡ뭐라고 말해야 하나?ㅡ모든 영혼의 가장 내적인 것, 영혼의 '내장'을 생리적으로 지각할 수 있다ㅡ냄새 맡을 수 있다 …… 이 민감성은 내게 모든 비밀을 감지하고 파악해내는 심적 촉수를 제공한다 : 몇 가지 본성들의 밑바닥에는 수많은 은폐된 오물들이 있다. 아마도 나쁜 피 때문에 생겼을 터이며 교육에 의해 하얀 칠이 칠해졌어도, 나는 그것을 한 번만 접촉해보면 곧 의식할 수 있다. 내가 제대로 관찰했다면, 내 순수함에 해가 되는 본성들도 자기들 쪽에서 내가 구토하지 않으려 조심하고 있다는 것을 알아차린다 : 그렇다고 그들의 냄새가 좋아지는 것은 아니다…… 습관적으로 그래왔듯—나 자신에 대한 극도의 순수함은 내 생존 조건이다. 나는 불결한 조건에서는 죽고 만다—나는 말하자면 물속에서 계속 헤엄치고 목욕하며 첨벙거리고 있다. 어떤 완벽하게 투명하고도 빛나는 요소들 안에서 말이다. 그래서 내게 인간과의 교제는 내 인내심에 대한 작지 않은 시험인 것이다 ; 내 인간애는 사람들과 함께 공감하는 데 있지 않다. 오히려 내가 그들과 공감한다는 것을 참아내는 데 있다…… 내 인간애는 끊임없는 자기 극복이다. —하지만 나는 고독이 필요하다. 내가 말하고자 하는 바는 내게는 회복, 내 자신에게로 되돌아옴, 자유롭고 가볍게 유희하는 공기의 숨결이 필요하다는 것이다……내 《차라투스트라는 이렇게 말했다》 전체는 고독에 대한 송가이다. 또는 나를 이해할 수 있다면 순수에 대한 송가라고 할 수 있다…… 다행히도 순수한 바보에 대한 송가는 아니지만. —색채를 볼 수 있는 눈을 갖는 자는 그것을 다이아몬드라고 부를 것이다. —인간에 대한 **구토**, '잡것'에 대한 구토는 언제나 내게 가장 큰 위험이었다…… 차라투스트라가 구토로부터의 **구제**에 대해 하는 말을 들어보겠는가?

내게 무슨 일이 일어났는가? 어떻게 나는 구토에서 벗어날 수 있었는가? 누가 나의 눈을 젊게 만들었는가? 어떻게 나는 그 어떤 잡것도 샘가에 얼씬거리지 않는 높은 경지에까지 날아 올라왔던가?

내 구토 스스로 내게 날개와 샘이 어디 있는지 알아내는 능력을 준 것인가? 진실로 기쁨의 샘을 재발견하기 위해 나는 더없이 높은 곳으로 날아 올라야만 했다! ―

오오, 내 형제들이여, 내가 그 샘을 찾아냈다! 여기 더없이 높은 곳에 기쁨의 샘물이 솟아오르고 있다! 그리고 여기에 그 어떤 잡것도 함께 마시겠다고 하지 않는 생명이 있다!

지나치게 격렬할 정도로 너는 내게 밀려오고 있다. 기쁨의 샘이여! 너는 다시 채우기 위해 잔을 자주 비우고 있구나!

네게 좀더 겸손하게 다가가는 법을 나는 배워야 하리라 : 너무나 격렬하게 나의 심장이 너를 향해 몰아치고 있으니 :

―짧지만 뜨거우며, 우울하면서도 행복으로 가득 찬 내 여름이 내 심장 위에서 작열하고 있다 : 이 한여름의 심장이 어찌나 너의 냉기를 갈망하는지!

우물쭈물 망설이던 내 봄날의 우수도 벌써 지나갔다! 유월에 날린 내 심술궂은 눈발도 지나갔다! 나는 온통 여름이 되었으며 여름의 한낮이 되었다!

―차가운 샘물이 있고 행복한 정적이 서려 있는 이 높은 산정에서의 한여름 : 오라, 벗들이여. 그 정적이 한층 더 행복해지도록!

이곳이야말로 우리의 높은 경지이자 고향이기 때문이다 : 더러운 자들이 올라와 갈증을 풀기에는 너무나 높고

가파른 이곳에서 우리는 살고 있는 것이다.

벗들이여, 맑은 시선을 내 기쁨의 샘 속으로 던져보아라! 어찌 그 샘물이 그 때문에 탁해지겠는가! 샘은 그의 깨끗한 눈길로 너희를 향해 마주 웃어주리라.

미래의 나무 위에 우리는 보금자리를 튼다 ; 독수리가 부리로 우리 고독한 자들에게 먹을거리를 날라다주리라!

진정 깨끗하지 못한 자들이 우리와 함께 맛봐서는 안 될 그런 음식을! 그들은 불덩어리를 씹은 줄 알 것이며, 그들의 주둥이를 불에 데게 되리라.

진정 우리는 이곳에 더러운 자를 위한 어떤 거처도 마련해놓지 않았다! 그들의 육체와 영혼에게 우리의 행복은 차디찬 얼음 동굴이 되리라!

우리는 아주 거센 바람처럼 그들 위에 살고자 한다. 독수리와 이웃하고, 만년설과 이웃하며 태양과도 이웃하면서 : 거센 바람이라면 그렇게 산다.

언젠가 나는 어느 바람처럼 그들 사이를 휩쓸고 지나가려 한다. 그리하여 내 정신으로 그들 정신의 숨결을 빼앗고자 한다 : 그렇게 내 미래가 원한다.

진정 차라투스트라는 온갖 낮은 것들에게는 거센 바람이다 : 그의 적들에게, 그리고 침을 뱉고 토해내는 모든 자에게 이렇게 충고하리라 : "바람 쪽으로 침을 뱉지 않도록 조심하라!"……[81]

나는 왜 이렇게 영리한지.

1.

─나는 왜 몇 가지를 더 알고 있는가? 도대체 왜 나는 이렇게 영리한가? 나는 결코 문젯거리가 아닌 것에 대해 숙고한 적이 없으며 ─나는 내 자신을 허비하지 않았다.─이를테면 진정한 종교적 난점들을 나는 내 경험으로는 알지 못한다. 그것은 나를 완전히 비껴가버렸고, 그런 한에서 나는 '죄 있는' 사람이 되어버려야 했다. 마찬가지로 무엇이 양심의 가책인지를 판단할 신뢰할 만한 기준도 내게는 없다 : 양심의 가책에 관해서 들리는 말에 의거해보면, 그것은 별 주목할 만한 것이 못 되는 것 같다…… 나는 어떤 행위를 취한 다음 그 행위를 돌보지 않은 채 그냥 떠나버리고 싶지 않다. 나는 어떤 행동의 나쁜 결과나 귀결들을 가치 문제에서 철저히 배제하는 것을 선호한다. 나쁜 결과들을 보면 사람들은 자기가 한 그 행위에 대한 올바른 시각을 너무나 쉽사리 잃어버리게 되기 때문이다 : 양심의 가책이란 내가 보기에는 일종의 '사악한 시선'인 것 같다. 실패한 것을 그것이 실패했다는 이유로 인해 더욱 중히 여긴다는 것 ─오히려 이것이 내 도덕에 속한다. ─ '신', '영혼불멸', '구원', '피안'은 내가 어린아이였을 때조차도 주목하지도 시간을 투자하지도 않

았던 개념들이다―내가 정녕 어린아이답지 않았던 것일까?―나는 무신론을 결코 결과라고는 이해하지 않는다. 사건으로서는 더더욱 아니다 : 무신론은 내게서는 즉각적으로 자명한 사실이다. 나는 너무 호기심이 많고, 의문이 많으며, 오만하여 조야한 대답에 만족하지 않는다. 신이란 하나의 조야한 대답이며, 우리 사유가들의 구미에는 맞지 않는다―심지어 그것은 본질적으로는 우리에게 조야한 금지를 하는 것일 뿐이다 : 너희는 생각해서는 안 된다!는 금지를 말이다……나는 완전히 다른 문제에 흥미를 느끼고 있는데, 그것은 '인류의 구원'이 신학자의 어떤 기묘함에 보다도 더 많이 의존하고 있는 문제이다 : 영양 섭취라는 문제가 바로 그것이다. 이것을 사용할 수 있게끔 정식화시켜보면 : "네 힘의 극대화에, 르네상스 양식의 덕의 극대화에, 허위도덕으로부터 자유로운 덕의 극대화에 이르기 위해서는 너는 어떤 영양 섭취를 해야 하는가?"―이 문제에 관한 내 경험은 최악이다 ; 나는 이 문제를 그토록 늦게 들었던 것에 대해 놀랄 뿐이며, 이런 경험을 통해 그토록 늦게 '이성'을 알게 되었던 것에 대해 놀랄 뿐이다. 어째서 내가 이 점에 있어 불가침적으로 뒤쳐져 있는가에 대해서는 완벽하게 무가치한 우리네 독일적 교육만이―독일 교육의 '이상주의'가―해명해준다. 이 교육은 총체적으로 문제가 있는 소위 '이상적인' 목표들을 추구하기 위해서 애당초 현실을 보지 못하게끔 가르쳤다. 그 한 예가 '고전 교육'이다 : ―마치 '고전적'과 '독일적'을 하나의 관념으로 통합하는 것이 애당초 잘못이 아니라는 듯이 말이다! 하지만 그것은 잘못된 일이며, 한 술 더 떠서 그것은 웃기는 짓이다―'고전 교육을 받은' 라이프치히 사람을 한번 생각해보시라! ―나는 사실 내 가장 성숙한

시기에 이를 때까지 언제나 나쁜 식사를 해왔다─도덕적으로 표현
하면 '비개인적이고', '무사(無私)적이며', '이타적인' 식사를 해온
것이다. 요리사들과 그 밖의 그리스도교인들의 구원을 위해서 말이
다. 예를 들어 나는 라이프치히 요리에 의해, 동시에 쇼펜하우어를
처음 공부하면서(1856), 아주 진지하게 나의 '삶에의 의지'를 부인
했었다. 목적에 불충분한 영양 섭취는 위도 망쳐버리는 법이다─
이 문제는 앞서 말한 요리가 놀랍게도 잘 해결해주었던 것 같다
(1866년이 나의 전환점이었다고 사람들은 말한다─.) 하지만 독일
요리 전반─이것이 책임을 느끼지 않아도 되는 것이 하나라도 있
단 말인가! 식사 전의 수프(16세기 베네치아 요리책에서는 독일적
이라고 되어 있다) ; 푹 익은 고기, 기름과 밀가루가 범벅된 야채 ;
문진으로 변질되어버린 밀가루 음식! 여기에 옛 독일인들의 동물적
인 알코올 마셔대기. 물론 옛 독일인들만 그런 것은 아니었으며, 이
점을 깊이 생각해보면 독일 정신의 연원을 이해할 수 있게 된다─
독일 정신은 암담해진 내장에서 나온다…… 독일 정신은 소화불량
이다. 독일 정신은 어느 것도 잘 소화시키지 못한다. ─하지만 영국
식 섭생이란 것도 독일식이나 심지어는 프랑스식 섭생과 비교해보
면 일종의 '자연으로의 복귀'이다. 말하자면 식인주의로의 복귀이
며, 이것은 내 본능에 아주 깊이 거슬린다 ; 이것은 내가 보기에는
정신에 무거운 다리를 달아놓은 것 같다─영국 여인들의 다리를
…… 최고의 요리는 피에몬테식이다. ─알코올은 내게 해롭다 ; 하
루 한 잔의 와인이나 맥주는 내 삶을 '눈물 골짜기'로 만들어버리기
에 충분하며,─그러니 뮌헨에는 내 대척자들이 살고 있는 것이다.
내가 이 사실을 조금 늦게서야 깨달았다고 해도, 그것을 **체험한** 것

은 어릴 때부터였다. 소년이었을 때 나는 와인을 마시는 것은 담배를 피우는 것처럼 젊은 남자들의 공허한 허상에서 출발하여 나중에는 나쁜 습관이 되어버리는 것이라고 믿었다. 이렇게 혹독하게 판단했던 데는 아마도 나움부르크 와인 탓도 있었을 것이다. 와인이 기
5 분을 북돋아준다고 믿으려면 나는 그리스도교인이어야 할 것이다. 즉 내가 불합리라고 여기는 것을 믿어야 한다는 말이다. 매우 약하게 희석된 술을 약간만 마셔도 지극히 이상해질 수 있는 게 나지만, 아주 기묘하게도 독한 술을 마시게 되면 나는 거의 뱃사람처럼 되어버린다. 이미 소년이었을 당시에 나의 **꿋꿋함**은 이런 면에서 나타
10 났다. 밤을 지새면서 긴 라틴어 논문 하나를 작성하고 또 그것을 정서하던 일. 펜에 야심을 실어 엄밀함과 간결함에 있어서 나의 모범이었던 살루스트를 따르며 가장 독한 그로크 주를 내 라틴어에 약간 뿌리던 일. 이런 일은 내가 친애하는 슐포르타의 학생이었을 때 벌써 내 생리에 전혀 위배되지 않았으며, 살루스트의 생리에도 아마 마찬가지였을 것이다―친애하는 슐포르타의 생리에는 아주
15 위배되었을지라도…… 나중에, 중년기경에 나는 물론 온갖 부류의 '정신적인' 음료에 대해 점점 더 엄격해지기로 했다 : 내 행로를 바꾸어놓은 리하르트 바그너처럼 경험에 의거해 반채식주의자가 된 나는 좀더 정신적인 본성들을 소유자 모두에게 알코올을 무조건 금
20 하라고 충고한다. 어떻게 해야 충분히 진지하게 충고하는 것인지 모를 만큼. 물만으로도 충분한 것이다…… 나는 어디서든 흐르는 샘에서 물을 길을 수 있는 곳을 선호한다(니스, 토리노, 실스) ; 개 한 마리가 내 뒤를 따르듯, 컵 하나가 내 뒤를 따라다닌다. 포도주 속에 **진리**가 있다in vino veritas : '진리' 개념에 관해 나는 여기서

도 또 한번 온 세계와 일치하지 못하고 있다는 생각이 든다 : —나에게는 정신이란 물 위에서 부유하고 있는 것이다…… 내 도덕으로부터의 몇 가지 힌트. 든든한 식사가 너무 양이 적은 식사보다 소화가 더 잘된다. 위 전체가 활동을 한다는 것은 소화가 잘되기 위한 첫 번째 전제 조건이다. 누구든 자기 위의 크기를 알고 있어야만 한다. 이런 이유 때문에 오래 질질 끄는 식사는, 내가 중단된 희생만찬이라고 부르는 정찬식 식사는 말려야 한다. —간식도 하지 말고, 커피도 마시지 말라 : 커피는 우울하게 만든다. 차는 아침에 마셔야만 건강에 이롭다. 약간만이되 강하게 마셔라 ; 차는 조금만 약해도 건강에 아주 좋지 않으며, 하루 종일 힘들게 만든다. 차를 마실 때는 누구든 자기의 한도가 있는 법이며, 그것들 사이의 경계는 종종 아주 좁고도 미묘하다. 심한 자극성 기후에서 차는 하루의 시작으로는 권할 만하지 않다 : 차 마시기 한 시간 전에 기름을 뺀 진한 카카오 한 잔을 먼저 마시게 해야 한다. —가능한 한 앉아 있지 말라 ; 야외에서 자유롭게 움직이면서 생겨나지 않은 생각은 무엇이든 믿지 말라—근육이 춤을 추듯이 움직이는 생각이 아닌 것도 믿지 말라. 모든 편견은 내장에서 나온다. —꾹 눌러앉아 있는 끈기—이것에 대해 나는 이미 한 번 말했었다—신성한 정신에 위배되는 진정한 죄라고. —

2.

영양 섭취의 문제는 장소와 풍토 문제와 가장 유사하다. 어디서든지 사람이 살 수 있는 것은 아니다 ; 더구나 자기의 전 역량을 요청하는 위대한 과제를 풀어야 하는 자에게는 선택 영역은 더 제한될 정도로 말이다. 풍토는 신진대사에, 그 방해와 촉진이라는 면에서 아주 큰 영향을 끼친다. 장소와 풍토 선택에서 실패하는 자는 자기 자신의 과제에서 멀어지게 될 뿐 아니라, 아예 과제가 억류당하게 될 정도로 말이다 : 그 과제가 그에게 알려지지 않게 되는 것이다. 그에게는 동물적 활력이 결코 충분치 못하게 되어, 가장 정신적인 것으로 밀려 들어오는 자유에 이르지 못한다 : 오직 나만이 그것을 할 수 있다고 인식하는 자유에 말이다…… 나쁜 습관이 되어버린 여전히 미소한 내장의 태만은 천재 한 명을 평균적인 자로, '독일 적'인 자로 만들어버리기에 충분하다 ; 강하고 심지어는 영웅적으 로 타고난 내장의 기를 꺾어버리는 데는 독일 풍토만으로도 충분하 다. 신진대사의 속도는 정신의 발이 움직이느냐 아니면 무기력하느 냐와 정확히 비례한다 ; '정신' 자체가 진정 신진대사의 한 측면이 라 할 수 있는 것이다. 명민한 사람들이 존재하고 또 존재했던 곳, 위트와 예민함과 악의가 행복을 이루었던 곳, 천재가 거의 필연적 으로 자기의 안식처로 삼았던 곳을 모두 모아보자 : 그곳들의 대기 는 모두 아주 탁월하게 건조하다. 파리, 프로방스, 플로렌스, 예루 살렘, 아테네─이 이름들은 무언가를 입증하고 있다 : 천재는 건조 한 대기와 맑은 하늘을 전제하고─신속한 신진대사를 전제하며 거 대하고도 어마어마한 양의 힘을 항상 다시 공급할 가능성을 전제한 다는 것을. 나는 탁월하면서도 자유로운 소질을 갖춘 정신이 풍토 를 선택하는 섬세한 본능을 갖지 못해서, 오그라들고 움츠러버리는 전문가나 유머 감각 없는 뚱한 자가 되어버렸던 경우를 하나 목도 했었다. 내 병이 나를 이성으로 향하라고, 현실 안에서 이성에 대해 숙고하라고 강요하지 않았더라면, 나 역시 결국은 그런 경우가 되어버렸을 수도 있었을 것이다. 풍토와 기상의 영향을 오랫동안의 연습을 거쳐서 아주 정교해진 신빙성 있는 나라는 도구에게서 잘 알아차릴 수 있는 지금, 그리고 토리노에서 밀라노로의 짧은 여행에서도 대기의 습도 변화를 내가 생리적으로 측정할 수 있는 지금, 내가 내 생애의 치명적인 지난 마지막 10년을 제외하고서는 항상 잘못된 곳에서, 내게는 곧 금지된 곳에서 보냈다는 끔찍한 사실을 생각하면 몸서리가 쳐진다. 나움부르크, 슐포르타, 튀링겐 일대, 라이프치히, 바젤―이곳들은 다 같은 정도로 내 생리에는 맞지 않은 불운한 장소들이다. 나의 유년기와 청년기 전체에 걸쳐 환영할 만한 기억이 내게는 전혀 없다는 데에 소위 '도덕적'인 이유를 끌어댄다면―이를테면 논란의 여지 없이 내가 충분한 교제 관계를 맺지 않았다는 이유를 끌어댄다면, 이것은 바보 같은 짓이리라 : 왜냐하면 내가 항상 그랬듯이 지금도 나의 교제는 불충분하고, 이 사실은 쾌활하고도 용감한 나의 존재 방식을 방해하지 않기 때문이다. 오히려 생리적인 면에 관한 무지―저주스러운 '이상주의'―가 내 삶의 진정한 숙명적 불행이고, 좋은 것은 하나도 생겨나지 않는 불필요하고 바보 같은 것으로, 이것에 대해서는 아무런 보상이나 배상도 없는 것이다. 이 '이상주의'의 결과로서 나는 내 삶의 과제에서 벗어나는 모든 실책을, 본능의 중대한 모든 탈선을, '겸손함'을, 예를 들어 내가 문헌학자가 되었다는 사실을 해명할 수 있다―왜 나는 최소한 의사가 된다거나 아니면 눈을 뜨게 만들어주는 어떤 존재가 되지 않았을까? 바젤에서 지내는 동안, 하루 일과를 포함한 내 정신적인 섭생은 탁월한 역량을 완벽하게 무의미하게 소모해버린 것에 지나지 않는다. 그 소모를 충당해주는 힘의 공급 없이, 소모되었다는 점에 대한 그리고 그 대체물에 대한 생각조차 하지 않은 채 말이다. 정제된 자기 의식이나 명령적인 본능의 **보호책**도 그때에는 없었다. 누군가와 나 자신을 동일하게 설정해버리고, '이기적이지 않았으며', 나 자신의 차별점을 망각해버렸다는 것 — 이런 것들에 대해 나는 내 자신을 결코 용서할 수 없다. 내가 거의 종말에 처했을 때, 내가 거의 종말을 맞았다는 사실로 인해, 나는 내 삶의 그러한 근본적인 비이성성을 생각해보게 되었다 — 즉 '이상주의'를. 병이 나를 비로소 이성으로 인도했던 것이다. —

3.

영양 섭취의 선택 ; 풍토와 장소의 선택 ; — 어떤 대가를 치르고라도 결코 실책을 범해서는 안 되는 세 번째 선택은 자기 자신의 휴양을 취하는 방식에 관한 것이다. 여기서도 특정한 정신이 얼마나 독특한지에 따라, 그에게 허락되는 것, 즉 그에게 유용한 것의 범위는 좁고도 좁다. 내 경우에 독서 전반은 휴양의 일종이다 ; 따라서 독서라는 것은 나를 내게서 떠나게 하고, 나를 낯선 학문과 영혼들 안으로 산책하게 하는 것의 일종이지만 — 나는 더 이상은 진지하게 받아들이지 않는다. 말하자면 독서는 나로 하여금 나의 진지함으로부터 휴식을 취하게 한다. 열심히 일에 몰두하는 동안에는 나는 어떤 책도 곁에 두지 않는다 ; 누군가를 내 곁에서 말하게 한다든가 생각하게 한다든가 하지 않도록 조심한다. 그리고 이런 것이야말로 진정 독서라고 불릴 만한 것이리라…… 잉태 시에 정신과 모든 기관은 극도로 긴장해야 하는데, 여기에 우연과 온갖 종류의 외적인 자극이 격렬하게 영향을 미치고, 아주 심각한 '타격을 입히는' 것을 관찰해본 적이 있는가? 그래서 우연이나 외적인 자극은 가능한 한 많이 없애버려야만 한다 ; 즉 일종의 자기의 성을 쌓는 일은 정신적인 잉태에서 본능이 취하는 첫째가는 현명한 일이다. 어떤 낯선 생각이 은밀하게 그 성벽을 올라타는 것을 내가 허락할 성싶은가? — 그리고 이런 것이야말로 독서라고 불릴 만한 것이리라…… 일하고 산출해내는 시간이 지나면 휴양의 시간이 그 뒤를 따른다 : 내게 오라, 너희 편안하고 영민하며 수줍어하는 책들이여! —이런 책들이 과연 독일 책일 것인가? …… 내가 손에 책을 들고 있다고 느꼈던 것은 반년 전의 일이다. 무슨 책이었던가? —그것은 빅토르 브로차드V. Brochard의《그리스 회의론자들》[82]이라는 탁월한 연구서였는데, 내 라에티아나 논문들[83]을 잘 활용하고 있었다. 이중적이고 심지어는 오중적이기도 한 철학자 대중들 사이에서 회의주의자는 유일하게 존경할 만한 유형인 것이다! …… 이런 책 외에는 나는 거의 항상 몇 권 안 되는 똑같은 책들로 도피하는데, 이 책들은 내게 합당하다고 입증된 것들이다. 잡다한 종류를 다독하는 것은 내 독서 방식은 아닌 것 같다 : 열람실은 나를 병들게 한다. 잡다한 종류를 사랑하는 것도 내 방식은 아닌 것 같다. 새 책들에 대한 신중함과 심지어는 적개심도 '관용'이나 '아량'이나 여타의 '이웃 사랑' 보다는 내 본능에 더 적합하다…… 실제로 내가 항상 다시 돌아가는 사람들은 몇 안 되는 옛 프랑스인들이다 : 나는 오로지 프랑스적 교양만을 믿고 다른 유럽적 '교양'은 전부 오해라고 간주한다. 물론 독일적 교양은 말할 것도 없다…… 내가 독일에서 발견했던 몇 경우의 고급한 교양은 모두 프랑스적 연원을 갖고 있었다. 무엇보다도 바그너의 부인 코지마는 취향의 문제에 관한 한, 내가 들어본 중에서 단연 최고의 소리였다…… 파스칼의 책을 읽지는 않지만, 그를 사랑한다는 것. 그리스도교가 처음에는 육체적으로, 다음에는 심리적으로 서서히 죽여간 그리스도교의 가장 교훈적인 희생물로서의 그를, 가장 전율스러운 형태의 비인간적인 잔인함의 논리 전체가 죽여간 그를 사랑한다는 것 ; 내가 몽테뉴의 변덕을 내 정신에 갖고 있다는 것, 또는 누가 알랴만은 내 육체도 갖고 있을지 모른다는 것 ; 내 예술가적 취향은 셰익스피어와 같은 황량한 천재에 대해 통분하면서 몰리에르나 코르네유, 라신 등의 이름을 옹호한다는 것 : 그렇다고 최근의 프랑스인들이 나에게는 매력적인 교제 상대가 아니라고 결국 말하는 것은 아니다. 역사의 어느 세기에서 현재의 파리처럼 그렇게도 호기심 넘치고 동시에 섬세하기도 한 심리학자들이 모두 한자리에 모일 수 있었을 것인지 나는 전혀 알 수 없다 : 시험 삼아 그 이름을 열거해보면―그 수가 결코 적지 않기에―폴 부르제, 피에르 로티, 지프, 메일락, 아나톨 프랑스, 쥐르 르메트르 등이다. 또는 강한 종족 중 한 사람이자 진정한 라틴인이며 내가 각별히 호감을 갖고 있는 기 드 모파상을 들 수 있다. 우리끼리 말하자면, 나는 이 세대를 심지어는 독일 철학이 몽땅 망쳐버렸던 그들의 위대한 스승들보다 선호한다 : 예를 들자면 친애하는 텐은 헤겔이 망쳐버렸다. 텐은 위대한 인간과 위대한 시기를 오해했는데, 이 오해는 헤겔 탓이다. 독일이 닿으면 문화가 부패한다. 전쟁이 비로소 프랑스에서 정신을 '구제' 해냈다…… 내 삶에서 가장 아름다운 우연에 속하는 스탕달은―그를 우연이라고 말하는 이유는 내 삶에서 신기원을 이루는 모든 것은 우연이 내게 몰아낸 것이지, 결코 누군가의 권유에 의해서가 아니기 때문이다―앞을 내다보는 심리학자의 눈과, 가장 위대한 사실적인 인물이 곁에 있음을 상기시켜주는, 사실에 대한 파악력을 지닌 진정 귀중한 존재다. (손톱을 보고 나폴레옹을 알아차린다) ; 마지막으로 그가 프랑스에서는 드물고 거의 발견되지 않는 유형인 정직한 무신론자라는 점도 간과할 수 없다― 프로스페르 메리메를 기리면서…… 아마도 나 자신 스탕달을 부러워하는 것이 아닐까? 그는 바로 내가 할 수 있었을 그 최고의 무신론자 위트를 내게서 빼앗아가버렸다 : "신의 유일한 사과는 그가 존재하지 않는다는 것이다"…… 나 자신은 어디선가 말하기를 : 지금까지 인간 삶에 대한 최대의 반증이었던 것이 무엇인가? 신이다……

4.

서정시인에 대한 가장 최고의 개념을 내게 준 사람은 하인리히 하이네였다. 그 같은 감미롭고도 열정적인 음악을 찾아 나는 모든 세기의 전 영역을 다 뒤져보았지만 허사였다. 그는 신적인 악의를 지니고 있었으며, 이것 없이는 나는 완전성이라는 것을 생각할 수 없다―나는 인간과 종족의 가치를 평가할 때 그들이 신과 사티로스의 분리 불가능함을 얼마나 필연적인 것으로 이해하는지에 의거해서 평가한다. ―그리고 하이네는 독일어를 어떻게 구사하는지! 단연 하이네와 내가 독일어를 사용하는 최초의 예술가들이었다고 언젠가는 불릴 것이다―우리는 범속한 독일인들이 독일어를 가지고

해왔던 모든 것에서 상상도 할 수 없을 만큼 멀리 떨어져 있다. ― 바이런의 〈만프레드〉에 나오는 만프레드와 나는 틀림없이 아주 유사하다 : 그의 모든 심연을 나는 내 안에서 발견했었고―열세 살에 이미 이 〈만프레드〉를 이해할 만큼 성숙해 있었다. 만프레드가 있는 자리에서 감히 파우스트 운운하는 자들에게 나는 해줄 말이 한마디도 없다. 힐끗 쳐다볼 뿐이다. 독일인들은 위대함이란 개념에는 무능력하다 : 그 증거가 슈만이다. 나는 언젠가 이 감상적인 작센인에게 분노가 생겨 그의 〈만프레드 서곡〉에 대한 반대 서곡을 작곡한 바 있다. 이 서곡에 대해 한스 폰 뷜로는 오선지에 그런 곡 같은 것이 그려져 있는 것은 한 번도 본 적이 없노라고 : 음악의 뮤즈 에우테르페에 대한 강탈이라고 말했다.[84] ―내가 셰익스피어를 최고로 표현해줄 만한 정식을 찾을 때면, 언제나 나는 '그는 카이사르 유형을 구상해냈었다' 라는 정식만을 발견한다. 그런 유형은 사람들이 추측할 수 있는 것이 아니다―그런 유형이거나 아니면 그런 유형이 아니거나 할 뿐이지. 위대한 시인은 오로지 자기 자신의 실재성만을 퍼내어 이용한다―그가 나중에 자기의 작품을 더 이상은 견뎌내지 못할 지경에 이르도록 말이다……내가 내 《차라투스트라는 이렇게 말했다》에 눈길을 던질라치면, 나는 참을 수 없을 정도의 발작적인 흐느낌을 이겨내지 못한 채 방 안을 이리저리 30분가량은 서성이게 된다. ―나는 셰익스피어보다 더 가슴을 찢는 비통한 작품을 알지 못한다 : 어릿광대여야 할 필요가 있었던 그 인간은 어떤 고통을 겪어야만 했단 말인가! ―햄릿을 이해하겠는가? 미치게 만드는 것은 의심이 아니라, 확실성이다……하지만 그렇게 느낄 수 있으려면 깊이가 있어야만 하고, 심연이어야만 하며, 철학자여야만

한다…… 우리 모두는 진실을 두려워한다…… 그리고 고백하거니
와 : 나는 베이컨 경이 이 가장 무서운 문학의 창시자며 자기 학대
를 하는 자라는 점을 본능적으로 확신하고 있다 : 미국의 혼란한 정
신을 가진 자들과 멍청이들이 떠들어대는 불쌍한 수다가 나와 무슨
상관이란 말인가? 하지만 가장 강력한 사실을 보려는 힘은 행동으
로, 무시무시한 행동으로, 범죄로 향하는 가장 강력한 힘과 양립될
수 있을 뿐 아니라—전자는 후자 자체를 전제한다…… 우리는 오랫
동안 베이컨 경을 충분히 알지 못했다. 실재론자라는 단어가 갖고
있는 모든 위대한 의미에서 최초의 실재론자인 그를 말이다. 그래
서 우리는 그가 무엇을 했는지, 그가 무엇을 원했는지, 그가 무엇을
체험했는지를 알지 못한다…… 그리고 빌어먹을, 내 친애하는 비
평가들아! 내가 내《차라투스트라》를 낯선 이름으로, 예를 들면 리
하르트 바그너라는 이름으로 세례를 주었더라면,《인간적인 너무나
인간적인》의 저자가 차라투스트라라는 환상가와 동일 인물이라는
것을 2천 년이 흘러도 비평가의 식별력으로는 알아내지 못할 것이
다……

5.

　　내가 내 삶의 휴양에 관해 말하는 지금, 나를 가장 심도 있고도
가장 마음속 깊이 휴양하게 했던 것에 한마디 감사 표현을 하고 싶
다. 그것은 의심의 여지 없이 리하르트 바그너와의 아주 친밀했던
교제였다. 나머지 내 인간적인 관계들은 유치하다고 해도 무방할
정도로 ; 나는 어떤 대가를 받는다 하더라도 트립셴에서의 날들을

내 인생에서 빼버리고 싶지 않다. 그 신뢰와 쾌활과 숭고한 행운의 날들을—그 심오한 순간들을…… 바그너와 더불어 다른 사람들은 무엇을 체험했었는지에 대해서는 나는 아는 바 없다 : 우리의 하늘 에는 구름 한 점 지나간 적이 없었다 —그런데 나는 이 대목에서 다

5   시 한번 프랑스로 되돌아가는데—나는 자기네들을 바그너와 유사 하게 여겨 그를 숭배한다고 믿는 바그너주의자와 그 무리들에게 반 대할 이유는 없다. 다만 경멸의 조소를 지을 뿐이다…… 내 심층적 인 본능에 독일적인 것은 모두 낯설기에, 그래서 독일인이 옆에 있 다는 것만으로도 이미 소화가 잘 안 되는 나이기에, 바그너와의 첫

10 접촉은 내 삶에서 첫 번째 안도의 숨을 쉬게 했다 : 나는 그를 모든 '독일적 덕목들'에 맞서는 외국으로, 대립으로, 저항의 화신으로 느 꼈고 존경했다—우리, 50년대의 눅눅한 공기에서 어린 시절을 보 냈던 우리는 '독일적'이라는 개념에 대해서는 필연적으로 염세주의 자일 수밖에 없다 ; 우리는 도리 없이 혁명가일 수밖에 없다—위선

15 자가 기고만장하고 있는 상태를 우리는 인정하지 않으니. 그가 오 늘 다른 색깔을 보여주는지, 그가 진홍색 옷을 걸치고 있는지, 경비 병 제복을 입었는지는 내게는 아무런 상관이 없다…… 자, 보라! 바그너는 한 사람의 혁명가였다—그는 독일인한테서 도망쳤었다 …… 예술가의 고향은 유럽에서는 파리뿐이다 ; 바그너의 예술이

20 전제하고 있는 예술적인 오감의 섬세함, 뉘앙스를 감지하는 손가 락, 심리적 병증은 오직 파리에서만 발견된다. 형식 문제에서의 그 정열, 연출에서의 그 진지함은 다른 곳에는 없다—그것은 전형적 인 파리인들의 진지함이다. 어떤 파리의 예술가의 영혼에 살아 있 는 그 거대한 야망은 독일에서는 전혀 알려져 있지 않다. 독일인들

은 선량하다—바그너는 결코 선량하지 않다…… 바그너가 어디에 속하고, 자기와 가장 닮은 모습을 누구에게서 발견하는지에 대해서는 나는 이미 충분히 언급했다(《선악의 저편》 256쪽 이하) : 그것은 프랑스 후기 낭만파들이다. 들라크루아나 베를리오즈처럼 높은 창공을 날고 마음을 뒤흔드는 예술가 유형이지만, 어느 정도 병들고 그 본질상 치유 불가능한 자들로서, 모두가 다 표현의 광신자들일 뿐이며, 그런 면에서 철저한 거장들이다…… 도대체 누가 최초의 지적인 바그너 숭배자였던가? 샤를 보들레르였다. 그는 들라크루아를 이해한 최초의 인물이었으며, 그 안에서 예술가 유형 전체를 다시 알아볼 수 있는 전형적인 데카당이다—아마도 최후의 데카당일지도 모른다…… 내가 바그너를 결코 용서할 수 없는 점은 무엇인가? 그가 독일인에게 응해주었다는 점—그가 독일제국적으로 되었다는 점이다…… 독일의 손이 닿는 한, 독일은 문화를 타락시킨다. —

6.

모든 것을 검토해보아도, 바그너 음악이 없었다면 나는 내 유년 시절을 견디기 어려웠을 것이다. 왜냐하면 나는 독일인으로 운명 지어졌기 때문이다. 참아낼 수 없는 압박에서 해방되고자 한다면, 해시시가 필요한 법이다. 자 그래서, 나에게는 바그너가 필요했다. 바그너는 독일적인 전부에 대한 항독소 중의 항독소였다—독이었던 것이다. 이 점을 나는 부인하지 않는다…… 〈트리스탄〉의 피아노 악보가 주어졌던 순간부터—친애하는 폰 뷜로 씨, 경의를 표합니

다―나는 바그너주의자였다. 바그너의 이전 작품들을 나는 얕잡아
보았다―이것들은 너무 저속하고 너무 '독일적'이었다…… 하지
만 오늘은 나는 〈트리스탄〉의 위험한 매혹과 전율스럽고도 달콤한
무한성에 필적할 만한 작품을 찾고 있으며―모든 예술을 다 뒤져
5 보았지만 헛수고였다. 레오나르도 다 빈치의 온갖 신비함도 〈트리
스탄〉의 첫 음이 울리면 그 매력을 상실한다. 〈트리스탄〉은 전적으
로 바그너 최고의 작품이다 ; 그는 〈트리스탄〉부터 〈마이스터징어〉
와 〈니벨룽겐의 반지〉와 더불어 휴양을 취했다. 더 건강해진다는 것
―이것은 바그너 같은 본성의 소유자에게는 일종의 퇴보다…… 그
10 작품을 이해할 수 있을 정도의 성숙에 이르기 위한 적당한 시기에 살
았고, 그것도 바로 독일인들 사이에서 살았다는 것을 나는 최고의
행운이라고 생각한다 : 그만큼 내게서 심리학자의 호기심이 멀리
뻗어나간 것이다. 그런 '지옥의 열락'에 이를 만큼 한 번도 병들어
보지 못한 자에게 세상은 빈약한 것이다 : 이럴 때에 적용이 허용되
15 는 공식은 어떤 신비가의 공식이며, 이것은 거의 명령되고 있다. ―
바그너만이 할 수 있는 그 거대한 일, 바그너만이 날개를 갖고서 날
아오를 수 있는 그 신기한 황홀경의 오십 가지 세계들을 나는 누구
보다도 잘 알고 있다는 생각이 든다 ; 그리고 내게 가장 의심스럽고
도 가장 위험한 것마저도 내게 유리하게 이용할 수 있을 정도로 충
20 분히 강하며, 또 그로 인해 더 강해지는 나이기에 나는 바그너를 내
삶의 큰 은인이라고 부른다. 우리의 유사점은 우리가 동시대의 다
른 사람들보다 더 깊이 고통받았으며, 또한 우리가 서로에게도 고
통받았다는 점이다. 이 점으로 인해 우리의 이름은 영원토록 함께
맺어질 것이다 ; 그리고 바그너가 독일인들 사이에서 하나의 오해

에 불과하다는 것이 확실하듯, 나 역시 하나의 오해이고, 언제나 하나의 오해로 남을 것이 확실하다. ─친애하는 게르만 민족이여, 심리학적인 훈련과 예술적 훈련을 두 세기 동안 먼저 해 보아라!……그래도 만회 못할 것이다. ─

5

7.

─가장 정선된 귀를 가진 자들에게 한마디 더 하겠다 : 내가 음악에 진정 무엇을 바라는지에 대해. 나는 음악이 10월의 오후처럼 청
10 명하고 깊이 있기를 바란다. 음악이 개성 있고 자유분방하며 부드럽기를, 비열과 기품을 모두 갖춘 달콤한 어린 여자이기를 바란다……음악이 무엇인지를 독일인이 알 수 있다는 것을 나는 결코 인정하지 않는다. 독일 음악가라고 불리는 자들, 특히 가장 위대한 음악가들은 외국인들이다. 슬라브인, 크로아티아인, 이탈리아인, 네덜
15 란드인이며 ─아니면 유대인이다 ; 그렇지 않으면 하인리히 쉬츠, 바흐, 헨델과 같은 이미 소멸되어버린 강한 종족의 피가 흐르는 독일인이다. 나 스스로도 언제나 쇼팽을 위해서라면 나머지 음악들은 다 포기할 정도인 폴란드인이다 : 세 가지 이유 때문에 바그너의 지크프리트-목가는 예외로 한다. 그리고 그 고귀한 오케스트라적 악
20 센트가 모든 음악가보다 앞서는 리스트도 예외로 한다 ; 마지막으로 알프스 너머에서 성장한 모든 것도 ─말하자면 지금 내가 있는 이쪽에서 성장한 모든 것도 예외로 한다……나는 로시니 없이 지낼 수는 없다. 음악에서의 나의 남쪽, 즉 내 베네치아의 거장인 피에트로 가스티의 음악 없이는 더더욱 그렇다. 그리고 내가 알프스 너

머라고 말할 때는, 나는 진정 베네치아를 말하고 있는 것이다. 음악을 표현할 다른 단어를 찾아보면, 나는 언제나 베네치아라는 단어를 발견하게 된다. 나는 눈물과 음악을 구별할 수 없다. 나는 행복과 남쪽을 공포의 전율 없이는 생각할 수 없다.

5

    다리에 서 있다
    최근 갈색의 밤에.
    멀리서 들려오던 노랫소리 :
    떨고 있는 수면 위로 솟구치던
10 황금빛 물방울인가.
    곤돌라, 등불, 음악―
    취하여 황혼으로 헤엄쳐 갔다……

    내 영혼, 하나의 현악,
15 보이지 않는 손길에 닿아 노래를 불렀다,
    곤돌라도 은밀히 노래를 불렀다
    찬란한 행복감에 떨면서
    ―누군가 귀 귀울여 들었을까?……

20

8.

    이 모든 것에서―영양 섭취, 장소와 풍토, 휴양의 선택에서―자기 방어 본능으로서 스스로를 가장 명료하게 드러내는 자기 보존 본능이 명령을 내린다. 많은 것을 보지 말고, 듣지 말며, 자기에게 접근하게 놔두지 말라는 것―이것은 첫째가는 현명함이자 인간이 우연이 아니라 하나의 필연이라는 점에 대한 첫째가는 증거이다. 이런 자기 방어 본능에 대한 관용적 표현은 취향Geschmack이다. 이것은 긍정이 곧 '무사(無私)'를 의미할 때에는 부정하라는 명령을 내리지만, 그뿐 아니라 가능한 한 부정을 하지 말라고도 명령한다. 계속 되풀이되는 부정을 필요로 하게 될 만한 곳으로부터 스스로를 격리시키고 분리하라고 명령한다. 아주 작은 방어적 지출이라 하더라도 규칙적이 되고 습관적이 되며 엄청나면서도 전적으로 불필요한 빈곤을 유발시킨다는 합리적 이유에서다. 우리가 하는 중대한 지출은 지극히 자주 거듭되는 작은 지출들이 모인 것이다. 방어하는 것, 다가오지-못하게-하는 것은 하나의 지출이며―여기서 혼동하지 마시라―, 너무 부정적인 목적들을 위해 낭비되는 힘이다. 지속적인 방어의 필요 때문만으로도 더 이상 방어할 수 없을 정도로 약해져버릴 수 있다. ―내가 집에서 나왔는데 고요하고도 귀족적인 토리노 대신 독일의 소도시를 발견했다고 치자 : 내 본능은 이 무미건조해지고 비겁한 세계로부터 그에게 몰아닥치는 그 모든 것을 되튕기기 위한 거부 조치를 해야 하리라. 또는 내가 독일의 대도시를, 축조된 악습이며 아무것도 자라지 않고, 온갖 것들이, 그것이 선하든 악하든 간에 몽땅 끌려와 있는 곳을 발견했다고 치자. 내가 고슴도치처럼 가시를 세우지 않을 수 있겠는가? ―하지만 가시를 갖는다는 것도 일종의 낭비이고, 가시가 아닌 너그러움을 마음대로 가질 수 있을 때에는 심지어 이중의 사치인 것이다……

또 다른 현명함과 자기 방어는 가능한 한 드물게 반응한다는 것, 그리고 자기의 '자유'를, 자기의 주도권을 말하자면 떼어내어 한갓 시약으로 만들어버리게 하는 상태와 조건들을 피하는 것이다. 이에 대한 비유로 서적을 대하는 법을 들어보겠다. 근본적으로 서적을 그냥 '뒤적거리는' 학자는—하루에 대략 200권 정도가 적당하다고 하는 문헌학자—결국에는 스스로 생각하는 능력을 완전히 상실해 버리고 만다. 책을 뒤적거리지 않으면, 그는 생각도 하지 않는다. 그가 생각할 때는, 특정 자극에(—읽은 생각들에) 응답하는 것이다 —결국 그는 반응만을 하고 있을 뿐이다. 학자는 자기의 전 힘을 기존의 사고들을 긍정하거나 부정하거나 비판하는 데에 다 쏟아붓 는다 —스스로는 더 이상 생각하지 않는다…… 자기 방어 본능이 그에게서는 약할 대로 약해져버리고 만다 ; 그렇지 않다면 그는 책 들에 저항할 것이다. 학자—일종의 데카당.—나는 내 눈으로 보았 다 : 천부적 소질을 지니고 있고, 풍부하며 자유롭게 태어난 본성의 소유자들이 30대에 이미 '망쳐질 정도로 독서' 했던 것을. 불꽃을 일으키기 위해서—'생각'을 주기 위해서—누군가가 그어주어야만 하는 성냥개비였던 것을. —아침 일찍 날이 밝을 때, 모든 것이 신 선할 때, 자기 자신의 힘이 아침놀을 맞을 때, 책 한 권을 읽는다는 것—이것을 나는 못된 습관이라고 부른다! ——

9.

——이 대목에서 어떻게 사람은 자기의 모습이 되는가라는 질문에 진정한 대답을 하는 것을 더 이상 피할 수는 없다. 그리고 이로써 나는 자기 보존 기술의 걸작을 잠시 언급하게 된다—즉 이기적임을 …… 자기의 과제, 천명, 과제의 운명이 평균적인 대중을 탁월하게

넘어서고 있다고 상정해보면, 이 과제를 지니고 있는 자기 자신을 파악하는 것보다 더 큰 위험은 없을 것이다. 어떻게 사람은 자기의 모습이 되는가는 자기가 본래 무엇인지에 대해 가장 희미하게라도 예측하고 있지 않다는 것을 전제한다. 이런 관점에서는 삶의 실책들마저도 나름의 의미와 가치를 갖게 된다. 즉 때때로 옆으로 샌다든지, 길을 잘못 든다든지 하는 것, 주저하는 것, '겸손함', 자기의 과제에서 멀리 떨어진 과제들로 인해 진지함을 허비해버리는 것 등도. 여기서 어떤 위대한 현명함이, 심지어는 최고의 현명함이 표현〈될〉 수 있다 : 너 자신을 알라가 몰락으로의 처방이 될 경우에는, 자기 망각, 자기 오해, 자기 약화, 자기 협소화, 자기 평범화가 이성적인 것 자체가 된다. 도덕적으로 표현하자면 : 이웃 사랑, 다른 사람들과 다른 것들에 대한 사랑은 가장 강한 자아를 유지하기 위한 방어 조치일 수 있다. 이런 예외적인 경우에 나는 내 법칙과 확신에 반하여 '비이기적인' 충동의 편을 든다 : 이때 그 충동들이 이기적임과 자기 도야에 봉사하기에. —사람들은 의식의 전 표면을—의식은 표면이다—여느 대단한 명령들로부터 순수하게 유지해야만 한다. 온갖 대단한 말들과 대단한 태도를 조심하라! 본능이 너무 일찍 '스스로를 알아차리는' 것은 위험할 뿐이다. ——그 사이에 조직하고 지배하도록 되어 있는 '이상들'이 의식의 깊은 곳에서 점점 자라나서—명령하기 시작하고, 서서히 옆길과 잘못된 길에서 되돌아오게 하며, 언젠가는 전체를 향하는 필요 불가결한 수단으로서 증명될 개별적인 성질들과 유능함을 준비하는 것이다—그것은 '목표', '목적', '의미' 등 어떤 지배적인 과제에 대해 무엇인가를 알려주기 전에 거기에 봉사하는 모든 능력을 차례로 형성해낸다.—이런 측면에서 바라볼 때 내 삶은 그야말로 놀랍다. 가치의 전도라는 과제를 위해서는 한 개인 안에 함께 거주하고 있는 능력보다 더 많은 능력이 필요했었을 것이다. 서로를 교란시켜서도 파괴시켜서도 안 되는 능력들의 대립이 무엇보다도 필요했었을 것이다. 능력들의 서열 ; 거리 ; 적대시키지 않으면서도 분리하는 기술 ; 그 무엇도 섞지 않고, 그 무엇도 화해시키지 않음 ; 거대한 다수성이지만 그럼에도 불구하고 카오스와는 반대되는 것—이것이 내 본능의 전제 조건이자, 오랫동안의 비밀스러운 작업이자 수완이었다. 내 본능의 고등한 **보호책**은 무엇이 내 안에서 자라고 있는지에 대해 내가 결코 예감조차도 할 수 없게 만들었을 정도로 강력했다—내 모든 능력이 갑자기 성숙하여 궁극적인 완성 형태로 하루아침에 튀어나왔을 정도로 말이다. 내가 한 번이라도 열심히 노력했던 기억은 없다.—내 삶에서는 어떤 **투쟁**의 특징도 증명될 수 없으며, 나는 영웅적인 본성과는 반대된다. 어떤 것을 '원하고', 어떤 것을 '추구하며', 특정한 '목적'과 '소망'을 염두에 둔다는 것—이 모든 것을 나는 내 경험상 알지 못한다. 이 순간에도 나는 내 미래를 멀리 잔잔한 대양을 바라보듯 바라본다—광대한 미래를! : 어떤 욕망도 잔물결을 일으키지 않는 미래를. 나는 어떤 것도 자기의 모습과 다르게 되는 것을 결코 원치 않는다 ; 나 자신도 다르게 되고 싶지 않다. 언제나 나는 그렇게 살았다. 나는 어떤 소망도 가져본 적이 없다. 44년간을 살아온 후에 자기 자신이 결코 명예와 여자와 돈 때문에 애쓴 적이 없었다고 말할 수 있는 사람이다!—그것들이 내게 결여되지 않아서는 아니었다…… 그래서 나는 한때 대학교수이기도 했다—나는 그렇게 되리라고는 꿈도 꾸지 않았다. 내 나이 그때 겨우 스물네 살이었기 때문이다. 그리고 그보다 2년 전 나는 한때 문헌학자이기도 했다 : 어떤 의미로든 나의 시작이었던 내 첫 문헌학적 작업[85]이 내 스승인 리츨에 의해 〈라이니셰스 무제음Rheinisches Museum〉에 게재가 요청되었다는 의미에서 (—경외의 염을 품고 말하지만—내가 오늘날까지도 유일한 천재적인 학자로 알고 있는 리츨은 우리 튀링겐 사람들에게서 특징적이고 심지어는 어떤 독일인도 공감하는 기분 좋은 타락을 갖추고 있었다 : —우리는 진리에 이르기 위해 샛길을 더 좋아한다. 이 말로써 내가 내 가까운 동향인인 영리한 레오폴트 폰 랑케Leopold von Ranke를 평가절하하고 싶어 하는 것은 결코 아니다……)

10.

—왜 일반적으로는 별 중요하지 않다고 평가되는 그 모든 사소한 사항들에 대해 내가 이야기했는지 ; 그런 이야기를 하면서 내가 나 자신에게 해를 입히지는 않는지, 위대한 과제를 제시하기로 내가 운명 지어져 있다면 그런 이야기가 더욱 해를 입히지 않는지라는 질문이 던져질 것이다. 그에 대한 대답 : 그 사소한 사항들은—영양 섭취, 장소, 풍토, 휴양, 이기심의 결의론 전부는—이제껏 중요하다고 받아들여졌던 모든 것보다 상상을 초월할 정도로 중요하다. 여기서 바로 다시 배우는 일이 시작되어야만 한다. 인류가 이제껏 진지하게 숙고해왔던 것은 심지어는 사실도 아니다. 그것은 한갓 상상이고, 엄밀하게 말하자면 병들고 가장 심층적인 의미에서 해로운 본성의 나쁜 본능들에서 나온 거짓들이다— '신', '영혼', '덕',

'죄', '피안', '진리', '영생' 등의 모든 개념이…… 하지만 그런 것들에서 인간 본성의 위대함과 '신성'이 찾아졌던 것이다…… 정치 문제, 사회 조직의 문제, 교육 문제가 모두 그 토대에 이르기까지 위조되었다. 가장 해로운 인간들을 위대한 인간들로 받아들였던 것에 의해서 — '사소한' 사항들이라고 했던, 다름 아닌 삶의 근본적인 문제들 자체를 경멸하라고 가르쳤던 것에 의해서…… 우리의 현재 문화는 비할 수 없을 만큼 애매하다…… 독일 황제는 마치 교황이 삶에 대한 불구대천의 증오를 대변하는 자가 아니라는 듯이 교황과 제휴를 맺고 있다! …… 오늘날 건축된 것은 3년 후에는 더 이상 존속하지 않는다.— 내 뒤에 따라 나올 전복(顚覆)이나 그 비할 바 없는 건축은 차치하고라도, 내가 무엇을 할 수 있는가에 의거해 측정해 보더라도, 나는 어떤 사멸하는 인간보다 더 위대하다는 말에 대한 권한을 갖게 된다. 이제껏 최고 인간으로 경외되어오던 자들과 나를 비교해보면 그 차이는 명백해진다. 나는 소위 말하는 '최고의' 인간들을 인간이라고 평가조차 않는다 —내가 보기에 그들은 인류의 쓰레기이며, 병증과 복수욕에 불타는 본능들에서 생긴 나쁜 소산물이다 : 그들은 삶에 복수를 하는, 순전히 재앙을 불러오며 근본적으로 치유 불가능한 자들이다…… 나는 이런 자들의 대립자이기를 원한다 : 나의 특권은 건강한 본능의 모든 징후를 감지해내는 최고 섬세함을 갖추고 있다는 것이다. 내게는 아무런 병적인 특징이 없다 ; 나는 심하게 아팠을 때조차 병들지 않았다 ; 내 본성에서 어떤 광신적 특징을 찾으려는 것은 부질없는 짓이다. 내 삶의 어떤 순간에서든 어떤 주제넘거나 격앙된 꾸며진 포즈를 사람들은 입증할 수 없을 것이다. 꾸며진 포즈의 파토스는 위대함에 속하지 않는다 ; 누군가가 포즈를 필요로 한다면 그는 가짜다…… 모든 피토레스크한 인간들을 주의하라! ─내게 삶은 가벼워졌다. 삶이 내게 가장 어려운 것을 요구했을 때 삶은 내게 가장 가벼워졌다. 내가 어떤 인간도 나를 모방하지 못하고─또는 시범도 보이지 못할─순전히 최고 단계의 것들만을 중단 없이 그리고 내 다음의 모든 세기에 대한 책임감으로 해온 이 가을의 70일. 이때 누군가가 나를 보았다면, 그는 긴장의 어떤 기미도 내게서 느끼지 못했을 것이다. 오히려 넘쳐흐르는 상쾌함과 쾌활함을 느낄 것이다. 나는 더 기분 좋게 음식을 먹어본 적이 없었고, 더 잘 자본 적이 없었다. ─나는 위대한 과제를 대하는 방법으로 유희보다 더 좋은 것을 알지 못한다 : 이것이 바로 위대함의 징표이자, 본질적인 전제 조건이다. 아주 최소한이더라도 압박, 우울한 표정, 목소리의 거친 음조들. 이런 것들은 전부 한 인간에 대한 이의 제기이다. 그리고 그의 작업에 대해서는 얼마나 더 강한 이의 제기인 것인지! …… 튼튼한 신경을 가져야 한다…… 고독 때문에 괴로워하는 것 역시 하나의 이의 제기다. ─언제나 내가 겪은 괴로움은 오로지 '다수' 때문이었다…… 아주 어렸던 일곱 살 시절에 나는 이미 인간적인 말은 한마디도 내게 결코 와닿지 않으리라는 점을 알고 있었다 : 내가 그로 인해 우울해하는 것을 한 번이라도 보았는가?─오늘날 나는 모든 사람을 똑같이 잘 대한다. 나 스스로가 가장 낮은 자들을 충분히 영예롭게 만든다 : 이 모든 일에 교만이나 은밀한 경멸은 들어 있지 않다. 내가 누군가를 경멸하면, 그는 내가 경멸한다는 것을 알아차릴 것이다 : 나는 몸에 나쁜 피를 지니고 있는 모든 것에 오로지 내 존재로만 항거한다…… 인간에게 있는 위대함에 대한 내 정식은 운명애다 : 앞으로도, 뒤로도, 영

원토록 다른 것은 갖기를 원하지 않는다는 것. 필연적인 것을 단순
히 감당하기만 하는 것이 아니고, 은폐는 더더욱 하지 않으며—모
든 이상주의는 필연적인 것 앞에서는 허위다—, 오히려 그것을 사
랑하는 것……

5

나는 왜 이렇게 좋은 책들을 쓰는지.

1.

나와 내 작품들은 별개다. —내 작품들에 대해 말하기 전에 여기
서 나는 그것들이 이해되고 있다는, 혹은 그것들이 이해되지 못한다
는 문제를 다루어본다. 나는 이 문제를 여기에 적절한 만큼만 다루
겠다 : 왜냐하면 이 문제를 다루기에는 아직은 때가 아니기 때문이
다. 나 자신의 때도 아직은 오지 않았다. 몇몇 사람은 사후에야 태
어나는 법이다. —언젠가는 내가 이해하는 삶과 가르침을 사람들에
게 살도록 하고 가르치게 될 기관들이 필요할 것이다 ; 심지어는
《차라투스트라》를 해석해내는 일을 하는 교수직들이 만들어질지도
모른다. 하지만 지금 내가 내 진리들을 위한 귀와 손들을 벌써 기대
한다면, 그것은 나와는 완전히 모순되는 것이리라. 오늘날 사람들
이 내 말을 듣지 않는다는 것, 오늘날 사람들이 내게서 뭔가를 받아
들일 줄 모른다는 것은 이해할 수 있는 일일 뿐 아니라, 내가 보기
에는 정당한 것 같다. 나는 혼동되고 싶지 않다—나 자신에 의해서
도. —다시 한번 말하지만, 내 삶에서 '악의' 는 거의 입증되지 않는
다 ; 문학적 '악의' 에 대해서도 나는 그 어떤 경우도 말할 수 없다.
그와는 반대로 순수한 바보는 너무도 많이 들어 있다…… 누군가가

내 책 한 권을 손에 든다는 것, 이것은 사람들이 할 수 있는 가장 진 귀한 존경 표시의 하나라고 나는 생각한다. —그가 그런 표시를 하 기 위해 신발조차 벗을 것이라는 생각이 든다—장화는 말할 것도 없고…… 언제가 하인리히 폰 슈타인 박사가 내 《차라투스트라》의 말은 한마디도 이해할 수 없다고 정직하게 불평했을 때, 나는 그에 게 그게 당연하다고 말했었다 : 《차라투스트라》에 나오는 여섯 문장 을 이해했다는 것이 의미하는 바는 : 그 문장을 체험했다는 것이고, 사멸적인 인간 존재의 최고 단계에 '현대'인으로서 이를 수 있었다 는 것이다. 이런 거리감을 느끼면서 내가 어찌 내가 알고 있는 '현 대인'에게 읽히기를 기대할 수 있단 말인가! —나의 승리는 쇼펜하 우어의 승리와는 정반대다. —나는 "나는 읽히지 않는다, 나는 읽히 지 않을 것이다"라고 말한다. —내 작품들을 부정하는 순수함이 내 게 여러 번 주었던 즐거움을 과소평가하고 싶지는 않다. 무게 있는, 너무나 무게 있는 나의 작품에 의해 작품들 전체의 평형 상태를 깨 버릴 수 있었던 이 여름에도, 베를린 대학의 한 교수는 내가 다른 형식을 사용해야 한다고 호의적으로 암시했었다 : 그런 것은 아무 도 읽지 않는다고 하면서 말이다. —결국에는 독일이 아니라 스위 스가 가장 극단적인 사례 둘을 제공했다. 〈분트〉지에 실린 비트만J. V. Widmann 박사가 《선악의 저편》에 대해 쓴 '니체의 위험한 책' 이라는 제목의 논문,[86] 그리고 칼 슈피텔러K. Spitteler 씨가 마찬가 지로 〈분트〉에 게재한 내 책들에 대한 총체적 서평[87]은 내 삶에서 최대치이다—나는 무엇의 최대치인지에 대해서는 말하지 않도록 조심한다…… 슈피텔러의 서평은 예를 들어 내 《차라투스트라》를 "고도의 문체 연습"이라고 간주하면서, 내가 나중에는 그 내용에도 신경을 써야 한다는 바람을 표명했다 ; 비트만 박사는 모든 품위 있는 감정을 없애버리려 노력하고 있다는 내 용기에 대해 경의를 표명했다. ―그 논문들의 모든 문장이 우연의 사소한 장난에 의해 거꾸로 뒤집혀진 진리였다는 것, 그것도 일관성 있게 그랬다는 것에 대해 나는 놀라움을 금치 못한다 : 주목할 만한 방식으로―내 정곡을 못으로 찌르는 대신―나에 대해 정곡을 찌르는 말을 하기 위해서는 사람들은 근본적으로 '모든 가치의 전환' 외에 아무것도 할 일이 없다…… 그래서 더 나는 설명을 하려고 시도하는 것이다. ―결국 어느 누구도 책이나 다른 것들에서 자기가 이미 알고 있는 것보다 더 많이 얻어들을 수 없는 법이다. 체험을 통해 진입로를 알고 있지 못한 것에 대해서는, 그것을 들을 귀도 없는 법이다. 가장 단적인 경우를 한번 생각해보자. 어떤 책이 자주 일어나거나 아니면 드물게라도 일어나는 경험의 가능성에서 전적으로 벗어나 있는 경험들에 대해서만 말하고 있다고 치자―일련의 새로운 경험들에 대해 처음으로 말하고 있다고 치자. 이런 경우에는 전혀 아무것도 들리지 않는다. 아무것도 들리지 않는 곳에는 아무것도 없다는 청각적 착각이 인다…… 이것이 결국 내 평균적인 경험이며, 원한다면 내 경험의 독창적인 면이라고 불러도 좋다. 나에 대해 무언가를 이해했다고 믿던 자가 했던 일은, 나에게서 자기의 상에 맞는 무언가를 만들어내는 것이었다―나와는 반대되는 것을, 이를테면 '이상주의자'를 만들어내는 일도 드물지는 않다 ; 내게서 아무것도 이해하지 못했던 자는 내가 도대체 고려할 만한 대상이라는 점을 부정해버렸다. ― '위버멘쉬' 라는 말은 최고로 잘 되어 있는 인간 유형에 대한 명칭이며, '현대' 인, '선한' 자, 그리스도교인과 다른 허무주의자들과는 반대되는 말이다―도덕의 파괴자인 차라투스트라의 입에서 이 말이 나오면, 아주 숙고할 만한 말이 된다. 그런데 거의 모든 곳에서 그 말의 가치가 차라투스트라의 형상에서 드러나는 것과는 정반대의 의미로 순진하게 이해되고 있다. 말하자면 반은 '성자' 고 반은 '천재' 인, 좀더 고급한 인간의 '이상적' 인 유형으로서 말이다 …… 또 다른 어떤 멍청이 학자는 나를 다윈주의자가 아닌가 의심하기도 했다 ; 부지불식간에 등장하는 칼라일의 그 대단한 허위 속에 있는 '영웅 숭배' 를 내가 그토록 악의에 차서 거부했었는데도, 이것을 심지어는 《차라투스트라》에서 다시 발견하기조차 했다. 내가 파르지팔 같은 자를 찾기보다 차라리 체사레 보르자 같은 자를 찾아야 한다고 속삭였을 때, 그 말을 들은 사람은 자기의 귀를 의심했다. ―내가 내 책들에 대한 서평, 특히 신문에 나온 서평에 대해 일체 궁금해하지 않는다는 것을 사람들도 양해해주지 않으면 안 된다. 내 벗들과 발행인들은 내가 이렇다는 것을 알기에 내게 그런 것들에 대해 말해주지 않는다. 특별한 한 경우에서 나는 내 책 중의 하나―《선악의 저편》―에 대해 어떤 우가 범해지고 있었는지를 한 눈에 파악했다 ; 나는 그것에 대해 정중한 보고문을 작성할 수도 있었다. 〈나치오날 차이퉁〉이―내 외국 독자를 위해 설명하자면 이것은 프로이센 신문이고, 미안하지만 나는 〈주르날 데 데바〉 외에는 읽지 않는다―아주 진지하게 《선악의 저편》을 '시대의 징후' 라고, 〈크로이츠 차이퉁〉은 용기를 내지 못했던 진정한 융커 철학Junker-Philosophie이라고 이해했다는 사실을 믿을 수 있겠는가?……

2.

이것들은 독일인들만을 대상으로 한 말이었다 : 독일 외에도 내 독자들은 도처에 있다―이들은 모두 높은 위치와 의무 속에서 교육받은 특성들을 보유하고 있는 정선된 지성들이다 ; 내 독자들 중에는 심지어 진짜 천재들도 있다. 빈, 상트페테르부르크, 스톡홀름, 코펜하겐, 파리와 뉴욕―어디에서든 나는 발견되었다 : 유럽의 얕은 지대인 독일에서는 나는 발견되지 않는다…… 그리고 내가 고백하거니와 내 이름을 들어보지도, 철학이라는 말도 들어보지 못한 나의 비독자들이 나를 더욱 기쁘게 한다 ; 하지만 내가 어디를 가든, 예를 들어 이곳 토리노에서처럼 내 눈길이 닿으면 모든 얼굴이 명랑해지고 즐거워한다. 지금껏 나를 가장 기분 좋게 했던 일은 늙은 노점상 여인네들이 자신들이 가진 것 중 가장 달콤한 포도를 내게 전부 찾아주지 못해서 안절부절못했던 일이다. 이 정도가 되려면 철학자가 아니면 안 된다…… 폴란드인이 슬라브족의 프랑스인이라고 불리는 것은 다 이유가 있다. 매력적인 러시아 여인이라면 내가 어디에 속하는지를 한눈에 알아차릴 것이다. 나는 격식을 갖추지 못한다. 기껏해야 그것을 곤란하게 만들 뿐이다…… 독일적으로 생각하고, 독일적으로 느낀다는 것―나는 무엇이든 할 수 있지만 이것만큼은 내 역량을 넘어선다…… 심지어 옛 스승인 리츨은 내가 문헌학적 논문들마저 파리의 소설가들처럼 내 스스로 구상해낸다고 주장했었다―허무맹랑하리만큼 흥미진진하게. 파리에서조차 '나의 모든 대담함과 섬세함'은―이것은 텐의 표현이다―경악을 불러일으켰다 ; 사람들이 내게서, 심지어는 송가의 최고 형식에서마저도 결코 우둔하게―'독일적'으로―되지 않는 에스프리라

이 사람을 보라 379

는 소금이 쳐져 있다고 느끼지 않을까 염려스럽다…… 이에 대해 나는 어쩔 도리가 없다. 신이여 도와주소서! 아멘. ─우리는 모두 긴 귀를 가진 당나귀가 무엇인지 알고 있고, 심지어 몇몇 사람은 경험을 통해 알기도 한다. 자, 나는 내가 가장 작은 귀를 갖고 있다고 감히 주장한다. 여자들은 이 점에 대해 적잖은 흥미를 느낀다─ 여자들은 내가 그들을 이해하면 기분이 더 좋은 것 같다…… 나는 탁월한 반당나귀다. 그래서 나는 세계사적 괴물이다─그리스 말로는, 아니 비단 그리스 말로만이 아니다, 나는 안티크리스트이다……

3.

나는 작가로서의 내 특권에 대해 어느 정도는 알고 있다 ; 또한 몇몇 개별적 경우들에서 내 작품들에 익숙해지는 것이 얼마나 취향을 '망쳐버리는지'가 확인되기도 했다. 내 작품에 익숙해지면 사람들은 도대체 다른 책들을 더 이상은 견뎌낼 수 없게 된다. 철학 책이 가장 심하다. 고상하고도 미묘한 내 세계로 진입하는 것은 비할 바 없는 영예이고─그러려면 결코 독일인이어서는 안 된다 ; 그러나 궁극적으로는 누구든지 다 얻었어야만 하는 영예인 것이다. 자기의 의지의 높이에 의해 나와 비슷하게 되는 자는 그러면서 배움의 진정한 황홀경을 체험한다 : 나는 어떤 새도 이르러보지 못했던 높은 데서 왔고, 어떤 발도 길을 잃어보지 못한 심연을 알고 있기 때문이다. 사람들은 내게 내 책 중 어느 하나를 잡으면 손에서 놓을 수가 없다고─내가 밤의 휴식마저 설치게 한다고 말했다…… 내 책보다 더 긍지에 차 있으면서 동시에 더 세련된 종류의 책은 전혀

존재하지 않는다 : ―이 책들은 여기저기서 지상에서 이를 수 있는 최고의 것에, 냉소에 이른다 ; 내 책들은 가장 부드러운 손가락에 의해, 그리고 가장 용감한 주먹에 의해 정복되어야 한다. 영혼의 온갖 허약함은 관여하지 못하며, 온갖 소화불량증마저도 영원히 배제된다 : 사람들의 신경은 튼튼해야 하고, 문제 없는 아랫배를 가지고 있어야만 한다. 영혼의 빈곤이나 영혼에 있는 엉터리 공기도 관여하지 못할 뿐 아니라, 비겁이나 불결, 내장 속에 들어 있는 비밀스러운 복수욕은 더더욱 관여하지 못한다 : 내 말 한마디가 나쁜 본능을 죄다 쫓아낸다. 내가 알고 있는 사람들에게는 내 책들에 대한 여러 반응들을, 아주 교훈적인 다양한 반응들을 나로 하여금 명백히 알게 하는 다양한 실험용 짐승 같은 면이 있다. 내 책들의 내용에 상관하고 싶어 하지 않는 자들, 예를 들어 소위 말하는 내 친구들은 거기서 "개인 감정을 섞지 않게" 된다 : 다시 '그 정도까지' 이른 것에 대해 그들은 내게 행운을 빌어준다. ―좀더 명랑해진 논조 안에서 그들은 일종의 발전을 밝혀내기도 한다…… 완벽하게 악습에 빠져 있는 '정신들', 철저하게 허위인 '아름다운 영혼들'은 내 책들을 가지고 무엇을 해야 하는지를 전혀 알지 못한다. ―따라서 그들은 이 책들을 자기 밑에 있다고 얕잡아보며, 이런 일은 온갖 '아름다운 영혼들'의 그럴싸한 수미 일관함인 것이다. 내가 알고 있는 사람들 중에서 멍청이들은, 실례를 무릅쓰고 말하자면 이들은 죄다 독일인들인데, 내 의견에 항상 동의하지는 않지만, 어떤 경우에는 동의하기도 한다고 암시한다……《차라투스트라》에 대해서조차 이렇게 말하는 것을 나는 들었다…… 마찬가지로 '페미니즘' 전부가, 남자들이 주장하는 페미니즘도 내게로 통하는 문을 닫아버린다 :

그것은 대담무쌍한 인식의 미궁 속으로 결코 진입할 수 없게 한다. 엄격하기만 한 진리들 속에서 기분 좋게 명랑함을 유지하려면 사람들은 결코 자기 자신을 아끼지 말아야 하며, 자기의 습관들을 엄격하게 대해야만 한다. 완벽한 독자의 모습을 내 머릿속에 그려보면, 용기와 호기심이 어우러진 하나의 괴물이 되고 만다. 게다가 그는 탄력 있으면서도 꾀가 많은 신중한 자이며, 타고난 모험가이자 발견자이기도 하다. 결국 : 내가 근본적으로 누구에게만 말을 하고 있는지에 대해 나는 차라투스트라가 말한 것보다 더 표현을 잘할 수는 없다 : 차라투스트라가 누구에게만 자기의 수수께끼를 던지는가?

　　　　너희, 대담한 탐험가, 모험가들. 그리고 언젠가 영민함의 돛을 달고 위험한 바다를 항해한 적이 있는 자들에게, ―

　　　　너희, 수수께끼에 취해 있는 자들, 불투명함을 즐기는 자들, 피리 소리로도 온갖 미궁 속으로 끌려 들어가는 그런 영혼의 소유자들에게 :

　　　　―그것은 너희가 겁먹은 손으로 한 가닥 실을 찾아보려 하지는 않기 때문이다 ; 너희는 추측할 수 있는 곳에서는 추론하려고 하지 않는다……[88]

4.

　　내 문체 기법에 대한 일반적인 이야기도 또한 언급해보겠다. 기호의 속도를 포함해서 그 기호를 통한 파토스의 내적 긴장 상태를 전달하는 것 ―이것이 문체의 의미이다 ; 그리고 나의 내적 상태들이 특출나게 다양하다는 점을 고려해보면, 내게는 수많은 문체의 가능성이 있다―사람들이 사용할 수 있었던 것 중에서 가장 다종 다양한 문체 기법들이 말이다. 내적 상태를 정말로 전달하는 문체, 기호와 기호의 속도와 제스처를 ―복합문Periode의 규칙들은 모두 제스처 기법이다―잘못 파악하지 않는 문체는 좋은 문체이다. 내 본능은 여기서 실수하지 않는다. ―좋은 문체 그 자체라고 하는 것― 이것은 '아름다움 그 자체', '선 그 자체', '물 그 자체'처럼 하나의 순진한 우매함이자 '이상주의'에 불과하다…… 문체가 언제나 전제하는 것은 문체를 들을 귀가 있다는 것 ―그와 동일한 파토스를 가질 수 있고 또 그 파토스에 적합한 자들이 있다는 것, 자기를 전달할 만한 자들이 있다는 것이다. ―예를 들어 내 차라투스트라도 우선 그런 자들을 찾는다―아아, 그는 더 오랫동안 찾아야 할 것이다! ―사람들이 우선 그의 말을 들을 자격을 갖추어야만 하기에……

그럴 때까지는《차라투스트라는 이렇게 말했다》에서 허비되어버린 기법을 이해하는 자는 아무도 없을 것이다 : 새롭고도 전대미문인 《차라투스트라》를 위해 비로소 만들어진 그 기법보다 더한 것을 어느 누구도 결코 허비해본 적이 없다. 그런 기법이 바로 독일어로 가능하다는 것이 입증되어야 할 사항으로 남겨져 있었다 : 나라도 예전에는 그 가능성을 가장 혹독하게 배척했었을 것이다. 나 이전에 사람들은 독일어로 무엇을 할 수 있는지를 알지 못했으며 ―언어를 가지고 도대체 무엇을 할 수 있는지를 알지 못했다. ―위대한 리듬 기법, 복합문의 위대한 문체가 숭고하고도 초인간적인 열정의 거대한 상승과 하락을 표현하는 것이라는 점이 나에 의해 비로소 발견되었다 ;《차라투스트라》3부 마지막 장인 〈일곱 개의 봉인〉이라는 표제의 송가에 의해 나는 지금까지 시라고 불리어온 것의 위로 천 마일이나 높이 날아올랐다.

5.

—내 작품들에서는 비교할 만한 상대가 없는 심리학자 한 명이 말하고 있다는 통찰. 이것은 아마도 좋은 독자가 이르게 되는 첫 번째 통찰일 것이다—내가 마땅히 얻게 될 좋은 독자는 옛 문헌학자가 호라티우스를 읽었듯이 나를 읽는 독자다. 통속 철학자들이나 도덕주의자들이나 여타의 속이 텅 빈 자들이나 바보들은 말할 것도 없고, 근본적으로 온 세상이 동의하는 명제들이—내 작품 안에서는 순진한 실책으로 드러난다 : '이기적'과 '비이기적'이 반대라는 명제는 그 예이다. 자아 자체라는 것은 '고등 사기'의 하나이자 '이상'일 뿐이니까…… 그래서 이기적 행동이란 것은 없으며, 비이기적인 행동도 없다 : 두 개념 다 심리적인 자가당착인 것이다. 또는 "인간은 행복을 추구한다"는 명제…… "행복은 덕에 대한 보상이다"는 명제……또는 "쾌와 불쾌는 반대다"는 명제도 마찬가지다 …… 인류의 키르케인 도덕이 모든 심리적인 것들을 철저히 왜곡해버린 것이다—도덕화시켜버린 것이다—사랑이란 것이 '비이기적'이어야 한다는 섬뜩한 난센스에 이르기까지 말이다…… 사람들은 강건하게 자기 자신을 잡고 있어야만 한다. 그리고 용감히 자신의 두 다리로 서야만 한다. 그렇지 않으면 결코 사랑할 수 없다. 여자들은 이 점을 너무나 잘 알고 있다 : 그들은 비이기적이면서도 한

갓 객관적일 뿐인 남자의 사랑에는 악마처럼 군다…… 이 대목에서 내가 여자들을 알고 있다는 추측을 감히 해도 될까? 그런데 이것은 내 디오니소스적 지참금의 일종이다. 내가 영원한 여성에 대한 최초의 심리학자일지 누가 알겠는가? 여자들은 모두 나를 사랑한다―이것은 새삼스러울 것이 없다 : 아이를 낳을 도구가 없는 '해방된' 여자들, 이런 사고를 당한 여자들은 제외하고 말이다. ―다행스럽게도 내 의지는 내가 갈갈이 찢기게 놔두지 않는다 ; 완벽한 여자가 사랑을 하면 갈갈이 찢어버린다…… 나는 이런 매혹적인 광란하는 여자들을 알고 있다…… 아아, 이 어떤 위험하고도 살금살금 기어다니는 지하 세계의 작은 맹수란 말인가! 그러면서도 그 어찌 호감을 주는지! …… 하지만 복수에 불타는 비소한 여자는 운명조차도 달려가 넘어뜨려버린다. ―여자는 남자보다 말할 수 없을 정도로 더 악하며, 더 똑똑하기도 하다 ; 여자들의 친절은 이미 **퇴화**의 한 형태인 것이다…… 소위 말하는 '아름다운 영혼' 전부에게는 근본적인 생리적 지병이 있다. ―그 모든 지병을 다 말하지는 않으려다. 그렇지 않으면 내가 의학자처럼 되어버릴 테니. 그뿐 아니라 **평등권**에 대한 투쟁도 병의 한 증후이다 : 모든 의사가 알고 있다. ―더 여자다운 여자일수록 제 권리들을 위해 격렬히 항거한다 : 자연 상태, 양 성 사이의 영원한 **싸움**은 그녀들에게 전적인 우위를 부여한다. ―사랑에 대한 내 정의를 들을 만한 귀를 갖고 있는가? 사랑―그 수단은 싸움이고, 그 근본은 성에 대한 불구대천의 증오이다. 그리고 이렇게 정의된 사랑만이 철학자에게 적합한 유일한 사랑인 것이다. ―여자를 어떻게 치유하는가― '구원하는가?' 라는 질문에 대한 내 대답을 들어보았는가? 아이를 갖게 한다는 것이 내 대답이다. 여자는 자식들을 필요로 하고, 남자는 언제나 한갓 수단일 뿐이다 : 이렇게 차라투스트라는 말했다. ― '여자들의 해방' ― 이것은 여자로서는 실패작, 즉 아이를 낳지 못하는 여자들의 아이를 잘 낳는 여자들에 대한 본능적인 증오이다― '남자'에 대한 싸움은 언제나 수단이고 구실이며 작전일 뿐이다. 자기네들을 '여자 그 자체', '고등한 여자', '여자 이상주의자'로 끌어올리면서 그녀들은 여자의 일반적 수준을 끌어내리고자 한다 ; 그것을 위해서는 고등학교 교육, 바지, 정치적 참정권보다 더 확실한 수단은 없다. 근본적으로 해방된 여자들은 '영원한 여성'의 세계에서는 아나키스트들이다. 그들은 복수를 가장 심층적인 본능으로 하는 처우를 잘 받지 못하는 자들이다…… 가장 악의에 차 있는 '이상주의' 족속 전체의 목표는 ―그런데 이런 것은 남자들에게서도 등장한다. 그 예로 전형적인 노처녀 헨릭 입센H. Ibsen이 있다―성적 사랑의 자연적인 부분, 성적 사랑에 대한 거리낄 것 없는 양심을 독살하는 것이다…… 이런 고찰에 있어서의 나의 점잖으면서도 엄격한 생각에 어떤 의심의 여지도 남기지 않기 위해, 내 도덕 법전으로부터 악덕에 관한 한 항을 옮겨보겠다 : 악덕이란 말로 나는 모든 종류의 반자연에 대한 싸움을 벌인다. 아름다운 말을 더 좋아한다면 이상주의에 대한 싸움을 벌인다고 말해도 무방하다. 아무튼 그 항의 구절은 이러하다 : "순결에 대한 설교는 반자연으로의 공공연한 도발이다. 성생활에 대한 모든 경멸, 성생활을 '불결하다'는 개념으로 더럽히는 것은 다 삶에 대한 범죄 자체다―삶의 성령에 대한 진정한 죄이다." ―

6.

심리학자로서의 나를 이해시키기 위해 나는 《선악의 저편》에 나오는 진기한 심리학적 경우를 들어보겠다―그런데 그 대목에서 내가 누구에 대해 기술하고 있는지에 대한 모든 추측은 금한다. "저 위대한 은둔자가 지니고 있는 심정의 천재, 유혹자―신이자 타고난 양심의 유혹자. 그의 목소리는 모든 영혼의 지하 세계에까지 내려갈 수 있으며, 그가 던지는 말 한마디 눈길 하나에도 유혹의 동기나 저의가 담겨 있다. 그가 파악하고 있는, 스스로를 드러내는 방식은 일종의 대가의 경지이다―그는 자신의 참모습을 드러내지 않으면서도, 그를 따르는 사람들에게 더욱 그에게 다가오도록 강요하기 위한, 더욱 내면적으로 철저하게 그를 따르도록 하기 위한 또 하나의 강제인 것이다…… 심정의 천재. 그는 시끄럽고 자만한 자들을 모두 침묵하게 만들고 경청하는 법을 가르치며 거친 영혼을 잔잔하게 하고 새로운 갈망을 그들에게 맛보게 한다―마치 깊은 하늘이 모습을 비추는 거울처럼 고요하게 누워 있고자 하는 갈망을…… 심정의 천재. 그는 우둔하고 성급한 손에 망설이는 법을 가르치고, 좀더 우아하게 붙잡는 법을 가르친다 ; 그것은 감추어지고 잊혀진 보물과 선의와 달콤한 정신성의 물방울을, 흐리고 두꺼운 얼음 밑에서 찾아내며, 긴 세월 여러 가지 진흙이나 모래감옥 속에 파묻혀 있던 모든 황금 낱알을 찾아내는 마법 지팡이다…… 심정의 천재, 그가 한번 어루만져주면 모든 이가 풍요로워져서 길을 떠난다. 그러나 은총을 입었다거나 놀라서가 아니고, 낯선 선물에 의해 행복해져서라든가 부담을 느껴서도 아니다. 오히려 자기 자신이 더 풍요로워지고 어느 때보다 더 새로워져서 마음이 활짝 열리는 것이다. 따뜻한 바람이 불어와 그의 비밀을 캐내고 그는 더욱 불확실해지고 더욱 부드러워지며 더욱 깨지기 쉽고 부서진 것이 되지만, 아직 구체적으로 무어라 이름붙일 수 없는 희망에 부풀어 있으며 새로운 의지와 흐름이, 새로운 불만과 역류가 넘쳐나고 있다……"[89]

5

비극의 탄생.

1.

《비극의 탄생》(1872)에 대해 공정하기 위해서는 몇 가지를 잊어
버리지 않으면 안 된다. 이 책이 끼친 영향과 심지어 이 책의 매혹
도 바로 이 책의 문제점 때문에 생긴 것이다─즉 마치 바그너류의
것이 상승의 징후라도 된다는 양 이 책이 바그너류의 것에 적용되었
다는 점 때문에 생긴 것이다. 그렇지만 바로 그 때문에 이 작품은
바그너의 삶에서는 하나의 사건이었던 것이다 : 그때부터 바그너라
는 이름에 비로소 위대한 희망이 부여된 것이다. 오늘날에도 여전
히 사람들은 나를 이런 맥락으로 기억하고 있고, 어떤 경우에는 〈파
르지팔〉의 문맥에서도 나를 기억해내곤 한다 : 바그너 운동의 문화
적 가치에 대한 그렇게 높은 평가가 기세등등하게 만연되고 있다는
점에 대해 내가 얼마나 양심의 가책을 느끼고 있는지. ─나는 《비극
의 탄생》이 "음악 정신으로부터의 비극의 재탄생"이라고 여러 번 인
용되는 것을 보았다 : 사람들은 그 책에서 바그너의 예술과 의도와
과제에 대한 하나의 새로운 정식을 듣는 귀만을 갖고 있을 뿐이며
─그 책이 품고 있는 근본적으로 가치 있는 점은 흘려듣고 만다.
"그리스 정신과 염세주의" : 이것이야말로 그 책에 대한 좀더 명료

한 제목이었을 것이다 ; 말하자면 어떻게 그리스인들이 염세주의를
잘 해결했는지를 최초로 알려주는 가르침으로써 —무엇을 가지고
그들이 염세주의를 극복했는지에 대한 가르침으로써 말이다…… 비
극이야말로 그리스인들이 염세주의자가 아니었다는 점에 대한 증거
이다 : 쇼펜하우어는 그가 모든 면에서 실책을 범했던 것처럼, 여기
서도 그러했다. —어느 정도 중립성을 가지게 되면,《비극의 탄생》
은 아주 시대에 어울리지 않는 것처럼 보인다 : 이 책이 뵈르트 전
투의 포화 속에 씌어지기 시작했다는 것을 사람들은 꿈도 꾸지 못하
리라. 그 책의 문제 영역들을 나는 메츠 성벽 앞에서 차가운 9월의
밤에 의무병으로 근무하며 곰곰이 생각했었는데 ; 사람들은 그 작
품이 50년 전의 것이라고 하면 더 쉽게 믿을 것이다. 그것은 정치와
는 무관하며 —그래서 오늘날의 사람이라면 '비독일적'이라고 부를
것이다— 불쾌한 헤겔적 냄새를 풍기고, 몇 가지 정식들에서는 쇼
펜하우어의 시체 썩는 냄새와 숙명적으로 연관되어 있다. 거기서는
하나의 '이념'이—디오니소스적과 아폴론적이라는 대립이—형이
상학적인 것으로 옮겨졌다 ; 역사 자체가 이 '이념'의 전개 과정이
며 ; 비극에서 그 대립이 통일로 지향된다 ; 이러한 광학에서 이전
에는 결코 마주친 적이 없던 것들이 갑자기 대립되고, 서로를 조명
하며, 서로를 파악한다…… 예를 들어 오페라와 혁명이…… 이 책
에는 결정적으로 두 가지 새로운 점이 있다. 그 하나는 그리스인들에
게서의 디오니소스적 현상에 대한 이해이다 : 이 책은 그것에 대한
최초의 심리학이며, 그 현상을 그리스 예술 전체의 한 가지 뿌리로
본다. 또 다른 새로운 점은 소크라테스주의에 대한 이해이다 : 이
책은 소크라테스를 그리스의 용해의 도구이자, 전형적인 데카당으

로 최초로 파악해냈다. 본능 대 '이성'. 그 어떤 대가를 치르든 '이성!'이라는 것이 위험하고도 삶을 파괴해버리는 힘이라는 것. ─그 책 전체에는 그리스도교에 대한 뿌리 깊은 적대적 침묵이 흐른다. 그리스도교는 아폴론적이지도 않고 디오니소스적이지도 않다 ; 그것은 모든 미적 가치를 부정한다─《비극의 탄생》이 인정하는 유일한 가치를 말이다 : 그리스도교는 가장 심층적인 의미에서 허무적이다. 디오니소스적 상징 안에서는 긍정이 그 궁극적인 지점에까지 이르게 되는 반면에 말이다. 이 책은 한 번은 그리스도교 사제들을 '지하 세계'의 '음험한 난쟁이 족속'이라고 넌지시 암시하기도 했다……

2.

그런 출발은 기묘하기 이를 데 없다. 나는 나의 가장 내적인 경험에 대한 역사상 유례 없는 유일한 비유이자, 그 경험에 맞는 짝을 찾아냈으며─그렇게 해서 디오니소스적이라는 놀라운 현상을 최초로 파악하게 되었다. 또한 소크라테스를 데카당으로 인식하게 되었다. 이렇게 해서 나는 어떤 도덕적 특이 성질에 의해서도 내 심리적인 파악의 확실성은 별로 위험해지지 않는다는 점을 완전히 명백하게 입증하게 되었다 : ─도덕 자체가 데카당의 징후라는 것은 인식의 역사에서 새롭고도 유일한 제1급 인식이다. 그 두 가지 인식을 가지고 나는 저 가련한 바보들이 낙관주의 대 염세주의라면서 지껄여대는 수다를 얼마나 높이 뛰어넘었던지! ─나는 진정한 대립을 최초로 알아차렸던 것이다 : ─삶에 대해 가장 지하적인 복수욕을 가지고 저항하는 **퇴화하는** 본능(―그리스도교, 쇼펜하우어의 철학, 어떤 의미로는 이미 플라톤 철학도 그렇고, 이상주의 전체가 그 전형적 형태다), 그리고 충만과 과잉에서 탄생한 최고의 긍정 형식, 고통 자체와 죄 자체와 삶 자체의 모든 의문스럽고도 낯선 것들에 대한 아무런 유보 없는 긍정이라는 대립을 말이다…… 이 두 번째 것, 즉 삶에 대한 가장 즐겁고도 가장 충일하면서도 들뜬 긍정은 최고의 통찰일 뿐만 아니라, 진리와 학문에 의해 가장 엄격하게 확인되고 유지되는 가장 심오한 통찰이다. 존재하는 것에서 **빼버릴** 것은 하나도 없으며, 없어도 되는 것은 없다―그리스도교인과 다른 허무주의자들에 의해 거절당한 삶의 측면은 그 가치 서열상 데카당스 본능이 승인하고, 승인해도 되었던 것들보다 무한히 높다. 이 점을 파악하려면 용기가 필요하고, 그런 용기를 위해서는 넘쳐나는 힘이 필요하다 : 왜냐하면 용기가 과감히 전진해도 되는 꼭 그만큼, 꼭 힘의 정도만큼, 사람들은 진리에 다가가기 때문이다. 실재에 대한 긍정인 인식은 강자에게는 필연이다. 약함에 의해 고무되어 있는 약자에게 실재에 대한 비겁과 실재로부터의 도망이―'이상'이 필연이듯 말이다…… 이들에게 인식은 그네들이 원한다고 되는 것이 아니다 : 데카당들은 거짓을 필요로 하며, 거짓은 데카당의 보존 조건 중의 하나이기에. ― '디오니소스적'이라는 말을 이해할 뿐만 아니라, 자기 자신도 '디오니소스적'이란 말로 이해하는 자는 플라톤이나 그리스도교 또는 쇼펜하우어에 대한 반박이 필요하지 않다―그는 부패를 감지한다……

3.

이렇게 해서 내가 어느 정도로 '비극적'이란 개념을, 비극의 심리학이 무엇인지에 대한 결정적인 인식을 발견했는지에 대해서는 《우상의 황혼》, 139쪽[184~185쪽]에서 표명한 바 있다. "삶의 가장 낯설고 가장 가혹한 문제들에 직면해서도 삶 자체를 긍정한다 ; 자신의 최상의 모습을 희생시키면서 제 고유의 무한성에 환희를 느끼는 삶에의 의지—이것을 나는 디오니소스적이라고 불렀다. 이것을 나는 비극 시인의 심리에 이르는 다리로 이해했다. 공포와 동정에서 벗어나기 위해서도 아니고, 위험한 감정을 격렬히 방출시켜 그 감정에서 자기 자신을 정화시키기 위해서도 아니다—아리스토텔레스는 이런 식으로 오해하고 있었지만 말이다 : 오히려 공포와 동정을 넘어서서 파괴 시의 기쁨도 포함하고 있는 생성에 대한 영원한 기쁨 그자체이기 위해서이다……" 이런 의미에서 나는 나 자신을 최초의 비극적 철학자로서—말하자면 염세적 철학자에 대한 극단적인 대립이자 대척자로서 이해할 권리가 있다. 나 이전에는 디오니소스적인 것을 이렇게 철학적 파토스로 변형시키지는 않았었다 : 비극적 지혜가 결여되어 있었던 것이다—나는 소크라테스 이전의 두 세기간의 위대한 그리스 철학자들에게서 그런 지혜를 찾아보았지만 헛수고였다. 내가 다른 어떤 곳에서보다 그의 곁에서 더 따뜻하고 좋은 기분을 느끼는 헤라클레이토스만큼은 약간의 의문점이 남아 있다. 디오니소스적 철학의 결정적인 면, 즉 유전과 파괴에 대한 긍정, 대립과 싸움에 대한 긍정, 생성, '존재' 개념에 대한 극단적인 거부까지—이런 점에서 나와 그는 그 어떤 경우에서라도 가장 유사하다는 점을 나는 인정하지 않을 수 없다. '영원회귀'에 대한 가르침, 즉 무조건적이고도 무한히 반복되는 만사의 순환에 대한 가르침 ─차라투스트라의 이 가르침은 결국 헤라클레이토스가 먼저 가르쳤을 수도 있었으리라. 헤라클레이토스에게서 그들의 거의 모든 근본적인 생각들을 물려받았던 스토아학파는 적어도 그 흔적은 갖고 있다. ─

5

4.

이 책에서는 엄청난 희망이 이야기되고 있다. 결국 나는 음악의 디오니소스적 미래에 대한 희망을 파기할 이유가 없다. 한 세기 앞을 미리 내다보고서, 2천 년간의 반자연과 인간 모독에 대한 내 암살 행위가 성공했다고 하자. 그때에 인류를 더 높이 사육시킨다는 이 위대한 과제 중의 과제를 떠맡아, 퇴화되고 기생충적인 자들을 모두 무참히 파괴해버리는 삶의 새로운 당파가, 디오니소스적 상태를 다시 자라나게 해야만 하는 생의 충일을 지상에서 다시 가능하게 만들 것이다. 나는 어떤 비극적 시대를 약속하는 바이다 : 인류가 가장 가혹하지만 가장 필연적인 투쟁을 벌이면서도, 그 때문에 고통당하지 않은 채로 그 투쟁의식을 뒤로할 때에, 삶에 대한 긍정에서 최고의 예술인 비극이 부활할 것이다…… 어떤 심리학자는 여기에 다음처럼 덧붙일 수 있다. 내가 젊은 시절에 바그너 음악에서 들었던 것은 바그너와는 전혀 관계도 없다는 것 ; 디오니소스적 음악에 대해 기술했을 때에 나는 내가 들었던 바를 기술했다는 것─내가 모든 것을 본능적으로 내 안에 담지하고 있던 새로운 정신으로 옮기고 변형시켜야만 했다는 것을. 그에 대한 증거는 바로 〈바이로이트의 바그너〉라는 내 에세이이고, 이것은 너무 강력해서 단순한 증거

그 이상이다 : 이 에세이에서 심리학적으로 결정적인 곳에서는 전부 내가 그 이야기의 대상이며─그 텍스트에서 바그너라는 단어가 나오면, 거기에 내 이름이나 '차라투스트라'라는 단어를 한 점 주저함 없이 세워도 무방하다. 열광적인 예술가들의 모습 전체가 차라투스트라라는 시인의 선재적 모습이며, 그 모습은 심연적인 깊이에 의해 그려지고 있고, 바그너적 실재성은 한순간도 건드리지 않는다. 바그너 자신도 이런 점을 알고 있었다 ; 그는 이 에세이에서 자기 모습을 다시 발견할 수 없었다. ─이와 유사하게 '바이로이트 사상'은 나의 《차라투스트라》를 알고 있는 사람들에게는 수수께끼가 아닌 것으로 변형되었다 : 가장 정선된 사람들이 과제 중의 가장 위대한 과제를 위해 헌신하는 위대한 정오로 변형된 것이다─누가 알겠는가? 내가 체험하게 될 축제의 모습을⋯⋯ 이 에세이의 첫 몇 쪽들에 나오는 파토스는 세계사적인 것이다 ; 7쪽에서 이야기하는 그 시선은 진정한 차라투스트라의 시선이다 ; 바그너, 바이로이트, 비소한 독일적 비참함은 모두 미래에 대한 무한한 신기루가 반영되고 있는 하나의 뜬구름이다. 심리학적으로도 내 고유한 본성의 결정적인 모든 특징이 바그너의 것으로 이 에세이에서는 기재되어 있다─가장 밝고도 가장 숙명적인 힘들의 병렬, 어떤 인간도 갖지 못했던 힘에의 의지, 정신적인 면에서의 과감한 용기, 배우고자 하는 무제한의 힘, 하지만 행동에의 의지를 압살하지는 않는다는 것. 이런 것들이 바로 그것이다. 그 에세이에서 미리 고지되고 있는 것들은 : 그리스 정신의 회귀가 가까이 있다는 것, 알렉산더가 풀어놓았던 그리스 문화의 고르디우스의 매듭을 다시 묶는 알렉산더의 반대자들이 필연적이라는 것 등이다⋯⋯ 그 에세이의 30쪽에서 '비극적 성

향 을 도입시켰던 세계사적 악센트에 대해 들어보라 : 그 에세이는 전부 세계사적 악센트들로 뒤덮여 있다. 이것은 주어질 수 있는 가장 낯선 종류의 '객관성'이다 : 내가 누구인지에 대한 절대적 확실성이 여느 우연한 현실로 투사되고 있다—나에 관한 진실이 전율스러울 정도로 깊은 곳에서 이야기되고 있다. 71쪽에는 차라투스트라의 문체가 단호한 확실성에 의해 기술되고 있으며 선취되고 있다 ; 그리고 차라투스트라의 사건에 대해, 인류의 엄청난 정화와 축성 행위에 대해 이 에세이의 43~46쪽의 표현보다 더 위대한 표현은 결코 발견할 수 없다. —

반시대적 고찰.

1.

네 편으로 된《반시대적 고찰》은 전적으로 호전적이다. 이것들은 내가 몽상가가 아니라는 점, 내가 검을 빼는 일을 즐거워한다는 점을 입증하며—아마도 내 손목이 위험하리만큼 자유롭게 움직인다는 점도 역시 입증하고 있다. 첫 번째 공격(1873)은 내가 그 당시 이미 사정없이 경멸하며 얕보았던 독일 교양으로 향했다. 의미도 내용도 목표도 없는 : 한갓 '여론'에 불과한 독일 교양으로. 독일의 대단한 군사적 성공이 그 교양에 이로운 무언가를 입증했다고 믿는 것은 더없이 악의 어린 오해이다—더욱이 독일 교양의 프랑스에 대한 승리를 입증한다는 것은…… 두 번째 반시대적 고찰(1874)은 우리의 학문 경영 방식의 위험한 요소, 삶을 갉아먹는 요소, 삶을 독살하는 요소를 백일하에 폭로하고 있다— : 거기서의 탈인간적인 톱니바퀴와 메커니즘으로 인해, 노동자의 '비인격화'로 인해, '노동 분업'이라는 잘못된 경제학으로 인해 삶은 병이 든다. 목적이 상실되고, 문화가 상실되어간다 : —이렇게 만드는 수단인 현대적인 학문 경영은 야만화된다…… 이 에세이에서는 금세기의 긍지인 '역사적 감각'이 최초로 병증으로서, 퇴락의 전형적 징후로서 간파되었다. ─세 번째와 네 번째 반시대적 고찰은 고급한 문화 개념을 향한, '문화' 개념의 재건을 향한 힌트로서 가장 엄격한 자기 사랑과 자기 도야라는 두 가지 상을 제시한다. 이것들은 전형적인 반시대적 유형들로, 이것들을 둘러싸고 있던 '독일제국', '교양', '그리스도교', '비스마르크', '성공' 등으로 불리던 모든 것에 대한 절대적 경멸로 가득 차 있다─쇼펜하우어와 바그너 혹은, 한마디로 말하자면 니체이다……

2.

이 네 번의 암살 행위 중에서 첫 번째 반시대적 고찰은 탁월한 성공을 거두었다. 그것이 불러일으켰던 소란은 모든 의미에서 장관이었다. 나는 승리감에 찬 민족의 상처를 건드렸다─그 민족의 승리가 문화적 사건이 아니라, 아마도, 완전히 다른 것일지도 모른다면서…… 이에 대한 반응은 온갖 곳에서 나왔고, 비단 다비드 슈트라우스의 옛 친구들에게서만 나온 것은 아니었다. 다비드 슈트라우스는 내가 독일적인 교양 있는 속물Bildungsphilister과 만족의 전형이자, 짧게 말하자면 맥줏집 복음에 불과한 《옛 신앙과 새로운 신앙》의 저자로서 웃음거리로 만들었던 인물이다(─내 에세이에 등장한 교양 있는 속물이란 말은 이제 관용어가 되었다). 뷔르템부르크 사람이자 슈바벤 사람으로서 내가 그들의 기괴한 환상 동물인 슈트라우스를 우습게 여겼을 때 깊은 상처를 받았던 그의 옛 친구들은 내가 기대하지 않았던 무례하고도 거친 응답을 해댔다 ; 프로이센의 반응은 조금 더 현명했다─프로이센인들은 '베를린 블루'

를 좀더 지니고 있었으니. 가장 무례했던 것은 그 악명 높은 〈그렌
츠보텐〉이라는 라이프치히 잡지였다.[90] ; 나는 격분한 바젤 친구들
의 행보를 그만두게 하느라 진땀을 흘렸다. 무조건 내 편을 든 사람
들은 나이 든 몇몇 분들이었고, 그 이유는 복합적이었고 부분적으
로는 알아낼 수 없었다. 그중에서 괴팅엔에 있던 에발트H. Ewald
는 내 암살 행위가 슈트라우스에게는 치명적이 되었노라는 암시를
했다. 부르노 바우어B. Bauer라는 옛 헤겔주의자도 마찬가지였
다. 이때부터 그는 내 글을 가장 주의 깊게 읽는 독자 중의 한 사람
이 되었다. 말년에 그는 내게 주의를 돌리게 하기를 좋아했는데, 예
를 들면 프로이센의 역사기술가인 폰 트라이체케에게 그가 잃어버
린 '문화' 개념의 근원을 가져올 수 있도록 도울 수 있는 자가 나라
고 암시하기도 했다.[91] 그 첫 번째 반시대적 고찰과 그 저자에 대한
가장 신중하고도 가장 긴 평은 철학자 바더F. X. v. Baader의 옛
제자 뷔르츠부르크의 호프만E. Hoffmann 교수에 의해서였다.[92]
그는 이 에세이를 통해 내게 하나의 위대한 사명이 있음을 예견했
다─그는 내가 무신론 문제에 있어서 일종의 위기와 최고의 결단
을 불러일으키며, 나를 그런 무신론의 가장 본능적이고도 가장 가
차없는 유형이라고 본 것이다. 무신론이야말로 나를 쇼펜하우어로
인도했던 바로 그것이었다. ─글을 쓸 줄 아는 최후의 인간다운 독
일인 칼 힐레브란트K. Hillebrand는 원래는 아주 부드러운 사람인
데, 내게는 대단히 강력하고도 용기 있는 성원을 보여주었으며, 그
것은 전적으로 가장 최고의 것이었으면서도 가장 씁쓸하게 받아들
여졌다. 〈아우크스부르거 알게마이네 차이퉁〉에 실린 그의 글을 읽
어보라.[93] ; 좀더 신중하게 고쳐진 그 글을 지금은 그의 전집에서 읽

을 수 있다. 거기서 내 글은 사건이자 전환점이며 최초의 자기 성찰
로, 단연 최고의 징후로, 정신적인 사항에 있어서의 독일적 진지함
과 독일적 열정이 진정 귀환한 것으로 제시되어 있다. 힐레브란트는
내 글이 갖추고 있는 그 형식, 그 성숙한 취향, 개인과 사태를 구분
하는 그 완벽한 기술에 대해 극찬했다 : 그는 내 글에 독일어로 씌
어진 최고의 논쟁적 저술이라는 표식을 붙였다―독일인에게는 그
렇게도 위험하고 권장되지 않는 바로 그 논쟁술에서 최고라는 표식
을. 독일에서의 언어의 타락에 대한 나의 감행적인 말에 무조건 긍정
하고, 심지어는 더 첨예화시키기까지 하며(―오늘날 독일인들은 독
일어 정화론자 노릇을 하면서 한 문장도 더 만끽해내지 못한다―),
독일 '최고의 저술가들'에 대해 나와 똑같이 경멸하고, 내 용기에
대한 경탄을 표명하면서 그는 글을 끝맺었다― "다름 아닌 한 민족
의 총아를 피고석으로 끌고 가는 그 최고의 용기"라고 하면서 말이
다…… 내 삶에서 그 글의 여파는 굉장히 컸다. 지금까지 어느 누구
도 내게 싸움을 걸어오지 않는다. 나에 대해서는 침묵되었고, 독일
에서 나는 음울하고 조심스럽게 다루어진다 : 여러 해 동안 나는 무
조건적인 발언의 자유를 만끽해왔다. 오늘날 누구나가 다 침해받고
있고, '독일제국'에서 침해 정도가 가장 심한 그 자유를. 나의 파라
다이스는 "내 칼의 그림자 안에 있다"…… 근본적으로 나는 스탕달
의 격률을 실천한 것이다 ; 그는 결투를 통해 세상으로 나가라고 충
고했다. 그런데 나는 내 적수를 어떻게 선택했던가! 최초의 독일
적인 자유정신을 선택하지 않았던가!…… 사실 이렇게 해서 완전
히 새로운 종류의 자유정신이 최초로 표현된 것이다 : 유럽적이고도
미국적인 '자유사상가' 유형은 모두 오늘날까지도 내게는 가장 낯

설고 나와 가장 덜 유사하다. '현대적 이념'을 가진 교정 불가능한 멍청이들과 어릿광대들인 그들과 나 사이에는 그들과 그들의 여타 대립자 사이에 놓인 간격보다 더 깊은 간격이 가로놓여 있다. 그들도 그들 나름의 방식으로 그들의 상에 따라 인류를 '개선'하고자 한다. 만일 그들이 내가 누구이고, 내가 무엇을 원하는지를 파악하게 되면, 그들은 이것들에 대해 화해할 수 없는 싸움을 걸어올 것이다—그들은 죄다 여전히 '이상'을 믿고 있으니까…… 나는 최초의 비도덕주의자이다—

3.

쇼펜하우어와 바그너의 이름으로 특징지을 수 있는 반시대적 고찰이 특별히 그 두 사람에 대한 이해나 한갓 심리학적인 문제 제기에 기여할 수 있다고 나는 주장하고 싶지 않다. 여기서 마땅히 몇 가지 세부적인 것은 예외로 하고 말이다. 예를 들어 여기서는 벌써 바그너의 본성 중 핵심적인 것이 깊은 본능적 확실성에 의해 그의 수단과 의도에서 귀결되는 배우적 소질로 묘사되고 있다. 하지만 근본적으로 나는 이 에세이를 가지고 심리학과는 전혀 다른 무언가를 해보려고 했다 : —그래서 비할 바 없이 중요한 교육 문제, 가혹할 정도의 자기 도야와 자기 방어라는 새로운 개념, 위대함과 세계사적 과제로 향하는 길에 대한 표현이 최초로 요청되었던 것이다. 넓게 보자면 다른 사람들이 기회를 포착하듯이 나도 유명하기는 하지만 전혀 진단되고 있지 않은 쇼펜하우어와 바그너라는 두 유형을 무언가를 말하기 위해서, 그리고 몇 가지 정식들과 기호와 언어 수단을 더 많이 갖기 위해 포착한 것이다. 이것 또한 세 번째 《반시대적 고찰》의 93쪽에서 완벽하지만 은밀한 명민함에 의해 암시되어 있다. 플라톤이 소크라테스를 플라톤을 위한 기호학으로 사용했던 것도 같은 방식이었다. ―이 에세이들이 그 증거가 되는 그때의 상태에서 어느 정도 떨어져 그 상태를 돌아보는 지금, 나는 그 에세이들이 근본적으로는 단지 나에 관해서만 말하고 있다는 사실을 부정하고 싶지 않다. 〈바이로이트의 바그너〉라는 에세이는 나의 미래상이다 ; 반면 〈교육자로서의 쇼펜하우어〉에는 나의 가장 내적인 역사이며, 나의 변하는 모습이 기술되어 있다. 무엇보다도 나의 맹세가! …… 오늘날의 내 모습, 오늘날 내가 있는 곳―나는 더 이상 말로가 아니라 번개로 말하는 그런 높은 곳에 있는데―오오, 그 당시에 나는 여기에서 얼마나 멀리 떨어져 있었던가! ―하지만 나는 육지를 보았으며―한순간도 길과 바다와 위험에 관해서 착각하지 않았다 ―그리고 성공에 대해서도! 약속하면서 얻는 위대한 평정, 약속으로만 남겨져서는 안 되는 미래에 대한 이 행복한 조망! ―거기에서는 모든 말이 깊게 그리고 내적으로 체험된다 ; 거기서는 가장 고통스러운 것에 대해서도 표현할 말이 있으며, 그 말들은 바로 피에 굶주린 것들이다. 하지만 위대한 자유의 바람이 모든 것을 덮쳐 멀리 불어버린다 ; 상처 자체는 반박 효과를 내지는 않는다. ―어째서 나는 철학자를 모든 것을 위험에 빠뜨리는 무시무시한 폭발물로 이해하는지, 어째서 나는 나의 '철학' 개념을, 아카데미의 '반추동물'이나 다른 철학교수들은 두말할 것도 없이 포함하고 심지어는 칸트마저도 포함하는 철학 개념과는 아주 멀리 분리시켜버리는지 : 이에 관해 그 에세이는 평가할 수 없을 정도로 귀중한 가르침을 준다. 심지어는 근본적으로는 '교육자로서의 쇼펜하우어'가 아니라, 그것의 반대 즉 '교육자로서의 니체'가 표명되고 있다는 점을 인정하고 있다. —그 당시 내 작업이 한 학자의 작업이었다는 점과 아마도 내가 내 작업을 이해하고 있었다는 점도 감안해보면 그 에세이에서 느닷없이 등장하는 학자의 신랄한 심리는 의미가 있다 : 그것은 거리감을 표현하며, 무엇이 내게서 과제이고, 무엇이 단순히 수단이고 막간극이자 부수물일 수 있는지에 대한 깊은 확실성을 표현하고 있다. 내 영민함은 하나가 될 수 있기 위해 하나로 모아질 수 있기 위해 많은 것이 되어보고 많은 곳에 있어보았다는 점이다. 나는 얼마 동안은 학자이지 않으면 안 되었다. —

인간적인 너무나 인간적인.

두 속편들.

1.

《인간적인 너무나 인간적인》은 어떤 위기의 기념비이다. 이 책은 자유정신들을 위한 책이라고 자칭한다 : 그 책의 거의 모든 문장이 승리를 표현하고 있다—나는 이 책을 통해 내 본성에 속하지 않는 것들에서 나를 해방시켰던 것이다. 내게 속하지 않는 것이란 이상주의다 : 그 제목은 "너희가 이상적인 것들을 보는 곳에서, 나는— 인간적인, 아아, 인간적인 것만을 본다"라는 말을 하고 있는 것이다 …… 나는 인간을 더 잘 알고 있다…… '자유정신'이라는 말은 여기서 어떤 다른 의미로도 이해되기를 바라지 않는다 : 자유정신은 스스로 자기 자신을 다시 소유하는 자유롭게 된 정신인 것이다. 이 책에서는 어조나 목소리의 울림이 완전히 변했다 : 이것은 명석하고 냉철하며 경우에 따라서는 가혹하고도 조소적이라고 느껴질 것이다. 고상한 취향을 가진 특정한 하나의 정신이 그 토대를 이루고 있는 좀더 격정적인 흐름에 맞서 계속 정상에 머무르고 있는 것처럼 보이기도 한다. 이런 맥락에서 그 책이 1878년에 출간된 데에 대한 해명도 될 수 있는, 그 해가 볼테르 서거 100주년이라는 점은 의미가 있다. 왜냐하면 볼테르는 볼테르 이후에 무언가를 썼던 모든 자들의 반대였고, 무엇보다도 정신적 귀인이었기 때문이다 : 내가 그렇듯이 그도 바로 그러했다. —내 저술 중의 하나에 나오는 볼테르라는 이름은—이것이 진정 진보였다—나로의 **진보**…… 좀더 자세히 바라보면, 이상이 안주하고 있는 모든 은신처를 다 알고 있는 무자비한 정신이—이상의 성내 지하 감옥, 말하자면 이상이 최후의 은신처로 갖고 있는 곳을 다 알고 있는 정신이 발견된다. '망설이지 않는' 빛을 발하는 횃불을 손에 들고서 이상의 지하 세계를 구석구석 날카롭게 밝혀 비춘다. 그것은 전쟁이다. 하지만 화약도 연기도 없고, 전투 태세도 없으며, 파토스도 사지의 탈골도 없는 전쟁이다—그렇지 않았다면 여전히 '이상주의'일 것이다. 이 전쟁에서는 오류가 차례차례 얼음 위에 놓인다. 이상은 반박되지 않는다—이상은 얼어 죽는다…… 여기서는 이를테면 '천재'가 얼어 죽고 ; 다음 구석에서는 '성인'이 얼어 죽는다 ; 두꺼운 고드름 밑에서는 '영웅'이 얼어 죽고 ; 마지막에는 '신앙'이 얼어 죽는다. 소위 말하는 '확신'도 '동정'도 꽁꽁 얼어붙는다—거의 모든 곳에서 '물자체'가 얼어죽는다……

2.

이 책의 서두는 첫 번째 바이로이트 축제 주간에 씌어졌다 ; 거기서 나를 둘러싸고 있던 모든 것이 아주 깊이 낯설었다는 점이 그 책을 쓰게 한 전제 조건들이다. 당시 내가 어떤 비전에 우연히 마주쳤었는지를 알고 있는 사람은, 어느 날 내가 바이로이트에서 일어났을 때 어떤 기분이 들었는지 추측할 수 있을 것이다. 나는 마치 완전히 꿈을 꾸고 있는 것 같은 기분이었다…… 내가 어디에 있었단 말인가? 나는 아무것도 다시 알아보지 못했다. 바그너마저도 알아
5 보지 못했다. 나는 내 기억을 넘겨보았으나 허사였다. 트립센―그것은 멀리 떨어져 있는 지복의 섬이었고 : 그 비슷한 그림자는 바이로이트에는 없었다. 바이로이트 극장의 주춧돌을 놓은 그 비할 바 없는 나날들, 그것을 축하하고 섬세한 문제들을 이해할 수 있던 그 작은 집단 : 이것들과 비슷한 그림자도 이제는 없다. 무슨 일이 생겼
10 단 말인가?―바그너가 독일어로 옮겨졌던 것이다! 바그너주의자가 바그너 위에 군림해버렸던 것이다!―독일 예술! 독일 거장! 독일 맥주!…… 어떤 세련된 예술가에게만, 어떤 취향의 세계시민주의에만 바그너의 예술이 말을 건네는지를 너무나 잘 알고 있는 우리 그들과 다른 사람들은 독일적 '덕들'로 치장한 바그너를 다시 보게
15 되면 정신을 차릴 수가 없다.―나는 바그너주의자들을 알고 있다고 생각한다. 나는 3세대에 걸친 바그너주의자들을 '체험했다'. 바그너를 헤겔과 혼동했던 작고한 브렌델K. F. Brendel에서부터, 바그너를 자기네들과 혼동했던 〈바이로이터 블래터〉의 '이상주의자들'에 이르기까지 말이다.―나는 바그너에 대한 '아름다운 영혼'
20 의 온갖 종류의 고백을 들어왔다. 분별 있는 말 한마디에 왕국을 주겠다![94]―바그너주의자 사회의 실상은 머리털을 곤두서게 할 정도로 소름이 끼친다! 놀K. F. L. Nohl, 폴R. Pohl, 콜J. G. Kohl. 이 무한히 기이한 자들! 그 사회에는 실패작이 아닌 자들이 없으며, 심지어는 반유대주의자가 아닌 자들도 없다.―불쌍한 바그너! 그가

어디로 빠져버렸단 말인가! ―차라리 돼지들 쪽으로 갈 것이지!⁹⁵⁾ 하필 독일인들 사이로 가다니!…… 우리 후손들을 위한 교훈으로 삼기 위해 우리는 진짜 바이로이트 사람을 박제로 만들어야 한다. 그들을 순수 알코올Spiritus에 담아 보관하는 것이 더 좋겠다. 그들에게는 정신Spiritus이 결여되어 있으니 ― '독일제국' 의 기초였던 '정신' 이란 것이 이런 것이었다라고 병에 써서 말이다…… 이것으로 충분하다. 한 매력적인 파리 여인이⁹⁶⁾ 나를 위로하고자 했음에도 불구하고, 나는 돌연 몇 주간의 여행을 떠났다 ; 나는 바그너에게 숙명적인 전보 한 장을 보내 양해를 구했다. 뵈머발트의 숲 속 깊이 숨겨져 있는 클링엔브룬 마을에서 나는 나의 멜랑콜리와 독일인에 대한 경멸을 마치 하나의 병증처럼 달고 다녔다―그리고 때때로 내 노트에 '쟁기날' 이라는 제목 아래 한 문장씩 써 넣었다. 이것들은 죄다 《인간적인 너무나 인간적인》에서 다시 찾아볼 수 있을 만한 엄격한 심리적인 고찰들이었다.

.

3.

그 당시 내게 결정적이었던 일은 바그너와의 결렬이 아니었다―나는 내 본능이 총체적으로 길을 잃고 있다는 것을 느꼈으며, 바그너나 바젤의 교수직 같은 개별적인 실책은 그 총체적인 길 잃음에 대한 징후에 불과한 것이었다. 나 자신을 참 수 없다는 생각이 돌연 나를 엄습했다 ; 이때 나는 다시 내 정신으로 돌아오기에는 지금이 절호의 시기라고 생각했다. 내가 이미 얼마나 많은 시간을 허비했는지 ―문헌학자로서의 나의 실존 전체가 얼마나 쓸모없이 얼마나 제멋대로 내 과제에서 스스로를 제외시켰던지가 내게 갑자기 끔찍한 방식으로 명료해졌다. 나는 그런 그릇된 겸손함이 부끄러워졌다…… 내게서 정신의 영양 섭취가 단절되어버렸으며, 쓸모 있는 것은 하나도 더 배우지 않았고, 학식이란 것이 먼지를 뒤집어쓴 허섭스레기라는 점을 어리석게도 많이 잊어버리고 있던 10년이 흘러버렸다. 고대의 운율학자를 그 나쁜 눈을 해가지고 철저하게 더듬어가는 것 ―내가 그렇게까지 되어버렸다니! ―완전히 메말라 있고, 완전히 굶주려 있는 나 자신을 나는 연민을 가지고 바라본다 : 내 지식의 내부에 다름 아닌 실재성이 결여되어 있는데 '이상성'이란 것이 무슨 쓸모가 있단 말인가! ―정말 타는 듯한 갈증이 나를 덮쳤다 : 이때부터 나는 사실상 생리학과 의학과 자연과학 공부 외에 다른 일은 전혀 하지 않았다―심지어 진정한 역사적 연구로도 내 과제가 내게 명령하며 강요했을 때에야 비로소 나는 되돌아갔다. 내가 다음의 관계를 처음으로 파악한 것도 그 당시였다. 즉 본능에 역행해서 선택된 활동이자 소명을 받았다고는 할 수 없는 소위 말하는 '직업'과―그리고 마취제 같은 예술, 이를테면 바그너 예술에 의해 황폐감과 굶주림의 느낌을 마취시키고자 하는 욕구 사이의 관계를 말이다. 좀더 신중하게 둘러보고서 나는 얼마나 많은 젊은이들이 동일한 곤경에 처해 있는지를 발견했다 : 하나의 반자연은 형식상 두 번째 반자연을 강요하는 법이다. 명료하게 말하자면 독일에서는, '독일제국'에서는 너무나 많은 사람들이 적절하지 않은 시기에 결정을 내리도록 되어 있으며, 그리고 나서는 던져버릴 수 없게 되어버린 짐 때문에 쇠약해지고 있다…… 이들이 바그너를 하나의 아편으로 요청하며―자기 자신을 잊는다. 이들은 한순간은 자기 자신을 놔버리는 것이다…… 아니, 내가 무슨 말을 하고 있는가! 다섯 내지 여섯 시간은 족히 되리라! —

4.

이때 내 본능은 굴복과 동행과 나 자신에 대한 혼동이 더 지속되는 것에 대해 무자비한 결단을 내렸다. 어떤 종류든지 삶, 최고의 악조건, 병, 빈곤―내가 보기에 이 모든 것이 그 무가치한 '무사(無私)'보다 더 나은 것 같았다. 처음에 내가 거기 빠졌던 이유는 내가 어렸고 무지했었기 때문이었고, 그리고 무지 때문에 빠졌었고, 나중에는 소위 '의무감'이라는 타성 때문에 빠져나오지 못했었다. ― 그때 내가 아무리 감탄해도 충분치 않을 방식으로 아주 시의적절하게 내 아버지 쪽의 좋지 않은 유산이 나를 도와주었다―근본적으로 요절할 내 운명이 말이다. 병증이 서서히 나를 분리시켜주었던 것이다 : 그것은 나를 결렬하지 않게, 모든 난폭하고도 충돌적인 행보를 하나도 하지 않게 만들었다. 당시 나는 호의를 잃지 않았고, 더 많은 호의를 얻었다. 마찬가지로 내 병은 내게 나의 모든 습관으로 완전히 되돌아갈 권리를 주었다 ; 내 병은 망각을 허락했고, 망각하라고 명령했다 ; 내 병은 내게 조용히 누워 있는 것, 한가로움, 기다림과 인내의 필요를 선사했다…… 그런데 이것이야말로 생각한다는 것이 아니겠는가! …… 내 눈이 홀로 온갖 책벌레들에 안녕을 고했다. 꾸미지 않고 말하자면 : 문헌학에 안녕을 고했다 ; 나는 '책'에서 구제되었으며, 몇 년간 더 이상 독서하지 않았다―이것이 내가 나 자신에게 베푼 최고의 은혜였다!―다른 자아(―즉 독서하는!)

의 말을 끊임없이 들어야만 해서, 말하자면 그 밑에 파묻혀버리고 말이 없어져버렸던, 가장 밑바닥의 자아가 서서히 수줍어하고 미심쩍어하면서 깨어나기 시작했다—그리고 마침내 다시 말을 하기 시작했다. 나의 삶에서 가장 아팠고 고통스러웠던 그 시절에 내가 느꼈던 행복보다 더 큰 행복을 나는 결코 가져보지 못했다 : 이러한 '나로의 귀환'이 무엇이었는지를 알려면 《아침놀》이나 〈방랑자와 그의 그림자〉를 보면 된다 : 그것은 최상의 회복 그 자체이다! …… 다른 것들은 여기서 파생되는 것들일 뿐이다. —

5.

《인간적인 너무나 인간적인》이라는 엄격한 자기 도야의 기념비에 의해 나는 '고등 사기', '이상주의', '아름다운 감정' 및 그 밖의 여성적인 것에 의한 감염에 돌연 종지부를 찍었고, 그 핵심 사항들은 소렌토에서 집필되었으며 ; 바젤에서의 겨울에 소렌토에서와는 다른 악조건 아래 끝을 맺어 최종 형태가 완성되었다. 당시 바젤 대학에서 수학하고 있던, 나를 아주 좋아하는 페터 가스트 군이 이 책의 책임을 맡고 있었다. 내가 머리를 동여맨 채 고통스러워하면서 구술하면, 그는 받아 적었고 교정도 했다—근본적으로는 그야말로 진정한 필자였고, 나는 단지 저자였을 뿐이다. 그 책이 마침내 완성되어 내 손에 들어왔을 때—중환자인 나는 심히 놀랐으며—, 특별히 바이로이트로 두 부를 보냈다. 기적 같은 우연으로, 그와 거의 동시에 보기 좋은 〈파르지팔〉 텍스트 한 부가 도착했다. "내 충실한 친구 프리드리히 니체에게. 리하르트 바그너. 키르헨라트에서"라는

바그너의 헌사가 적힌 채로. —이 두 책의 교차—불길한 소리가 들
리는 것 같았다. 두 개의 검이 맞부딪치는 듯한 소리가 울리지 않았
던가? …… 대략 그 시기에 〈바이로이터 블래터〉 첫 권이 발간되었
다 : 나는 무엇을 위한 최적의 시기인지를 알아차렸다. —믿을 수가
없다! 바그너가 경건해지다니……

5

6.

그 당시(1876) 내가 나를 어떻게 생각하고 있었는지, 어떤 엄청
난 확신을 가지고 내가 내 과제와 내 과제의 세계사적인 면을 명백
히 보고 있었는지에 대해서는 이 책 전체가, 특히 아주 명쾌한 몇
부분들이 증언하고 있다 : 내게 있는 본능적 교활함에 의해 나는 여
기서도 다시 '나'라는 작은 단어를 피해갔다. 그런데 이번에는 쇼펜
하우어나 바그너라는 이름이 아니라 내 친구 중 탁월한 인물인 파
울 레P. Rée 박사의 이름을 세계사적 영광으로 빛나게 했다—다
행히도 그는 너무나도 섬세한 동물이었다…… 다른 사람들은 그보
다 덜 섬세하다 : 내 독자들 중에는 희망 없는 무리들이 있다. 예를
들자면 전형적인 독일 교수들이 그렇다. 이들은 레와 관계된 그 부
분을 근거로 책 전체를 고도의 레알리즘Réealism으로 이해하지 않
으면 안 된다고 믿는 점에서 알아볼 수 있다…… 사실상 그 책은 내
친구 레의 대여섯 명제를 반박하고 있는데 말이다 : 이에 관해서는
《도덕의 계보》서문을 다시 읽어보라. —거기에는 이런 부분이 있
다 : 대담하고도 냉철한 사유가 중의 한 명인《도덕감의 기원에 관
하여》의 저자가(최초의 비도덕주의자인 니체라고 읽을 것) 인간 행

10

15

20

동에 대한 자기의 결정적이고도 통렬한 분석에 의해 이른 자기의
핵심 명제는 무엇인가? "도덕적 인간은 생리적인 인간보다 예지계
에 더 근접하고 있는 것은 아니다—왜냐하면 예지계란 없기 때문이
다……" 이 명제가 역사적인 인식의 망치질(가치의 전도라고 읽을
것)에 의해 단단해지고 날카로워지면 언젠가는, 아마도 미래의 언
젠가는—1890년에는!—인류의 '형이상학적 욕구'의 뿌리를 발본
색원하는 도끼가 될 것이다. —이것이 인류에게 더 많은 축복일지
더 많은 저주일지, 누가 말할 수 있을 것인가? 하지만 어쨌든 가장
중대한 결과를 가져올 명제로서, 많은 결실을 맺으면서도 동시에
공포스러운 명제이자, 모든 위대한 인식이 갖고 있는 이중 시선으로
세계를 바라보는 명제이다……

아침놀.

편견으로서의 도덕에 관한 사유들.

1.

이 책으로 도덕에 대한 나의 전투가 시작된다. 화약 냄새는 전혀 나지 않는 전투가 : ─예민한 코를 가지고 있는 자는 화약 냄새와는 완전히 다르면서도 훨씬 더 좋은 냄새를 맡을 것이다. 이 전투에는 큰 포격도 없고 작은 포격도 없다 : 이 책의 효과가 부정적이라도, 그 수단이 그만큼 부정적인 것은 아니다. 그 수단의 효과는 포격의 경우처럼 나타나는 것이 아니라, 추론처럼 나타나기 때문이다. 지금까지 도덕이라는 이름 아래 경외되고 심지어는 숭배되기까지 했던 모든 것을 어려워하며 조심스러워했던 일이 이 책으로 작별을 고한다. 이런 식의 작별과, 그리고 이 책 전체에 부정적인 말은 한마디도 등장하지 않으며 공격도 악의도 없다는 사실은 모순되지 않는다─그리고 그 책이 심지어는 태양 아래 놓여 있다는 것, 완숙하고 행복하게, 바위 틈에서 햇볕을 쪼이는 어떤 바다동물과도 같다는 사실과도 모순되지 않는다. 결국 나 자신이 바로 이 바다동물이었다 : 그 책의 거의 모든 문장이 제노바 근처의 어지럽게 흩어져 있는 바위들 사이를 종횡무진 쏘다니며 생각해낸 것들이다. 거기서 나는 혼자 있었으며 바다와 비밀을 공유했었다. 지금도 우연히 그 책을 들추면, 거의 모든 문장이 내게는 저 깊은 곳에서 비할 바 없는 어떤 것을 다시 끌어올리게 하는 뾰족한 끝이다 : 이 책의 전 피
5 부는 회상의 부드러운 전율로 떨고 있다. 이 책은 가볍고도 소리없이 스쳐가는 것들과 내가 신적인 도마뱀이라고 부르는 순간들을 어느 정도 고정시키는, 하찮치만은 않은 기술을 갖고 있다—하지만 저 불쌍한 도마뱀을 간단히 꼬챙이로 꽂아버리는 젊은 그리스 신의 잔인함을 쓰지는 않는다. 하지만 어쨌든 무언가 날카로운 것을, 즉
10 펜을 써야 했다…… "아직은 빛을 발하지 않은 수많은 아침놀이 있다"—이 인도의 비문이 이 책 출입구에 적혀 있다. 이 책의 저자는 어디서 새로운 아침을, 다시 새로운 아침을 여는 이제껏 발견되지 않았던 은근한 붉은빛을 찾는가? —아아, 새로운 날들의 연속과 새로운 날들의 세상 전체를 여는! 그것은 모든 가치의 전도에서이다.
15 모든 도덕가치들로부터의 해방에서, 지금까지 부정되고 의심되며 저주받아왔던 모든 것에 대한 긍정과 신뢰에서이다. 이 긍정하는 책은 자기의 빛과 사랑과 부드러움을 순전히 나쁘기만 한 것들에 발산하여, 이것들에게 '영혼'과 가책받을 일 없는 양심과 삶에 대한 고도의 권리와 특권을 다시 되돌려준다. 도덕은 공격되지 않는다.
20 도덕은 단지 더 이상 고찰 대상이 되지 않을 뿐이다…… 이 책은 '그렇지 않으면?' 이란 말로 끝맺는다—이 책은 '그렇지 않으면? 이라는 말로 끝을 맺는 유일한 책이다……

2.

내 과제는 인류 최고의 자기 성찰의 순간인 위대한 정오를 준비하는 것이다. 이때 인류는 과거를 회고하고 미래를 내다보면서, 우연과 사제의 지배에서 벗어나 왜?, 무슨 목적으로?라는 질문을 최초로 전체적으로 제기할 것이다. —이 과제는 인류가 그 스스로 옳은 길을 가지 않으며, 인류는 전혀 훌륭하게 신적으로 관리되지 않고, 오히려 그들의 가장 신성한 가치 개념들 밑에는 부정 본능과 부패 본능과 데카당스 본능이 유혹적으로 지배하고 있다는 통찰에서 필연적으로 나온다. 도덕가치가 인류의 미래를 결정하기 때문에 도덕가치의 기원이라는 문제는 내게는 가장 중요한 문제이다. 모든 것이 근본적으로 가장 확실한 보호 아래 있다는 것을, 성서라는 책 한 권이 인류의 운명에 대한 신의 지배와 지혜에 관해 우리를 최종적으로 안심시켜준다는 것을 믿어야 한다는 요구는, 의지가 그것과는 정반대되는 비참한 진리를 등장시키려 하지 않는다는 사실로 다시 번역할 수 있다. 말하자면 지금까지 인류는 가장 나쁜 것의 수중에 있었다는 사실로, 인류가 좋은 처우를 받지 못한 자들, 교활하고 복수욕에 불타는 자들, 소위 말하는 '성자들' 등의 세계 비방자와 인간 모독자에 의해 지배당해왔다는 사실로 말이다. 사제가(—사제가 그 모습을 감추고 있는 철학자도 포함하여) 특정한 종교 집단의 내부에서만 있지 않고, 전반적인 지배자가 되었다는 것. 그리고 데카당스 도덕, 종말에의 의지가 도덕 그 자체로 간주된다는 것. 이것에 대한 결정적인 표시는 바로 비이기적인 자에게 어디서든 부여되는 무조건적 가치와 이기적인 자에게 어디서든 표출되는 적대감이다. 이 점에 대해서 내게 동의하지 않는 자를 나는 감염되어 있다고 간주한다…… 그런데 온 세상이 내게 동의하지 않는다…… 생리학자는 저런 가치의 대립을 전혀 의심하지 않는다. 만일 유기체의 내부에서 가장 비소한 기관이라도 자기 보존에, 자기의 힘의 보충에, 자기의 '이기주의'를 완벽하게 확실히 관철시키는 데 약간이라도 실패하고 있다면, 유기체 전체가 퇴화하기 때문이다. 생리학자는 퇴화된 부분을 잘라내기를 요구하고, 퇴화된 부분과의 어떠한 연대도 부정하며, 일체 동정하지 않는다. 하지만 사제는 바로 전체의 퇴화, 인류의 퇴화를 원한다 ; 그래서 사제는 퇴화된 부분을 보존한다―이런 값을 치르면서야 사제는 인류를 지배하는 것이다…… '영혼', '정신', '자유의지', '신' 등의 거짓 개념이자 도덕의 보조 개념들은 그것들이 인류를 생리적으로 파괴하지 않는다면 무슨 의미가 있단 말인가? …… 우리가 몸의 자기 보존이나 힘의 상승에 대한, 즉 삶의 자기 보존이나 힘의 상승에 대한 진지함을 다른 쪽으로 돌려버린다면, 그리고 빈혈증에서 하나의 이상을, 몸의 경멸에서 '영혼의 구원'을 고안해낸다면, 이것이 데카당스로의 처방과 무엇이 다른가? ―중심의 상실, 자연적 본능에 대한 저항, 한마디로 '무사 Selbstlosigkeit'―이것이 이제껏 도덕이라고 일컬어졌다……《아침놀》과 더불어 나는 먼저 탈아Entselbstung의 도덕에 대한 전투를 시작했다. ―

즐거운 학문.

('la gaya scienza')

《아침놀》은 긍정의 말을 하는 책이며, 심오하지만 밝고 호의적이다. 이와 똑같은 말이 《즐거운 학문》에도 최고 의미에서 다시 적용된다 : 이 책의 거의 모든 문장에는 심오함과 장난기 어린 좋은 기분이 정겹게 손을 맞잡고 있다. 내가 체험했던 가장 경이로운 1월에 대한 감사를 표현하고 있는 시구가―이 책 전체가 1월의 선물이다―어떤 심오함에 의해 '학문'이 여기서 즐거운 것이 된 건지에 대해 충분히 알려주고 있다 :

> 그대는 불꽃의 창으로
> 내 영혼의 얼음을 흩뜨린다,
> 내 영혼은 이제 거센 소리를 내며 바다로 향하고
>   그 최고의 희망으로 서둘러 간다 :
> 끊임없이 더 밝고 끊임없이 더 건강하게,
> 자유롭게 애정 어린 의무를 가지고―
> 그리하여 내 영혼은 그대의 기적을 찬미한다,
> 그지없이 아름다운 그대 1월이여!

여기서의 '최고의 희망'이 무엇을 의미하는지에 대해서는 《즐거운 학문》 4편의 말미에 다이아몬드처럼 아름답게 반짝이고 있는 차라투스트라의 말을 본 사람이라면 누가 의아해하겠는가? ─ 또는 영원을 위한 어떤 운명을 최초로 정식화했던 3편의 말미에 있는 화강암처럼 견고한 문장들을 본 사람이라면 누가 의아해하겠는가? ─ 대부분 시실리에서 씌어진 〈포겔프라이 왕자의 노래〉는 '즐거운 학문'이라는 프로방스적 개념을 아주 명백하게 기억해내고 있다, 즉 경이로운 프로방스의 초기 문화를 모든 애매한 문화와 구별해주는, 시인과 기사와 자유정신의 합일을 ; 특히 〈미스트랄에게 부침〉이라는 마지막 시는 실례를 무릅쓰고 말하자면! 도덕을 넘어서 춤을 추게 하는 자유로운 춤곡으로, 완벽한 프로방시즘이다. ─

차라투스트라는 이렇게 말했다.

모든 사람을 위한, 그러면서도 그 누구를 위한 것도 아닌 책.

1.

이제 나는 차라투스트라의 내력을 이야기하겠다. 이 책의 근본 사상인 영원회귀 사유라는 그 도달될 수 있는 최고의 긍정 형식은— 1881년 8월의 것이다 : 그것은 "인간과 시간의 6천 피트 저편"이라고 서명된 채 종이 한 장에 휘갈겨졌다. 그날 나는 실바프라나 호수의 숲을 걷고 있었다 ; 수르레이에서 멀지 않은 곳에 피라미드 모습으로 우뚝 솟아오른 거대한 바위 옆에 나는 멈추어 섰다. 그때 이 생각이 떠올랐다. —이날부터 몇 달 전을 회고해보면, 나는 내 취향, 특히 내 음악적 취향의 급작스럽고도 심층적이며 결정적인 변화를 그 전조로 발견하게 된다. 《차라투스트라는 이렇게 말했다》 전체는 음악으로 생각되어도 될 것이다 ; —확실히 예술 안에서의 부활을 들을 수 있었고, 그 부활에 대한 전제 조건이었다. 내가 1881년 봄을 지낸 베네치아에서 멀지 않은 레코아로라는 작은 산간 온천에서 나는 내 스승이자 벗이며 그 역시 '다시 태어난 자'인 페터 가스트와 함께 음악이라는 불사조가 한 번도 보여주지 않았던 그

가볍고도 찬란한 깃털로 우리를 스쳐 날아가는 것을 발견했다. 반면 내가 그날 이후를, 1883년 2월의 가장 믿을 수 없을 만한 상황에서의 돌연한 출산에 이르기까지를 생각해보면—서문에서도 몇 문장을 인용했던 《차라투스트라》의 피날레 부분은 리하르트 바그너가 베네치아에서 사망했던 바로 그 신성한 시간에 완성되었다—이 책의 잉태 기간은 18개월이었다는 결론에 이른다. 이 18개월이라는 숫자는 적어도 불교 신자들에게는 내가 기실 암코끼리라는 생각이 들게 할 수도 있다. —그사이에 무엇과도 비교할 수 없을 만한 것들이 근접해 있다는 것을 보여주는 수백 가지 징후인 《즐거운 학문》이 씌어졌다 ; 결국 《즐거운 학문》은 《차라투스트라는 이렇게 말했다》의 서두 자체이고, 그 4부의 끝에서 두 번째 장에서는 차라투스트라의 근본 사유를 보여주고 있다. —그사이에 또한 〈삶의 찬가〉가 씌어졌다(혼성합창과 오케스트라를 위한). 그 악보는 2년 전에 라이프치히의 프리취 출판사에서 출간되었다 : 이것은 그해, 즉 내가 비극적 파토스라고 불렀던 파토스 중의 파토스인 긍정의 파토스가 내 안에 최고로 깃들어 있던 그해의 상태를 알려주는 의미 심장한 징후일 것이다. 훗날 언젠가 이 노래는 나를 기억하면서 불리게 될 것이다. —한 가지 오해가 퍼지고 있어서 분명히 강조하지만 그 텍스트는 내가 쓴 것이 아니다 ; 당시 나와 친분을 맺고 있던 루 폰 살로메L. v. Salomé라는 젊은 러시아 여인의 경탄스러운 영감이 쓴 것이다. 그 노래의 마지막 말들에서 어떤 의미라도 끄집어낼 수 있는 자는 왜 내가 그 노래를 선호하고 찬미하는지를 알아차리게 된다 : 위대하기 때문이다. 그 노래는 고통을 삶에 대한 반박으로 여기지 않는다 : "네가 내게 줄 행복이 더 이상 없는가. 자, 보라! 아직 네 고통을 갖고 있지 않은가……" 바로 이 대목에서 내 음악도 위대함을 갖추게 되는 것이다(오보에의 마지막 음조는 다장조(c)가 아니라 올림 다장조(cis)다. 오자다.) ―그 다음 겨울 나는 제노바에서 멀리 않은 라팔로의 매력적이고도 조용한 만에서 살았다. 그곳은 카발리와 포르토피노 구릉 지대 사이에 끼어 있는 곳이다. 나는 건강이 썩 좋지 않았다 ; 겨울은 추웠으며 비가 많이 내렸다 ; 파도 소리 때문에 밤잠을 설칠 정도로 바다에 인접해 있는 작은 호텔이 제공했던 것은 전부 다 내가 바라던 것과는 정반대였다. 그럼에도 불구하고, 결정적인 모든 것은 '그럼에도 불구하고' 등장한다는 내 말을 입증이라도 하듯 내《차라투스트라》는 그 겨울에 그 악조건 아래 등장했다. ―오전에는 소나무 숲을 지나 멀리 바다를 바라보면서 나는 초알리 방향으로 난 아름다운 남쪽 길을 오르곤 했다 ; 오후에는 건강 상태가 좋을 때마다 산타 마게리타에서부터 포르토 피노의 뒤에 이르는 만 전체를 돌아다녔다. 이 장소, 이 풍경은 잊혀지지 않을 존재인 독일의 황제 프리드리히 3세가 대단히 마음에 들어 했다고 해서 내 마음에 더 친근하게 다가왔다 ; 그가 이 작고도 잊혀져버린 행복의 세계를 마지막으로 방문했던 1886년 가을에 우연히 나는 이 해변을 다시 찾았다. ―오전 오후의 이 두 산책길에서《차라투스트라》1부 전체가 떠올랐다. 특히 차라투스트라 자신이 하나의 유형으로서 떠올랐다 : 정확히는 그가 나를 엄습했다……

2.

차라투스트라라는 유형을 이해하기 위해서는 우선 그의 생리적 조건들을 명백히 알아야 한다 : 그 조건은 내가 위대한 건강이라고 부르는 것이다. 이 개념에 대한 가장 훌륭하고도 개인적인 해명은 《즐거운 학문》 마지막 5부의 한 장에서 해놓았다. "우리 새로운 자, 이름 없는 자, 이해하기 어려운 자―《즐거운 학문》에서의 의미로 는―아직 증명되지 않은 미래의 조산아인 우리는 하나의 새로운 목적을 위해 하나의 새로운 수단을 필요로 한다. 말하자면 새로운 건강을, 이전의 어떤 건강보다도 더 강하고 더 능란하고 더 질기며 더 대담하고 더 유쾌한 건강을 필요로 한다. 종래의 가치와 소망의 전 영역을 체험하기를, 그리고 이 이상적인 '지중해'의 모든 해안을 항해하기를 갈망하는 영혼을 지닌 자. 이상을 발견하고 정복하는 자가 어떤 기분인지를, 예술가와 성자와 입법가와 현자와 식자와 경건한 자와 옛 방식으로 신이 들려 괴상한 자가 어떤 기분인지를 자기 고유의 경험이라는 모험을 통해 알려는 자 : 이런 자에게는 무 엇보다도 한 가지가 필요하다. 즉 위대한 건강이―이것은 사람들이 보유하는 것만이 아니다. 지속적으로 획득하고 계속 획득해야만 하 는 것이다. 왜냐하면 그 건강은 계속해서 포기되고 포기되어야만 하기 때문이다…… 그리고 이제, 오랜 항해를 했던, 이상을 찾는 아 르곤호의 뱃사람인 우리는 현명하기보다는 용감하고, 이따금 난파 와 파손을 당하기는 했지만 이미 말했던 것처럼 사람들이 우리에게 허락할 수 있는 것보다 훨씬 더 건강하며, 위험하리만큼 건강하고 계속해서 건강하다―마치 우리가 오랜 항해의 대가로 누구도 그 경계를 보지 못한 미지의 땅을 지금 우리가 직면하고 있는 것처럼 보일 것이다. 지금까지의 모든 나라의 저편에 있고, 이상의 한 귀퉁 이이며, 아름다운 것과 기묘한 것과 수상쩍은 것과 공포스러운 것과 신적인 것들로 어찌나 가득 차 있는지, 우리의 호기심이나 소유욕이 정신을 차릴 수 없을 지경이 되고 마는 그런 땅을 말이다―아아, 지금부터 우리는 그 무엇에 의해서도 더는 만족될 수 없으리라!…… 일단 그런 것을 지식과 양심의 갈망을 가지고서 본 후에, 어떻게 우리가 현대의 인간에게 만족할 수 있겠는가? 현대 인간들의 소중한 목표들과 희망들을 메스꺼워하면서도 진지하게 바라본다는 것, 아니 어쩌면 바라보지도 않는다는 것. 이것은 애석하지만 불가피한 일이다…… 또 다른 이상이 하나 우리 앞에 달려오고 있다. 기이하고도 유혹적이고 위험에 가득 찬 이상이. 이 이상을 우리는 아무에게도 권하고 싶어 하지 않는다. 그 누구도 그것에 대한 권리가 있다고 우리는 승인하지 않기 때문이다 : 지금까지 성스럽다고, 선하다고, 불가침적이라고, 신적이라고 불리었던 모든 것을 상대로 해서 순진하게, 즉 일부러가 아니라 넘칠 정도로 충만하고 강하기에 유희하는 정신의 이상 ; 이 이상에 대해서는 대중들이 자기들의 가치 기준으로 당연시하고 있는 최고의 것은 위험이나 쇠퇴나 저하를 의미하게 되거나, 그것이 아니라도 기껏해야 휴양이나 맹목이나 일시적인 자기 망각을 의미하게 될지도 모른다 ; 그것은 인간적‒초인간적인 행복과 선의라는 이상이지만, 종종 비인간적으로 보이기도 한다. 예를 들어 지금까지의 지상의 진지함 곁에서, 몸짓이나 말이나 소리나 시선이나 도덕이나 과제에 있어서의 온갖 장엄함의 곁에서, 그 이상이 특별히 의도하지는 않았지만 그것들에 대한 패러디로 구현되어 제시되는 경우에서 그렇다―그리고 그 모든 것에도 불구하고 그 이상과 더불어 위대한 진지함이 비로소 시작될 것이다. 진정한 의문부호가 비로소 찍힐 것이다. 영혼의 운명이 바뀌고, 바늘이 움직이기 시작하며, 비극이 시작될 것이다……"[97]

3.

—이 19세기 말에 강력한 시대의 시인들이 영감이라고 불렀던 개념을 명확히 파악하는 사람이 있을까? 만일 없다면 내가 그것을 기술해보겠다. —자기 안에 미신의 찌꺼기를 아주 미미하게라도 갖고 있는 자는 실제로 영감이 어떤 막강한 힘의 단순한 화신에 불과하고 입에 불과하며 매개에 불과하다는 생각을 물리칠 수 없다. 계시 개념은 말할 수 없을 정도로 확실하고 미묘하게 무언가가 갑자기 보이고 들리며, 무언가가 누군가를 그 심층에서부터 흔들어놓고 전복시킨다는 의미를 갖는데, 이것은 단순히 어떤 사실을 기술하는 것에 불과하다. 말하자면 사람들이 듣기는 하지만 찾지 않고 ; 받아들이기는 하지만 누가 거기 있는지 묻지 않으며 ; 어떤 생각이 마치 번개처럼 어떤 형식을 취할까 주저하지 않고서 필연적으로 번쩍 떠오르고―거기서는 선택의 여지는 없다는 사실을. 그 엄청난 긴장이 눈물의 강으로 터져버리며, 발걸음이 자기도 모르게 격렬했다가 늦추어졌다가도 하는 황홀경 ; 대단하고도 미묘한 한기를 가장 명료하게 의식하면서도 그 한기에 의해 발가락마저도 오싹해지는 무아지경 ; 가장 고통스러운 것과 가장 음울한 것이 대립하지 않고, 서로를 제한하고 요청하며, 그러한 빛의 충일 안에서 필요한 색채로서 작용하는 깊은 행복감 ; 형식들의 드넓은 공간에 퍼져 있는 리드미컬한 관계에 대한 본능―그 광범위한 리듬에 대한 욕구와 그 리듬의 지속은 거의 영감이 갖는 힘을 재는 척도이자, 그 압박과 긴장

사이를 조절하는 방식이다…… 모든 것이 고도로 비자발적으로 생기지만, 폭풍과도 같은 자유로운 느낌, 무조건성, 힘, 신성함에서 생기는 것 같다…… 상과 비유의 비자발성은 가장 진기한 일이다 ; 사람들은 무엇이 상이고 무엇이 비유인지를 알지 못한다. 모든 것이 가장 가깝고 가장 옳으며 가장 단순한 표현으로 스스로를 보여준다. 차라투스트라의 말을 기억해보자면 어떤 것이 제 스스로 다가오고 스스로 비유가 되어버리는 것처럼 보인다(— "여기서는 모든 것이 어리광을 부리며 네가 하는 말로 다가와 네게 아첨하리라 : 모든 것이 네 등에 업혀 달리려 하기 때문이다. 너는 여기에서 온갖 비유의 등에 올라타고 진리를 향해 달린다. 여기서 모든 존재의 말과 말의 상자가 너를 향해 활짝 열린다 ; 모든 존재는 여기서 말이 되고자 하며, 모든 생성은 네게서 말하는 법을 배우고자 한다 — ").[98] 이것이 영감에 대한 내 경험이다 ; "그것은 내 경험이기도 하오"라고 내게 말할 수 있는 누군가를 찾아내기 위해서는 수천 년을 거슬러가야만 한다는 것을 나는 의심하지 않는다.—

4.

그 후 몇 주간을 나는 제노바에서 병석에 누워 있었다. 로마에서의 우울한 봄이 그 뒤를 이었다. 로마에서 나는 내 삶을 받아들였다 —쉬운 일은 아니었다. 《차라투스트라》의 시인에게 세상에서 가장 무례한 장소인 이곳은 근본적으로 나를 심히 불쾌하게 했다. 나는 그곳을 자발적으로 선택하지 않았다 ; 나는 그곳을 떠나서—로마의 대립 개념이자, 로마에 대한 적개심에 의해 설립되고, 내가 장차 설립할 장소와도 같은 아퀼라에 가고 싶었다. 대표적인 무신론자이자 교회의 적이며 나와 가장 유사한 존재인 호엔슈타우펜가(家)의 위대한 황제 프리드리히 2세를 기념하기 위해 세워진 그곳에 말이다. 하지만 그 모든 것이 숙명이었다 : 나는 로마로 되돌아가야 했
5 었다. 로마에서 나는 안티크리스트적인 지역을 찾느라 기진맥진해진 다음에야 마침내 바르베리니 광장에서 만족할 수 있었다. 나는 가능한 한 나쁜 냄새를 피하고 싶었고, 그런 곳을 찾느라 얼마나 기진맥진했던지, 델 쿠이니랄 궁에서조차 철학자를 위한 조용한 방 하나가 있느냐고 묻게 되지나 않을까 염려할 지경이었다. ─로마를
10 조망할 수 있고 저 밑의 분수대 물소리가 들리는 바르베리니 광장 높은 방 하나에서 〈밤의 노래〉라는 시 중에 가장 고독한 시가 씌어졌다 ; 그 시기에는 말할 수 없는 우울한 멜로디가 내 주위를 언제나 감싸고 있었고, 그 후렴을 나는 "불멸 앞에서의 죽음……"이란 말에서 다시 발견했다. 여름에는 차라투스트라 사유의 첫 번째 번
15 개가 내게 번쩍였던 성지로 돌아가서 나는 《차라투스트라》 2부를 얻었다. 열흘로 충분했다 ; 나는 1부나 3부나 4부에서도 그 이상의 시간은 결코 필요하지 않았다. 그해 겨울, 당시 내 삶을 처음 비추었던 니스의 평온한 하늘 아래에서 나는 《차라투스트라》 3부를 얻었다─이어서 《차라투스트라》를 완성했다. 전체적으로 한 해가 채
20 걸리지 않았다. 니스의 경관에 숨겨져 있는 수없이 많은 곳과 높은 산들은 잊을 수 없는 순간들을 통해서 나에게 봉헌되었다 ; 〈낡은 서판과 새로운 서판에 대하여〉라는 제목의 그 결정적인 부분은 기차역에서부터 그 놀라운 무어인의 바위성 에차에 무척이나 힘들게 오르는 동안 씌어졌다─창조력이 가장 풍부하게 흐를 때에는 언제나

나의 근육이 가장 민첩하게 움직였다. 몸이 도취되었기 때문이다 : '영혼' 은 개입시키지 말자…… 누군가는 종종 춤추는 나를 볼 수 있었을 것이다 ; 그 당시 나는 조금도 지치지 않고서 족히 일고여덟 시간은 산을 돌아다닐 수 있었다. 나는 잘 잤고 많이 웃었으며 — 내 활력과 인내심은 완벽했다.

5.

그 열흘간의 작업 기간들을 제외하고는 《차라투스트라》를 쓰던 해와 이후의 해는 비할 바 없는 위기였다. 불멸하기 위해서는 비싼 보상을 치러야 하는 법이다 : 즉 불멸을 위해서는 살아 생전에 여러 번 죽어야 하는 법이다. —내가 위대함의 원한이라고 부르는 것이 있다 : 작품이든 행위든 위대한 것이 한번 성취되면, 그것은 그것을 행한 자에게 주저없이 대항한다. 위대한 것을 성취함으로써 이제 그 것을 행한 자는 약해진다. —그는 자기가 해놓은 것을 더 이상 견뎌 내지 못하고, 똑바로 바라보지 못한다. 결코 원해서는 안 되는 것, 그 안에서 인류 운명의 매듭이 맺어지는 것을 해버리는 것 —그리고 이제 그 짐을 지는 것! …… 그 짐은 그를 거의 으깨버린다…… 이 것이 위대함의 원한이다! —또 다른 위대함의 원한은 우리 주위에 서 들리는 몸서리쳐지는 정적이다. 고독은 껍질을 일곱 겹이나 갖 고 있다 ; 그것을 뚫고 지나갈 수는 없다. 사람들에게 다가가고, 친 구들에게 인사하지만 : 새로운 황무지는 어떤 인사의 눈길도 더 이 상 보내지 않는다. 기껏해야 일종의 반항이 있을 뿐이다. 나는 내 근처에 있던 거의 모든 사람들에게서 아주 다양한 정도의 반항을

경험했다 ; 갑자기 거리를 느끼게 하는 것보다 더 깊은 상처를 주는
일은 없는 것 같다. —고귀한 본성의 소유자들이 숭배하지 않고서
는 어떻게 살아야 할지를 모르는 경우는 아주 드물다. —세 번째 원
한은 피부가 작은 자극에도 터무니없을 정도로 민감하다는 것, 즉
5 온갖 비소한 것들 앞에서의 일종의 속수무책이다. 내가 보기에 이
것은 모든 방어력이 엄청나게 허비되어버린 데서 연유하는 것 같
다. 방어력은 모든 창조적 행위, 가장 독창적이고 가장 내적이며 가
장 심층적인 데서 나오는 모든 행위가 전제로 하는 힘인데 말이다.
그렇게 해서 작은 방어 능력이 말하자면 소멸되어버린다 ; 그것들로
10 는 어떤 힘도 더 이상은 흘러들지 않는다. —그런 사람들은 소화도
잘 못 시키고, 움직이기를 싫어하며, 얼어붙어버리고 지나치게 불
신감에 개방되어 있다고 나는 감히 암시한다—여러 경우에서 단지
병인학적 착오에 불과한 불신감에. 그런 상태에서 어느 땐가 더 온
화하고 더 인간 친화적인 사유가 내게 돌아오면서 나는 소떼가 가
15 까이 있다는 느낌을 받았다. 내가 그것을 미처 보기도 전에 : 그것은
온기를 지니고 있었다……

6.

20 이 작품은 단연 독자적이다. 시인들은 제쳐두자 : 이 작품을 쓰게
했던 그 풍부한 힘과 같은 힘으로 씌어진 것은 결단코 없을 것이다.
'디오니소스적'이라는 내 개념이 이 작품에서 최고의 행위가 되었
다 ; 이것과 비교해보면 인간 행위의 나머지 전체는 빈약하고 제약
된 것으로 드러난다. 괴테나 셰익스피어도 이런 거대한 열정과 높

이에서는 한순간도 숨을 쉬지 못하리라는 것, 차라투스트라에 비하면 단테도 한갓 신봉자에 불과하지, 진리를 비로소 창조하는 자나 세계를 지배하는 정신이나 하나의 운명은 아니라는 것 —, 베다의 시인들은 사제에 불과하며 차라투스트라의 신발끈을 풀어줄 수조차 없는 자들이라는 것. 하지만 이 모든 것은 사실은 그 작품에 대한 최소한의 것일 뿐이며, 이 작품이 살아 숨쉬고 있는 그 거리에 대해서나 푸른 하늘빛 고독에 대해서는 아무것도 말해주는 바가 없다. 차라투스트라는 다음처럼 말할 권리를 영원히 갖고 있다 : "나는 내 둘레에 원을 만들어 신성한 경계로 삼는다 ; 산이 높아질수록 나와 함께 산을 오를 자는 그만큼 적어진다—나는 더욱 신성해지는 산들로 하나의 산맥을 만들어낸다."⁹⁹⁾ 정신과 위대한 영혼의 온갖 선의가 하나로 뭉쳐 합산된다 해도 : 그 모든 것들의 합은 차라투스트라의 말 한마디를 만들어낼 수 없을 것이다. 그가 오르내리는 사다리는 엄청난 것이다 ; 그는 여느 인간보다 더 멀리 바라보고, 더 멀리 원하며, 더 많은 것을 할 수 있다 ; 모든 정신 중에서 가장 긍정적인 정신인 그는 모든 말에 반박한다 ; 그에게서 모든 대립이 하나의 새로운 통일을 이룬다. 인간적인 본성의 최고이자 가장 심층적인 힘들, 가장 달콤한 것, 가장 하찮은 것, 가장 무서운 것이 불멸의 확실성으로 하나의 샘에서 솟아올라온다. 이럴 때까지는 사람들은 무엇이 높은 것이고 무엇이 깊은 것인지 알지 못한다 ; 무엇이 진리인지는 더욱 알지 못한다 ; 이미 선취되었던 진리가 계시되는 순간 어디서든 그 가장 위대한 것들 중에서 어느 것 하나라도 알아차려졌던 적은 없었다. 차라투스트라 이전에는 지혜도, 영혼의 탐구도, 예술도 논해지지 않았다 ;《차라투스트라》에서는 가장 가까운 것과 가장 통상적인 것이 전대미문의 것에 대해 논한다. 경구들은 열정으로 인해 떨고 ; 웅변이 음악이 되었으며 ; 번개가 이제껏 알려지지 않은 미래를 향해 미리 던져진다. 이때까지의 가장 강력한 비유능력이라도 언어의 비유 본성으로의 이런 귀환에 비하면 빈약하고 장난질 같은 것이다. ─그리고 어떻게 차라투스트라가 산에서 내려와 모든 이에게 가장 호의적인 것을 말하는지! 어떻게 그 자신이 자기의 반대자인 사제를 부드러운 손으로 잡고서, 그들과 함께 그들로 인해 괴로워하는지! ─여기서 인간은 매 순간 극복되고, '위버멘쉬'라는 개념이 여기서 최고의 현실이 되었다─이제껏 인간들에게서 위대하다고 불리었던 것은 전부 위버멘쉬의 밑에 무한히 멀리 떨어져 있다. 평온함이나 가벼운 발걸음이나 악의와 충일의 편재 외에도 여타의 차라투스트라 유형에 전형적인 모든 것이 위대함의 본질이라고는 어느 누구도 꿈꾸지 않았다. 자기의 공간이 넓다는 점에서, 대립적인 것에도 접근할 수 있다는 점에서 차라투스트라는 스스로를 존재하는 모든 것 중에 최고 유형으로 느낀다 ; 그리고 그가 어떻게 이 점을 정의 내리는지를 들어보면, 그에 대한 비유를 찾는 일을 포기하게 될 것이다.

    ─가장 긴 사다리를 갖고 있으며 가장 깊은 심연까지 내려갈 수 있는 영혼,

    자기의 내면으로 더없이 뛰어들고, 그 속에서 방황하며 배회할 만큼 더없이 포괄적인 영혼.

    기쁜 나머지 우연 속으로 추락하는 가장 필연적인 영혼,

    생성 속으로 가는 존재하는 영혼, 의욕과 요구 속으로

가기를 원하는 존재하는 영혼—

　　스스로에게서 도망치고, 더 없이 큰 원환 안에서 자기를 따라잡는 영혼,

　　어리석음이 가장 달콤하게 말을 거는 더없이 현명한 영혼,

　　내부의 모든 것이 흐름과 역류, 썰물과 밀물을 지니고 있는 자기 자신을 가장 사랑하는 영혼——[100]

　그런데 이것은 디오니소스 개념 그 자체인 것이다. —바로 그래서 또 다른 생각 하나가 차라투스트라 유형에 흘러 들어간다. 그 생각은 차라투스트라 유형의 심리적인 문제에 관한 것이다. 즉 어떻게 이제껏 긍정되어왔던 모든 것에 대해 전대미문의 부정의 말을 하고 부정하는 행동을 하는 그가, 그럼에도 불구하고 부정하는 정신의 반대일 수 있느냐는 것이다 ; 어떻게 가장 무거운 운명을, 숙명적인 과제를 짊어지고 있는 정신인 그가, 그럼에도 불구하고 가장 가볍고도 가장 피안적일 수 있는가 하는 것이다—차라투스트라는 춤추는 자이다— ; 실재에 대해 가장 가혹하고도 가장 무서운 통찰을 하는 그가, "가장 심연적인 사유"[101]를 생각하는 그가, 그럼에도 불구하고 어떻게 그 사유에서 삶에 대한 반박을 목격하지 않고, 삶의 영원한 회귀에 대한 반박조차 목격하지 않으며—오히려 모든 것에 대한 영원한 긍정 자체일 수 있는 근거를 하나 더 갖게 되는가 하는 것이다. 즉 "웅대하며 한없는 긍정과 아멘을 말할" 근거를 …… "모든 심연 속으로 나는 내 축복하는 긍정의 말을 가져간다"[102] …… 그런데 이것은 또다시 디오니소스란 개념이다.

7.

—그런 정신이 자기 자신에게만 이야기할 때는 어떤 언어로 하는가? 송가의 언어로. 나는 송가를 창시한 사람이다. 차라투스트라가 해뜨기 전에(〈해뜨기 전에〉《차라투스트라》III, 18) 자기에게 하는 말을 들어보라 : 그런 에메랄드 빛 행복, 그런 신적인 부드러움은 나 전에는 말해지지 않았다. 디오니소스의 가장 깊은 우울 또한 송가가 되었다 ; 이에 대한 표시로 나는 〈밤의 노래〉를 들어보겠다. 이 노래는 빛과 힘의 충일 때문에 그리고 자기의 태양적인 본능 때문에 사랑할 수 없는 비운을 타고난 데에 대한 불멸의 탄식을 하고 있다.

> 밤이다 : 이제 솟아오르는 샘들이 모두 더욱 소리 높여 이야기한다. 내 영혼 또한 솟아오르는 샘이다.
>
> 밤이다 : 이제야 비로소 사랑하는 자들의 모든 노래가 잠에서 깨어난다. 내 영혼 또한 사랑하는 자의 노래다.
>
> 내 안에는 진정되지 않고 진정될 수도 없는 무엇이 있다. 그것이 이제 소리를 내려고 한다. 내 안에는 그 스스로 사랑의 말을 속삭이는, 사랑을 향한 갈망이 있다.
>
> 나는 빛이다 : 아아, 내가 밤이었더라면! 내가 빛에 둘러싸여 있다는 것, 이것이 나의 고독이다.
>
> 아아, 내가 어둡고 밤과 같았더라면! 내 얼마나 빛의 젖가슴을 빨고 싶었던가!
>
> 저 위에서 반짝이는 작은 별들이여, 그리고 반딧불이들이여. 나는 너희도 축복하고 싶었다!—그리고 너희의 빛의 선물로 행복하고 싶었다.

그러나 나는 내 자신의 빛 속에서 살고 있다. 나는 내게서 솟아나오는 불꽃을 내 안으로 되마신다.

나는 받는 자들이 누리는 행복을 모른다 ; 나는 훔치는 것이 받는 것보다 더 행복해야 할 거라는 생각을 종종 하곤 했다.

나의 손은 베풀기만 할 뿐 쉴 줄 모른다. 이것이 나의 가난이다 ; 나는 기대에 차 있는 눈을 보며, 밝게 빛나는 동경의 밤을 본다. 이것이 나의 부러움이다.

오오, 베푸는 모든 자의 불행이여! 오오, 내 태양의 일식이여! 오오, 갈망을 향한 갈망이여! 오오, 포만 속에 도사리고 있는 게걸스러운 허기여!

그들은 내게서 받는다 ; 그렇지만 내가 그들의 영혼에 닿기라도 했을까? 받는 것과 주는 것 사이에는 틈새가 있다 ; 그리고 가장 작은 틈새는 제일 늦게 연결되게 마련이다.

내 아름다움에서 허기가 자라나고 있다 : 그리하여 내가 빛을 비춰준 그들에게 고통을 주고, 내가 베푼 것들을 빼앗고 싶다―이렇게 나는 악의에 굶주려 있다.

나를 향해 손이 내밀어지면, 나는 내 손을 거두어들인다 ; 쏟아져내리면서도 머뭇거리는 폭포처럼 나는 망설인다 ; 이렇게 나는 악의에 굶주려 있다.

이러한 복수를 내 충만함이 생각해낸다. 이러한 술수가 나의 고독에서 솟아나온다.

베풂 속의 내 행복은 베풂 속에서 죽어버렸다. 내 덕은 넘치는 베풂 때문에 스스로가 지겨워졌다!

베풀기만 하는 자의 위험은 그가 수치심을 잃어버린다
는 데 있다 ; 나누어주기만 하는 자의 손과 심장은 나누어
주는 일로 못이 박인다.

내 눈은 애걸하는 자들의 수치심 앞에서 더 이상 눈물
을 흘리지 않는다 ; 내 손은 가득 채워진 손들의 떨림을
느끼기에는 너무나도 굳어 있다.

내 눈의 눈물과 내 마음속의 부드러운 솜털은 어디로
사라져버렸는가? 오오, 베푸는 모든 자들의 외로움이여!
오오, 불을 밝혀주는 모든 자들의 침묵이여!

많은 태양이 황량한 공간 속을 돌고 있다 : 일체의 어두
운 것들에게 그들은 빛으로 말하지만—내게는 침묵한다.

오오, 이것이 빛을 발하는 자에 대한 빛의 적개심이
다 : 무자비하게 그 빛은 자기의 궤도를 운행한다.

빛을 발하는 것에 대해 부당한 심사를 마음속 깊은 곳
에 간직한 채 그리고 태양들에게는 냉혹하게 저항하면서
—이렇게 각각의 태양은 운행한다.

폭풍처럼 태양들은 그들 자신의 궤도를 운행한다. 그들
은 그들의 가차없는 의지를 따른다. 이것이 그들의 냉혹
함이다.

오오, 어두운 자들이여, 밤과 같은 자들이여, 비로소 너
희들이 빛을 발하는 것에서 너희 자신의 따뜻함을 만들어
내는 자들이다! 오오, 너희들이 처음으로 빛의 젖가슴에
서 우유와 청량한 음료를 빨아들인다.

아아, 얼음이 나를 둘러싸고 있다. 내 손은 이 얼음장 같은 것에 화상을 입는다! 아아, 내 안에는 갈증이 있고, 그 갈증이 너희의 갈증을 애타게 찾고 있다.

밤이다 : 아아, 내가 빛이어야만 한다니! 그리고 밤과 같은 것에 대한 갈증이여! 그리고 외로움이여!

밤이다 : 이제 내 열망이 내게서 샘물처럼 솟구쳐 오른 다―말하고자 하는 열망이.

밤이다 : 이제 솟아오르는 샘들은 더욱 소리 높여 이야 기한다. 내 영혼 또한 솟아오르는 샘이다.

밤이다 : 이제 사랑하는 자들의 노래가 모두 잠에서 깨 어난다. 내 영혼 또한 사랑하는 자의 노래다―103)

8.

이와 같은 것은 한 번도 씌어지지 않았고, 한 번도 느껴지지 않았 으며, 한 번도 그렇게 괴로워했던 적도 없었다 : 그렇게 어떤 신이, 디오니소스가 괴로워한다. 빛 속에 있는 태양의 고독에 관한 그런 송가에 대한 응답이 아리아드네일 것이다…… 나 외에 누가 아리 아드네가 무엇인지 알겠는가! …… 이런 모든 수수께끼에 대해 이 제껏 누구도 해답을 찾지 못했다. 나는 이런 수수께끼를 보기라도 하는 자가 있으리라고도 생각하지 않는다. ―언젠가 차라투스트라 는 어느 누구도 그 의미를 착각하지 않게끔 자기의 과제를 엄격하게 규정했으며―그것은 내 과제이기도 하다― : 그는 과거의 모든 것 들도 긍정하고 정당화하며 구제하기에 이른다.

나는 사람들 사이를, 미래의 파편들 사이를 거닌다 : 내가 바라보고 있는 그 미래의.

그리고 파편이고 수수께끼이고 끔찍한 우연인 것들을 하나로 모으고 창조하는 일이 내 혼신의 노력 전부다.

그리고 만일 인간이 창조하는 자나 수수께끼를 푸는 자가 아니며, 우연을 구제하는 자가 아니라면, 어찌 나는 내가 인간이라는 점을 견뎌낼 것인가?

과거를 구제하고 일체의 "그랬었다"를 "나는 그렇게 되기를 원했다!"로 변형시키는 것―이것이 비로소 내게 구제인 것이다.[104]

차라투스트라는 또 다른 곳에서 가능한 한 엄격하게, 오직 무엇만이 그에게 '인간'일 수 있는지에 대해서도 규정하고 있다―인간이 사랑의 대상도 아니고, 결코 동정의 대상도 아니라고 하면서―. 그리고 차라투스트라는 인간에 대한 엄청난 구토도 극복해버렸다 : 그에게 인간은 조각가를 필요로 하는 기형이고, 소재이며, 보기 흉한 돌이다.

더 이상-원하지-않기, 더 이상-평가하지-않기, 더 이상-창조하지-않기 : 오오, 이 크나큰 피로가 나로부터는 항상 먼 곳에 머물러 있기를!

인식에서도 나는 내 의지의 생식과 생성의 욕구만을 느낀다 ; 그리고 만일 내 인식에 순수함이 깃들어 있다면, 그것은 생식의지가 그 안에 있기 때문이다.

이 의지가 나를 신과 신들에게서 등을 돌리라고 유혹한다 : 신들이―거기 있다면, 창조할 게 뭐 있겠는가?

그러나 내 불타는 창조의지는 끊임없이 새롭게 나를 사람들로 내몬다 ; 이렇게 망치를 돌로 내모는 것이다.

아아, 너희 인간들이여. 돌 속에 하나의 형상이, 형상 중의 형상이 잠자고 있다! 아아, 그 형상이 가장 단단하고도 가장 보기 흉한 돌 속에 갇혀 잠을 자야만 한다니!

이제 내 망치가 이 형상을 가두고 있는 감옥에 대해 잔인한 광포를 보여준다. 돌에서 파편이 흩날린다 : 내가 상관할 일인가!

나는 이 형상을 완성하기를 원한다. 내게 어떤 그림자가 다가왔기 때문이다─만물 가운데 가장 조용하고 가장 경쾌한 것이 나를 찾아온 것이다!

위버멘쉬의 아름다움이 그림자로서 나를 찾아온 것이다 : 내게 ─신들이 무슨 상관이란 말인가! ······[105]

나는 마지막 관점을 강조한다 : 밑줄 그은 구절이[106] 그 단초를 제공한다. 디오니소스적인 과제를 위해서는 망치의 단단함과 파괴 시의 기쁨 자체가 그 결정적인 전제 조건이 된다. "단단해질지어다!"라는 명령, 모든 창조자는 단단하다[107]는 더할 바 없이 심층적인 확실성이 디오니소스적인 본성의 가장 특징적인 표시인 것이다. ─

선악의 저편.

미래 철학의 서곡.

1.

이후 수년간의 내 과제는 미리 엄격하게 확정되어 있었다. 내 과제의 긍정하는 부분이 해결된 다음 차례는 부정의 말을 하고 부정하는 행동을 하는 그 과제의 나머지 반쪽이다 : 즉 지금까지의 가치 자체를 전도해버리는 위대한 전투의 차례이며—결단의 날을 야기시키는 것이다. 이 과제에는 그 자신의 힘이 강력해서 내게 파괴를 위한 손을 내밀어줄 사람들을, 나와 유사한 자들을 서서히 찾아보는 일도 포함된다. —이때부터 내 모든 작품은 일종의 낚싯바늘이다 : 나야말로 낚시법을 누구보다도 잘 알고 있지 않겠는가? …… 아무 것도 잡히지 않는다면, 그건 내 잘못이 아니다. 고기들이 없는 것이다 ……

2.

이 책은(1886) 본질적으로 현대성에 대한 비판이다. 그 비판은 현대 학문, 현대 예술, 심지어는 현대 정치마저도 제외시키지 않으며, 그 밖에도 현대적이지 않은 현대의 반대 유형인 고귀하고도 긍정하는 유형에 대한 암시 또한 포함하고 있다. 후자의 의미로 보면 이 책은 일종의 귀족학교다. 지금까지 상정했던 것 중에서 가장 정신적이고도 가장 철저하게 상정된 귀족학교 개념으로서 말이다. 이 개념을 견뎌낼 수 있으려면 몸에 용기를 갖추어야만 하고, 외경하는 것을 배우지 말아야만 한다…… 여기서는 이 시대가 긍지를 갖는 모든 것을 그런 유형과는 반대의 것이자 거의 무례한 것으로 간주한다. 그 유명한 '객관성', '고통받는 자에 대한 동정', 낯선 취향에 대해 굴복해버리고 사소한 사실 앞에서 허리를 굽히는 '역사적 감각', '학문성' 등은 그 예이다. —이 책이 《차라투스트라》를 뒤따라 나왔다는 것을 생각해보면 이 책을 생겨나게 한 섭생법을 알아차릴 수 있을 것이다. 멀리 바라보아야 한다는 엄청난 필요성 때문에 나쁜 습관이 들어버린 눈은—차라투스트라는 차르보다 더 멀리 바라본다—여기서는 가장 가까이 있는 것, 우리 시대, 우리 주변을 예리하게 파악하라는 강요를 받는다. 이 책의 전 부분에서 특히 그 형식면에서, 《차라투스트라》를 가능하게 했던 본능으로부터의 고의적인 등돌림을 발견하게 된다. 형식과 의도와 침묵의 기술에서의 세련됨이 전면에 부각되어 있고, 심리학이 가혹하고도 무자비하게 뚜렷이 구사되고 있다—이 책에는 선의를 가진 말은 없다…… 모든 것이 휴양을 취한다 : 차라투스트라가 했던 것처럼 선의를 허비하는 일이 어떤 휴양을 필요로 하는지 결국 누가 알겠는가? …… 신학적으로 말하자면—잘 들어보라. 나는 신학자로서는 거의 말하지 않으니—자기 일의 끝에 인식의 나무 아래 뱀으로서 누워 있던 것은 바

로 신 자신이다 : 신은 이런 식으로 신적 존재로부터의 휴양을 취했던 것이다······ 신은 모든 것을 너무 그럴듯하게 만들었다······ 악마라는 것은 제7일째의 신의 한가로움에 불과한 것이다······

도덕의 계보.

하나의 논쟁서.

이 《도덕의 계보》를 구성하고 있는 세 편의 논문들은 그 표현과
의도와 놀라게 하는 기술면에서 지금까지 씌어진 것들 중 가장 섬
뜩한 것이다. 디오니소스는 알려져 있듯이 암흑의 신이기도 하니
그럴 만도 하다. ─각 논문들의 시작 부분은 매번 사람들을 오도해
야 하기에, 냉정하고 학적이며 심지어는 아이러니컬하기조차 하며,
의도적으로 강조도 하고 의도적으로 질질 끌기도 한다. 그러고 나
면 점차 동요가 커진다 ; 산발적으로 번개가 치기도 한다 ; 아주 기
분 나쁜 진리들의 둔중한 으르렁거림이 멀리서부터 점차 커지고─
결국에는 모든 것을 극도로 긴장시키며 앞으로 내모는 폭풍 같은
거친 속도에 이른다. 마지막에는 매번 지독하게 전율스러운 폭발이
일어나고, 두꺼운 구름 사이로 새로운 진리가 하나 눈에 보이게 된
다. ─첫 번째 논문의 진리는 그리스도교의 심리에 관한 것이다 : 그
리스도교는 보통 믿고 있는 것처럼 '정신'에서가 아니라, 원한 정신
에서 탄생한 것이다─그것의 본성상 그리스도교는 하나의 반동이
며, 고귀한 가치의 지배에 맞선 대봉기이다. 두 번째 논문은 양심의

심리를 제공한다 : 양심이란 보통 믿고 있는 것처럼 '인간 내부의 신의 음성'이 아니다—양심은 더 이상 외부를 향해 폭발할 수 없게 된 다음에 자기를 향해 반전하는 잔인함의 본능이다. 잔인함이 가장 오래되고 가장 떨쳐버릴 수 없는, 문화의 하부 토대라는 것이 여기서 최초로 밝혀지고 있다. 세 번째 논문은 금욕적 이상, 사제적 이상이 전형적인 해로운 이상이고 종말의지이며 데카당스 이상임에도 불구하고, 그 이상이 갖고 있는 거대한 힘이 어디서 유래하는지라는 질문에 답해준다. 그 대답 : 보통 믿고 있는 것처럼 신이 사제들의 배후에서 활동하고 있어서가 아니다. 오히려 그런 이상보다 더 나은 것이 없기 때문이다— 그 이상이 지금까지의 유일한 이상이어서 그것의 경쟁 상대가 없었기 때문이다. "인간은 아무것도 원하지 않는 것보다는 차라리 무를 원하기 때문이다"[108] …… 무엇보다도 그 이상에 반대되는 반대-이상이 없었기 때문이다—차라투스트라를 제외하고는. —사람들은 나를 이해했을 것이다. 모든 가치의 전도를 위한 한 심리학자의 결정적인 세 가지 준비를. —이 책은 최초의 사제 심리학을 포함하고 있다.

우상의 황혼.

어떻게 망치를 들고 철학하는지.

1.

150쪽이 채 안 되는 이 에세이는 쾌활하고 숙명적인 어조를 띠고 있으며, 미소 짓는 악마이다―. 내가 주저하며 그 수를 거론할 정도로 며칠 걸리지 않은 이 작품은 책들 중에서는 단연 예외적이다 : 이보다 더 내용이 풍부하고 더 독자적이며 더 파괴적인 책은―더 악의 어린 책은 없다. 내 이전에 모든 것이 어느 정도로 뒤집혀 있었던지에 대해 간략하게 파악하고자 한다면, 이 에세이로 시작하라. 그 표지에 씌어 있는 우상이 의미하는 바는 아주 간단하다. 그것은 이제껏 진리라고 불리어오던 것이다. 우상의 황혼―치장하지 않고 말하자면 : 옛 진리가 종말로 다가간다이다……

2.

이 에세이에서 건드리지 않은(―건드리다 ; 이 얼마나 조심스러운 미사여구인가!……) '현실성' 이나 '이상성' 은 없다. 비단 영원

한 우상만이 아니라, 가장 젊은 우상들, 그래서 가장 여린 우상들도
건드려진다. 예를 들어 '현대의 이념들'도. 세찬 바람이 나무들 사
이로 불어닥쳐, 여기저기서 열매들이 떨어진다―진리들이 떨어진
다. 너무나 풍성한 가을의 낭비가 여기에 있는 것이다 ; 진리들은
5   사람들의 발에 걸리고, 몇몇 진리는 짓밟히기도 한다―진리가 너
무 많다…… 하지만 우리가 손에 넣은 것은 더 이상 의심스럽지 않
다. 손에 넣는다는 것은 결단을 내렸다는 것이기에. 나는 진리의 척
도를 손에 넣을 근거를 갖고 있는 최초의 사람이다. 나야말로 진리
를 결정할 수 있다. 마치 내 안에서 제2의 자의식이 자라났던 것처
10   럼, 마치 내 안에서 '의지'가 지금껏 아래로 향해 달렸던 비뚤어진
궤도 위에 불을 밝힌 것처럼…… 비뚤어진 궤도―이것을 사람들은
'진리'로 향하는 길이라고 불렀던 것이다…… '어두운 열망'은 이
제 끝났다. 선한 인간이란 다름 아닌 옳은 길에 대해 가장 무지했던
자였던 것이다[109]…… 아주 진지하게 말해서 내 이전에는 누구도
15   옳은 길을, 즉 위로 향하는 길을 알지 못했다 : 나로부터야 비로소
문화의 희망들과 과제들과 예정된 길이 다시 존재하게 되었다―나
는 그러한 복음을 전하는 자이다…… 바로 이 때문에 나는 하나의 운
명인 것이다. ――

20

3.

이 작품을 끝낸 후 하루도 허비하지 않고 나는 가치의 전도라는
거대한 과제에 즉시 덤벼들었다. 매 순간 내 불멸을 확신하고 이것
이 운명이라 확신하며 한획 한획 청동판에 새겨나가면서 나는 무엇

과도 비할 바 없는 우월한 긍지를 느꼈다. 서문은 1888년 9월 3일에 씌어졌다 : 이것을 쓴 다음 아침에 밖으로 나가보니 오버엥가딘은 자기가 내게 보여주었던 날들보다 더 아름다운, 그 비할 바 없는 날을 내게 보여주었다—청명하고, 색채가 작열하며, 얼음과 남방 사이에 있는 온갖 대립과 그 사이의 것들을 모두 포함하고 있는 날을 내게 보여주었던 것이다. —실스마리아에서 홍수 때문에 머무르다가 9월 20일이 되어서야 나는 그곳을 떠났다. 나의 감사 표시로 영원히 기억될 이름을 선사하고자 하는 그 경이로운 곳에서 나는 결국 유일한 손님으로 남아 있었다. 아주 늦은 밤에 홍수가 난 코모에 도착해서 생명의 위협을 겪기까지 하는 등 여러 예기치 않은 사건들을 만난 여행을 마친 후, 나는 21일 오후에 토리노에 도착했다. 이곳은 내게 입증된 장소이고, 이때부터 나는 거기서 살았다. 그해 봄에 묵었던 집을 다시 숙소로 정했다. 그곳은 카를로 알베르토가 (街) 6번지 3층으로, 거기서는 비토리오 에마누엘레가 태어난 거대한 카리냐노 궁을 마주보였으며, 카를로 알베르토 광장과 그 너머의 구릉 지대를 볼 수 있었다. 주저하거나 한순간도 주의를 딴 데로 돌리지 않고서 나는 다시 작업에 착수했다 : 이 작품의 4분의 1이 아직 씌어지지 않고 있었다. 9월 30일 대 승리의 날 ; 가치의 전도가 완성되었다 ; 포 강을 따라 나도 7일째의 신의 무위를 즐겼다. 내가 9월 내내 그 출판 원고를 교정하면서 휴양을 취했던 《우상의 황혼》의 서문도 이날 다시 작성했다. —나는 한 번도 그런 가을을 체험해보지 못했다. 또한 그런 것이 지상에서 가능하리라고도 생각조차 해보지 못했다—클로드 로랭C. Lorrain 같은 사람이 무한을 생각하듯이 하루하루가 똑같이 무한하게 완벽했다. —

바그너의 경우.

한 악사의 문제.

1.

이 저술에 공정하려면 새 상처로 인해 괴로워하듯이 음악의 운명으로 인해 괴로워해야만 한다. ─음악의 운명으로 인한 괴로움이라고 말했는데, 과연 나는 음악의 어떤 운명 때문에 괴로워한 것일까? 음악이 세계를 미화하고 긍정하는 자기의 특성을 빼앗겨버리고 말았다는 점 ─음악이 데카당스 음악이며 더 이상은 디오니소스의 피리가 아니라는 점 때문이다…… 하지만 이런 식으로 음악의 문제를 자기 자신의 문제로, 자기 자신의 고통의 역사로 느끼는 사람은, 이 저술을 사려에 가득 차 있고 비할 바 없이 온화하다고 느낄 것이다. 그런 경우들에서 쾌활하다는 것 그리고 호의적으로 조소를 보내는 것 ─진리를 말하는 것이 아무리 심한 가혹함이라도 정당화시켜준다고는 하지만, 웃으면서 진지한 사항을 말한다는 것 ─이것은 바로 인간성 자체이다. 늙은 포병인 내가 바그너를 날카롭게 공박할 근거를 갖고 있다는 점을 누가 정녕 의심하겠는가? ─나는 이 문제에서 결정적인 것은 전부 그냥 보류해버렸었다─내가 바그너를 사랑했었기에. ─결국 다른 사람은 쉽게 알아차리지 못하는 노회한 '미지의 사람'에 대한 공격이 내 과제의 의미이자 방법이다─오오, 나는 음악의 칼리오스트로A. Cagliostro와는 전혀 다른 '미지의 사람'을 폭로해야만 한다─정신적인 사항에서는 점점 더 게을러지고 본능은 빈곤해지며 점점 더 솔직해지는 독일 국민에 대해서는 물론 그 이상의 공격을 해야 한다. 이들은 부러워할 만한 식욕으로 대립적인 것들에서 영양을 취하고, '신앙'이 학문성인 양, '그리스도교적 사랑'이 반유대주의인 양, 힘에의('독일제국'으로의) 의지가 하층민의 복음인 양 소화불량에도 걸리지 않고 그것들을 계속 삼켜버리고 있다…… 대립되는 것들 사이에서 어느 편도 들지 않는 것! 이런 위장의 중립성과 '무사성Selbstlosigkeit'! 모든 것에게 동등한 권리를 부여하는 독일적인 미각의 이런 공평한 소질─그것은 모든 것을 맛있다고 느낀다…… 의심할 여지 없이 독일인은 이상주의자다…… 마지막으로 독일을 방문했을 때, 나는 바그너와 제킹엔의 트럼펫 연주자[110]에게 동등한 권리를 승인하려고 애쓰는 독일 취향을 보았다 ; 비할 바 없이 진정한 독일 음악가 중의 한 사람, 독일제국적인 의미로서가 아니라 옛 의미에서의 '독일적' 거장인 하인리히 쉬츠H. Schütz를 기린다고 하면서, 라이프치히에서 사실은 교활한 교회 음악을 보호하고 전파시킬 목적으로 리스트 협회가 설립되는 것을 나 자신이 몸소 목격했다…… 의심할 여지 없이 독일인은 이상주의자다……

2.

그런데 여기서 내가 거칠어져 독일인에게 몇 가지 가혹한 진리를 말하는 것을 그 무엇도 막아서는 안 된다 : 내가 아니면 누가 할 것인가? ─나는 역사적 사항에 대한 독일인의 볼썽사나움에 대해 말한다. 독일 역사가들이 문화의 진행 과정과 문화의 가치에 대한 거시적 안목을 상실해버렸다는 사실뿐만 아니라, 그들 전부가 정치(또는 교회─)의 어릿광대라는 사실에 대해 : 거시적 안목을 그들 스스로가 추방해버렸던 것이다. 먼저 '독일적'이어야만, 먼저 '독일 인종'이어야만 역사적 사항의 가치와 무가치함 전부를 비로소 결정할 수 있다는 것─그리고 그것을 확정 지어버린다는것⋯⋯ 여기서 '독일적'이라는 것은 하나의 논거이고, '독일, 모든 것 위에 있는 독일'은 하나의 원칙이며, 게르만인들은 역사상의 '도덕적인 세계질서'인 것이다 ; 게르만인들은 로마제국에 비하면 자유의 담지자요, 18세기에 비하면 도덕과 '정언명법'의 재건자이다⋯⋯ 지금은 독일제국적 역사 서술이라는 것이 있다. 심지어는 반유대주의적 역사 서술이 있게 되지나 않을까 염려된다─궁정-역사 서술이라는 것도 있고 폰 트라이치케H. v. Treitschke 씨는 이것을 부끄러워하지도 않는다⋯⋯ 최근에는 역사적 사항에 대한 백치 같은 판단 하나가, 다행히도 죽어버린 슈바벤의 미학자 피셔F. T. Vischer의 명제가 모든 독일인이 긍정해야만 하는 하나의 진리로서 모든 독일 신문에 반복 게재되기도 했다 : "르네상스 그리고 종교개혁. 이 두 가지가 합해져서 비로소 전체를 이룬다─미적인 부활 그리고 도덕적인 부활. 이 두 가지가"─이런 문장을 보면 내 인내심은 한계에 이르고, 독일인들이 그 모든 것에 책임을 져야 한다고 말하고 싶어지며, 심지어는 그렇게 말하는 것이 내 의무라는 생각마저 든다. 4세기 동안 문화에 자행된 모든 큰 범죄들에 대한 책임이 그들에게 있는 것이다! …… 그것도 언제나 같은 이유 때문이다. 즉 진리에 대한 비겁이기도 한 실재성에 대한 가장 내적인 비겁 때문에, 그들에게 본능이 되어버린 비진실성 때문에, '이상주의' 때문인 것이다…… 독일인은 마지막 위대한 시대였던 르네상스 시대의 수확과 의미를 죽여버렸다. 르네상스 시대는 고도의 가치 질서인 삶을 긍정하고 미래를 보증하는 고귀한 가치가, 그것과는 반대되는 하강하는 가치가 자리잡고 있었던 바로 그곳에서 승리하던 순간이었으며—그리고 그 가치에 자리잡고 있던 것들의 본능에 침투하던 순간이었다! 루터, 이 액운과도 같은 성직자는 교회를 재건했고, 이것보다 천 배나 더 나쁜 일인 그리스도교를 재건했다. 그것도 그리스도교가 몰락하던 그 순간에 말이다…… 그리스도교, 이 생의지에 대한 부정이 종교가 되어버린 것! ……루터, 이 용인될 수 없는 성직자. 그는 자기가 '용인될 수 없다'는 이유 때문에 교회를 공격했고—결과적으로는!—교회를 재건했던 것이다…… 그러니까 카톨릭교인들은 루터의 축제를 벌이고 루터의 극을 쓸 이유를 가지고 있었을 것이다…… 루터여! —그리고 '도덕적 부활'이여! 그러니 심리학 같은 것은 모두 사라져버려라! —이러니 독일인들이 이상주의자인 것은 의심할 여지가 없다. —독일인들은 그들이 정직하고 명료하며 진짜 학적인 사유방식에 엄청난 용기와 자기 극복을 수단으로 이르렀을 때에, 두 번씩이나 옛 '이상'으로의 샛길을, 진리와 '이상'의 화해를, 근본적으로는 학문을 거절하고 거짓을 말할 권리에 대한 정식을 발견해냈던 것이다. 라이프니츠 그리고 칸트—유럽의 지적 정직성을 저지하는 이 두 거대한 제동 장치!—두 세기의 데카당스를 연결하는 다리 위에 유럽의 통일을, 유럽의 정치적이고도 경제적인 통일을 이루어내기에 충분한 천재와 의지라는 막강한 힘이 가시화되었을 때, 독일인들은 세계 지배 성취라는 목적을 가지고, 그들의 '자유전쟁'을 수단으로 마침내는 유럽에서 나폴레옹의 존재가 갖고 있는 의미, 그 기적과도 같은 의미를 결국 없애버리고 말았다. —이로써 독일인들은 다음에 일어났던 모든 것, 오늘날의 모든 것에 대해 책임이 있는 것이다. 즉 지금의 비할 바 없는 반문화적인 병증과 비이성에, 유럽을 병들게 한 국가적 노이로제인 민족주의에, 유럽의 소국 분립과 작은 정치의 영구화에 책임이 있는 것이다 : 독일인들은 유럽의 의미를 없애버리고, 유럽의 이성마저 없애버렸다—그들은 유럽을 막다른 골목으로 몰고 갔다. —이 막다른 골목에서 나오는 길을 나 외에 누가 알고 있는가? …… 여러 민족들을 다시 엮는다는 과제는 충분히 위대하지 않은가?……

3.

—마지막으로, 어째서 나는 내 의혹에 소리를 부여해서는 안 되는가? 하나의 거대한 운명으로부터 겨우 쥐새끼 한 마리를 낳게 하려고 모든 수단을 다 동원해대는 독일인들은 내 경우에서도 또 그렇게 할 것이다. 그들은 이제까지는 나와 타협해왔다. 나는 그들이 장래에 더 잘하리라고는 생각하지 않는다. —아아, 여기서 나를 이렇듯 사악한 예언가이게끔 요구하는 것이 무엇이란 말인가! …… 내 자연적인 독자와 청자들은 지금은 러시아인, 스칸디나비아인,

프랑스인들로 이미 나타나고 있다—내 독자들이 점점 더 많아질 것인가? —독일인들은 인식의 역사에 순전히 애매모호한 이름들만을 등록해놓고 있다. 그들은 언제나 '무의식적인' 위조범에 불과한 자들만을 산출시켰다(—피히테, 셸링, 쇼펜하우어, 헤겔, 슐라이어마허 F. Schleiermacher는 칸트와 라이프니츠와 마찬가지로 위조범이라는 말에 어울린다. 이들 모두는 한갓 베일을 만드는 자 Schleiermacher들일 뿐이다—) : 이들은 결코 명예를 얻어서는 안 된다. 정신의 역사에서 정직한 최초의 정신이라는 명예를, 4천 년간의 위조를 판결할 진리를 등장시키는 정신이라는 명예를, 그 정신과 독일 정신이 하나로 여겨지는 명예를 말이다. '독일 정신'은 내게는 역겨운 공기다 : 독일인의 말 한마디 한마디 그리고 모든 얼굴에는 심리적 사항에서의 본능화된 불결함이 드러나고 있고, 이것이 내 가까이 있으면 나는 숨쉬기가 어렵다. 그들은 결코 프랑스인처럼 17세기의 혹독한 자기 시험을 겪지 않았다. 라 로슈푸코와 데카르트 같은 사람은 가장 뛰어난 독일인을 그 정직성으로 인해 백 배나 더 능가한다—그리고 오늘날까지도 독일인은 심리학자를 갖지 못하고 있다. 심리학은 한 민족의 순수함과 불결함을 재는 척도라고까지 할 수 있는데 말이다…… 그리고 순수하지조차 못한 자가 어떻게 깊이를 가질 수 있단 말인가? 여자에게서 그렇듯이 독일인에게서도 결코 그 깊은 곳에 이를 수 없다. 독일인에게는 깊이가 없다 : 이것이 전부이다. 그들이 깊이가 없으니 얕아야겠지만, 그들은 얕지조차 않다. —독일에서 '깊다'고 불리는 것은 내가 말하고 있는 바로 그것, 즉 자기 자신에 대한 본능적 불결인 것이다 : 독일인은 자기 자신을 명료하게 보기를 원치 않는다. 내가 '독일적'이란 단어를 이런 심리적 타락에 대한 국제 화폐로 만들 것을 제안하면 안 될까? ─예를 들어 아프리카의 노예들을 해방시키는 것을 자기의 '그리스도교적 의무'라고 독일 황제가 말하는 지금 : 우리, 다른 유럽인들은 그것을 간단히 '독일적'이라고 부르는 것처럼…… 독일인들이 깊이 있는 책을 한 권이라도 산출시켰던가? 책의 깊이라는 개념마저 그들에게서는 사라지고 말았다. 나는 칸트를 깊이 있다고 여기던 학자들을 만나보았다 ; 프로이센의 궁정에서 트라이치케 씨가 깊이 있다고 여겨지는 것은 염려할 만한 일이다. 내가 스탕달을 왕왕 깊이 있는 심리학자라고 칭찬할라치면, 내게 그 이름의 철자를 말해달라고 하는 독일 교수들을 맞닥뜨리게 되니……

4.

─내가 끝까지 가지 못할 이유가 있는가? 나는 일을 깨끗이 처리하기를 좋아한다. 독일인에 대한 탁월한 경멸자로 간주되고 싶은 것은 심지어 내 야심의 하나이다. 독일적 특성에 대한 내 불신은 내 나이 스물여섯에 이미 표현되었다(세 번째 《반시대적 고찰》, 71쪽) ─독일인은 내게는 용인될 수 없는 존재들이다. 내 모든 본능에 역행하는 어떤 인간 유형을 생각해내면, 언제나 독일인이 등장한다. 내가 한 인간을 '철저히 검사'할 때 가장 먼저 보는 것은 그가 거리감을 갖추고 있는지, 그가 어디서든 인간과 인간 사이의 위계와 단계와 서열을 보는지, 그가 **구별**하고 있는지라는 점이다 : 이렇게 하는 자들이 귀족이 된다 ; 그렇지 않으면 구제할 수 없이 아량 있는 자로, 아아! 천민이라는 선량한 개념이 되고 마는 것이다! 그

런데 독일인들이 천민이다―아아! 그들은 선량하다…… 독일인과
교제하는 자는 저급해진다 : 독일인은 **동등하게 대한다**…… 몇몇 예
술가들과의 교제를, 특히 바그너와의 교제를 제외하고는, 나는 독
일인과는 한순간도 좋은 시간을 가져보지 못했다…… 만일 몇천
년간의 가장 깊이 있는 정신이 독일인들 사이에서 등장했다고 상정
해보면, 카피톨을 구하는 구원자인 거위도 자기의 아름답지 않은
영혼 또한 최소한 고려 대상이 된다고 생각하게 될 것이다…… 교
제 대상으로서는 좋지 않은 이런 민족을 나는 견딜 수가 없다. 이들
은 뉘앙스를 감지할 수 없고―내게는 고통이다! 나는 하나의 뉘앙
스이니―, 그들의 발에는 에스프리가 없으며 걷는 법조차 모른다
…… 독일인은 결국 발이 없는 자들이다. 그들은 다리만을 갖고 있
다…… 독일인은 자기네들이 얼마나 비천한지를 깨닫지 못한다.
그런데 이것이 바로 비천함의 최상급인 것이다―그들은 독일인일
뿐이라는 점을 부끄러워하지조차 않는다…… 그들은 모든 것에 말
참견하고, 자기네들이 결정권을 갖는다고 여긴다. 나는 그들이 나
에 대해서도 결정을 내려버리지 않았는지 염려된다…… ―내 삶
전체가 이런 명제들을 엄격하게 입증해준다. 나는 내 삶에서 나에
반하는 어떤 동요나 미세한 징후를 찾아보았지만 허사였다. 유대인
의 징후는 있었지만, 독일인의 징후는 없었다. 모든 사람에게 온화
하고 호의적이라는 것은 내 방식이다―차별하지 않을 권리를 나는
가지고 있다― : 이 점이 내가 눈을 뜨고 있는 것을 훼방하지는 않
는다. 나는 누구도 예외로 하지 않는다. 내 친구들마저도. ―그러니
이런 점이 그들에 대한 내 휴머니티를 감퇴시키지 않았으면 하는
것이 내 희망이 될 수밖에! 언제나 나의 명망을 높여주는 것들이 대

여섯 가지는 있지만—그럼에도 불구하고 몇 년째 내게 온 거의 모든 편지는 내가 냉소주의라고 간주하는 내용만을 담고 있는 것도 사실이다 : 나에 대한 어떤 증오보다도 나에 대한 호의 속에 냉소는 더 많이 깃들어 있다……내 모든 친구들의 면전에서 나는 말한다. 그들은 내 작품 중 어느 것도 공부해볼 만한 가치가 있다고는 여기고 있지 않다고 ; 그들이 그 책들에 무엇이 들어 있는지조차 알지 못한다는 것을 나는 아주 미소한 징후로 알아낸다. 내 《차라투스트라》에 대해서조차 그러하다. 내 친구 중 도대체 누가 이 책에서, 허용될 수 없고 다행히도 전혀 중요하지 않은 오만 이상의 것을 보았단 말인가? …… 10년 ; 그리고 내 이름이 묻혀 있던 불합리한 침묵에 대항하여 내 이름을 변호해야겠다는 양심의 가책을 느낀 자는 독일에서는 한 명도 없었다 : 이 일을 위한 섬세한 본능과 용기를 제일 먼저 가졌던 사람은 어떤 외국인, 즉 덴마크인이었고, 그는 소위 말하는 내 친구들에게 격분했다…… 작년 봄에 그 자신이 심리학자임을 한 번 더 입증시켜주었던 게오르크 브란데스G. Brandes 박사의 코펜하겐 대학에서의 강의 같은 내 철학에 대한 강의가 오늘날 어느 독일 대학에서 가능할 것인가?—하지만 나는 한 번도 그런 모든 일로 인해 고통스러워하지 않았다 ; 필연성은 나를 다치게 하지 않는다 ; 운명애는 내 가장 내적인 본성이다. 하지만 그렇다고 내가 아이러니를 사랑하지 않거나, 심지어는 세계사적 아이러니를 사랑하지 않는다는 말은 아니다. 그래서 천지를 경련하게 만들고 때려부숴버리는 가치의 전도라는 번갯불이 치기 대략 2년 전에 나는 《바그너의 경우》를 세상에 내보냈던 것이다 ; 독일인들은 다시 한번 나에 대해 불멸의 실수를 저지르고, 그 실수를 영구화하리라!—진

짜 이대로 되었던가?—감탄할 정도로 그러했다. 친애하는 게르만
인들이여! 당신들에게 나는 경의를 표한다……이제 막 나는 옛날
여자 친구에게서 내게 친구들이 있다는 것을 알려주는 편지를 한
통 받았는데, 그녀는 나를 비웃고 있었다…… 그것도 내가 이루 말
할 수 없을 정도의 책임을 지고 있는 바로 그 순간에—나에 대한
어떤 말도 부드러움이 지나치지 않고, 내게 향하는 어떤 시선도 충
분히 존경스러울 수 없는 그 순간에 말이다. 그 순간 나는 인류의
운명을 어깨에 짊어지고 있기에.—

왜 나는 하나의 운명인지.

1.

나는 내 운명을 안다. 언젠가는 내 이름에 어떤 엄청난 것에 대한 회상이 접목될 것이다―지상에서의 전대미문의 위기에 대한, 양심의 비할 바 없이 깊은 충돌에 대한, 지금까지 믿어져왔고 요구되어왔으며 신성시되어왔던 모든 것에 대한 거역을 불러일으키는 결단에 관한 회상이. 나는 인간이 아니다. 나는 다이너마이트다. ―그렇다고 해도 내 안에는 종교 창시자의 그 무엇도 들어 있지 않다―종교는 천민의 사건이다. 종교적인 인간과 접촉한 후에는 나는 내 손을 닦을 필요를 느낀다…… 나는 '신자'를 원치 않으며, 나 자신을 믿기에는 내가 너무 악의적이라는 생각이 든다. 그리고 나는 결코 대중을 상대로 말하지 않는다…… 내가 언젠가 신성하다는 말을 듣게 될까 봐 나는 매우 불안하다 : 이제 사람들은 내가 어째서 이 책을 먼저 출판하는지를 알아차릴 수 있을 것이다. 이 책은 나에 대한 사람들의 못된 짓을 방지하게 될 것이다…… 나는 성자이기를 원치 않는다. 차라리 어릿광대이고 싶다…… 아마도 나는 어릿광대일지도 모른다…… 그럼에도 불구하고 아니, 그럼에도 불구하고가 아니라 오히려―성자들보다 더한 거짓말쟁이는 없었기에―나를 통해

진리가 말을 한다. ―하지만 내 진리는 끔찍한 것이다 : 왜냐하면 지금까지는 거짓이 진리라고 불리었기 때문이다. ―모든 가치의 전도 : 이것이 내 안에서 살이 되고 천재가 되어 있는 인류 최고의 자기 성찰에 대한 내 정식이다. 내 운명은 내가 꼭 분별 있는 최초의 사람이기를, 내가 나 자신을 수천 년간의 거짓에 맞서는 그 대립자로 인지하기를 원한다…… 나는 최초로 진리를 발견했다. 내가 거짓을 거짓으로 최초로 경험했기에―냄새 맡았기에…… 내 천재성은 내 콧속에 있다…… 나는 전대미문의 저항을 하지만, 그럼에도 불구하고 부정의 말을 해대는 정신과는 반대이다. 나는 전대미문의 복음의 전달자이다. 아직까지도 그 과제를 표현해줄 만한 개념이 없을 정도로 드높은 과제들을 나는 알고 있다 ; 나와 함께 비로소 희망이 다시 존재하기 시작한다. 이 모든 점에 의해 나는 필연적으로 숙명적인 사람이기도 하다. 진리가 수천 년간의 거짓과 싸움을 시작하면 우리는 동요되고, 꿈도 꾸어보지 못했던 지진의 경련과 산과 골짜기의 이동을 경험할 것이기 때문이다. 정치라는 개념은 그러면 완전히 혼들 간의 싸움으로 되어버릴 것이고, 옛 사회의 권력구조는 표연히 사라져버리게 될 것이다―이것들은 모두 거짓에 기초하고 있었으니 말이다 : 지상에 한 번도 벌어지지 않았던 전대미문의 전쟁이 벌어질 것이다. 나와 함께 지상에 비로소 위대한 정치가 펼쳐지게 된다. ―

2.

인간이 되는 이러한 운명에 대한 정식을 원하는가? ―그것은 내

《차라투스트라》에 적혀 있다.

　　　―그리고 선과 악의 창조자이기를 원하는 자는 먼저 파괴
자여야만 하며 가치를 파괴해야만 한다.

　　　이렇게 최고악은 최고선에 속한다 : 하지만 이것이 창조적
선이다.[111]

나는 비할 바 없이 끔찍한 미증유의 인간이다 ; 그렇다고 이것이
내가 비할 바 없이 좋은 일을 하는 인간이 되는 것을 불가능하게 하
지는 않는다. 나는 파괴 시의 즐거움을 내 파괴력에 상당하는 정도
만큼 알고 있다―이런 두 가지 면에서 나는 부정하는 행위를 긍정
의 말에서 분리시킬 줄 모르는 내 디오니소스적 본성에 복종한다.
나는 최초의 비도덕주의자이다 ; 그래서 나는 파괴자 중의 파괴자인
것이다. ―

3.

바로 내 입에서 나온, 최초의 비도덕주의자의 입에서 나온 차라투
스트라라는 이름이 무엇을 의미하는지에 대해 내게 질문이 던져졌
어야 했지만, 아무도 묻지 않았다 : 왜냐하면 그 페르시아인의 역사
상의 엄청난 독특성을 이루고 있는 것과 내가 말한 차라투스트라는
바로 정반대이기 때문이다. 차라투스트라는 선과 악의 투쟁에서 사
물의 움직임의 본연적인 바퀴를 처음으로 본 사람이며―도덕을 형
이상학적인 것으로, 즉 힘, 원인, 목적 그 자체라고 옮긴 것이 그의
작품이다. 하지만 이 문제가 본질적으로는 이미 이 문제에 대한 답
이 될 수 있는 것이다. 차라투스트라는 가장 숙명적 액운인 도덕이

라는 오류를 창조해냈으며 ; 따라서 그는 그 오류를 인식한 최초의 사람이지 않으면 안 된다. 그가 도덕에 대해서 그 어떤 사유가보다 더 오래 그리고 더 많이 경험했다는 것뿐만이 아니다―역사 전체는 진정 소위 말하는 '도덕적 세계질서' 라는 명제에 대한 실험적 반박인 것이다― : 그보다 더 중요한 것은 차라투스트라가 어떤 사유가보다 더 진실하다는 것이다. 그의 가르침, 그리고 그의 가르침만이 진실성을 최고의 덕으로 삼았다―즉 실재성 앞에서 도피하는 '이상주의자들' 의 비겁과는 반대되는 것이다. 차라투스트라는 사유가 전체를 모두 모아놓은 것보다도 더 많은 용기를 지니고 있다. 진리를 말하고 활을 잘 쏘는 것. 이것이 페르시아적 덕이다. ―내가 이해되는가? …… 진실성에서 나오는 도덕의 자기 극복, 도덕주의자들의 자기의 대립물로의 자기 극복―내 안으로의 자기 극복―. 이것이 내 입에서 나온 차라투스트라라는 이름이 의미하는 바이다.

4.

비도덕주의자라는 내 말은 근본적으로 두 가지 부정을 내포한다. 첫째, 나는 이제껏 최고라고 여겨졌던 인간 유형, 즉 선한 인간, 호의적인 인간, 선행하는 인간을 부정한다 ; 둘째, 나는 도덕 그 자체로서 행사되고 지배적이 되었던 도덕 유형을 부정한다―즉 데카당스 도덕, 좀더 구체적으로 말하면 그리스도교 도덕을. 두 번째 부인을 더 결정적인 것으로 볼 수 있는데, 그 이유는 선의와 호의에 대한 과대평가는 크게 보면 이미 데카당스의 결과로, 약함의 징후로, 상승하고 긍정하는 삶과는 화합할 수 없는 것처럼 보이기 때문이다 : 부정

과 파괴는 긍정의 조건이다. ―먼저 선한 인간의 심리에 머물러보
자. 어떤 유형의 인간이 가치 있는지를 평가하려면 그의 보존을 위
해 드는 비용을 계산해보아야만 하며―그의 존재 조건들을 알고
있어야만 한다. 선한 인간의 존재 조건은 거짓이다― : 달리 표현하
자면 그들은 현실이 근본적으로 어떻게 구성되어 있는지를 어떤 대
가를 치르게 되더라도 보려고-하지-않는다. 즉 현실이 언제나 호
의적 본능을 요청하는 것은 아니며, 현실이 언제나 근시안적인 선한
사람들이 영향력을 행사하게 놔두는 것은 더욱 아니라는 것을 보려
고 하지 않는다. 모든 종류의 위기를 도대체가 반박으로, 없애버려야
만 하는 것으로 간주하는 일은 어리석음 중 최고의 어리석음이다.
나쁜 날씨를―가난한 자들에 대한 동정으로 인해―아예 없애버리
려는 의지가 그렇듯이, 크게 보아 그 결과는 진정한 재앙이고, 이것
이 어리석음의 운명인 것이다……전체를 보는 거시 경제에서는 실
재성(정동과 욕구와 힘에의 의지에서)의 무시무시함은 소위 '선의'
라고 말하는 작은 형태의 행복보다 측정할 수 없을 정도로 더 필연
적이다 ; 선의가 본능의 허위를 조건으로 하기 때문에, 차라리 자비
로워야만 선의에게 어떤 자리 하나라도 허락할 수 있다. 나는 낙관
주의의 측정을 불허하는 섬뜩한 결과들과 낙관적 인간의 나쁜 소산
을 역사 전체를 위해서 입증하게 될 중요한 기회를 갖게 될 것이다.
낙관주의자가 염세주의자와 마찬가지로 데카당이며, 더 해로울 수
있다는 것을 최초로 파악한 차라투스트라는 이렇게 말한다 : 선한
인간은 결코 진리를 말하지 않는다. 선한 인간은 거짓 해안(海岸)과 거짓
안전을 너희에게 가르쳤다 ; 선한 인간의 거짓 속에서 너희는 태어났고
보호받았다. 모든 것이 선한 인간에 의해 그 근본에 이르기까지 기만되

고 비틀렸다.[112] 다행히도 세계는 호의적일 뿐인 무리동물이 자기의 작은 행복을 발견해낼 만한 본능에 기초해서는 건축되지 않았다 ; 모든 것이 '선한 인간'이 되어야 한다고, 무리동물이 되어야 한다고, 푸른 눈을 가지고 호의적이 되어야 한다고, '아름다운 영혼'이 되어야 한다고 요구하는 것 ―또는 허버트 스펜서 씨가 바라는 것처럼 이타적이 되어야 한다고 요구하는 것은 삶에서 그 위대한 특성을 빼내버리는 것을 의미하고, 인류를 거세하는 것을 의미하며, 인류를 비참한 중국인으로 끌어내리는 것을 의미한다. ―그런데 바로 그런 것이 추구되어왔던 것이다! …… 바로 그런 것이 도덕이라 불리었던 것이다…… 이런 의미에서 차라투스트라는 선한 인간을 때로는 '종말인'이라고, 때로는 '종말의 발단'이라고 불렀다 ; 특히 그는 선한 인간을 가장 해로운 인간 유형으로 여긴다. 이들이 진리와 미래를 희생시켜 자기네 존재를 관철시켰기 때문이다.

　　　　선한 인간 ― 이들은 창조하지 못한다, 이들은 언제나 종말의 발단이다―

　　　　―이들은 새로운 가치를 새로운 서판에 쓰는 이를 십자가에 못 박는다. 이들은 자기네들을 위해 미래를 제물로 바친다. 이들은 인류의 전 미래를 십자가에 못 박는다!

　　　　선한 인간 ― 이들은 언제나 종말의 발단이었다……

　　　　그리고 세계 비방자들이 어떤 해악을 자행하든, 선한 인간의 해악이야말로 가장 해롭다.[113]

5.

선한 자에 대한 최초의 심리학자인 차라투스트라는—따라서—악한 자의 친구이다. 데카당스 유형의 인간이 최고의 인간 유형으로 상승할 때에는, 오직 그 반대 유형인 강하고도 삶을 확신하는 인간 유형의 희생이 전제되어야만 한다. 무리동물이 가장 순수한 덕의 광영으로 빛날 때, 예외적인 인간은 악으로 폄하되지 않을 수 없다. 기만이 어떤 대가를 치르면서도 자기들의 광학이 '진리'라는 말에 대해 권리가 있다고 주장할 때, 진정 진실된 자는 최악의 이름으로 다시 발견되지 않을 수 없다. 차라투스트라는 이 점에서 일말의 의혹도 남기지 않는다 : 차라투스트라는 선한 인간의, '최고의 인간'의 인식이야말로 그를 인간에 대해 경악하게 만들었던 것이었다고 말한다 ; 이런 혐오로 인해 그에게는 '먼 미래로 계속 날아오르는' 날개가 생겨났다고 말한다. —차라투스트라는 숨기지 않는다. 자기 같은 유형, 비교적 위버멘쉬적인 유형이 선한 인간과 비교하면 바로 위버멘쉬라는 점을. 선한 인간과 정의로운 인간들은 자기의 위버멘쉬를 악마라고 부르게 될 것이라는 점을……

> 너희, 내 눈에 맞닥뜨린 최상의 인간들이여. 너희에 대한 내 의혹과 내 은밀한 조소는 : 추측건대 너희가 내 위버멘쉬를—악마라고 부를 거라는 점이다!
>
> 너희의 영혼은 위대함과는 거리가 멀다. 위버멘쉬가 선의를 갖고 있을 때에도 너희에게는 그가 두려운 존재이리라……[114]

다른 어느 곳이 아니라 바로 이 대목을 차라투스트라가 원하는 것을 파악하기 위한 단초로 삼아야 한다 : 그가 구상하는 인간 유형은

현실을 있는 그대로 생각한다 : 그 인간은 그럴 수 있을 만큼 충분히
강하며 ―, 그런 현실에서 소외되지도 멀리 떨어져 있지도 않다. 그
는 그 현실 자체이며, 현실의 끔찍하고도 의심스러운 모든 것을 자기
내부에도 가지고 있다. 이렇게 해서야 인간은 위대해질 수 있는 것이다
……

5

6.

―하지만 비도덕주의자라는 말을 나는 다른 의미로서도, 즉 내 자
신에 대한 표지이자 휘장으로서 선택했다 ; 나를 전 인류와 구분짓
는 이 말을 내가 가지고 있다는 데에 나는 긍지를 느낀다. 어느 누
구도 그리스도교적 도덕을 자기 밑에 있는 것으로 깨닫지 않았다 :
그러기 위해서는 높이와 멀리 바라보는 시각과 이제껏 전혀 들어보
지 못했던 심리적인 깊이와 심연성이 필요하다. 그리스도교적 도덕
은 이제껏 모든 사유가의 키르케였고―사유가들은 그녀를 위해 봉
사했다. ―나에 앞서서 누가 이런 종류의 이상의 독기가―세계를
비방하는 독기가! ―용솟음치고 있는 동굴로 기어 들어갔던가? 누
가 감히 그것을 동굴이라고 추측하기라도 했던가? 내 이전에 도대
체 어떤 철학자가 심리학자였던가? 오히려 그들은 심리학자의 반대
인 '고등 사기꾼', '이상주의자'이지 않았던가? 내 이전에는 심리
학도 전혀 존재하지 않았었다. ―이런 때에 최초의 심리학자라는
것은 하나의 저주일 수도 있다. 어찌 되었든 이것은 하나의 운명인
것이다 : 최초의 사람이 경멸도 하기 때문이다…… 인간에 대한 구토
는 내 위험인 것이다……

10

15

20

7.

나를 이해했는가? ―나를 구별짓고, 나를 나머지 인류 전체에 대한 예외로 만드는 것은 바로 내가 그리스도교적 도덕을 알아차렸다는 점이다. 그래서 나는 모든 이를 도발하는 의미를 포함하는 말 하나가 필요했다. 그리스도교 도덕에 대해 미리 눈을 뜨지 못했다는 것은 내가 보기에는 인류를 책임져야 하는 비할 바 없는 불결이고, 본능이 되어버린 자기 기만이며, 모든 생기와 인과성과 현실성을 보려 하지 않는 철저한 의지이자, 심리적 사항에 대한 위조 짓거리이다. 이 위조 짓거리는 범죄가 되어버린다. 그리스도교에 대한 맹목은 범죄 중의 범죄이다―삶에 대한 범죄인 것이다……수천 년의 세월, 민족들, 최초의 인간과 최후의 인간, 철학자들과 늙은 여자들―역사의 대여섯 번의 순간과, 일곱 번째 순간으로서의 나를 제외하고는―이들 모두가 그리스도교에 대한 맹목이란 점에서 서로 잘 어울린다. 그리스도는 이제껏 유일한 절대적인 '도덕적 존재'였으며, 비할 바 없이 기묘했었다―그리고 '도덕적인 존재'로서 그것은 인류를 최고로 경멸하는 자마저도 꿈도 꾸지 못할 정도로 더 불합리하고 더 기만적이며 더 허영기 있고 더 경솔하며 자기 자신에 대해서도 더 유해했었다. 그리스도교적 도덕―이것은 가장 악의에 찬 형식의 거짓 의지이며, 인류에 대한 진정한 키르케이다 : 이것이 인류를 망쳐버린 바로 그것이다. 그리스도교를 바라볼 때 나를 경악하게 하는 오류로서의 오류는 그리스도교의 승리가 알게 해주는바, 즉 정신적인 것에서의 수천 년간의 '선의지'와 사육과 분별과 용기의 결여가 아니다 : ―오히려 자연성의 결여인 것이다. 그리고 반자연 자체가 도덕으로서 최고의 명예를 부여받고, 법칙이자 정언명법

으로서 인류 위에 걸려 있었다는 완전히 전율스러운 사실이
다!…… 한 개인이 아니고 한 민족도 아니라, 인류가 이 정도로 잘못
짚고 있었다니! …… 삶의 최고 본능을 경멸하라고 가르쳤다는
것 ; 육체를 모욕하기 위해서 '영혼' 과 '정신' 을 날조해냈다는 것 ;
삶의 전제인 성에서 어떤 불결한 것을 느끼도록 가르쳤다는 것 ; 성
장을 위해 가장 필요 불가결한 강력한 이기심(—이 말이 벌써 비방
적이다!—)에서 악의 원칙을 찾는 것 ; 그 반대로 '무사' 와 무게중
심의 상실과 '탈개인화' 와 '이웃 사랑' (—이웃 중독!)이라는 하강
과 반본능의 전형적 징후에서 더욱 높은 가치를, 아니! 가치 그 자체
를 본다는 것! …… 뭐라고! 인류 자신이 데카당이었단 말인가? 인
류는 항상 데카당이었단 말인가? —확실한 사실은 그들에게 데카
당스 가치만이 최고 가치로 가르쳐져왔다는 것이다. 탈아의 도덕은
전형적인 하강의 도덕이며, '나는 몰락한다' 는 사실을 '너희 모두
는 몰락해야 한다' 는 명령으로 옮기는 도덕이다—그리고 명령으로
옮기는 것만으로 끝나지 않는다! …… 지금까지 가르쳐진 유일한 도
덕인 탈아의 도덕은 종말 의지를 누설하고 있다. 이것은 가장 심층
적으로 삶을 부정하는 것이다. —그러나 여기서는 아직 인류의 퇴
화라기보다는 오히려 성직자라는 기생충 같은 인간만이 퇴화할 가
능성이 열려 있다. 그런데 이들은 도덕이라는 수단을 가지고 자기
들이 인류의 가치를 결정하는 자라고 속였다—이들은 그리스도교
도덕에서 그들을 권력에 이르게 해주는 수단을 간파해냈던 것이다
……그리고 실제로 내 통찰은 이러하다 : 인류의 교사와 지도자,
신학자 전체가 통틀어 데카당이었다 : 그래서 모든 가치를 삶에 적
대적인 것으로 전도시켰고, 그래서 도덕인 것이다……도덕의 정

의 : 도덕—삶에 보복하려는 숨은 의도를 갖고 있는 데카당의 특이한 성질—그리고 성공적이었다. 나는 이 정의에 가치를 부여한다.
—

5

8.

—나를 이해했는가?—나는 5년 전에 차라투스트라의 입을 통해 미리 말하지 않았을 만한 말은 하나도 하지 않았다—그리스도교 도덕이 무엇인지 알아차리는 것은 무엇과도 견줄 수 없는 하나의 사건이자, 진정한 하나의 대참사이다. 그리스도교 도덕을 해명하는 자는 하나의 불가항력이자 하나의 운명이다. —그는 인류 역사를 둘로 나눈다. 그의 존재 이전과 그의 존재 이후로…… 진리의 번개는 이제껏 가장 높은 곳에 서 있던 바로 그것에 적중된다 : 그때 무엇이 파괴되었는지를 파악하는 자는 도대체 그 수중에 무엇이 남겨져 있는지에 대해서도 알 수 있게 된다. 이제껏 진리라고 불리어 온 모든 것이 가장 해롭고 음험하며 가장 지하적인 형식의 거짓임을 깨닫는 것 ; 인류를 '개선'한다는 신성한 구실이 삶 자체의 피를 빨아 삶을 빈혈증을 앓게 만드는 책략임을 깨닫는 것. 흡혈귀로서의 도덕…… 도덕을 알아차리는 자는, 신뢰받고 있고 또 신뢰받았던 모든 가치가 무가치하다는 것도 더불어 알아차린다 ; 그는 가장 경외되었던 인간, 심지어는 성스럽다고 말해졌던 인간 유형에서도 더 이상은 존경할 만한 것은 아무것도 보지 않는다. 그는 거기서 비할 바 없는 액운과도 같은 불구들만을 본다. 그들이 액운과도 같은 이유는 그들이 현혹했기 때문이다…… '신' 개념은 삶의 반대 개념으로서

고안되었다—이 개념 안에서 해롭고 독성 있고 비방적인 모든 것이, 삶에 대한 불구대천의 적개심 전체가 하나의 경악스러운 단일체가 되었다! '피안' 개념이, '참된 세계' 개념이 고안되었다. 존재하는 유일무이한 이 세상을 탈가치화하기 위해—우리 지상의 현실을 위한 아무런 목표도, 아무런 이성도, 아무런 과제도 남기지 않기 위해! '영혼' 개념, '정신' 개념, 결국에는 '영혼의 불멸' 개념도 고안되었다. 몸을 경멸하고, 몸을 병들게 —'성스럽게' —만들기 위해, 그리고 삶에서 당연히 중요한 것들 모두를, 즉 영양 섭취, 주거지, 정신적인 섭생, 병의 치료, 청결, 기후 등의 문제들에 형편없이 경솔하게 대처하도록 하기 위해서! 건강 대신 '영혼의 구원' —이것은 참회의 경련과 구원의 히스테리 사이에서 오락가락하는 조울증적 광기이다! '죄' 개념은 그에 따르는 '자유의지' 개념이라는 고문 기구와 함께 본능을 혼란시키기 위해, 본능에 대한 불신을 제2의 본성으로 만들기 위해 고안되었다! '이기적이지 않은 인간' 이라는 개념이나, '자기 자신을 부정하는 자' 라는 개념 안에서는 진정한 데카당스의 표지가, 즉 해로운 것들에 의해 현혹됨, 자기에게-이로운 것을-더 이상-찾을 수-없음, 자기-파괴가 가치의 표시 일반으로, 인간의 '의무' 와 '성스러움' 과 '신적인 것' 으로 되었다! 결국에는 —이것이 가장 끔찍한 일인데—선한 인간이라는 개념은 약자와 병자와 실패자와 자기 스스로 고통받는 자, 즉 몰락해야만 하는 모든 것의 편을 들고—, 도태의 법칙이 여기서는 어긋난다. 이상은 긍지에 차 있고 제대로 잘 되어 있는 인간에 대한 반박에서, 긍정하는 인간과 미래를 확신하며 미래를 보증하는 인간에 대한 반박에서 나왔다—이런 인간을 지금은 악인이라고 부른다…… 그리고 이 모든 것이 도덕으로서 믿어져왔다! ―이 파렴치한 것을 분쇄하라! ――

9.

5 　　―나를 이해했는가?―디오니소스 대 십자가에 못 박힌 자……

디오니소스 송가

Dionysos-Dithyramben.

한갓 바보일 뿐! 한갓 시인일 뿐!

맑게 갠 대기에,

이미 이슬의 위로가

눈에 띄지도 않고, 귀에 들리지도 않게

대지 위에 내릴 때,

　─마음을 달래주는 이슬은 온화한 위안자 모두가 그러하듯

보드라운 신발을 신고 있기 때문에 ─

그대 뜨거운 가슴이여, 이때 생각나는가, 생각이 나는가,

일찍이 그대가 얼마나 갈망했었는지가

천상의 눈물과 이슬방울을,

햇살에 그을리고 지친 채 얼마나 갈망했던지가,

그때에 노란 풀밭길로

악의에 찬 저녁 햇살이

눈부신 태양의 이글대는 눈길이, 불행을 즐기는 눈길이

그대 주변의 검은 나무들 사이로 달렸다.

"진리의 구혼자라고 ─ 그대가?" 그들은 이렇게 조롱했었지

아니! 한 사람의 시인일 뿐이지!
한 마리의 짐승, 간교하고 약탈이나 하며 몰래 접근하고,
속이지 않으면 안 되고
알면서도 고의로 속이지 않으면 안 되며
5 먹이를 탐하고
알록달록한 가면을 쓰고는,
그 자신이 가면이 되고
그 자신이 먹이가 되는
그런 것이 —진리의 구혼자란 말인가?……
10 한갓 바보일 뿐이다! 한갓 시인일 뿐이다!
알록달록한 말만을 하고,
바보탈 속에서 알록달록한 말만을 늘어놓으며,
거짓말의 다리 위를
거짓의 무지개 위를 이리저리 돌아다니고
15 거짓 하늘들의 사이를
이러저리 떠돌아다니고 이리저리 기어다니는—
한갓 바보일 뿐이다! 한갓 시인일 뿐이다!……

그런 것이 —진리의 구혼자라고?……

20

말없이, 단단하고, 매끄럽고, 차가운,
형상이 되지 않고
신의 기둥이 되지 않으며,

신전 앞에 세워지지도 않는다,
신의 문을 지키는 자로서 :
아니! 이 같은 덕의 입상에 적대적이고
신전에서보다는 그 어떤 황야에서라도 더 편안해하며
5 고양이의 방자함으로 가득 차
온갖 창문으로부터
휙! 온갖 우연 속으로 뛰어들고,
모든 원시림의 냄새를 맡는다.
그대는 원시림들 속에서
10 화려한 얼룩의 맹수들 사이를
죄가 될 정도로 건강한 모습으로 아름답고 다채롭게 달린다.
갈망하는 입술을 하고는,
복에 가득 차 조소하고, 복에 가득 차 지옥이 되며, 복에 가득 차
피에 목말라하면서,
15 약탈하고, 살금살금 기어다니며, 속여가며 달린다……

아니면, 오래오래 꼼짝 않고 심연을 응시하는,
자기의 심연을 응시하는 독수리와도 같이……
─오오, 어떻게 여기서 그들이 저 아래로
20 저 밑으로, 저 속으로
점점 깊어지는 깊이로 소용돌이치며 떨어지는지! ─
그러더니
갑작스럽게
날개를 바로 세워 일직선으로

재빨리 날아
어린 양들에게 달려든다.
갑작스럽게 아래로, 몹시 굶주린 채,
어린 양들을 탐한다.
5 어린 양의 영혼 같은 것을 모두 원망하고,
덕과 양의 온화함과 곱슬곱슬한 털을 지닌,
바보 같으며, 양젖과 같은 호의로 바라보는
모든 것에 대해 격분해한다……

10 이렇듯
독수리 같고 표범 같다.
시인의 동경은
천 개의 가면 뒤에 있는 그대의 동경은.
그대 바보여! 그대 시인이여!……

15

그대는 인간을 신으로, 양으로 본다—
인간 속에 있는 양을 찢어버리듯
인간 속에 있는 신을 찢어버린다
그리고 찢어버리면서 웃는다—

20

이것, 이것이 그대의 지복이다
표범과 독수리의 지복이다
시인과 바보의 지복이다!……

맑게 갠 대기에,
이미 낫 같은 초승달이
자홍색 노을 사이를 파랗게
시샘하며 살금살금 가면,
　　—낮을 미워하면서
한 발짝 한 발짝 은밀하게
장미꽃 그물침대가
가라앉기까지 낫질하며
밤하늘 속으로 창백하게 내려앉는다 :
나 자신도 예전에 그렇게 가라앉았다
내 진리에 대한 광기에서
내 낮의 동경에서
낮에 지치고 빛에 병든 채,
　　—아래쪽으로, 저녁 쪽으로, 그림자 쪽으로 가라앉았다.
하나의 절대 진리에 의해
불태워지고 목말라하면서
　　—그대 뜨거운 심장이여, 아직도 생각나는가, 생각이 나는가,
그때 그대가 얼마나 갈망했었는지를?—
내가 모든 진리에서 추방되기를!
한갓 바보일 뿐! 한갓 시인일 뿐! ……

사막의 딸들 틈에서.

1.

"이곳을 떠나지 말라! 우리 곁에 머물러 달라! 그때 차라투스트라의 그림자라고 자칭하던 방랑자가 말했다. ―그렇지 않으면 그 낡고 숨막히는 비탄이 또다시 우리를 덮칠지도 모를 일이오.

이미 저 늙은 마술사가 자기의 고약하기 짝이 없는 것으로 우리를 극진히 대접했소. 그리고 보시오, 저 선량하고 경건한 교황이 눈물을 머금은 채 또다시 우울의 바다로 배를 띄우지 않았는가.

그 왕들은 아직은 우리 앞에서 태연자약한 표정을 지을 것이오 : 그런데 보고 있는 자가 없다면 그들에게도 사악한 짓거리가 다시 벌어지리라는 것은 내기해도 좋소.

―흘러가는 구름, 눅눅한 우울, 구름에 가리운 하늘, 도둑맞은 태양, 울부짖는 가을 바람이 벌이는 사악한 짓거리가.

―우리의 울부짖음과 구조를 간청하는 외침이 벌이는 사악한 짓거리가 : 차라투스트라여! 우리 곁에 머물러 달라! 여기에는 이야기하고 싶어 하는 감추어져 있는 수많은 비참과 수많은 저녁과 수많은 구름과 수많은 숨막히는 대기가 있소!

그대는 힘찬 사나이를 위한 음식과 힘찬 말로 우리에게 좋은 대

접을 하지 않았소 : 이제 저 연약하며 여성적인 정령이 후식으로서 우리를 덮치지 않게 해주시오!

오직 그대만이 그대 주변의 대기를 강하고 맑게 할 수 있소! 내 일찍이 이 지상에서 그대 곁의, 그대의 이 동굴 속 대기처럼 좋은 대기를 본 적이 있었던가?

나는 수많은 나라들을 둘러보았으며, 내 코는 온갖 대기를 음미하고 평가할 줄 알게 되었소 : 하지만 그대 곁에서 내 코는 더없이 큰 즐거움을 맛보고 있소!

예외로 한다면—, 예외로 한다면—, 오오, 옛 추억 하나는 사해주시오! 내가 일찍이 사막의 딸들 틈에서 지은 바 있는 후식을 위한 옛 노래 하나는 사해주시오.

그들에게는 여기서와 같은 상쾌하고 맑은 동방의 대기가 있었소 ; 거기서 나는 구름이 가득 끼고 눅눅하고 우울한 옛 유럽에서 가장 멀리 떨어져 있었소!

그때 나는 그들 동방의 소녀들을, 한 점의 구름도 한 점의 사상도 그 위에 걸려 있지 않은 유럽과는 다른 새파란 낙원을 사랑했었소.

그대는 믿지 못할 것이오. 춤을 추지 않을 때 그들은 얼마나 얌전히 앉아 있었는지를. 깊지만 상념은 없이, 작은 비밀과도 같이, 예쁜 끈으로 장식한 수수께끼처럼, 후식용 호두처럼—

진짜 다채롭고 이국적으로! 구름 한 점 없이 : 풀기 쉬운 수수께끼처럼 : 그런 소녀들을 즐겁게 해줄 생각에서 나는 후식용 시 한 편을 지었소."

이렇게 차라투스트라의 그림자를 자칭하던 방랑자가 말했다 ; 그

리고 누군가가 대꾸하기 전에 그는 늙은 마술가의 하프를 낚아채고
는, 다리를 꼬고서 침착하고도 영리하게 주변을 둘러보았다 : ―무
엇인가를 문득 코로 대기를 천천히 들이마셨다. 새로운 나라에서
새로운 대기를 음미하는 사람처럼. 마침내 그가 우렁차게 노래하기
5   시작했다.

2.

사막은 자라고 있다 : 화 있을지어다. 사막을 감추고 있는 자에게……
10

3.

하!
장엄하도다!
15   위엄 있는 시작이다!
아프리카적인 장엄함이다!
사자에 걸맞은
아니면 포효하는 도덕적 원숭이에 걸맞은……
―하지만 그대들을 위한 것은 아니다,
20   그대 사랑스럽기 그지없는 여자 친구들이여,
종려나무 밑에 있는 유럽인인
나는 그대들의 발 밑에 앉아도 좋다고 허락받았다. 셀라.

참으로 놀랍도다!

이제 나는 여기에 앉아 있다.
사막 가까이에, 그리고 이미
사막에서 그토록 다시 멀어져서
아직 티끌만큼도 황폐해지지 않은 채 :
5 이 작은 오아시스에
삼켜져 있다
   —오아시스는 마침 하품을 하면서
그 사랑스러운 입을 벌렸다.
모든 입 중에서 가장 좋은 향기가 나는 입을 :
10 이때 나는 그 속으로 떨어졌다,
아래로, 가로질러 —그대들 속으로,
그대 사랑스럽기 그지없는 여자 친구들이여! 셀라.

만세 만세 저 고래 만세.
15 그것이 자기의 손님들을 즐겁게 한다면! —그대들은 이해하는가
내 박식한 풍자를?⋯⋯
그 고래의 배 만세.
그것이 사랑스러운 오아시스 배라면,
바로 이것과 같은 배라면 : 하지만 나는 의심한다,
20 그 때문에 나는 유럽에서 온 것이다.
그 어떤 늙은 아내들보다 더 의심이 많은 유럽에서.
신이여, 바로잡아주소서!
아멘!

나 이제 여기 앉아 있다
이 작디작은 오아시스에.
대추야자 열매처럼,
갈색으로 달콤하게 황금빛으로 서약한 채,
5   소녀의 동그란 입을 갈망하며
그러나 그것보다도 소녀답고
얼음장처럼 차갑고 눈처럼 희며 날카로운
앞니를 갈망하며 : 말하자면 이 앞니를
뜨거운 대추야자 열매의 심장은 한결같이 갈망한다. 셀라.
10

방금 말한 남방의 열매들과
비슷하게, 너무나 비슷하게
나 여기에 누워 있다. 날개 달린 작은 딱정벌레가
내 주위를 춤추며 노닐고 있다.
15   거기에다, 더욱 작고
더욱 어리석으며 더욱 심술궂은
소망과 착상들에게 —
그대들에게 둘러싸여 있다.
그대 말없는, 그대 예감이 넘치는
20   소녀 고양이들
두두 그리고 줄라이카
    —많은 감정들을 한마디로 표현하면, 스핑크스에 둘러싸여
    (—이렇게 말로 죄를 짓는 것을, 신이여 용서하소서!……)
    —나 여기 앉아 있다. 더없이 상쾌한 대기를 들이마시며,

진정한 낙원의 대기를,
밝고 경쾌한 대기를, 황금빛 줄무늬가 있는 대기를.
그토록 좋은 대기는 언젠가 달에서 내려왔을 것이다.
우연히
5   아니면 옛 시인들이 이야기하듯
분방해서 그랬을까?
하지만 의심 많은 나는 그것을 의심한다
그 때문에 나는 유럽에서 온 것이다.
모든 늙은 아내보다 더 의심이 많은 유럽에서.
10 신이여 바로잡아주소서!
아멘.

이 더없이 아름다운 대기를 마시면서,
술잔처럼 부풀어오른 콧구멍을 하고는,
15 미래도 추억도 없이
나 여기 앉아 있노라, 그대
사랑스럽기 그지없는 여자 친구들이여.
그리고 종려나무를 바라본다.
그 나무가 춤추는 여인처럼,
20 어떻게 몸을 구부리고, 비틀며, 허리를 흔드는지를.
  ─오랫동안 바라보고 있노라면, 따라하는 법이다……
내게는 그렇게 보이는데, 춤추는 여인처럼
종려나무는 이미 너무도 오랫동안, 위험할 정도로 오랫동안
언제까지나 다리 하나로만 서 있지 않았는가?

─내게는 그렇게 보이는데, 그 나무는 다른 한쪽 다리를 잊어버
린 것인가?
　헛된 일이었지만 적어도 나는
　잃어버린 다른 한쪽 보석을,
5　　─말하자면 다른 한쪽 다리를─찾아보았다
　그들의 사랑스럽고 우아하기 짝이 없는
　부채처럼 팔랑거리며 번쩍이는 스커트의 성스러운 장소 주변에
서.
　그렇다. 그대 아름다운 여자 친구들이여,
10　내 말을 전적으로 믿고자 한다면,
　그 나무는 한쪽 다리를 잃어버린 것이다……
　후유! 후유! 후유! 후유! 후유!……
　그것은 사라져버렸다
　영원히 사라져버렸다
15　그 다른 한쪽 다리는!
　오오, 안됐구나, 사랑스러운 다른 한쪽 다리여!
　어디에─그것은 머무르고 있을까, 버림받은 것을 슬퍼하며,
　그 고독한 다리는?
　아마도 금발 고수머리털의 무서운 사자 같은 괴물 앞에서
20　공포에 떨고 있지나 않을까?
　아니면 벌써 물어뜯기고 뜯어먹힌 것은 아닐까─
　가엾게도, 아아! 아아! 뜯어먹혔구나! 셀라.

　오오, 울지 말라

여린 심장이여!
울지들 말라, 그대
대추야자 열매 같은 심장이여! 젖가슴이여!
그대들 감초의 심장을 가진 ―
5 작은 주머니여!
사나이다워져라, 줄라이카! 용기를 내라! 용기를!
더 이상 울지 말라!
창백한 두두여!
―아니면 강인하게 하고, 심장을 강인하게 하는 무언가가
10 여기에 있어야 하지 않겠는가?
엄숙한 잠언 하나가?
장엄한 격려 한마디가?……

하!
15 나타나라, 위엄이여!
불어라 다시 불어라,
덕의 풀무여!
하!
다시 한번 울부짖어라,
20 도덕적으로 울부짖어라,
도덕적인 사자가 사막의 딸들 앞에서 울부짖듯이!
―덕의 포효는,
그대 사랑스럽기 그지없는 소녀들이여,
모든 유럽적 열정과 유럽의 굶주림 이상의 것이기 때문이다!

그리고 나는 이미 거기 서 있다
유럽인으로서,
나는 어찌할 수 없다. 신이여 도와주소서!
아멘!

5

* * *

사막은 자라고 있다 : 화 있을지어다, 사막을 감추고 있는 자에
10 게!
돌은 돌에 닿아 삐걱거리고, 사막은 휘감고 목을 조른다.
끔찍한 죽음이 이글거리는 갈색의 시선을 던지고
그리고 씹어버린다―그의 삶은 그가 씹는 것이다……

15 인간들이여 잊지 말라, 쾌락으로 활활 타버린 인간들이여 :
그대는―돌이고, 사막이다. 그대는 죽음이다……

* * *

최후의 의지.

언젠가 내가 본 내 친구의 죽음처럼—,
그렇게 죽는다
그 친구의 번개와 시선은
신처럼 내 어두운 청년기에 던져졌다.
방자하고도 깊이 있게,
전쟁터에서 춤추는 자—,

전사들 중에서 가장 쾌활한 자,
승리자들 중에서 가장 어려운 자,
자기의 운명 위에 하나의 운명으로 서서
엄격하고, 앞뒤를 깊이 생각하며— :

자기가 승리한 것에 대해 전율하고
자기가 죽어가면서 승리한 것에 대해 환호하면서— :

자기의 죽음으로 명령하고
—파괴하라고 명령했다……

언젠가 내가 본 내 친구의 죽음처럼 :
그렇게 죽는다,
승리하면서, 파괴하면서……

육식조 사이에서.

여기서 내려가려는 자,
어찌나 빨리
깊이가 그자를 삼켜버리는지!
　―하지만 그대 차라투스트라는,
아직도 심연을 사랑하는구나
전나무 숲도 똑같이 그러한가?―

그것은 뿌리를 내린다
바위마저 전율하며
심연을 바라보는 곳에―
그것은 심연에서 머뭇거린다.
주위의 모든 것이

그 아래로 내려가고자 하는 곳에서 :
거친 자갈더미와 쏟아져내리는 시냇물의
성급함 사이에서
인내하며 기다리고, 엄격하고, 말없이,
고독하게 ……

고독!
누가 또한 감히
여기서 손님이 되는가,
너의 손님이 되는가?……
5   아마도 한 마리의 육식조가 ;
이 새는 의연한 인내자에게 매달려
머리털까지 불행을 기뻐하고,
미친 듯이 웃어댄다
육식조의 웃음을……
10

무엇 때문에 그렇게 의연한가?
─그 육식조가 잔인하게 묻는다 :
심연을 사랑하는 자는 날개를 가져야만 한다……
매달려 있으면 안 된다, 너처럼.
15   너, 매달려 있는 자여!─

오오, 차라투스트라여,
더없이 잔혹한 님로트여!
최근에는 여전히 신의 사냥꾼이었고,
20   모든 덕을 포착하는 그물이자
악의 화살이었던!
이제는─
그대 자신에 의해 사냥되고
그대 자신의 수확물이 되며

그대 안으로 스스로 뚫고 들어간다……

이제는—
그대와 더불어 고독하고,
고유의 앎에서는 둘이고,
백 개의 거울 사이에서
그대 자신 앞에서는 거짓이며,
백 개의 추억들 사이에서
확신하지 못한 채
온갖 상처로 지쳐 있고
온갖 서리에 차가워지며
자기의 끈에 목이 졸린다.
자신을 아는 자!
자신의 목을 매는 자!

그대의 진리의 끈을 가지고
그대는 그대의 무엇을 묶었는가?
늙은 뱀의 낙원으로
그대는 그대의 무엇을 유혹했는가?
그대 안으로—그대 안으로
얼마나 그대는 몰래 숨어들었는가?……

뱀의 독 때문에 병들어 있는
병자가 이제 ;

가장 어려운 제비를 뽑은
포로가 이제 ;
자기의 굴에서
허리를 구부려 일하면서,
5   그대 자신 안으로도 굴을 파,
그대 자신을 파묻자,
어쩔 도리 없이
움직일 수 없게 된
하나의 시체—.
10   백 가지 무거운 짐의 탑에 짓눌리고,
그대 자신이라는 무거운 짐을 진,
지자(知者)!
자기를 아는 자!
현명한 차라투스트라여!……
15

그대는 비할 바 없이 무거운 짐을 찾았었다 :
그때 그대는 그대 자신을 발견했었다—
그대는 그대 자신을 그대에게서 벗어던지지 않는다……

20   엿보면서,
웅크리고 앉은 채,
이미 더 이상은 똑바로 설 수 없는 자여!
그대는 그대의 무덤과 하나로 자라버린 것 같다
기형의 정신이여!……

그리고 최근에도 그렇듯 긍지에 차서,
그대 긍지의 온갖 의족 위에!
최근에도 신을 갖지 않은 은둔자로,
악마와 둘이서 사는 자로,
온갖 오만을 지닌 진홍빛 왕자여!……

이제 ―
두 무(無) 사이에
몸을 안쪽으로 구부린
하나의 의문부호
하나의 지쳐 있는 수수께끼 ―
육식조를 위한 수수께끼……

그들은 벌써 그대를 '풀어줄' 것이다
그들은 벌써 그대의 '해결책'을 먹고 싶어 한다
그들은 벌써 그대 주변에서 날개를 펄럭이고 있다, 그대 수수께
끼여,
그대, 목 매달린 자의 주변에서!……
오오, 차라투스트라!
자기를 아는 자여!……
자기를 목매다는 자여!……

횃불 신호.

여기, 바다 사이에서 섬이 생겨난 곳,
희생된 바위 하나가 가파르게 우뚝 솟아 있다
여기 검은 하늘 아래
차라투스트라가 자기의 높은 횃불을 밝힌다.
흩어진 뱃사람을 위한 횃불 신호,
대답을 갖고 있는 자들을 위한 횃불 신호……

회백색 배를 가진 이 불꽃
  ―차가운 먼 곳으로 그 욕망의 혀를 널름거리고,
더욱더 순수한 높은 곳 쪽으로 그 목을 구부리는―
초조하여 몸을 바로 쳐든 한 마리의 뱀 :
이 신호를 나는 내 앞에 세운다.

내 영혼 자체가 이 불꽃이다
물릴 줄 모르고 새로운 먼 곳으로
그 조용한 작열은 위로, 위로 불타오른다.
차라투스트라는 무엇 때문에 짐승과 인간한테서 도망쳤던가?

차라투스트라는 무엇 때문에 돌연 모든 육지에서 달아났던가?
여섯 가지 고독을 그는 이미 알고 있다—
하지만 바다마저도 그에게는 충분히 고독하지 않다
섬이 그를 오르게 하여, 산 위에서 그는 불꽃이 되었다
5 일곱 번째 고독을 찾아
그는 지금 낚싯바늘을 자기 머리 위로 던진다.

흩어져버린 뱃사람들이여! 옛 별들의 파편이여!
그대들 미래의 바다여! 알려지지 않은 하늘이여!
10 모든 고독을 향해 나 이제 낚싯바늘을 던진다 :
초조한 불꽃에 대답하라,
높은 산 위의 어부인 내게 붙잡혀라,
내 일곱 번째 최후의 고독이여!——

해는 지는데.

1.

머지않아 갈증도 없어지리라 그대,
　불타버린 가슴이여!
약속이 대기 속에 있어,
미지의 입에서 내게 불어오네
　―대단히 차가운 기운이 다가오네······

내 태양이 정오에 내 위에 따갑게 있네 :
잘 왔네, 그대
　갑자기 부는 바람
그대 오후의 차가운 영들이여!

대기는 낯설지만 맑게 불고 있네.
곁눈질하는 유혹자의 눈길로
　남몰래
밤이 나를 훔쳐보고 있지 않는가?······
강하게 있어라, 내 용감한 심장이여!

묻지 말라 : 왜냐고—

2.

⁵ 내 삶의 날이여!
해가 지고 있다.
잔잔한 만조는 이미
　　황금빛으로 물들었다.
바위는 따뜻하게 숨쉰다 :
¹⁰ 　　행복이 정오에
그 바위 위에서 낮잠을 즐기지 않을까?
　　녹색의 빛 속에서
갈색의 심연이 여전히 행복을 불러 올리고 있다.

¹⁵ 내 삶의 날이여!
저녁을 향해 나아가라!
이미 그대의 눈은
　　반쯤 빛을 잃었고,
이미 그대 눈물의
²⁰ 　　이슬이 넘쳐흐른다
이미 흰 바다 위를 말없이 달리고 있네
그대의 사랑하는 진홍빛이,
그대의 머뭇거리는 최후의 지복이……

3.

황금빛의 쾌활이여, 오라!
그대, 죽음을
비할 바 없이 은밀하고 달콤하게 맛보는 것이여!
5 ―내가 너무 빨리 내 길을 달린 것인가?
발이 지쳐버린 이제야 비로소,
  그대의 시선이 나를 따라잡고
  그대의 행복이 나를 따라잡는다.

10 사방은 물결과 유희뿐.
  이전에 힘들었던 것은,
푸른빛 망각으로 가라앉는다
이제 내 조각배는 한가롭게 흔들거린다.
폭풍우와 항해 ―내 조각배가 이것을 잊어버리다니!
15   소망과 희망은 가라앉았고,
  영혼과 바다는 잔잔하다.
일곱 번째 고독이여!
  한 번도 나는 느껴보지 않았다
내 몸 가까이 이 감미로운 안전을,
20 더 따뜻한 태양의 눈길을.
  ―내 산정의 얼음이 아직도 불타고 있지 않은가?
은빛으로, 가볍게, 한 마리의 물고기처럼
이제 내 조각배는 헤엄쳐간다……

아리아드네의 탄식.

누가 아직도 나를 따뜻하게 하는가, 누가 아직도 나를 사랑하는
가?
　　뜨거운 손을 주오!
　　심장의 화로를 주오!
쓰러져 덜덜 떨면서,
사람들이 발을 덥혀주고 있는 반쯤은 죽은 자처럼
아아, 알 수 없는 열에 몸을 떨고,

예리하며 차디찬 서리의 화살에 맞아 몸을 떨면서,
　　그대에게 쫓겼네, 사유여!
형언키 어려운 자여! 베일에 싸여 있는 자여! 소름끼치는 자여!
　　그대, 구름 뒤의 사냥꾼이여!
그대의 번개에 맞아 쓰러졌네,

어둠 속에서 나를 지켜보는, 그대 조소의 눈동자여!
　　나 이렇게 누워 있네
몸을 굽히고, 몸을 뒤틀며,
온갖 영원한 고문으로 고통당하면서
　　그대 잔인하기 이를 데 없는 사냥꾼의

화살에 맞아,
그대 미지의 ─ 신이여……

더 깊이 맞히시오!
5   다시 한번 맞히시오!
이 심장을 찌르고 파헤치시오!
무딘 이빨의 화살로 하고 있는
이 고문은 대체 뭐란 말인가?
그대는 다시 무얼 보고 있는가
10 인간의 괴로움에 권태를 느끼지 않는,
불행을 즐기는 신들의 번갯불 같은 눈초리로
그대는 죽이려 하지 않고,
단지 고문을, 고문만을 가하려 하는가?
뭐 하려고 ─ 나를 고문하는가?
15 그대 불행을 즐기는 미지의 신이여.

하하!
그대 남몰래 다가오는가
이 한밤중에?……
20 무엇을 하려는가?
말하라!
그대 내게 달려들어 짓누르네
아아! 벌써 지나치게 가까이 있네!
그대 내 숨소리를 듣고,

그대 내 심장의 박동에 귀 기울이네,

그대 샘이 많은 자여!

　　─무엇을 그리도 시샘하는가?

물러가라! 물러가!

5　사다리는 무엇 하러?

그대는 들어오려 하는가,

심장으로, 들어오려 하는가,

내 더없이 은밀한 사유로 들어오려 하는가?

뻔뻔스러운 자여! 미지의 자여! 도둑이여!

10　그대 무엇을 훔쳐내려 하는가?

그대 무엇을 엿들으려 하는가?

그대 고문으로 무엇을 얻어내려 하는가,

그대 고문하는 자여!

그대─교수자-신이여!

15　아니면 내가 개처럼

그대 앞에서 뒹굴어야 하는가?

몸을 바치고, 열광으로 넋을 잃어

그대에게─사랑의 꼬리를 쳐야 한단 말인가?

부질없는 일이다!

20　찔러라 계속!

가장 잔혹한 가시여!

나는 개가 아니라─그대의 야수일 뿐이다,

가장 잔혹한 사냥꾼이여!

그대가 가장 자랑스러워하는 포로일 뿐이다.

그대 구름 뒤의 약탈자여……
말하시오, 이제는!
그대 번개로 가려져 있는 자여! 미지의 자여! 말하시오!
그대 매복자여 무엇을 원하는가—내게서?……

5

뭐라고?
몸값이라고?
얼마의 몸값을 원하는가?
많이 요구하라—내 긍지가 권한다!
그리고 짧게 말하라—내 또 다른 긍지가 권한다!

10

하하하!
나를—그대 나를 원하는 것인가? 나를?
나를—나 전체를?……

15

하하하?
그래서 나를 고문하는가, 그대 어리석은 자여
그래서 내 긍지를 괴롭히는가?
내게 사랑을 주오—누가 아직도 나를 따뜻하게 하는가?
누가 아직도 나를 사랑하는가?
뜨거운 손을 주오,
심장의 화로를 주오,
내게, 더없이 고독한 자에게 주오.
그〈대〉의 얼음, 아아! 일곱 겹의 얼음이

20

적마저도,
적마저도 애타게 그리워하도록 가르치네.
내게 주오, 내게 맡겨주오
더없이 잔혹한 적이여,
5 내게 ─ 그대를!……

사라졌다!
그가 달아나버렸다
내 유일한 동료가,
10 내 대단한 적이,
내 미지의 자가,
내 교수자─신이!……
안 된다!
돌아오시오!
15 그대의 온갖 고문과 함께!
내 모든 눈물은
냇물이 되어 그대에게 흐르네
그리고 내 심장의 마지막 불꽃이
그대를 향해 불타오르네.
20 오오, 돌아오시오,
내 미지의 신이여! 내 고통이여!
　내 마지막 행복이여!……

번갯불. 디오니소스는 아름다운 에메랄드 빛으로 나타난다.

디오니소스 :

현명해라, 아리아드네!……
너는 작은 귀를 가졌으며, 너는 내 귀를 갖고 있느니 :
5 그 안에 현명한 말 하나를 꽂아 넣으라! ─
자기에게서 사랑해야 하는 것을 먼저 미워해서는 안 되지 않겠는
가?……
나는 너의 미로이다……

명성과 영원.

1.

얼마나 오랫동안 그대는 이미

　　그대의 불운 위에 앉아 있는가?

주의하라! 그대는 내게

　　알 하나를,

　　나쁜 의도의 바질리스크의 알을,

그대의 오랜 고뇌에서 품어 부화시켰다.

무엇이 차라투스트라에게 산을 따라 살금살금 걷게 하는가?—

불신하고, 곪아 있으며, 음산한

오래 매복하고 있는 자—

그러다가 갑자기 번개로,

밝고 무서운 벼락으로,

심연에서 하늘로 향한다 :

　　—산마저도 그 내장이 흔들린다……

증오와 번갯불이
하나가 되어, 저주가 되었던 곳―,
이제 산 위에 차라투스트라의 분노가 머물고,
뇌운으로서 그는 자기의 길을 살금살금 걷고 있다.
5 마지막 덮개를 가진 자들이여, 기어들라!
내 침상으로, 그대 허약자여!
이제 둥근 천장 위에 천둥이 울리고,
이제 기둥과 벽은 떨며,
이제 번개와 유황빛 진리가 번쩍인다―
10 　차라투스트라가 저주하고 있다……

2.

온 세상이 값을 치르는 이 동전,
15 　명성―,
장갑을 끼고서 나는 이 동전을 잡는다
구역질하며 내 밑의 동전을 밟는다.

값이 치러지기 바라는 자는 누구인가?
20 　팔릴 수 있는 자들……
팔려고 내놓아진 자,
살진 두 손으로
온 세상의 깡통 소리 명성을 거머쥔다!

―그대는 그자들을 사고자 하는가?
그들은 모두 팔 것들이다.
하지만 값을 많이 불러라!
불룩한 지갑을 흔들어라!
5 ―그렇지 않으면 그대 그들을 강하게 하고,
그렇지 않으면 그대 그들의 덕을 강하게 한다……

그들 모두는 덕이 있다.
명성과 덕―이것은 운이 맞는다.
10 세상이 삶을 잇는 한,
그들은 덕의 요설의 값을 치른다
명성의 요설로―
세상은 이런 소음에 의해 삶을 잇는다……

15 온갖 덕 있는 자 앞에서
   나는 죄인이고자 한다
온갖 중대한 죄를 지은 죄인!
온갖 명성의 나팔 앞에서
내 야심은 벌레가 되어버린다―
20 그런 자들 사이에서,
나는 가장 천한 자가 되고싶다……

온 세상이 값을 치르는 이 동전,
명성―,

장갑을 끼고서 나는 이 동전을 잡는다
구역질하며 내 밑의 동전을 밟는다.

3.

조용히 하라! ─
위대한 것에 대해서는─나는 위대한 것을 보고 있다! ─
침묵해야 하거나
아니면 크게 말해야 한다 :
크게 말하라, 내 환희하는 지혜여!

나는 우러르고 있다─
거기에는 빛의 바다가 넘실거린다 :
─오오, 밤이여, 오오, 침묵이여, 오오, 죽음처럼 고요한 소음이
여!……

나는 하나의 표시를 보고 있다─
아득히 먼 곳에서
별자리 하나가 서서히 타오르며 내게로 침강한다……

                                    4.

존재의 최고 성좌여!
영원한 조각의 서판이여!

그대가 내게로 왔는가? —
아무도 바라본 적 없는,
그대 말없는 아름다움이 —
뭐라고? 이것은 내 시선을 피하지 않는다고?

필연의 방패여!
영원한 조각의 서판이여!
 ─하지만 진정 그대는 알고 있다 :
모든 이가 증오하는 것이 무엇인지,
나만이 사랑하는 것이 무엇인지,
그대가 영원하다는 것을,
그대가 필연이라는 것을!
내 사랑은 환희한다
영원히 오직 필연에서만.

필연의 방패여!
존재의 최고 성좌여!
 ─어떤 소망도 미치지 못하고,
어떤 부정도 더럽히지 않은,
존재의 영원한 긍정,
나는 영원히 그대의 긍정이다 :
내가 그대를 사랑하기에, 오오, 영원이여! ——

가장 부유한 자의 가난에 대하여.

십 년이 흘렀다—
물방울 하나 내게 떨어지지 않았다
10 습기찬 바람도, 사랑의 이슬도
    —비가 내리지 않는 땅……
이제 나는 내 지혜에 간청한다
이 메마름을 너무 탐하지 말기를 :
스스로 흘러 넘치고, 스스로 이슬을 떨구기를
15 스스로 누렇게 병든 황야의 비가 되기를!

언젠가 나는 구름에게
내 산에서 떠나라고 일렀다—
언젠가 나는 말했다 '더 많은 빛을, 그대 어둠이여!'
20 오늘 나는 구름이 몰려오도록 유혹한다 :
내 주위를 어둡게 하라, 그대의 젖가슴으로!
    —나 그대들의 젖을 짜리라,
그대 높은 곳의 암소들이여!
젖처럼 따뜻한 지혜를, 사랑의 달콤한 이슬을

나 땅 위에 쏟아 붓는다.

가거라, 떠나가라, 그대 진리들이여,
그대 음산한 시선을 던지는 자들이여!
5   나는 내 산 위에서
쌉쌀하고 참을성 없는 진리들을 보고 싶지 않다.
미소에 의해 황금빛이 되어
진리가 오늘 내 가까이 있다,
태양에 의해 감미로워지고, 사랑에 의해 갈색이 되어서—
10   잘 익은 진리 하나를 나는 나무에서 딴다.

나 오늘 손을 뻗는다
우연의 고수머리에,
우연을 어린아이처럼 이끌고 속일 만큼
15   충분히 현명해져.
나 오늘 손님에게 친절하고자 한다
달갑지 않은 손님에게,
운명에 대해서조차 가시를 세우지 않고자 한다
—차라투스트라는 고슴도치가 아니니.
20

내 영혼,
물리지도 않은 채 그 혀로,
온갖 선하고 악한 것들을 이미 맛보았고,
온갖 심연으로 가라앉았지만.

하지만 코르크처럼
언제나 다시 위로 떠오른다
내 영혼은 기름처럼 갈색 바다 위를 흔들거리며 떠다닌다 :
이 영혼 때문에 나는 행복한 자라고 불린다.

5

누가 내 아버지요 어머니인가?
내 아버지는 충일의 왕자,
내 어머니는 고요한 웃음이 아닐까?
이 두 분의 혼인이

10   나 수수께끼 짐승을,
나 빛의 괴물을,
내 모든 지혜의 낭비자 차라투스트라를 낳은 것이 아닐까?

오늘 애정에 병들어,
15   따뜻한 바람이
차라투스트라를 기다리며 앉아 있다.
그의 산 위에서 기다리면서 —
자신의 체액으로
달콤해지고 무르익어,
20   그의 산 정상 아래에서,
그의 얼음 아래에서,
지쳤지만 기쁨에 가득 차,
천지창조 제7일째 날의 조물주가.

—조용히 하라!
　　진리 하나가 내 머리 위에 흘러간다
　　구름과도 같이 —
　　보이지 않는 번갯불로 나를 맞춘다.
5　　넓고 여유로운 계단 위로
　　진리의 행복이 내게로 올라온다 :
　　오라, 오라, 사랑하는 진리여!

　　—조용히 하라!
10　　내 진리가 이것이다!
　　주저하는 눈으로
　　우단 같은 전율로
　　그 시선은 나를 맞춘다
　　사랑스럽고 악의 있는 소녀의 시선이……
15　　그것은 내 행복의 근원을 알아차리고,
　　그것은 나를 알아차린다 — 하! 무슨 생각을 하고 있을까? —
　　심홍빛 용 한 마리가
　　진리의 소녀 같은 시선의 심연을 엿보고 있다.

20　　—조용히 하라! 내 진리가 말을 하니! —

　　가엾어라, 차라투스트라!
　　그대는 마치 황금을 집어삼킨 자처럼
　　보이는구나 :

그대의 배를 가르려고 할 것이다. 사람들이!……

그대 너무 풍부하다,
그대 많은 것을 망쳐버린 자여!
5   그대 너무 많은 이를 시샘하게 하고,
그대 너무 많은 이를 가난하게 한다……
내게마저 그대의 빛은 그림자를 던진다―,
나 한기를 느낀다 : 가라, 그대 부유한 자여,
가라, 차라투스트라, 네 태양에서 비켜라!……
10

그대는 그대의 충일을 선사하고 싶고, 다 선사해버리고 싶어 한다
그런데 그대 자신이 가장 충일한 자이다!
현명해져라, 그대 부자여!
15   너 자신을 먼저 선사하라, 오오 차라투스트라여!

십 년이 흘렀다―
그리고 물방울 하나도 네게는 떨어지지 않지 않는가?
습기 찬 바람도, 사랑의 이슬도
20   그런데 누가 그대를 사랑하겠는가,
그대 지나치게 부자인 자를?
그대의 행복은 주변을 메마르게 하고,
사랑을 부족하게 한다
  ―비가 내리지 않는 땅……

이제는 누구도 그대에게 감사하지 않는다
하지만 그대는 모두에게 감사한다
그대에게서 받는 모두에게 :
여기서 나는 그대를 알아본다,
5 　그대 지나치게 부자인 자여,
그대 모든 부자 중에서 가장 가난한 자여!

그대는 그대를 희생한다, 그대의 부가 그대를 괴롭힌다—,
그대는 그대를 주어버리고,
10 　그대는 자신을 돌보지 않으며, 그대를 사랑하지 않는다 :
큰 고통이 그대를 언제나 강요한다
넘쳐나는 곳간의 고통, 넘쳐나는 심장의 고통—
하지만 누구도 이제는 그대에게 감사하지 않는다……

15 　그대는 더 가난해지지 않으면 안 된다
현명한 어리석은 자여!
사랑받고자 한다면.
오직 괴로워하는 자만이 사랑받고,
사랑은 오직 배고픈 자에게만 주어지는 법이니 :
20 　너 자신을 먼저 선사하라, 오오 차라투스트라여!

—나는 너의 진리다……

니체 대 바그너

어느 심리학자의 문서

Nietzsche contra Wagner.

Aktenstücke eines Psychologen.

Von

Friedrich Nietzsche.

LEIPZIG.
Verlag von C. G. Naumann.
1889.

Nietzsche contra Wagner.

Aktenstücke
eines Psychologen.

서문.

다음에 나오는 장들은 전부 내 옛 저술들에서 어느 정도 신중하게 골라낸 것이지만—그중 몇 개는 1877년까지도 거슬러간다—여기저기서 더 명료해졌을 것이며, 특히 요약되기도 했다. 이것들을 차례차례 읽으면 리하르트 바그너에 대해서나 나에 대한 의심의 여지는 남지 않게 된다 : 우리들은 대척자다. 이 외에도 사람들은 다른 점들도 파악하게 것이다 ; 이를테면 이 작품이 심리학자들을 위한 글이지, 독일인들을 위한 글이 아니라는 점을…… 나는 빈, 상트 페테르부르크, 코펜하겐, 스톡홀름, 파리, 뉴욕 등 도처에 독자를 가지고 있다—유럽의 얕은 지대인 독일에는 내 독자가 없다…… 그리고 내가 나만큼이나 좋아하는 친애하는 이탈리아인들의 귀에 대고 나는 말하고 싶다…… 도대체 언제까지…… 삼국동맹이 : 가장 지적인 민족이 '독일제국'과 동맹을 맺으면서 낮은 신분과의 혼인을 하고 만 것인데……

프리드리히 니체.

토리노, 1888년 크리스마스에.

내가 경탄하는 곳.

나는 예술가들이 종종 자기가 가장 잘할 수 있는 것이 무엇인지를 알지 못한다고 생각한다 : 그러기에는 그들의 허영기가 너무 지나치기 때문이다. 그들의 감각은, 새롭고 진기하고도 아름다우며 진짜 완전하게 자기의 땅 위에서 자라날 줄 아는 저 자그마한 식물들보다는 더 자랑할 만한 것으로 향한다. 그들 자신의 정원과 포도원에서 요사이에 수확하는 좋은 것을 그들은 폄하해버리며, 그들의 사랑과 통찰은 동일한 수위가 아니다. 고통받고 억압받으며 탄압받는 영혼들의 영역에서 음조를 발견하고, 말 없는 불행에 언어를 부여하는 데에 다른 어느 음악가보다 더 대가인 음악가가 하나 있다. 늦가을의 색채에서, 최후의 향유, 가장 최후이자 가장 짧은 향유의 이루 형용할 수 없는 감동적인 행복에서 아무도 그를 따를 수 없다. 그는 원인과 결과가 와해되어버린 것처럼 보이고 매 순간 '무로부터' 무언가가 생겨날 수 있는, 영혼의 은밀하고도 공포스러운 한밤중을 표현하는 소리를 알고 있다. 그는 인간 행복의 가장 심층적인 근거에서 나온 모든 것에, 가장 떫고도 불쾌한 포도주가 결국 가장 달콤한 포도주와 한데 뒤섞여버리는 술잔을 다 들이마시는 데서 나오는 모든 것에서 가장 행복해한다. 그는 더 이상 뛸 수도 날 수도 없고 걸을 수조차 없는 영혼의 힘든 움직임을 알고 있다 : 그는 감추어져 있는 고통과 위안 없는 이해와 고백 없는 작별에 조심스러운 눈길을 던진다 ; 온갖 은밀한 고통을 지닌 오르페우스인 그는 누구보다 위대하며, 이제껏 표현될 수 없었거나 심지어는 예술에 적합하지 않다고 여겨왔던 많은 것을 비로소 예술로 편입했다—예를 들면 가장 고통스러워하는 자만이 감당할 수 있는 냉소적 반항, 그리고 영혼의 아주 작고도 미소한 많은 부분, 말하자면 양서류적 본성의 비늘을—. 이래서 그는 진정 지극히 작은 것의 대가인 것이다. 하지만 그는 이런 존재이기를 원치 않는다! 그의 성격은 오히려 큰 벽들과 대담한 벽화들을 더 사랑하기 때문이다! ······ 그의 정신이 다른 취향과 경향을—정반대의 시각을—갖고 있다는 사실과 무너진 집들의 한 구석에 조용히 앉아 있기를 가장 좋아한다는 사실을 그는 알아차리지 못한다 ; 거기 숨어서, 자기 자신으로부터도 숨은 채 그는 자기 고유의 걸작을 그려낸다. 모두 아주 짤막하며 종종 한 박자 정도만 긴 걸작을—이때에 그는 비로소 아주 선하고 위대하며 완전해진다. 아마도 오로지 이때에만. —바그너는 깊이 고통받은 사람이다—이것이 그가 다른 음악가들보다 뛰어난 점이다. —바그너가 음악 속에 자기를 집어 넣은 모든 곳에서 나는 바그너에게 감탄한다. —[115]

내가 반박하는 곳.

—그렇다고 내가 그런 음악을 건강하게 여긴다는 말은 아니다. 그 음악이 바그너에 대해 말을 하는 경우에는 가장 건강하지 않은

것으로 여긴다. 바그너 음악에 대한 내 반박은 생리적인 반박이다 : 왜 이런 생리적 반박이 먼저 미적 형식으로 위장하는가? 미학이란 것은 응용 생리학에 지나지 않기 때문이다. ―내 '사실', 내 '자그마한 진실'은 그런 음악이 내게 영향을 미치기 시작하면 나는 더 이상은 편하게 숨쉬지 못한다는 것이다 ; 내 발이 곧장 그것에 분개하며 반항한다는 것이다 : 내 발은 박자와 춤과 행진을 필요로 한다―그런데 바그너의 황제 행진곡에 맞추어서는 독일의 젊은 황제라도 행진할 수 없다―. 내 발은 음악에 무엇보다도 황홀감을 요구한다. 훌륭한 걸음이나 발걸음이나 춤에서 느껴지는 황홀감을. 그런데 내 위도 항의하고 있는 것은 아닌가? 내 심장은? 내 혈액 순환은? 내 내장은 탄식하고 있지 않은가? 이때 내 목소리도 돌연 쉬어 버리는 것은 아닌가…… 바그너를 감상하기 위해서는 나는 쒜랑델표 안정제가 필요하다…… 그래서 나는 자문해본다 : 도대체 진정 내 몸 전체는 음악에 무엇을 원하는가? 영혼이 아니라. 영혼은 없는 것이니…… 내 몸은 음악에 의해 가벼워지기를 바란다는 생각이 든다 : 마치 모든 동물적인 기능들이 가볍고, 대담하며, 거칠 것이 없으며 자기 확신적 리듬에 의해 촉진되어야만 한다는 듯이 ; 마치 청동 같은 삶, 납 같은 삶이 황금빛 부드러운 기름처럼 매끄러운 멜로디에 의해 자기의 무게를 잃어버려야만 한다는 듯이. 내 우울은 완전성에 몸을 숨기고 완전성의 심연에서 편히 쉬기를 원한다 ; 그러기 위해 나에게는 음악이 필요하다. 하지만 바그너는 병들게 한다. ―극장이 나와 무슨 상관이 있는가? 대중들이 ―그리고 '대중'이 아닌 자가 누가 있단 말인가!― 만족해하는 그의 '도덕적' 엑스터시라는 경련이 나와 무슨 상관이란 말인가! 배우들의 수리수리 마수리 동작들이! —내가 천성적으로 반극장적 유형이라는 것을 사람들은 잘 알고 있다. 나는 극장을, 이 대중예술 중의 대중예술을 싫어한다. 내 영혼의 심층에는 오늘날의 모든 예술가가 지니고 있는 깊은 조소가 놓여 있다. 무대 위의 **성공**—이로써 그 예술은 나의 경의를 잃어버리고 나는 그것을 두 번 다시 보지 않는다 ; 무대 위의 **실패**—이러면 내 귀는 곤두세워지고 주의를 기울이기 시작한다······ 그런데 바그너는 정반대였다. 더할 수 없이 고독한 음악을 만들어왔던 바그너의 곁에는 본질적으로 연극인이자 배우이면서도 지금까지 있어왔던 것 중에서 가장 고무된 모방자들이 또한 음악가로서도 버티고 있다······ 그리고 덧붙여 말하자면 "드라마는 목적이고, 음악은 언제나 수단일 뿐이다"가 바그너의 이론이었다면—, 그에 반해 그의 실천은 처음부터 끝까지 "꾸며진 포즈가 목적이고, 드라마와 음악은 언제나 그 수단일 뿐이다"였다. 음악은 그에게서 극적인 몸짓과 뚜렷한 배우 기질을 명료하게 하고 강화시키며 내면화시키는 수단이었고 ; 바그너의 악극은 흥미롭고 꾸며진 다양한 포즈들의 시험 장소인 것이다!—그는 다른 본능들 외에도 위대한 배우의 어디서든 명령하는 본능을 갖고 있다 : 그리고 이미 말했듯이 음악가로서도 역시. —언젠가 나는 이 점을 순종 바그너주의자에게 명백히 설명해주느라 애먹은 적이 있다—명료함과 바그너주의자라니! 이에 대해 나는 더 이상은 한마디도 하지 않으련다. 다만 여러 가지 이유 때문에 몇 마디 덧붙이기는 하겠다. "자기 자신에 대해 조금만 더 정직해보시오! 우리가 바이로이트에 있지는 않으니. 바이로이트에서는 사람들은 오직 대중으로서만 정직하고, 개인으로서는 거짓말을 하고 자기 자신도 속이게 됩니다. 바이로이트에

갈 때, 사람들은 자기 자신을 집에 놔두고 가니까요. 그들은 자기 스스로의 발언권과 선택권을 포기하고, 자기의 취향에 대한 권리도 포기하며, 심지어는 자기 집의 네 벽 사이에서는 갖고 있었고 발휘도 했던 신과 세계에 대한 용기를 내는 권한도 포기해버립니다. 어느 누구도 극장으로는 자기 예술의 가장 섬세한 감각을 가져가지 못합니다. 극장을 위해 일하는 예술가들은 누구보다도 더 그러하지요. —거기에는 고독이 결여되어 있고, 모든 완벽한 것은 증인을 용납하지 않습니다…… 극장에서 사람들은 대중이 되고, 군중이 되며, 여자, 바리새인, 찬성표만을 던지는 거수기, 보호자, 바보가 됩니다—바그너주의자가 되어버리는 것입니다 : 거기서는 가장 개인적인 양심마저 대다수라는 평준화 마술에 굴복해버리고 맙니다. 거기서는 이웃이 지배하며, 거기서 사람들은 이웃이 되어버립니다……"[116]

───────

간주곡.

—가장 정선된 귀를 가진 자들에게 한마디 더 하겠다 : 내가 음악에 진정 무엇을 바라는지에 대해. 나는 음악이 10월의 오후처럼 청명하고 깊이 있기를 바란다. 음악이 개성 있고 자유분방하며 부드럽기를, 비열과 기품을 모두 갖춘 달콤한 어린 여자이기를 바란다…… 음악이 무엇인지를 독일인들이 알 수 있다는 것을 나는 결코 인정하지 않는다. 독일 음악가라고 불리는 자들, 특히 가장 위대한

음악가들은 외국인들이다. 슬라브인, 크로아티아인, 이탈리아인, 네덜란드인이며 —아니면 유대인이다 ; 그렇지 않으면 하인리히 쉬츠, 바흐, 헨델과 같은 이미 소멸되어버린 강한 종족의 피가 흐르는 독일인이다. 나 스스로도 언제나 쇼팽을 위해서라면 나머지 음악들은 다 포기할 정도인 폴란드인이다 : 세 가지 이유 때문에 바그너의 지크프리트-목가는 예외로 한다. 그리고 그 고귀한 오케스트라적 악센트가 모든 음악가보다 앞서는 리스트도 예외로 한다 ; 마지막으로 알프스 너머에서 —말하자면 지금 내가 있는 이쪽에서 성장한 모든 것도 예외로 한다…… 나는 로시니 없이 지낼 수는 없다. 음악에서의 나의 남쪽, 즉 내 베네치아의 거장인 피에트로 가스티의 음악 없이는 더더욱 그렇다. 그리고 내가 알프스 너머라고 말할 때는, 나는 진정 베네치아를 말하고 있는 것이다. 음악을 표현할 다른 단어를 찾아보면, 나는 언제나 베네치아라는 단어를 발견하게 된다. 나는 눈물과 음악을 구별할 수 없다. 나는 행복과 남쪽을 공포의 전율 없이는 생각할 수 없다.

다리에 서 있다
최근 갈색의 밤에.
멀리서 들려오던 노랫소리 :
떨고 있는 수면 위로 솟구치던
황금빛 물방울인가.
곤돌라, 등불, 음악—
취하여 황혼으로 헤엄쳐 갔다……

내 영혼, 하나의 현악,
보이지 않는 손길에 닿아 노래를 불렀다
곤돌라도 은밀히 노래를 불렀다
찬란한 행복감에 떨면서.
5   ─누군가 귀 귀울여 들었을까?…… 117)

───────

위험으로서의 바그너

10

1.

─오늘날 아주 강력하지만 불명료하게 '무한 선율'이라고 불리
는 것에서 새로운 음악이 추구하는 의도는 다음처럼 명료하게 설명
될 수 있다. 사람들이 바다로 가면, 땅 위에서의 안정적인 걸음걸이
15   를 점차로 상실하고 결국에는 무조건 자연의 힘에 굴복해버리는 법
이다 : 사람들은 헤엄을 쳐야 하는 것이다. 예전의 음악에서는 사람
들은 헤엄과는 완전히 다른 것, 즉 때로는 우아하게, 때로는 장엄하
게, 때로는 격렬하게, 빠르거나 천천히, 말하자면 춤을 춰야만 했다.
여기에는 절도와 균형 잡힌 시간과 힘 단계의 유지가 필요하고, 이
20   것은 청중의 영혼으로부터 지속적인 사려Besonnenheit를 빼앗았
다─사려에서 나온 좀더 싸늘한 기류와 열광으로 데워진 숨결과의
이런 각축 관계에 모든 좋은 음악이 기초하고 있었다. ─그런데 리
하르트 바그너는 다른 종류의 운동을 원했다─그는 기존 음악의
생리적 전제 조건들을 전복시켜버렸다. 그는 헤엄치고 부유하기를

원했던 것이다—걷거나 춤추는 것이 아니라…… 이로써 결정적인 점이 이야기된 것일 수 있다. '무한 선율'은 바로 시간과 힘의 균등을 깨버리고자 하며, 이것을 때때로 멸시하기도 한다—무한 선율은 이전의 귀에는 리듬상의 역설이나 모욕으로 들리던 것, 바로 그 영역에서 수많은 것들을 고안해냈다. 이런 취향을 모방하면서 그리고 이런 취향의 지배하에서 음악의 위험성이 발생하는 것이리라. 그 이상의 위험은 생각할 수 없는 그런 위험이—리듬 감각의 완벽한 퇴화인 혼돈이 리듬의 자리를 차지해버리는 위험이…… 그런 음악이, 전적으로 자연적이고 그 어떤 표현 법칙의 지배도 받지 않으며 한갓 영향을 미치기만을 원할 뿐 그 이상은 아닌, 연극 나부랭이와 동작술에 의존할 때, 위험은 극도로 커진다…… 어떤 값을 치르든 표현을 풍부하게 espressivo 하는 것과 꾸며진 포즈에 봉사하고 포즈의 노예인 음악—이것은 종말이다……[118]

2.

뭐라고? 지금의 음악 연주가들이 그렇게 믿는 것처럼 보이는데, 연주 행위의 제일가는 미덕이 진정 더 이상 능가할 수 없는 두드러짐에 그 어떤 상황에서도 이르는 거란 말인가? 이것을 예를 들어 모차르트에 적용시켜보면, 쾌활하고 열광적이고 부드러우며 사랑스러운 모차르트의 정신을 거스르는 진정한 죄이지 않을까? 그는 다행히도 독일인이 아니었다. 모차르트 정신의 진지함은 호의적이고 황금과도 같은 진지함이지, 독일의 우직한 자가 갖는 진지함이 아니다…… 하물며 돈 후앙에게 진실을 말해주는 '돌로 된 손님'의 진지함은 더욱 아니다······ 하지만 그대들은 모든 음악이 '돌로 된 손님'의 음악이어야 한다고 생각한다는 말이지 ― 모든 음악이 벽에서 뛰쳐나와 청중의 내장마저 흔들어놓아야 한다고 생각한다는 말이지? ······ 그런 식으로 음악이 비로소 작용한다고 생각한다는 말이지! ―그럴 때에 음악은 누구에게 작용하는가? 고귀한 음악가라면 결코 작용을 미치지 않아야 하는 그런 것에 ―대중에게! 성숙하지 않은 자에게! 둔감한 자에게! 병든 자에게! 바보들에게! 바그너주의자에게!······[119]

─────

미래 없는 음악.

음악은 특정한 문화의 토양 위에서 자랄 줄 아는 모든 예술에서, 거기서 자라나는 모든 식물 중 최후의 식물로서 등장한다. 그 이유는 음악이 가장 내적이고 따라서 가장 늦게 ―언제나 자기에게 속한 문화가 가을을 맞아 그 꽃이 시들어갈 때에 달성되기 때문이다. 네덜란드 거장의 예술에서 그리스도교적 중세의 영혼은 비로소 자기의 결말을 맺었다―그들의 음향-건축술은 늦게 태어나기는 했지만, 고딕과 같은 가문이며 친자매이다. 헨델의 음악에서야 비로소 루터와 그와 유사한 영혼들에게서 나온 최고의 것이, 종교개혁에 위대한 특성을 부여해주었던 유대적이고-영웅적인 특성이 울려퍼졌다―《신약성서》가 아니라, 《구약성서》가 음악이 되었다. 모차르트가 비로소 루트비히 14세 시대와 라신 및 클로드 로랭의 예술에 울려퍼지고 있는 금방울 소리를 부여했다 ; 베토벤과 로시니의 음악에서야 비로소 18세기가 노래를 불렀다. 열광의 시대, 허물어진 이상의 시대, 덧없는 행복의 시대가 말이다. 진실하고도 독창적인 음악은 전부 백조의 노래이다. ―우리의 최근 음악 역시 제아무리 지배적이고 지배욕이 있다 하더라도 아마도 잠시 잠깐뿐이리라 : 왜냐하면 이 음악은 그 토대가 급격히 가라앉는 문화―곧 침몰되는 문화에서 생겨났기 때문이다. 특정한 감정의 카톨릭주의와 옛 고향에서 느끼는, 소위 말하는 '민족적'인 본질에서 느끼는 기쁨과 그 폐해가 이 음악의 전제 조건이다. 바그너가 옛 전설과 노래를 횡령하여 거기서 게르만적인 것의 전형을 보도록 가르쳤다는 것―오늘날 우리는 비웃지만―, 그 스칸디나비아의 괴물이 황홀해진 감각과 추상화에 대한 갈증 때문에 생명력을 새로이 얻었다는 것―소재와 형태, 격정과 신경에 대한 바그너의 이런 식의 주고받음 전체는 그의 음악 정신에 대해서도 명백히 말해주고 있다. 물론 그의 음악도 다른 모든 음악처럼 그 스스로에 대해 애매모호하게 말하지 않는다고 상정할 때만 말이다 : 음악은 여자니까…… 우리가 지금은 반작용 내부의 반작용 속에 살고 있다는 사실 때문에 이런 사태에 대해 현혹되어서는 안 된다. 민족전쟁의 시대, 교황권 지상주의자의 수난 시대, 유럽의 현재 상태들에 적합한 이런 단막극적 특성들 전체는 실제로 바그너 예술 같은 예술에 갑작스런 영광을 안길 수 있다. 미래에 대한 보장은 없는 영광을. 독일인 자체가 미래를 갖지 않는다……[120]

―――――

우리 대척자들.

　　아마도 사람들은, 최소한 내 친구들은 기억할 것이다. 내가 처음에는 약간의 오류를 저지르고 과대평가를 하기는 했지만 어쨌든 희망하는 자로서 이 현대 세계에 달려들었다는 것을. 나는 19세기의 철학적 염세주의를 흄과 칸트와 헤겔의 철학에서 표현되었던 것보다 더 고등한 사유력의 징후로, 더 큰 승리를 구가하는 충일한 삶의 징후로 이해했다―어떤 사적인 경험에 의거해서인지 누구 아는 사람이 있을까? ―나는 비극적 인식을 우리 문화의 가장 아름다운 사치로, 우리 문화의 가장 값비싸고 가장 고귀하며 가장 위험한 종류의 허비로 받아들였다. 하지만 우리 문화가 너무나도 풍요롭기에 허락된 사치로 받아들였다. 마찬가지로 나는 바그너 음악을 영혼의 디오니소스적 강대함을 표현하기 위한 것으로 해석했다. 바그너 음악에서 나는 태곳적부터 봉쇄당해온 삶의 근원력을 마침내 숨쉬게 하는 지진 소리를 들었다고 믿었다. 이로써 오늘날 문화를 자칭하는 모든 것이 흔들리게 된다는 것은 아무 상관이 없었다. 사람들은 알 것이다. 내가 잘못 생각했다는 것을. 마찬가지로 사람들은 알 것이다. 내가 바그너와 쇼펜하우어에게 무엇을 선물했었는지를―나는 나를 선물로 주었던 것이다…… 모든 예술, 모든 철학은 성장하거나 하강하는 삶의 치유 수단이나 보조 수단으로 간주될 수 있다 : 이것들은 언제나 고통과 고통받는 자를 전제한다. 그런데 고통받는 자는 두 종류가 있다. 하나는 삶의 충일에서 고통받는 자다. 그는 디오니소스적 예술을 원하고, 삶에 대한 비극적 통찰과 비극적 개관 또한 원한다―또 다른 하나는 삶의 빈곤으로 인해 고통받는 자다. 그는 안식과 고요, 잔잔한 바다 또는 도취와 경련과 마비를 예술과 철학에 요구한다. 삶 자체에 대한 보복—이것은 그런 빈곤한 자에게는 가장 자극적인 도취인 것이다! ……후자의 이중적 요구는 쇼펜하우어와 바그너에 걸맞은 것이다—이들은 삶을 부정하고, 삶을 비방하며, 그러기에 이들은 내 대척자들이다. —삶의 충일한 더할 수 없이 풍요로운 자, 디오니소스적 신과 디오니소스적 인간은 공포스럽고도 의문스러운 것에 대한 주시를 허용할 뿐 아니라, 스스로 끔찍한 행위와 파괴와 해체와 부정의 모든 사치를 허용한다—그에게는 모든 사막을 풍요로운 과일 재배지로 만들 수 있는 넘쳐흐르는 생산력과 재건력의 결과로서 악과 무의미와 추함이 허락되는 것처럼 보인다. 자연에서 허락되고 있는 것처럼 보이는 것과 마찬가지로. 반대로 그지없이 고통받는 자, 삶이 가장 빈곤한 자는 사유와 행동에서 온화와 평화와 선의를 가장 필요로 한다—오늘날 휴머니티라고 부르는 것을—. 경우에 따라서는 원래 병자들의 신인 구세주라는 신을 필요로 하고, 또 백치들을 위한 삶의 개념적 이해 방식인 논리도 필요로 한다— '이상주의자'나 '아름다운 영혼'처럼 '전형적인'자유정신들'도 모두 데카당들이다—요약하면, 우매화를 허용하는 낙관적인 지평 안에서의 어느 정도 따뜻하고 어느 정도 공포를 차단해주는 협소함과 감금 상태인 것이다…… 이런 방식으로 나는 점차 디오니소스적 그리스인과는 반대인 에피쿠로스를 이해하기 시작했다. 그리스도교인들도 이해하기 시작했다. 이들은 사실상 일종의 에피쿠로스주의자이자 자기네의 '신앙이 복되게 한다'를 가지고 쾌락주의 원칙의 뒤를 가능한 한 멀리까지 따른다—모든 지적 성실성을 포기해버리기에 이르도록…… 내가 다른 모

든 심리학자보다 뛰어난 점이 있다면, 그것은 바로 대부분의 오류
가 저질러지는 가장 어렵고도 가장 위험한 귀납추론을 좀더 예리하
게 바라본다는 점이다—즉 작품으로부터 창조자를, 행위로부터 행
위자를, 이상으로부터 이상을 필요로 하는 자를, 모든 사유와 가치
평가 방식으로부터 그 뒤에서 명령하는 욕구를 추론하는 것을. —
모든 종류의 예술가에 대해 나는 이제 다음과 같은 핵심적 구별을
한다 : 거기서 삶에 대한 증오가 창조적이 되었는가? 아니면 삶의
충일이 창조적이 되었는가? 예를 들어 괴테에게서는 충일이 창조적
이 되었고, 플로베르에게서는 증오가 창조적이 되었다 ; 플로베르
는 파스칼의 재판이지만, 본질적으로 본능적 판단을 내리는 예술가
로서이다 : "플로베르는 항상 가증스럽다. 그라는 인간 자체는 아무
것도 아니고 그의 작품이 전부이다" …… 그가 창작할 때 그는 자기
를 고문했다. 파스칼이 사색하면서 자기를 고문했던 것과 똑같이 —
이들은 둘 다 비이기적으로 느낀다…… '무사Selbstlosigkeit' —이
것은 데카당스 원칙이고, 예술과 도덕에서의 종말의지인 것이다.
——121)

바그너가 속한 곳.

지금도 역시 프랑스는 유럽의 가장 정신적이고도 가장 세련된 문
화의 거처이며, 취향의 고급 학교이다 : 그러나 이런 '취향의 프랑
스'를 알아차릴 수 있어야만 한다. 예를 들어, 〈노르트 도이체 차이

퉁Nord deutsche Zeitung〉 또는 이 신문을 통해 발언을 하는 자는 프랑스인을 '야만인' 으로 본다―내 개인적으로는 '노예들' 이 해방 되어야 하는 검은 대륙을 북독일인 근처에서 찾는데 말이다…… 저 프랑스에 속하는 자는 자기를 잘 은폐하고 있다 : 거기에서 몸을 갖 추고 살아가는 자는 소수일 수 있다. 그런데 거기에는 강건하지 않 은 인간들이, 즉 부분적으로는 숙명론자, 우울한 자, 병자들이고 또 부분적으로는 유약한 자, 부자연스러운 자, 즉 인위적이 되려는 야 심을 지닌 인간들이 아마도 들어가 있을 것이다. ―하지만 이들은 모두 오늘날 지상의 다른 곳에서도 일반적인 그런 높이와 섬세함을 갖추고 있을 뿐이다. 염세주의의 프랑스이기도 한 그런 정신의 프 랑스에서 오늘날 쇼펜하우어는 독일에서보다 훨씬 더 고향처럼 느 낀다 ; 그의 주저는 두 번이나 번역되었고, 두 번째 번역은 아주 뛰 어나서 나는 쇼펜하우어를 프랑스어로 읽는 것을 더 좋아할 정도이 다(―그는 내가 그렇듯이, 독일인 사이에서는 하나의 우연이다― 독일인은 우리를 감지해낼 만한 손가락이 없다. 그들은 손가락이란 것을 전혀 갖고 있지 않다. 그들은 넓적하고 억센 손만을 갖고 있을 뿐이다). 하인리히 하이네에 대해서는 말할 것조차 없다―파리에 서는 숭배할 만한 하이네라고 부른다―. 그는 오래전에 이미 프랑 스의 비교적 깊이 있고 풍부한 영혼이 깃든 서정시인들의 살과 피 가 되었다. 독일의 멍청이들이 그런 본성의 소유자들의 섬세함을 가지고 무엇을 할 줄 알겠는가! ―마지막으로 리하르트 바그너에 관해 말하자면 : 사람들은 바그너의 진정한 지반은 파리라는 사실을 분명히, 그리고 명백히 알고 있다 : 프랑스 음악이 '현대 정신' 의 욕 구를 더 많이 반영하면 할수록, 그것은 점점 더 바그너적이 되며―

지금 이미 충분히 그러고 있다. —이 점을 사람들은 바그너 때문에 혼동해서는 안 된다—1871년에 바그너가 고통 속에서 파리를 조소한 일은 그가 했던 진짜 나쁜 짓이었다…… 하지만 독일에서 바그너는 하나의 오해일 뿐이다 : 바그너에 대해 무언가를 이해하는 데 있어 예를 들어 젊은 황제보다 더 무능한 자가 있을까?—유럽의 문화운동을 잘 알고 있는 사람들은 전부 그 모든 것에도 불구하고, 프랑스 낭만주의와 리하르트 바그너의 아주 긴밀한 상호 귀속 관계를 명백한 사실로 보고 있다. 이들은 모두 그 눈과 귀에 이르기까지 문학에 의해 지배되고 있으며—세계 문학적 교양을 갖춘 유럽 제일의 예술가들이며—이들은 대부분 스스로가 문필가, 시인, 감각과 기교의 중개자와 조정자이다. 이들은 모조리 표현의 광신자, 숭고한 것과 추한 것과 소름끼치는 것의 영역에서의 위대한 발견자이고, 효과와 진열과 진열장의 기술면에서는 더 위대한 발견자이다. 이들은 모조리 그들의 타고난 천재성을 훨씬 넘어서는 재능의 소유자들이고—, 유혹하고 부추기며 강요하며 전복시키는 모든 것으로의 섬뜩한 통로를 지닌 명실상부한 대가들이며, 논리와 직선에 대한 타고난 적수이자, 낯선 것과 이국적인 것과 거대한 것, 감성과 오성의 모든 마취제를 몹시 갈망하는 자들이다. 전체적으로는 대담하고-감행적이며, 화려하고-힘있으며, 높이 날고 높이 이끌어 올리는 종류의 예술가들이다. 이들은 자기들의 세기에—대중의 세기에—'예술가'라는 개념을 처음 가르쳐야만 했다. 하지만 병들어 있었다……[122]

순결의 사도 바그너.

1.

—그래도 이것이 독일적인가?

독일의 심장에서 나온 것인가, 이 가슴 답답한 날카로운 소리가?

그리고 독일의 몸인가, 자기 스스로를 찢는 이것이?

독일적인가, 사제의 손의 이러한 뻗침이,

이 유향 냄새 풍기는 감각적 자극이?

그리고 독일적인가, 이 전복, 멈춤, 비틀거림이,

설탕처럼 달콤한 흔들거리는 종소리가?

이 수녀들의 추파가, 아베마리아 종소리가,

이 완전히 거짓되고, 황홀경에 빠진 하늘-하늘보다 더 높은 하늘이?……

—그래도 이것이 독일적인가?

생각해보라! 그대 아직은 문간에 서 있으니……

그대가 듣는 것은 로마이기 때문이다—로마의 침묵하는 신앙이기 때문이다![123]

2.

관능과 순결 사이에는 어떤 필연적 대립이 존재하지 않는다 ; 좋은 혼인이나, 가슴에서 우러나는 진정한 애정은 전부 이런 대립을 초월한다. 하지만 이런 대립이 사실상 존재하는 경우라도 다행스럽게도 이 대립은 비극적인 대립일 필요는 없게 된다. 이 점은 적어도 비교적 잘 자라고 비교적 명랑한 모든 인간에게 해당된다. 이들은 천사와 하찮은 짐승 사이의 그들의 불안정한 균형적 위치를 당장에 삶에 반대하는 이유로 치는 것과는 거리가 먼 자들이다―하페즈나 괴테 같은 가장 섬세한 자들, 가장 명민한 자들은 거기서 심지어는 매력을 하나 더 보았던 것이다…… 그런 모순이야말로 사람들을 삶으로 유혹하는 것이다…… 한편, 키르케의 불행한 짐승들이 순결을 흠모하게끔 된다면, 그것들은 순결 안에서 자기네와 대립되는 면만을 보며, 그 대립되는 것만을 흠모하게 된다는 것은 너무나도 명백한 사실이다―오오, 어떠한 슬픈 울부짖음으로, 얼마나 슬픈 열망을 가지고서인가! 사람들은 생각할 수 있을 것이다―이것이 바로 리하르트 바그너가 이론의 여지 없이 자기 삶의 말기에 음악 속에 담그고 무대에 올리고자 원했던 저 괴롭고도 완전히 쓸모 없는 대립이라는 것을. 그런데도 무슨 목적으로 그 대립을? 이렇게 우리는 당연히 물을 수 있다.[124]

3.

물론 여기서 또 다른 질문을 비껴갈 수는 없다. 바그너에게 진정 저 남성적인(아아, 그렇게도 남성적이지 않은) '시골 바보'가 무슨 상관이 있는지라는, 그 불쌍한 악마와 그가 그토록 위험한 수단을 써서 결국 카톨릭적으로 만들어버리는 자연아 파르지팔이 무슨 상관이 있는지라는 질문을―뭐라고? 이런 파르지팔이 진정 진지하게 생각되어 만들어진 것이었다고? 사람들이 파르지팔을 웃음거리로 여기기에, 나는 조금도 반박하고 싶지 않다. 고트프리트 켈러도 그러지 않는다…… 사람들은 바그너의 〈파르지팔〉이 말하자면 명랑한 의도로 만들어졌기를 바랄 것이다. 말하자면 종막이나 사티로스극으로서 비극 작가 바그너가 자기에게 적합하고 어울리는 방법으로 우리와 자기 자신에게, 특히 비극에 작별을 고하고자 하는 것이기를 바랄 것이다. 비극적인 것 자체에 대한 패러디를, 기존의 전율스러운 지상의 진지함과 지상의 비참에 대한 패러디를, 금욕적 이상의 반자연성 안에서 마침내 극복된 가장 멍청한 형식에 대한 최고이자 방자하기 이를 데 없는 패러디를 수단으로 해서 말이다. 파르지팔은 진정 오페레타의 소재 중의 소재이다…… 〈파르지팔〉은 바그너의 자기 자신에 대한 우월감에서 나온 비밀스러운 웃음일까? 그의 최후이자 최고의 예술가적 자유의, 예술가적 초월성의 승리일까? ─바그너, 그는 자기 자신에 대해서 웃을 줄 아는 자일까? …… 이미 말했듯이 사람들은 이것을 바랄 것이다 : 왜냐하면 진지하게 생각된 파르지팔이란 어떤 것일 수 있단 말인가? 그에게서 진정 '인식과 정신과 감성에 대한 광기가 되어버린 증오의 산물을' 사람들이 보아야 할 필요가 있을까(사람들이 나에 대한 반감을 표명하듯이)? 한 가지 증오와 한 번의 호흡으로 감각과 정신에 내려진 저주를? 그리스도교적─병적이고, 반계몽주의적인 이상들로의 배신과 전향을? 그리고 결국에는 지금까지 자기 의지의 전 힘을 다해 자기와 반대되는 것, 즉 자기 예술의 최고의 정신화와 최고의 감성화를 추구해온 예술가 자신의 자기 부정과 자기 삭제를? 그리고 단지 그의 예술뿐만 아니라, 그의 삶을 부정하고 삭제하는 것을? 바그너가 그 시대에 얼마나 감격해하면서 철학자 포이어바흐를 추종했었는지를 상기해보라. '건강한 감성'이라는 포이어바흐의 말—
이 말은 3, 40년대에 수많은 독일인에게서처럼 바그너에게도 구원
이라는 말처럼 울렸다. —이들은 청년 독일파를 자처했다. 바그너
가 결국에는 건강한 감성을 다른 식으로 배운 것일까? 이 질문을 하
는 이유는 그가 건강한 감성을 최소한 다르게 가르치려는 의지를 결
국 가졌던 것처럼 보이기 때문이다…… 플로베르에게서처럼 그에
게서도 삶에 대한 증오가 득세해버린 것일까? …… 왜냐하면 〈파르
지팔〉은 삶의 전제들에 대항하는 책략과 복수욕과 은밀한 독살 짓
거리의 산물이기 때문이다. 〈파르지팔〉은 나쁜 작품이다. —순결을
설교하는 것은 반자연에 대한 선동이다 : 나는 파르지팔을 양속에
대한 암살 행위로 느끼지 않는 사람들은 전부 경멸한다. —125)

———

내가 바그너에게서 어떻게 벗어났는지.

1.

이미 1876년 여름 첫 번째 바이로이트 축제 기간 중에 나는 바그
너에게 내적인 결별을 고했다. 나는 애매모호한 것을 참아내지 못
한다 ; 바그너는 독일에 있게 된 이래로 내가 경멸하는 모든 것에
차례차례 응해주었다—반유대주의에조차…… 사실 그때가 작별
을 고하기에는 최적기였다 : 나는 곧 그 확증을 얻었다. 리하르트
바그너, 그는 가장 성공한 것처럼 보이지만 사실은 부패해버린 절
망한 데카당이고, 갑자기 어찌할 바를 모른 채 산산이 부서져 그리

스도교의 십자가 앞에서 침몰해버렸다…… 그 당시 이런 전율스러운 장면을 위한 눈을 자기 머리에 갖고 있고, 그에 대한 동정심을 자기의 양심에 품었던 독일인이 한 사람이라도 있었던가? 내가 유일한 사람이었던가, 그 때문에―고통을 당했던? ―관두자. 그 예기치 않았던 사건이 번개처럼 내가 떠났던 그곳에 대해 내게 선명하게 알려주었으니―그리고 무의식적으로 엄청난 위험 속을 가로질러 가는 자라면 누구나 느끼는 것 같은 그런 나중의 전율도. 내가 홀로 더 나아갔을 때, 나는 몸을 떨었다 ; 얼마 안 가 곧 병에 걸렸고, 병보다 더한 것에 걸렸다, 나는 **지쳐버렸던** 것이다. ―나는 우리 현대인이 여전히 열광하는 모든 것에 대한 환멸에, 도처에서 낭비되어버린 힘과 노동과 희망과 청춘과 사랑에 대한 억제할 수 없는 환멸에 지쳐버렸다. 이상주의적인 모든 거짓나부랭이들에 대한 그리고 여기서 또 한번 가장 용기 있는 자 중의 한 사람에 대해 승리를 획득했던 양심의 허약함에 대한 구토에 지쳐버렸다. 결국에는 가차없는 양심에 대해 비탄해하면서 적잖이 지쳐버렸다―나를 이제 이전의 어느 때보다도 더 깊이 불신하게 하고, 더 깊이 경멸하게 하며, 더 깊은 고독 속에 홀로 있도록 선고해버린 양심에 대해 비탄하면서. 왜냐하면 내게는 리하르트 바그너 외에는 아무도 없었기 때문이다…… 나는 언제나 독일인이기를 선고받았다……[126]

2.

　그때부터 고독하게 그리고 스스로를 가혹하게 불신하며, 나는 약간은 통분해하면서도 당시에 나를 적대시하고 아프게 하며 혹독하게 대하던 모든 것의 편이 되었다 : 이렇게 나는 저 용감한 염세주의로 가는 길을 다시 발견했다. 이 염세주의는 모든 이상주의적인 허위와는 대립되며, 또한 내게로 향하는—내 과제로 향하는 길이었다…… 마침내 그 자신을 우리의 과제로서 입증할 때까지 그에 대한 이름을 우리는 갖고 있지 못했던, 숨겨져 있었으며 지배적인 그것—우리 안에 있는 바로 이 폭군이 그를 회피하거나 그에게서 달아나려는 우리의 모든 시도에 대해 무시무시한 보복을 가한다. 그리고 때 이른 모든 겸손에 대해서도, 우리와 우리와는 다른 자들을 동일시하는 모든 것에 대해서도, 아무리 존경받을 만한 행동이라도 그것이 우리를 우리의 주된 과제로부터 눈을 돌리게 한다면 이것에 대해서도—가장 본래적인 책임감에서 나온 엄격함으로부터 우리를 보호하려는 모든 덕에 대해서조차도 보복을 가한다. 우리의 과제에 대한 우리의 권리를 우리가 의심하고자 할 때에는, 그것을 어떻게든 좀더 쉽게 만들기 시작할 때에는, 어김없이 병증이 응답한다. 신기하면서도 동시에 두려운 일이다! 우리가 가장 혹독하게 보상해야만 할 것이 바로 우리가 가벼워지는 것이라니! 그리고 그 다음에 건강을 회복하고자 하면, 우리에게 선택의 여지는 남아 있지 않다 : 그 어느 때 졌던 짐보다 더 무거운 짐을 우리는 져야만 한다……[127]

심리학자가 말한다.

1.

어떤 심리학자, 타고난 심리학자, 불가피한 심리학자이자 영혼의 탐구가가 공들여 골라낸 경우들과 인간에 접근하면 할수록, 그가 동정 때문에 질식해버릴 위험은 점점 더 커진다. 그에게는 어느 다른 인간보다 엄격함과 명랑함이 더 필요하다. 좀더 고급한 인간들의 부패와 몰락은 말하자면 법칙과도 같다 : 그런 법칙을 언제나 목격하고 있어야 한다는 것은 끔찍한 일이다. 이런 몰락을 발견해낸 심리학자, 좀더 고급한 인간의 이런 총체적인 내부의 '불치병'을, 그 모든 의미에서의 이런 '너무 늦었다!' 는 영원한 탄식을 비로소 발견해내고, 그런 다음에는 거의 전 역사를 통해 다시 발견해내는 심리학자의 다층적인 고통―이것이 언젠가는 심리학자 자신을 망치는 원인이 될 것이다…… 사람들은 거의 모든 심리학자에게서 평범하고도 정상적인 인간들과의 교제를 선호하는 경향을 알게 된다 : 이 점은 그가 항상 치료를 필요로 한다는 사실을, 그가 일종의 도피와 망각을 필요로 한다는 사실을 알려준다. 들여다보고 도려내는 일로부터의, 그의 작업이 그에게 책임지게 했던 모든 것으로부터의 도피와 망각을 말이다. 자기의 기억에 대해 공포심을 갖는 것은 그의 특징이다. 그는 다른 사람들의 판단 앞에서는 쉽게 침묵해버린다. 그가 정체를 파악해낸 것에 대해 경외심이 생겨나고 찬탄이 일어 사람들에게 사랑받고 미화될지라도 그는 무표정한 얼굴로 듣는다―. 또는 그는 어떤 전면에 나서는 주장에 명백히 찬성하면서 자신의 사실상의 침묵을 숨겨버리기도 한다. 그가 처해 있는 처지의 역설은 아주 무서울 정도로 멀리 뻗어나가, 그가 위대한 경멸과 더불어 위대한 동정을 배우는 바로 거기에서 '교양 있는 자' 쪽에서는 위대한 존경을 배우는 일이 벌어지기도 한다…… 그런데 중요한 모든 경우에서 바로 이런 일만이 일어났던 것은 아닌지 누가 알겠는가―사람들이 어떤 신을 숭배했는데, 그 신이 사실은 불쌍한 희생양에 불과했던 것은 아닌지 말이다…… 성과는 언제나 가장 거창한 거짓말쟁이였다―그런데 작품도, 행위도 역시 하나의 성과인 것이다…… 위대한 정치가, 정복자, 발견자는 자기가 만들어놓은 것으로 위장하고 숨어버려, 그들은 미지의 존재가 되어버린다 ; 예술가의 작품이든 철학자의 작품이든 작품이, 그것을 만들어냈거나, 만들어냈어야 하는 존재를 비로소 꾸며낸다…… 경외되는 '위대한 인물들'이란 나중에 만들어진 미소하고도 열악한 허구들이다―역사적 가치의 세계에서는 위조 짓거리가 **지배한다**……[128]

2.

―이 위대한 시인들, 예를 들어 바이런, 뮈세, 포, 레오파르디, 클라이스트, 고골리―더 위대한 이름들을 감히 거론하지는 않겠지만 이들을 제외한다는 것은 아니다―그들이 실상 위대한 사람들이고 위대한 사람들이지 않으면 안 되는 것처럼 말이다 : 이들은 찰나적 인간들이고, 감각적이고 불합리하며 다섯 층을 가진 다층적 인간들이다. 그리고 경솔하고도 갑작스럽게 불신하거나 신뢰하는 인간들이다 ; 통상적으로 숨겨야 할 균열을 가지고 있는 영혼의 소유자들이다 ; 종종 이들은 자기들의 작품으로 자기들의 내적 모독감에 대

한 복수를 해댄다. 종종 너무나 뚜렷이 각인된 기억을 드높이 비상
하면서 잊으려 하기도 한다. 이들은 늪 언저리에 있는 이상주의자
들이다―이 위대한 예술가들과 소위 비범한 인간들을 먼저 알아차
린 사람들에게 이들은 전부 얼마나 큰 고문이란 말인가…… 우리
5 는 전부 평균적인 자들의 대변인이다. …… 그들이 바로 여자에게서
무한한 동정심의 발현을 쉽게 경험할 수 있다는 것은 명백하다. 여
자들은 고통의 세계에서는 예리한 통찰력을 발휘하지만 유감스럽
게도 자기의 능력을 훨씬 넘어서서 병적으로 도우려 하고 구제하고
자 한다. 그리고 그 동정심에 대해서 대중들, 특히 그녀들을 숭배하
10 는 대중들은 호기심에 가득 차 자기 식대로의 해석을 첩첩이 쌓아
버린다…… 이 동정심은 통상 자기의 능력을 잘못 짚는다 : 여자는
사랑이 모든 것을 가능하게 한다고 믿고 싶어 한다―이것이 여자
의 본래적인 미신이다. 아아, 심장에 대해 알고 있는 자는 그 아무리
최고이자 가슴속 깊은 사랑이라도 얼마나 빈약하고 속수무책이며
15 교만하고 잘못을 저지르는지에 대해 알고 있다―어떻게 해서 사랑
이 구원하기보다는 오히려 파괴하는지를……[129]

3.

20 ―깊이 괴로워하는 인간의 정신적 구토와 거만―이것이 어떤
인간이 얼마나 깊이 괴로워할 수 있는지에 대한 등급을 거의 결정한
다―. 자기가 겪은 고통 덕분에 깊이 괴로워하는 인간은 여느 가장
똑똑하고도 현명한 자들이 알 수 있을 만한 것보다 더 많이 알 수
있다는, '너희는 아무것도 알지 못하는' 여러 멀고도 무서운 세계들

에 대해 잘 알 수 있다는, 한때는 그런 세계에 거주하기도 했다는 등골이 오싹할 만한 확신에 배어 있고 또 그것에 의해 채색되어 있다……. 이런 정신적인 은밀한 긍지, 인식을 위해서 정선된 자, '정통한 자', 희생자라고 할 만한 자의 이런 긍지는 온갖 종류의 위장을 필요로 한다. 주제넘은 동정의 손길이 닿는다거나 그와 고통을 같이하지 않는 다른 자들 전체로부터 자기를 보호하기 위해서는 말이다. 깊은 고통은 고귀하게 만든다 ; 이것이 사람들을 구분해내는 것이다. ―가장 세련된 위장 형식 중 하나는 에피쿠로스주의이다. 이것은 고통을 가볍게 받아들이며 슬프고도 심각한 모든 것에는 저항하는 허세적이면서도 용감한 취향의 일종이다. 명랑하다고 오해받기 때문에 명랑함을 이용하는 '명랑한 인간들'이 있다―이들은 오해받기를 원한다. 학문이 명랑하다는 외관을 부여하기 때문에 그리고, 학문성이 인간은 피상적이라는 결론을 내리게 하기 때문에 학문을 이용하는 '학적인 정신들'이 있다―이들은 그릇된 추론을 하도록 유혹하고 싶어 한다……자기들의 심장이 근본적으로 부서져서 치유 불가능해졌다는 사실을 은폐하고 부정하고 싶어 하는 뻔뻔한 자유정신들이 있다―햄릿의 경우가 그러하다 : 그렇다면 바보스러움 자체는, 싫지만 너무나 확실한 어떤 지식을 감추는 가면일 수 있는 것이다. ―130)

후기.

1.

어떤 때보다 내 삶의 가장 어려웠던 시절에 더 깊이 감사해야 하지 않을까라고 나는 종종 자문했었다. 내 가장 내적인 본성이 가르쳐주듯이, 높은 곳에서 바라보면 모든 것은 다 필연적이며, 거시경제적 의미에서는 모든 것은 다 그 자체로 유용하기도 하다―그것들을 사람들은 견뎌야 할 뿐 아니라 사랑해야 한다…… 운명애 : 이것이 내 가장 내적인 본성이다. ―그리고 나의 오랜 질환에 대해 말하자면, 나는 내 건강보다도 그것에 말할 수 없을 정도로 더 많은 덕을 입은 것은 아닌가? 자기를 죽이지 않는 모든 것에 의해 더 강력해지는 내 고차의 건강은 그 질환 덕택이다!―내 철학 역시 내 질환 덕택이다…… 위대한 고통이야말로 정신을 최종적으로 해방하는 자인 것이다. 위대한 고통은 모든 U를 X로, 진정한 X로 만드는, 말하자면 알파벳의 끝에서 두 번째 것으로 만드는 위대한 의혹의 스승이다…… 위대한 고통, 마치 생장작이 시간을 끌면서 타는 것처럼 우리를 오랫동안 서서히 태우는 고통―, 이것이 우리 철학자들에게 우리의 가장 깊은 곳으로 내려가라고 강요한다. 그리고 아마도 우리가 예전에 우리의 인간성이라고 상정했던 것, 즉 일체의 신뢰, 일체의 호의, 베일을 씌우고 있는 것, 온화한 것, 중간 정도의 것을 우리한테서 떼내라고 강요한다. 나는 그런 고통이 과연 '개선'하는지에 대해서는 의심이 들지만 : 그것이 우리를 깊이 있게 한다는 것은 알고 있다…… 그런데 우리는 고통에 대해 우리의 긍지와 조소와 의지력을 고통에 대립시키도록 배우거나, 자기네의 박해자에 대

한 악의 어린 혀는 그것이 얼마나 나쁘고 괴롭히는 말을 한다고 해
도 무해하다고 간주하는 인디언처럼 행동하거나 한다 ; 아니면 우
리는 고통에 직면해서 말 없고 경직되고 마비된 자기 포기, 자기 망
각, 자기 말소라는 무(無) 속으로 후퇴하거나 한다 : 자기 자신을 지
배하기 위한 이런 길고도 위험한 연습을 통해 사람들은 새로운 사
람이 된다. 그는 이제 몇 가지 의문부호를 더 갖는다―무엇보다도
금후에는 이제껏 지상에서 질문되었던 것보다 더 많이 더 깊이 있
게 더 강건하게 더 엄격하며 더 악하게 더 조용하게 질문을 던지는
의지를 갖는다…… 이렇게 되면 삶에 대한 신뢰는 사라져버리고 ;
반면 삶 자체가 하나의 문제가 되어버린다. ―믿기 어려울 수도 있
다. 그렇게 해서 어떤 사람이 암울한 자가, 올빼미가 되어버렸다는
것을! 하지만 그의 삶에 대한 사랑은 아직도 가능하다―단지 다른
식으로 사랑할 뿐이다…… 여자에 대한 사랑이 가능한지는 미심쩍
지만……131)

2.

그지없이 기묘한 일이 하나 있다 : 그 후로 사람들이 다른 취향을
―두 번째 취향을 갖게 되었다는 것이 그것이다. 그런 심연으로부
터, 위대한 의혹의 심연으로부터도 사람들이 새롭게 다시 태어난 것
이다. 껍질을 벗고, 더 과민하고 더 악해져, 기쁨에 대한 더 섬세해
진 취향을 가지고, 모든 좋은 것에 대한 더 예민해진 미각을 갖고
서, 더 유쾌한 감각과 기쁨 속에서도 또 하나의 더 위험한 순진함을
지닌 채, 어린아이 같으면서도 동시에 이전보다 수백 배나 세련된

채로 그들은 다시 새롭게 태어난다. 교훈 : 모든 세기의 가장 심오한 정신들을 사람들은 벌한다—또 **보상도 한다**…… 즉시 시험해보자.

오오, 이제 향락은 얼마나 혐오스러운 것인지. 향락주의자들이나 우리의 '교양 있는 자들'이나, 우리의 부자들과 통치자들이 이해하고 있는 거칠고도 무딘 갈색 향락은! '교양 있는' 인간과 대도시인들이 오늘날 예술과 책과 음악을 통해 '정신적 향락'을 추구하다가, 마약이 자기들을 강간하도록 놔두고 있는 커다란 대목 장(場)의 쿵쿵거리는 소리를 이제 우리는 얼마나 악의에 차서 듣고 있는지! 이제 격정을 부르짖는 연극의 외침이 우리의 귀를 얼마나 아프게 하는지. 낭만적인 격동과 교양 있는 천민이 사랑하는 감각의 혼란이나 숭고한 것과 고양된 것과 비정상적인 것에 대한 이들의 열망 모두가 얼마나 우리의 취향에 낯설게 되어버렸는지! 아니다. 우리 회복하는 자들이 예술을 여전히 필요로 한다면, 그것은 다른 예술이다—조소하고, 가볍고, 일시적이며, 신처럼 방해받지 않고, 신처럼 기교적인 예술. 마치 구름 한 점 없는 하늘로 순수한 불꽃이 불타오르는 것과 같은 예술. 무엇보다도 : 예술가를 위한 예술, 오직 예술가만을 위한 예술!이 필요한 것이다. 그 다음에 우리는 그런 예술을 위해 필요한 것에 대해 더 잘 이해하게 된다. 즉 명랑성에 대해. 내 친구인 온갖 명랑성에 대해! …… 우리 지자들은 몇몇의 것에 대해서는 너무나 잘 알고 있다 : 오오, 우리는 이제부터 예술가로서 잘 잊는 법과 잘 알지 못하는 법을 어떻게 배우려는지! …… 그리고 우리의 미래에 관해 말해보자면 : 우리는 저 이집트 젊은이들이 걷는 길을 다시 걷지는 않을 것이다. 그들은 밤에는 신전을 위험하게 만든다. 그들은 조각상들을 끌어안으며 충분한 이유가 있어서 숨겨놓은 모든 것의 덮개를 다 벗겨내고 드러내어 밝은 빛 아래 세우려 한다. 아니다. 이런 나쁜 취향, 이런 진실을 원하는 의지, '어떤 대가를 치르든 진실'을 원하는 의지, 진리에 대한 사랑 안에 들어 있는 이런 젊은이의 광기—이런 것을 우리는 혐오한다 : 우리가 너무 경험이 많고 너무 진지하며 너무 쾌활하고 너무 불타버렸으며 너무 심오하기 때문이다…… 진리의 베일이 벗겨져버려도, 진리는 여전히 진리로 남아 있다고 우리는 더 이상은 믿지 않는다—그런 것을 믿기에는 우리는 충분히 살았다…… 오늘날에는 모든 것을 있는 그대로 보지 않고, 모든 것의 곁에 머무르지 않으며, 모든 것을 이해하거나 '알기를' 원하지 않는다는 것이 예의 문제로 간주된다. 모든 것을 이해한다는 것—그것은 정말 경멸할 만한 일이다. "하느님이 어디에나 계신다는 것이 정말인가요?" 한 어린 소녀가 어머니에게 물었다 : "하지만 내 생각으로는 점잖지 못한 것 같아요"—철학자들을 위한 한 가지 힌트이다! …… 자연을 수수께끼와 다채로운 불확실성 뒤에 숨게 하는 그 부끄러워함이란 것을 좀더 존중해야 할 것이다. 아마도 진리는 자기의 근저를 보여주지 않을 이유를 갖고 있는 여자가 아닐까? …… 아마도 그녀의 이름은 그리스어로는 바우보Baubo가 아닐까? …… 오오, 이 그리스인들! 이들은 삶을 이해하고 있었다. 그럴 수 있으려면 표면과 주름과 표피에 용감하게 머무는 일, 가상에 대한 숭배, 형식과 음조와 말과 가상의 올림푸스 전체를 믿는 일이 필요하다! 이런 그리스인들은 표피에 머무른다—그들이 깊이가 있기 때문이다…… 그리고 바로 그곳으로 돌아가지 않으려는가? 현대 사상의 가장 높고도 가장 위험한 정상에 오르고 거기서 우리를 둘러보았으며 거기서 아래를 내려다보았던 우리, 대담한 정신이여. 바로 이 점에서 우리는—그리스인이 아닌가? 형식과 음조와 말의 숭배자들이 아닌가? 바로 그래서—예술가가 아닌가?……

5

———

가장 부유한 자의 가난에 대하여

십 년이 흘렀다—
물방울 하나 내게 떨어지지 않았다,
습기 찬 바람도, 사랑의 이슬도
—비가 내리지 않는 땅……
이제 나는 내 지혜에 간청한다
10 이 메마름을 너무 탐하지 말기를 :
스스로 흘러 넘치고, 스스로 이슬을 떨구기를
스스로 누렇게 병든 황야의 비가 되기를!

언젠가 나는 구름에게
15 내 산에서 떠나라고 일렀다—
언젠가 나는 말했다 '더 많은 빛을, 그대 어둠이여!'
오늘 나는 구름이 몰려오도록 유혹한다 :
내 주위를 어둡게 하라, 그대의 젖가슴으로!
—나 그대들의 젖을 짜리라,
20 그대 높은 곳의 암소들이여!
젖처럼 따뜻한 지혜를, 사랑의 달콤한 이슬을
나 땅 위에 쏟아 붓는다.

가거라, 떠나가라, 그대 진리들이여,

그대 음산한 시선을 던지는 자들이여!
나는 내 산 위에서
씁쓸하고 참을성 없는 진리들을 보고 싶지 않다.
미소에 의해 황금빛이 되어
5 진리가 오늘 내 가까이 있다,
태양에 의해 감미로워지고, 사랑에 의해 갈색이 되어서 —
잘 익은 진리 하나를 나는 나무에서 딴다.

나 오늘 손을 뻗는다
10 우연의 고수머리에,
우연을 어린아이처럼 이끌고 속일 만큼
충분히 현명해져.
나 오늘 손님에게 친절하고자 한다
달갑지 않은 손님에게,
15 운명에 대해서조차 가시를 세우지 않고자 한다
—차라투스트라는 고슴도치가 아니니.

내 영혼,
물리지도 않은 채 그 혀로,
20 온갖 선하고 악한 것들을 이미 맛보았고,
온갖 심연으로 가라앉았지만.
하지만 코르크처럼,
언제나 다시 위로 떠오른다.
내 영혼은 기름처럼 갈색 바다 위를 흔들거리며 떠다닌다 :

이 영혼 때문에 나는 행복한 자라고 불린다.

누가 내 아버지요 어머니인가?
내 아버지는 충일의 왕자,
내 어머니는 고요한 웃음이 아닐까?
이 두 분의 혼인이
나 수수께끼 짐승을,
나 빛의 괴물을,
내 모든 지혜의 낭비자 차라투스트라를 낳은 것이 아닐까?

오늘 애정에 병들어,
따뜻한 바람이
차라투스트라를 기다리며 앉아 있다.
그의 산 위에서 기다리면서―
자신의 체액으로
달콤해지고 무르익어,
그의 산 정상 아래에서,
그의 얼음 아래에서,
지쳤지만 기쁨에 가득 차,
천지창조 제7일째 날의 조물주가.

―조용히 하라!
진리 하나가 내 머리 위를 흘러간다
구름과도 같이―

보이지 않는 번갯불로 나를 맞춘다.
넓고 여유로운 계단 위로
진리의 행복이 내게로 올라온다 :
오라, 오라, 사랑하는 진리여!

5

―조용히 하라!
내 진리가 이것이다!
주저하는 눈으로
우단 같은 전율로
10 그 시선은 나를 맞춘다
사랑스럽고 악의 있는 소녀의 시선이……
그것은 내 행복의 근원을 알아차리고,
그것은 나를 알아차린다―하! 무슨 생각을 하고 있을까?―
심홍빛 용 한 마리가
15 진리의 소녀 같은 시선의 심연을 엿보고 있다.

―조용히 하라! 내 진리가 말을 하니! ―

가엾어라, 차라투스트라!
20 그대는 마치 황금을 집어삼킨 자처럼
보이는구나 :
그대의 배를 가르려고 할 것이다. 사람들이!……

그대 너무 풍부하다,

그대 많은 것을 망쳐버린 자여!
그대 너무 많은 이를 시샘하게 하고,
그대 너무 많은 이를 가난하게 한다……
내게마저 그대의 빛은 그림자를 던진다―,
5 나 한기를 느낀다 : 가라, 그대 부유한 자여,
가라, 차라투스트라, 네 태양에서 비켜라!……

그대는 그대의 충일을 선사하고 싶고, 다 선사해버리고 싶어 한다
10 그런데 그대 자신이 가장 충일한 자이다!
현명해져라, 그대 부자여!
너 자신을 먼저 선사하라, 오오 차라투스트라여!

십 년이 흘렀다―
15 그리고 물방울 하나도 네게는 안 떨어지지 않는가?
습기 찬 바람도, 사랑의 이슬도
그런데 누가 그대를 사랑하겠는가,
그대 지나치게 부자인 자를?
그대의 행복은 주변을 메마르게 하고,
20 사랑을 부족하게 한다
―비가 내리지 않는 땅……

이제는 누구도 그대에게 감사하지 않는다,
하지만 그대는 모두에게 감사한다,

그대에게서 받는 모두에게 :
여기서 나는 그대를 알아본다,
그대 지나치게 부자인 자여,
그대 모든 부자 중에서 가장 가난한 자여!

5

그대는 그대를 희생한다, 그대의 부가 그대를 괴롭힌다―,
그대는 그대를 주어버리고,
그대는 자신을 돌보지 않으며, 그대를 사랑하지 않는다 :
큰 고통이 그대를 언제나 강요한다

10 넘쳐나는 곳간의 고통, 넘쳐나는 심장의 고통―
하지만 누구도 이제는 그대에게 감사하지 않는다……

그대는 더 가난해지지 않으면 안 된다
현명한 어리석은 자여!
15 사랑받고자 한다면.
오직 괴로워하는 자만이 사랑받고,
사랑은 오직 배고픈 자에게만 주어지는 법이니 :
너 자신을 먼저 선사하라, 오오 차라투스트라여!

20 ―나는 너의 진리다……¹³²⁾

주

1) Goethe, *Wilhelm Meister*, Lehrjahre IV, 9 ; Dichtung und Wahrheit III, 14 비교.

2) *Jenseits von Gut und Böse*, 255 끝부분 비교.

3) Goethe, *Faust* II, Schluß 비교.

4) V. Hehn, *Gedanken über Goethe*(Berlin, 1887), 107쪽.

5) V. Hehn, 앞의 책, 107쪽.

6) V. Hehn, 앞의 책, 60쪽 이하.

7) V. Hehn, 앞의 책, 96쪽.

8) V. Hehn, 앞의 책, 100쪽 이하.

9) V. Hehn, 앞의 책, 110쪽. 이 표현은 Fr. H. Jacobi의 1795년 2월 18일자 편지글에서 인용한 것이다.

10) 이 문단 전체 "위선적이고 노처녀 같은…… 한 고결한 처녀가 그를 끌어 올리는 것이다"는 V. Hehn이 쓴 *Gedanken über Goethe* 중에서 특히 "Goethe und das Publikum"(49~185쪽)을 참조하라. 니체는 이 책을 1888년 초에 읽었 으며, KGW VIII 3 16[36]은 이 책의 109쪽에서 발췌한 전문이 수록되어 있다.

11) 괴테가 첼터Zelter에게 보낸 1831년 10월 20일자 (슐레겔과 관계된) 편지 글에서 인용. V. Hehn의 *Gedanken über Goethe*에서는 110쪽에 해당된다.

12) E. Renan, *Vie de Jésus* (Paris, 1863), 451쪽.

13) A. Schopenhauer, *Die Welt als Wille und Vorstellung*(이하 *WW*로 표기) I (Frauenstädt-Ausgabe), § 59.

14) 스토아주의자들에 대한 제논의 말로 니체는 쇼펜하우어의 번역을 통해 접한다. A. Schopenhauer, *Parerga* I, 216쪽.

15) *Journal des Goncourt* II, 279쪽의 "Et le mot du docteur de Tours : Le génie est une névrose"와 비교. 니체는 이 시기에 이 책을 읽고 있었다.

16) Horaz, *Sat* I, 9쪽, 44쪽 비교.

17) "종교를 창시하고자 하는 [……] 의심해서는 안 된다네"까지는 〈바이로 이터 블래터Bayreuter Blätter〉(1880)에 실린 바그너의 논문 〈종교와 예술〉을 염

두에 둔 것이다. 이 글 중에서 특히 "Wollen Sie etwa eine Religion stiften? Dürfte der Verfasser dieses Aufsatzes befragt werden"과 "[……] wir ahnen, ja wir fühlen und sehen es, daß auch diese unentrinnbar drückende Welt des Willens, nur ein Zustand is, vergehend vor dem Einen : 'Ich weiß daß mein Erlöser lebt!'"를 보라.

18) P. Bourget, *Essais de psychologie contemporaine*(Paris, 1883), I, 25쪽 비교 : "Une même loi gouverne le déceloppement et la décadence de cet autre organisme qui est le language. Un style de décadence est celui où l'unité du livre se décompose pour laisser la place à l'indépendence de la page, où la page se décompose pour laisser la place à l'indépendence de la phrase, et la phrase pour laisser la place à l'indépendence du mot". 니체는 이 부분을 1883/84년에 이미 바그너를 염두에 두고 적어두었다.

19) R. Wagner, 〈종교와 예술〉, 280쪽 참조.

20) '엘자는 [……] 될 수밖에 없었다"—)' 까지. R. Wagner, *Gesammelte Schriften und Dichtungen*(Leipzig, 1872), IV, 368쪽 이하 : "엘자는 [……] 나를 완벽한 혁명가로 만들었다 [……] 민중의 정신이었다 [……]"와 비교하라.

21) 'Adler'라는 성(姓)은 유대 성 중의 하나이다. 바그너의 아버지 가이어는 유대인은 아니었다. 바그너와 바그너주의자의 반유대주의적 성향을 생각하면, 바그너에 대한 니체의 악의를 이 문장에서 짐작해볼 수 있다.

22) 니체가 고안한 단어. 아마도 'Rhinozeros'와 'Philloxera'의 합성어인 듯.

23) 1848~1938년에 간행된 보수적 신문 〈Neue preußliche Zeitung〉을 말함.

24) 라이프치히의 학자들이 중심이 된 주간지. 발행인은 차른케 F. Zarncke. 니체와 로데E. Rohde는 여기에 비평을 발표했었다.

25) 〈마태복음〉 5장 3절.

26) B. Pascal, *Pensées*, éd. Faugère, I, 197쪽 비교.

27) 〈마태복음〉 12장 34절.

28) 괴테의 *Venezianische Epigramme* : "Vieles kann ich ertragen. Die meisten beschwerlichen Dinge/ Duld ich mit ruhigen Mut, wie es ein Gott mir gebeut./ Wenige sind mir jedoch wie Gift und Schlange zuwider, / Viere :

Rauch des Tabaks, Wanzen und Knoblauch und……".

29) 〈요한복음〉 1장 14절에 대한 비유 : "말씀이 육신이 되어 우리 가운데 거하시매……".

30) Aristotels, *Pol*, 1253 a 29.

31) A. Schopenhauer, "Simplex sigillum veri".

32) *Journal des Goncourt* I, 292쪽.

33) J. G. Seume의 시, 〈Die Gesänge〉에 나오는 말.

34) E. M. Arndt, Des Deutschen Vaterland(1813) : "Soweit die deutsche Zunge klingt / Und Gott im Himmel Lieder singt".

35) Guy de Maupassant, *Lettres de Gustave Flaubert à George Sand*의 서문 (Paris, 1884), III.

36) Platon, *Phaidon*, 118 a.

37) Cicero, *Tusculanae*. IV, 37쪽, 80쪽 ; G. Chr. Richtenburg, *Über Physiognomik, Vermischte Schriften*(Göttingen, 1867), 4, 31쪽.

38) Platon, *Apologia Sokratous*, 31d.

39) 중세의 서사시 〈Reineke Fuchs〉의 주인공 여우.

40) 〈마태복음〉 5장 29절.

41) 〈마태복음〉 5장 3절.

42) L. Cornaro, *Discorsi della vita sorbia*, 1588.

43) A. Schopenhauer, *WW* II, 666쪽.

44) H. Hoffmann von Fallersleben의 〈Lied der Deutschen〉(1841).

45) 〈Der Trompeter von Säkkingen〉. J. V. von Scheffel의 1853년 작품.

46) *Journal des Goncourt* III, 80 : "……je pris la voix la plus douce pour affirmer que j'avais plus de plaisir à lire Hugo qu'Homére" 비교.

47) Th. v. Kempen, *De Imitatione Christi*.

48) 루터의 찬송가 〈Ein'feste Burg ist unser Gott〉의 일부.

49) *Phaidros*, 249c~256e 참조.

50) 모차르트의 오페라 〈마술피리Zauberflöte〉에서의 타미노스의 대사.

51) Goethe, *Faust* I, 1179~1185.

52) Josef Viktor Widmann이 1886년에 《선악의 저편》에 대해서 한 말.

53) Max von Schenkendorf의 시가 〈Freiheit〉(1813)의 첫 줄인 "Freiheit, die ich meine"를 빗대는 말.

54) Goethe, *Faust* II, 11989.

55) Pindar, *Pyth*, X 29 ~ 30.

56) Aristoteles, *Poet*, 1449b 27~28, 1453b XVI 4.

57) I, Kant, *Der Streit der Fakultäten*, Werke, Akademische Aufgabe VII 85 ff 비교.

58) H. Oldenberg, *Buddha*(Berlin, 1897), 337.

59) 〈요한복음〉 4장 22절.

60) 니체는 그의 *Leben Jesu*를 1864년에 본Bonn에서 읽었다.

61) 〈마태복음〉 5장 39절.

62) 〈누가복음〉 17장 20절.

63) E. Renan, *Vie de Jésus*(Paris, 1863), 354.

64) 〈마태복음〉 10장 34절.

65) J. Wellhausen, *Reste des arabischen Heidentums*(Berlin, 1887), BN 106.

66) 〈요한복음〉 14장 6절 비교.

67) 특히 〈마태복음〉 5장~7장의 산상수훈 비교.

68) Tolstoi, *Ma religion*, 220 비교.

69) 〈고린도전서〉 15장 14절.

70) 〈누가복음〉 10장 42절.

71) J. Wellhausen, *Prolegomena* 324.

72) *Also sprach Zarathustra* II, "Von den Priestern".

73) 〈고린도전서〉 7장 2절, 9절. 9절에서의 "결혼하는 편이 낫다"를 니체는 "자유롭게 사는 것"이라고 적고 있다.

74) Horat, *Odes* III, 30, 1.

75) 〈요한복음〉 4장 22절.

76) J. Burckhardt, *Die Kultur der Renaissance in Italien*(Leipzig, 1869), 91~95.

77) 1888년 9월 30일.

78) *Also Sprach Zarathustra* II, "Die stillste Stunde".

79) *Also sprach Zarathustra* II, "Auf den glückseligen Inseln".

80) *Also sprach Zarathustra* I, "Von der schenkenden Tugend" 3.

81) *Also sprach Zarathustra* II, "Vom Gesindel".

82) *Les Sceptiques Grecs*(Paris, 1887).

83) "De Laertii Diogenis fontibus", in : *Rheinisches Museum* Bd. 23~24 (1868~1869), 632~653, 181~228 ; "Analecta Laertiana", in : *Rheinisches Museum* Bd. 25(1870) 217~231.

84) 뷜로Hans von Bülow가 니체에게 보낸 1872년 7월 24일자 편지.

85) "Zur Geschichte der Theognideischen Spruchsammlung"을 말함. RM 의 Bd. 22(1867), 161~200쪽에 게재되었다.

86) 〈Bund〉(1886. 9. 16~17).

87) "Friedrich Nietzsche aus seinen Werken", in : Bund(1888. 1. 1).

88) *Also sprach Zarathustra* III, "Vom Gesicht und Räthsel" 1.

89) *Jenseits von Gut und Böse* 295.

90) "Herr Friedrich Nietzsche und die deutsche Cultur", Nr 42(1873. 10. 17), 104~110에서.

91) B. Bauer, *Zur Orientierung über die Bismarck'sche Ära*(Chemnitz : Schmeitzner, 1880), Abschnitt 25, "Treitschke und Victor Hugo".

92) F. Hoffmann, "Besprechung von David Strauss", in : *Allgemeiner Literarischer Anzeiger für das evangelische Deutschland* Bd. 12(1873), 321~336(11 월), 401~408(12월).

93) "Nietzsche gegen Strauß Augsburger", in : "Allgemeine Zeitung", Nr. 265f(1873. 9. 22, 23).

94) 셰익스피어의 *Richard III*에 나오는 말.

95) 〈마태복음〉 8장 32절.

96) Louise Ott를 말함.

97) *Die fröhliche Wissenschaft*, 382.

98) *Also sprach Zarathustra* III, "Die Heimkehr".

99) *Also sprach Zarathustra* III, "Von den alten und neuen Tafeln" 19.

100) *Also sprach Zarathustra*, 앞의 글.

101) *Also sprach Zarathustra* III, "Der Genesende".

102) *Also sprach Zarathustra* III, "Vor Sonnen-Aufgang".

103) *Also sprach Zarathustra* II, "Das Nachtlied".

104) *Also sprach Zarathustra* II, "Von der Erlösung".

105) *Also sprach Zarathustra* II, "Auf den Glückseligen Inseln".

106) 본 번역에서는 고딕체.

107) *Also sprach Zarathustra* III "Von den alten und neuen Tafeln" 29.

108) *Zur Genealogie der Moral*의 마지막 말.

109) *Goethe, Faust* I, 328~329. "Ein guter Mensch, in seinem dunklen Drange / Ist sich des rechten Weges wohl bewußt".

110) J. V. Scheffel.

111) *Also sprach Zarathustra* II, "Von der Selbst-Überwindung".

112) *Also sprach Zarathustra* III, "Von den alten und neuen Tafeln" 28.

113) *Also sprach Zarathustra* III, "Von den alten und neuen Tafeln" 26.

114) *Also sprach Zarathustra* II, "Von der Menschen-Klugheit".

115) *Die fröhliche Wissenschaft*, 87.

116) *Die fröhliche Wissenschaft*, 368.

117) *Ecce Homo*, "Warum ich so klug bin" 7.

118) *Menschliches Allzu Menschliches* II, "Vermischte Meinungen und Sprüche" 134".

119) *Menschliches Allzu Menschliches* II, "Der Wanderer und sein Schatten" 165".

120) *Menschliches Allzu Menschliches* II, "Vermischte Meinungen und Sprüche" 171".

121) *Die fröhliche Wissenschaft*, 370.

122) *Jenseits von Gut und Böse*, 256.

123) *Jenseits von Gut und Böse*, 256.

124) *Zur Genealogie der Moral*, III, 2.

125) *Zur Genealogie der Moral*, III, 3.

126) *Menschliches Allzu Menschliches*, II, Vorwort 3.

127) *Menschliches Allzu Menschliches*, II, Vorwort 4.

128) *Jenseits von Gut und Böse*, 269.

129) *Jenseits von Gut und Böse*, 269.

130) *Jenseits von Gut und Böse*, 270.

131) *Die fröhliche Wissenschaft*, Vorwort 3.

132) *Dionysos-Dithyramben*.

해설 주

1) 《힘에의 의지》나 《모든 가치의 전도》라는 제목으로 기획된 그의 책의 여러 가지 구상과 포기 과정, 그리고 그 책을 위한 유고로 남겨진 소묘들의 중요성에 대해서는 니체 전집 22 《유고(1887년 가을~1888년 3월)》(책세상, 2000)의 옮긴이 해설 참조.

해설

영원한 긍정의 노래

.

백승영

이 책은 《니체 전집 *KGW*》 중 Ⅵ3에 대한 번역서로, Ⅵ3은 1888년에서 1889년까지 출간된 《바그너의 경우 *Der Fall Wagner*》, 《우상의 황혼 *Götzen-Dämmerung*》, 《안티크리스트 *Der Antichrist*》, 《이 사람을 보라 *Ecce homo*》, 《디오니소스 송가 *Dionysos-Dithyramben*》, 《니체 대 바그너 *Nietzsche contra Wagner*》로 이루어져 있다.

I.

1888년의 니체의 삶과 작업 방식에 대해

1888년. 이 해는 니체의 여섯 작품이 한꺼번에 마치 거센 폭풍처럼 밀어닥친 해이다. 1887년 가을부터 시작된 심각한 우울증에도 불구하고 니체는 이때 자신의 생애에서 최고로 생산적인 해를 보냈다고 해도 과언이 아니다. 하지만 1888년은 아이러니컬하게도 니체가 10여 년간이나 지속되는 긴 어둠의 길로 들어서기 바로 직전이기도 하다. 자신의 마지막 작품인 《디오니소스 송가》를 1889년 1월 3일에 완성시킨 직후 니체는 카를로 알베르토 광장에서 쓰러져버리니, 그가 흡사 자신의 운명을 예감해서 마지막 혼신의 힘을 1888년 한 해에 기울였던 것은 아니었나라는 생각마저 든다. 그렇다면 철학자 니체는 무엇을 위해 1888년 한 해에 자신의 마지막 정열과 혼을 불태웠는가? 현대 세계와 현대성에 마지막 일침을 가하기 위해서이다. 그런데 니체는 더 이상은 현대 세계와 현대성에 대한 자신의 경멸을 설명하고 싶어 하지 않는다. 이제 그는 현대 세계의 얼굴에 대고 고함을 질러댄다. 그의 모든 논거가 현대에 대한 거부와 구역질 사이에서 터져나온다. 그는 현대 세계의 얼굴에 대고 데카당스!라고 부르짖는다. 현대 세계의 얼굴에 대고 그리스도교!라고 부르짓는다. 결국 철학자 니체의 최후의 폭발적인 분노는 데카당스로 향해 있었고, 데카당스라는 문제에 대한 열쇠 역할을 하는 것이 그리스도교였던 것이다. 데카당스 시대인 현대에 대한 분노를 그는 그리스도교라는 현대성의 공통의 뿌리를 드러내고 공격하면서 표출시킨다.

이러한 격정 안에서 니체는 오랫동안 기획했던 《힘에의 의지》 또는 《모든 가치의 전도》라는 제목을 갖게 될 책을 저술하는 것을 포기하게 된다.[1] 이 결단이 니체가 엄청난 체계적인 작업을 위한 그 자신의 힘이 부족함을 인식해서든, 아니면 자신의 기획이 원칙적으로 수행 불가능했음을 인식해서든 그는 이제 그 기획 대신 다른 작품들을 통해 현대 세계에 비판을 가하기 시작한다. 그 좌절된 저술 기획의 일환으로 이미 작성되어 있던 소묘들의 일부가 《우상의 황혼》과 이것의 쌍둥이 작품이라고도 할 수 있는 《안티크리스트》라는 제목으로 등장한다. 여기서 특히 그리스도교는 예술을 부패시키는 주범이자 현대의 도덕과 세계관과 형이상학의 공통된 뿌리로, 노예 근성을 지닌 인간들의 큰 반란을 불러일으키고 민주적인 평준화의 길을 닦는 주범으로 공격당한다. 결국 그리스도교는 삶을 부정하고, 긍정하는 충동을 억압하는 데카당스 현대성의 전형으로 니체의 분노를 산다. 이보다 먼저 《힘에의 의지》가 완전히 포기되기 전인 1888년 초에 《바그너의 경우》가 완성되고, 니체는 이 작품을 통해서 현대 데카당스의 문제를 바그너 예술을 그 전형으로 삼아 공격하면서 풀어보려고 한다. 바그너는 데카당스 예술가이고, 현대 예술이 바그너적인 분위기로 점철되어 있었기에 니체는 현대 예술을 생리적으로 참아낼 수 없었다. 그는 바그너를 음악을 병들게 한 존재로 등장시키고, 〈파르지팔〉을 비제의 〈카르멘〉에 대비시키며 논박한다. 그의 병증에도 불구하고 아주 생산적인 철학적 작업을 해내는 1888년 내내 니체의 심리 상태는 최고조에 달해 있었다. 《바그너의 경우》에 나오는 "〈카르멘〉을 들을 때는 언제나 나 자신이 다른 때보다 더 철학적인 것 같다"는 구절은 비단 음악에만 국한된 언명이 아니다. 이 시기에 니체는 자기의 문제를 풀어내는 자기 자신의 철학적 통찰에 대해 이전보다 더 만족해하며, 아주 열정적으로 작업에 임한다. 《우상의 황혼》과 《안티크리스트》가 완성되는 동안 《바그너의 경우》에 대한 아주 격렬한 비판과 더불어 아주 긍정적인 반향들이 일었고, 이에 고무된 니체는 몇 주 안 가서 《니체 대 바그너》로 응답한다. 《니체 대 바그너》는 1888년 그가 완전히 쓰러지기 며칠 전 크리스마스에 완성되었다. 이 책은 일종의 《바그너의 경우》의 속편이며 니체와 바그너의 대척자 관계가 다름 아닌 삶이라는 척도에 의거한 것이라는 결론을 내린다.

바그너에 대한 니체의 혹독한 판단은 니체 자신의 폭발적인 기분을 1888년 말까지 유지시킨다. 이런 기분은 이해 가을에 완성된 니체의 작품들에 대해 세간의 주목이 점점 더 강해지고 있다는 사실에 더욱 고무된다. 특히 코펜하겐 대학의 브란데스Georg Brandes 교수가 니체 철학에 대해 강의한다는 소식은 니체를 흥분시켰다. 당시 유럽에서 이미 저술가로 유명해져 있던 브란데스가 니체를 높이 평가하자 니체는 처음으로 자신이 공정하게 평가되고 있다는 생각을 하게 된다. 독일 내에서도 니체의 작품들에 대한 공공연한 반향들이 점차 늘자, 니체는 갑자기 자신의 영향이 백 년 아니 심지어는 2백 년에 이를 것이라는 느낌을 받게 된다. 이런 느낌을 가지고 그는 자서전적 작품 《이 사람을 보라》를 쓰게 된다. 니체처럼 아주 오랫동안 세간의 외면과 오해를 받은 사람이 스스로에 대해 해명하는 기회를 갖고 싶어 하는 것은 아마도 당연한 일이었을지도 모른다. 미래를 위해서……철학적 자서전으로서 전대미문인 이 작품을 니체는 토리노에서 작성했으며, "이루 말할 수 없이 아름다운 나날들"이라는 표현으로 이 작품을 쓰던 시기의 그의 심경을 알려주고 있다.

1888년 말경. 그의 불행의 징조가 조금씩 눈에 띤다. 그는 거의 매일 친구들이나 여러 지기에게 편지를 써서 아주 위대한 사건이 일어날 것임을 고지하기 시작한다. 독일 황제에게 쓴 편지 소묘에는 인류의 운명이 결정되는 일이 닥쳐오고 있으며, 그 일은 바로 전쟁이고, 그것도 그리스도교에 대한 전쟁이라고 적기도 한다. 그의 현실적인 자기 평가 능력이 사라지는 징후도 점점 보이기 시작한다. 'Phönix', 'Nietzsche Caesar', 'Dionysos-Gekreuzigte' 라는 그의 서명은 단순한 장난이나 고의적 시도는 아니다. 그럼에도 불구하고 마지막 작업을 수행하려는 그의 의지와 정열은 그를 아직은 쓰러지게 놔두지 않는다. 그는 《이 사람을 보라》나 《디오니소스 송가》의 교정을 꼼꼼히 할 정도로 의식이 명료했으며, 출판사에 대한 요구나 반응 같은 것도 지나치리만큼 정확했다. 하지만 《디오니소스 송가》의 교정을 마친 직후 1889년 1월 3일(혹은 7일), 카를로 알베르토 광장에서 니체는 쓰러지고 만다. 그는 정신병원에서 몇 개의 아름다운 편지를 보낼 정도로 의식을 잠시 회복했지만, 이내 더 이상 고뇌하지 않아도 되는 긴 어둠의 길로 들어서고 만다.

II.

이 시기의 작품에 대해

《바그너의 경우》

1888년 초에 니체가 집중하고 있던 문제 중의 하나는 바로 데카당스라는 문제이고, 《바그너의 경우》는 이 문제에 대한 고찰이 담겨 있는 작품이다. 이 작품을 위한 니체의 소묘들은 WII 6과 WII 7에 수록되어 남아 있다. 니체는 《바그너의 경우》를 '토리노에서의 편지' 형태로 구상했는데, 그 첫 번째 구상은 여덟 개의 긴 단편으로 구성되어 있었으며 (KGW VIII3 15[6]), 이것은 완결된 《바그너의 경우》와는 내용상 상당한 차이를 보인다. 완결된 《바그너의 경우》는 서문과 열두 개의 단편 그리고 두 개의 추신과 후기로 되어 있다. 이 작품에 등장하는 데카당스 문제와 관련된 바그너에 대한 몇 가지 생각들은 1887년부터의 사유들에 힘입고 있다. 1888년 6월 26일 《바그너의 경우》의 원고가 라이프치히에 있는 나우만 출판사로 발송된다. 그러나 6월 28일에서 7월 1일 사이에 니체는 첨가할 내용들을 수도 없이 출판사로 연이어 발송한다. 이에 당황한 출판사 측은 원고 전체를 니체에게 반송해버린다. 니체는 이것들을 다시 정리하여 새로운 형태로 작성한다. 7월 16일에 그는 출판사에 원고가 드디어 완벽하게 완성되었으니 즉시 일을 시작해달라는 내용의 편지와 함께 최종 원고를 출판사에 발송한다. 하지만 그는 7월 말에 '결론적 고찰' 부분을 다시 되돌려주기를 요구하고 두 개의 추신을 추가하여 8월 24일 출판사로 발송한다. 9월 중순경 《바그너의 경우》 초판이 니체에게 발송된다.

《바그너의 경우》에서 니체는 리하르트 바그너에 대한 오랫동안의 침묵을 깨고 그를 공개적으로 논박하기 시작한다. 물론 여기서 바그너라는 이름은 전형적인 데카당스 예술가이자, 데카당스로 특징지어지는 현대성에 대한 총괄 개념으로 등장한다. 니체는 자기의 시대, 즉 데카당스 시대를 자기 스스로 경험한 후 자기 안에서 극복하여 시대를 초월하는 철학자이고 싶어 한다. 그런 철학자 니체의 눈에 바그너는 음악을 병들게 한 자이자, 음악이 데카당스 예술로 변질되어가는 운동을 가속시킨 주범이며, 데카당스 미학의 설교자로 비친다. 바그너의 배우 기질이나 음악의 연극화나 극장에서의 성공뿐만 아니라, 바그너의 예술이 이상주의를 무기로 해서 지쳐 있는 것, 죽어버린 것, 삶에 위협적인 것, 세계 비방적인 것을 보호하면서 이상이라는 허울하에 반계몽주의를 설파하고 있기 때문이다. 더 나아가 데카당스 종교인 그리스도교가 장려하는 것, 즉 황폐해진 삶의 토양에서 자라는 것, 초월과 피안이라는 날조된 것을 바그너의 예술이 보호하기 때문이다. 이렇게 해서 바그너는 전형적인 데카당스 예술인 현대 예술가로 지목된다. 이런 데카당스 예술과 미학은 현대의 도덕을 표현한다. 즉 하강하는 삶의 도덕이자, 삶과 세상을 부정하고 상승하는 삶의 도덕을 증오하는 도덕을. 니체는 이런 데카당스 미학과 이런 데카당스 예술에 이별을 고한다. 삶의 자기 긍정과 자기 지배를 장려하는 주인도덕을 표현해주는 아름다운 예술과 위대한 예술로의 회귀를 위해. 고전 미학으로의 회귀를 위해. 자연과 건강함과 명랑성과 젊음과 덕으로의 회귀를 위해.

《우상의 황혼》

　《우상의 황혼》은 '모든 가치의 전도'라는 과제를 염두에 둔 작품이다.

실제로 니체는 《우상의 황혼》 서문에서 《모든 가치의 전도》의 제1부가 완성된 날이라고 적고 있다. 이것은 니체가 구상하고 있던 《힘에의 의지》 또는 《모든 가치의 전도》의 첫 부분이 바로 《우상의 황혼》이라는 점을 다시 한번 입증해주고 있다.

'우상의 황혼/또는/어떻게 망치를 들고 철학하는지/프리드리히 니체'라는 표지는 KGW VIII 3 22[6]에서 나타나듯 여러 번 구상된 후에 최종적으로 결정된다(서문에서 그 제목을 '어느 심리학자의 휴식'이라고 적고 있는 것은 니체가 구상했던 여러 표지들 중의 하나를 염두에 둔 것이다. 아마도 니체가 출판사로 보낸 첫 원고에는 '어떻게 망치를 들고 철학하는지' 대신에 '어느 심리학자의 휴식'이라고 적혀 있었던 것 같다). 그 여러 구상들이 《안티크리스트》의 47장과 48장의 전 단계 작업 도중에 등장한다는 사실, 《힘에의 의지》를 포기하면서 《우상의 황혼》과 《안티크리스트》를 출판한다는 사실은 《안티크리스트》와 《우상의 황혼》이 마치 쌍둥이 같은 작품이라고 말할 수 있게 한다. '우상의 황혼'이라는 제목은 니체 스스로 밝히고 있듯이(페터 가스트Peter Gast에게 보낸 1888년 9월 27일자 편지) 〈신들의 황혼Götterdämmerung〉을 작곡한 바그너에 대한 적의가 서려 있는 제목이다. 이 책은 〈서문〉, 〈잠언과 화살〉, 〈소크라테스의 문제〉, 〈철학에서의 '이성'〉, 〈어떻게 '참된' 세계가 결국 우화가 되어버렸는지〉, 〈반자연으로서의 도덕〉, 〈네 가지 중대한 오류들〉, 〈인류를 '개선하는 자들'〉, 〈독일인에게 모자란 것〉, 〈어느 반시대적 인간의 편력〉, 〈내가 옛 사람들의 덕을 보고 있는 것〉, 〈망치가 말한다〉로 구성되어 있다. 1888년 6월 말에서 9월 초까지 씌어진 이 책은 11월 초에 인쇄가 종료되지만, 책의 판매는 1889년으로 예정되었기에 표지에는 1889년으로 기록되었다. 1888년 11월 25일에 니체에게 초판이 전달된다.

《우상의 황혼》에서 니체는 모든 가치의 전도를 위해 우상들을 캐내고, 우상들을 망치로 부숴버리는 철학적 작업을 수행하고 있다. 그것도 한 시대의 우상이 아니라, 영원한 우상들이 그 대상이다. 〈**소크라테스의 문제**〉에서는 이성＝덕＝행복이라는 공식, 이성, 변증법 등이 우상으로 등장한다. 여기서 소크라테스는 이성＝덕＝행복이라는 공식을 도출시키는 데카당이자 이성에 대한 굴복과 복종을 유발시키는 자로, 변증법은 복수의 형식으로 등장한다. 〈**철학에서의 '이성'**〉은 철학자들의 특이 성질을 부숴버려야 할 우상으로 상정한다. 역사적 감각의 결여, 생성에 대한 증오, 실제적인 것의 박제, 개념의 숭배, 감각과 육체에 대한 불신과 경시, 최후의 것과 최초의 것에 대한 혼동 등은 그 대표적인 예이다. 더 나아가 니체는, 참된 세계와 가상 세계로 세계를 나누는 이분법적 방식은 그것이 그리스도교적이든, 형이상학적이든 간에 데카당스의 징후이자 하강하는 삶의 징후에 불과하다는 점, 철학자들의 참된 세계라는 것은 가상이고, 무의미한 담론에 불과하며 우리가 살아가는 이 세계만이 유일한 실재라는 점을 다시 한번 주장한다. 〈**어떻게 '참된' 세계가 결국 우화가 되어버렸는지. 어떤 오류의 역사**〉는《우상의 황혼》에서 가장 유명한 대목이다. 이 대목은 아주 간결한 몇 단어와 형식으로 형이상학의 역사를 오류의 역사로서 개괄하고 있다. 플라톤에서부터 그리스도교를 거쳐 칸트에 이르는 참된 세계와 가상 세계라는 이분법의 변천사가 제시되고, 실증주의를 거치고 니체에 이르러서 이분법 자체가 파괴되어버리는 과정을 그려내고 있다. 오류의 역사의 종말은 곧 형이상학적 사유의 종말이고, 이 종말은 니체에게서 가능해진다. 〈**반자연으로서의 도덕**〉은 도덕이라는 우상에 대한 망치질이다. 여기서 파괴되는 도덕은 반자연적인 속성을 지닌 도덕이다. 이것은 건강한 자연주의적 도덕과는 반대되는 것으로, 삶의 본능들에 적대적인 도덕으로 통찰된다. 금욕적 도덕이나 그리스도교 도덕은 그 전형적인 예이다. 〈네 가지 중대한 오류들〉에서는 도덕적 명제와 종교적 명제가 내포하고 있는 원인과 결과를 혼동하는 오류, 의지나 정신이나 나라고 하는 내적 사실들을 원인으로 상정하고 있는 인과 관계의 오류, 특정한 원인-해석에 의거하는 오류, 자유의지라는 오류를 조목조목 분석, 비판하고 있다. 이런 절차를 통해 니체는 우리 인간을 판결하고 비교하고 단죄할 수 있는 우리 외부의 것은, 이를테면 신은 존재하지 않는다는 것, 존재의 방식이 제일 원인으로 소급되어서는 안 된다는 것, 세계가 정신으로서의 단일체가 아니라는 것, 신을 부정하면서 인간 삶에 대한 최대의 반박을 부정한다는 것 등을 주장하고자 한다. 《바그너의 경우》에서 제시된 바그너가 그토록 바랐던 구원은, 그것이 진정한 구원일 수 있으려면 바로 세계의 구원이어야 하며, 이 세계의 구원은 바로 신을 부정하고 자유의지를 부정하면서 책임을 부정할 때에 비로소 달성된다는 것 등이 니체의 결론적 통찰이다.

〈인류를 '개선하는 자들'〉에서는 인류를 개선시킨다는 개선의 도덕 Besserungs-Moral이 망치에 의해 파괴되는 우상으로 등장한다. 이런 도덕은 인류의 개선이라는 미명하에 실제로는 인간을 약화시키고 망쳐버리는 결과를 초래한다. 그 이유를 니체는 인류를 도덕적으로 만들어야만 했던 모든 수단의 비도덕적 성격에서 찾는다. 〈독일인에게 모자란 것〉은 독일 정신과 독일 문화의 하강에 대한 고발이다. 독일 문화의 쇠퇴는 그리스도교나 바그너적인 독일 음악에 의해 예정된 길이었으며, 독일제국의 등장, 교양의 민주주의의 확산은 독일 정신과 독일 교육을 부패시켜, 문화 국가로서의 독일은 마감되었다고 해도 과언이 아니라고 니체는 진단한다. 〈어느 반시대적 인간의 편력〉에서는 니체의 시대 비판과 당대의 여러 특징들에 대해 고찰한다. 르낭, 생트 뵈브, 켐펜, 엘리엇, 상드, 칼라일, 쇼펜하우어 등에 대한 비난과 에머슨과 괴테에 대한 비교적 호의적인 평가가 동시 다발적으로 진행된다. 그 밖에도 시대와 관련된 수많은 문제들에 대한 니체의 편력이 나타나 있다. 예를 들어 속류 심리학이나 다위니즘 그리고 독일인에 대한 비난과 폄하, 순수예술에 대한 반박과 예술가의 심리 및 예술의 진정한 의미에 대한 고찰, 아름다움과 추함에 대한 분석, 독일 교육의 문제나 이기주의의 자연적 가치에 대한 분석, 사회주의와 아나키즘의 그리스도교적 본류에 대한 폭로, 데카당스 도덕에 대한 비판, 현대성 비판, 노동 문제에 대한 니체의 시각, 루소적 진보와 진정한 진보의 대비 등이 등장한다. 〈내가 옛 사람들의 덕을 보고 있는 것〉에서 니체는 로마적인 문체, 투키디데스, 그리스 비극과 주신제의 상징들을 그 자신에게 영향을 미친 것들의 예로 든다. 반면 그리스 철학은 데카당의 철학으로 선고되며 특히 플라톤에 대한 불신이 구체화되고 있다. 〈망치가 말한다〉는 《차라투스트라는 이렇게 말했다》 3부 〈낡은 서판과 새로운 서판에 대하여〉에서 발췌하여 낸 글이다.

《안티크리스트》

이 작품은 1888년 가을, 《우상의 황혼》이 씌어진 직후 완성되었다. 《우상의 황혼》이 그렇듯이 《안티크리스트》역시 니체가 《힘에의 의지》 또는 《모든 가치의 전도》를 포기하면서 남겨둔 글의 일부가 활용된 것이다. 니체는 원래 《안티크리스트》를 《가치의 전도》 1부로 할 생각이었지만, 1888년 11월 20일 브란데스에게 보낸 편지에서 그는 《안티크리스트》를 《가치의 전도》 전체로 간주하고 있다. 이 점은 도이센 Paul

Deussen에게 보낸 편지(1888년 11월 26일 자)에서도 명시되어 있다 : '안티크리스트라는 주제목을 가진 내 가치의 전도가 완성되었다.' 이런 사실에 걸맞게 니체는 인쇄 원고의 처음에 두 장의 제목을 제시한다. 먼저 것은 '안티크리스트/그리스도교 비판의 시도/제1권/모든 가치의 전도'. 나중의 것은 '안티크리스트/[모든 가치의 전도]/그리스도교에 대한 저주'이다. 니체는 후자의 것을 선택하고 '모든 가치의 전도'라는 부제는 삭제해버린다. 이런 과정을 통해 '안티크리스트/그리스도교에 대한 저주'라는 최종 제목이 결정된다. 이 작품은 서문과 62개의 단편 그리고 '그리스도교 반대법'으로 구성되어 있다. '그리스도교 반대법'은 원래는 《이 사람을 보라》 중에서의 〈바그너의 경우〉의 4장을 위한 작업이 적혀 있던 종이의 반대쪽에 씌어 있었으며, 이것이 어느 작품에 속하는지에 대해 여러 추측들이 있었던 작품이다. 하지만 니체 스스로, 1888년 12월에 브란데스에게 썼지만 보내지는 않은 편지에서 《안티크리스트》의 끝부분이라고 말하고 있기에, KGW는 이 편지에 충실한 편집을 한다.

니체의 큰 문젯거리였던 데카당스 문제가 그리스도교에 대한 공격으로 용해되는 이 작품에서는 질적으로 다른 두 가지 것이 서로 대립하고 있다. 즉 그리스도교적이고 안티 크리스트적인 것이. 니체가 이 작품을 쓰고 있을 무렵에 이미 그리스도교는 비단 나움부르크뿐만이 아니라 독일 내부와 외부에서 일종의 노쇠해버린 타성으로서, 옛 허섭스레기로 간주되는 경향이 고개를 들고 있었다. 도덕적이고도 종교적인 실천으로서의 그리스도교는 서서히 하나의 불운으로 여겨지고 있었다. 이 경향은 니체의 《안티크리스트》를 환호하며 받아들였지만, 《안티크리스트》의 서문에서 니체는 "이 책은 극소수를 위한 것이다"라고 적고 있다. 그 이유는 《안티크리스트》의 공격이 비단 종교나 도덕으로서의 그리스도교에만 국한되지 않기 때문이다. 오히려 이 작품은 그리스도교를 현대 세계의 가치 전체를 포함하고 있는 것으로 규정하고 공격한다. 즉 현대의 도덕과 철학뿐만 아니라, 현대의 정치적인 면, 이를테면 정의, 인간의 평등, 민주주의 등까지도 그리스도교와 관련된 것으로서 통찰되고 비판하고 있다. 그래서 니체에게 그리스도교의 멸절은 사실상의 '모든' 가치의 전도가 될 수 있었던 것이다. 니체의 그리스도교에 대한 비판과 관련하여 흥미로운 점은 예수 그리스도에 대한 그의 평가는 아주 긍정적이며, 종교로서의 그리스도교의 본질을 그의 예수 그리스도교상을 통해 지적해 내고 있다는 점이다. 그는 그리스도교를 허무적 종교로, 그리스도교 신 개념을 힘에의 의지의 무기력 상태나 선한 신의 등장으로 반박하는 반면, 예수 그리스도에 대해서는 진정한 복음을 전하는 자라는 호의적 평가를 내린다. 예수는 사랑하며 사는 삶이 참된 삶이자 영원한 삶이라는 복음, 신과 인간 사이를 멀어지게 하는 죄와 그에 대한 벌이 없다는 복음을 전하는 자로 이해된다. 분노하지 않고 벌도 내리지 않고, 저항도 하지 않으며, 자신이 살아왔고 자신이 가르쳤던 바를 몸소 실천한 존재인 예수. 바로 이런 실천만을 인류에게 남겨놓은 예수. 이런 예수 그리스도야 말로 유일한 그리스도교인이라고 니체는 생각한다. 십자가에서 죽은 유일무이한 그리스도교인을 니체는 아이 같은 존재로, 바보 같은 존재로 비유한다.

《이 사람을 보라》

《이 사람을 보라》는 1888년에 집필되고 여러 차례 변경을 거쳐 1888년 12월 6일에 인쇄용 최종 교정 원고가 라이프치히 나우만 출판사로 발송된다. 니체는 이때 더 이상의 변경은 불필요하다고 생각했지만, 12월 중순에서 29/30일까지 중요한 변경 내용과 첨가분을 다시 출판사로 보낸다. 이때 〈나는 왜 이렇게 현명한지〉에 4, 6, 7장이 첨가되고, 〈나는 왜 이렇게 좋은 책을 쓰는지〉의 2장은 새로 씌어진다. 그중에서 〈인간적인 너무나 인간적인〉에 6장이 첨가되고, 〈차라투스트라는 이렇게 말했다〉의 5장 끝부분이 변경된다. 이 외에도 〈나는 왜 이렇게 영리한지〉의 3장은 새롭게 작성되고 4장도 3장의 내용에 맞추어 약간 변경된다. 1889년 1월 2일에 마지막 변경이 있었으며, 이때 니체는 《디오니소스 송가》의 〈명성과 영원〉, 〈가장 부유한 자의 가난에 대하여〉를 첨가시킨다.

서문과 〈나는 왜 이렇게 현명한지〉, 〈나는 왜 이렇게 영리한지〉, 〈나는 왜 이렇게 좋은 책들을 쓰는지〉, 〈왜 나는 하나의 운명인지〉로 구성되어 있는 《이 사람을 보라》는 첫 문장에서부터 겸손과는 거리가 먼 니체를 느끼게 해준다. 그는 자신을 혼동하지 말라고 요구하며, 자기 자신을 철학자 디오니소스의 제자로, 자신의 작품들을 자신의 삶과 격정의 표현으로, 자신의 작품들이 높은 곳의 공기임을 이해해주기를 요구한다. 그는 자신의 유일성에 자부심을 갖고 있었으며, 니체라는 자의 범형적인 위대함을 알아차리지 못한(또는 너무 늦게 알기 시작하는) 자신의 시대에 비난을 퍼부어댄다. 이 작품에서 니체는 현대 세계의 도덕적이고도 정치적인 면에 대한 그의 사유를 그를 고통스럽게 만들었던 여러 개인적인 경험과 주변 사람들에 대한 기억과 연결시킨다. 그가 집중하고 있던 여러 문제들이 이제 니체 개인과 그 자신의 문제들의 형식으로 표출된다.

〈**나는 왜 이렇게 현명한지**〉에서는 니체 자신의 여러 특징들에 대해 해명하고 있다. 현대성의 특징인 데카당스에 관한 한 그가 그것을 스스로 체험해보고 극복해버린 전문가라는 점, 그 자신 총체적으로 건강한 자이며, 건강을 추구하는 자라는 점, 문제에 대처하는 그의 방식, 질병에 의해 건강해졌다는 점, 그의 공격성과 민감성 등에 대해 과장적인 어투로 서술하고 있다. 〈나는 왜 이렇게 영리한지〉에서는 정신적 섭생과 영양 섭취와 장소와 풍토의 선택, 그리고 휴양을 취하는 방식이 철학자에게, 그리고 그 자신에게 끼치는 영향에 대해 서술하고 있다. 〈나는 왜 이렇게 좋은 책들을 쓰는지〉는 자기의 작품에 대한 니체 자신의 해설이다. 아마도 니체의 작품들에 대해서 이보다 더 좋은 해설서는 없을 것이다. 〈왜 나는 하나의 운명인지〉에는 니체 자신의 스스로에 대한 사적 평가가 들어 있다. 그는 자신의 운명을 다이너마이트로 간주한다. 그 이유는 그가 비도덕주의자이기 때문이며 파괴자이기 때문이다. 다이너마이트로서 그는 이제껏 최고 유형으로 간주되어오던 인간 유형, 즉 선한 인간을 종말인으로 간주하며 부정하고, 도덕 그 자체로서 행사되고 지배적이 되었던 도덕 유형, 즉 그리스도교 도덕을 부정하며 파괴한다. 니체는 자신이 비도덕주의자라는 점에 긍지를 느낀다.

《디오니소스 송가》

〈메시나에서의 전원시〉 외에 어떤 시도 출간하지 않았던 니체는 《디오니소스 송가》를 출간하면서 몇 번에 걸친 시집 출판 계획을 마침내 현실화시킬 수 있었다. 1888년 여름, 《힘에의 의지》라는 책의 기획을 포기하면서 니체는 그때까지 사용하지 않았던 시적 형식의 단편들을 한데 모으기 시작한다. 특히 《차라투스트라는 이렇게 말했다》를 위해 작성해놓은 노트에서 〈해는 지는데〉, 〈육식조 사이에서〉, 〈명성과 영원〉, 〈가장 부유한 자의 가난에 대하여〉, 〈햇불 신호〉를 다시 꺼내고, 이 다섯 시들에 1888년에 새로 쓴 〈최후의 의지〉를 첨가한다. 《이 사람을 보라》의 첫 원고가 완성될 무렵에 이 시들의 모음은 '차라투스트라의 노래들' 이라는 제목이 붙어 있었다. '1888년 11월 27일 토리노'라고 적혀 있고 알려지지 않은 어떤 출판가 앞으로 작성되어 있는 한 편지 소묘에서는 이 여섯 개의 시가들을 출판할 의도가 있는지를 타진해보고 있다. 하지만 니체는 1888년 말과 1889년 1월 2일 사이에 그 '차라투스트라의 노래들'에 세 개의 송가를 더 추가한다. 이 세 송가는 《차라투스트라는 이렇게 말했다》IV부에 등장하는 '우수의 노래'를 '한갓 바보일 뿐, 한갓 시인일 뿐'이라는 제목으로 수정한 후 내용에 약간의 변경을 가하고, '사막의 딸들 틈에서'는 제목은 그대로 유지하되 내용만 약간 수정하며, '마술가'는 '아리아드네의 탄식'으로 제목이 변경되고 디오니소스의 노래가 첨가된다. 이것이 《디오니소스 송가》의 최종 원고가 된다. 12월 22일에 니체는 《니체 대 바그너》 대신에 《디오니소스 송가》를 출판하려 한다는 다음과 같은 내용의 편지를 페터 가스트에게 보낸다. "《니체 대 바그너》를 나는 인쇄하고 싶지 않다 ; 《이 사람을 보라》가 그 둘의 관계에 대한 이미 결정적인 것을 다 포함하고 있다…… 차라투스트라의 노래를 출판해볼까 한다." 니체는 1월 3일 자 소인이 찍힌 엽서에서 《디오니소스 송가》가 완성되었다는 사실을 알리고 있다. 쓰러지기 직전의 마지막 작품으로서.

이렇듯 《디오니소스 송가》는 그에 의해 인쇄된 마지막 작품으로서, 그의 의식이 여전히 명료했던 때에 미리 작성되었던 것들을 모으고 편집하면서 완성된다. 그러므로 니체의 정신착란증 때문에 이 작품의 내용과 진의를 왜곡시키지 말아야 한다. 니체는 체계적인 철학을 구성하려는 자신의 위대한 기획을 포기하면서, 의기소침 상태나 우울증을 겪은 것이 아니라, 반대로 짐을 던 것 같은 기분으로 이 작품을 완성한 것이다. 합리적이거나 추상적이며 이론적인 사유에서 떨어져서 찌를 듯한 아름다움을 갖춘, 형식과 내용을 한 가지로 확정짓지 않은 《디오니소스 송가》

를 등장시키는 것이다.

《니체 대 바그너》

1888년 12월 15일 니체는 《니체 대 바그너》의 원고를 라이프치히의 나우만 출판사로 보내고, 17일에 〈간주곡Intermezzo〉을 추가로 보낸다. 12월 20일에 라이프치히로 니체는 《이 사람을 보라》를 먼저 출판하고, 그 다음에 《니체 대 바그너》를 출판하기를 원한다는 전보를 보낸다. 그런데 이틀 후인 12월 22일, 니체는 마음을 바꾸어 이 작품의 출판을 포기하려 한다. 그 이유는 앞서 언급한 가스트에게 보낸 편지에 적혀 있듯이, 《이 사람을 보라》에 이미 그 핵심 내용이 들어 있다고 생각했기 때문이다. 니체는 나우만 출판사에 《니체 대 바그너》의 출판을 중지시킨다는 편지를 보내지만, 그사이 출판사가 12월 22일에 완성시킨 교정 원고가 토리노에 이미 도착해버렸다. 이 교정 원고의 도착은 니체의 기분을 다시 바꾸어놓아 니체는 다시 교정을 보고 크리스마스에 출판을 승인한다.

이 아름다운 작품은 《바그너의 경우》의 반향에 대한 니체의 응답으로 씌어졌다. 〈서문〉과 〈내가 경탄하는 곳〉, 〈내가 반박하는 곳〉, 〈간주곡〉, 〈위험으로서의 바그너〉, 〈미래 없는 음악〉, 〈우리 대척자들〉, 〈바그너가 속한 곳〉, 〈순결의 사도 바그너〉, 〈내가 바그너에게서 어떻게 벗어났는지〉, 〈심리학자가 말한다〉, 〈후기〉 그리고 《디오니소스 송가》에서 빌려온 〈가장 부유한 자의 가난에 대하여〉로 구성되어 있는 이 작품에서 니체는 바그너와 자신의 관계에 대해 신중하게 고찰하고 있다. 그러나 이 작품의 핵심은 니체가 1888년 12월 10일 아베나리우스Ferdinand Avenarius에게 보낸 편지에 적혀 있듯이 바그너와 니체 자신의 대립적인 관계이다. 니체는 자기의 작품들 속에서 바그너와 자기 자신과의 대립적인 관계를 입증해주고 있는 곳들을 그 편지에 다음처럼 적어두고 있다 : "데카당스와 디오니소스적 본성과의 대립은…… 우리에게 명백하다(내 책들의 50여 군데에서 표명되고 있는 그 대립은)." 니체가 지적한 곳들은 《즐거운 학문》 87, 368, 370, 《인간적인 너무나 인간적인 II》에서 〈여러 의견과 격언〉 144, 116, 171, 〈방랑자와 그의 그림자〉 165, 《아침놀》 255, 《선악의 저편》 22 등이고, 이것들은 대부분 《니체 대 바그너》에 그대로 수록되거나 약간의 변경을 거쳐 수록된다. 이 작품에서 바그너의 음악은 삶과 삶의 빈곤에 고통받는 자의 작업이고, 도취와 마비를 찾는 데카당의 작업으로 다시 한번 강조되고 있다. 니체는 이런 예술에 삶의 충일에 의해 고통받는 자의 예술인 디오니소스적 예술을 대립시킨다. 삶을 기준으로 해서 대척자 관계를 형성하는 바그너와 니체를 등장시키면서.

III.

니체의 마지막 역작들은 문체 면에서도 지극히 아름다운 작품들이다. 이 번역서가 그 아름다운 문체를 다 담아내지 못하는 점이 아쉽다. 번역상의 크고 작은 문제들을 해결하는 데에 도움을 주신 서강대학교 독문과 최 레기네Regine Choi 선생님과 정확한 라틴어 번역을 가능하게 해주신 서강대학교 철학과 성염 선생님께 진심으로 감사드린다.

연보

1844년

10월 15일 목사였던 카를 루드비히 니체Carl Ludwig Nietzsche와 이웃 고장 목사의 딸 프란치스카 욀러Franziska Öhler 사이의 첫 아들로 뢰켄에서 태어난다. 1846년 여동생 엘리자베트가, 1848년에는 남동생 요제프가 태어난다. 이듬해 아버지 카를이 사망하고 몇 달 후에는 요제프가 사망한다.

1850년

가족과 함께 나움부르크Naumburg로 이사한다. 그를 평범한 소년으로 교육시키려는 할머니의 뜻에 따라 소년 시민학교Knaben-Bürgerschule에 입학한다. 하지만 학교에 적응하지 못하고 곧 그만둔다.

1851년

칸디다텐 베버Kandidaten Weber라는 사설 교육기관에 들어가 종교, 라틴어, 그리스어 수업을 받는다.

이때 친구 쿠룩의 집에서 처음으로 음악을 알게 되고 어머니에게서 피아노를 선물받아 음악교육을 받기 시작한다.

1853년

돔 김나지움Domgymnasium에 입학한다.

대단한 열성으로 학업에 임했으며 이듬해 이미 작시와 작곡을 시작한다. 할머니가 사망한다.

1858년

14세 때 김나지움 슐포르타Schulpforta에 입학하여 철저한 인문계 중등교육을 받는다. 고전어와 독일문학에서 비상한 재주를 보일 뿐만 아니라, 작시도 하고, 음악서클을 만들어 교회음악을 작곡할 정도로 음악적 관심과 재능도 보인다.

1862년

〈운명과 역사Fatum und Geschichte〉라는 글을 작성한다. 이것은 이후의 사유에 대한 일종의 예견서 같은 역할을 한다. 이 외에도 다양한 문학적 계획을 세운다.

이처럼 그는 이미 소년 시절에 창조적으로 생활한다. 그렇지만 음악에 대한 천부적인 재질, 치밀한 분석능력과 인내를 요하는 고전어에 대한 재능, 그의 문학적 능력 등에도 불구하고 그는 행복하지는 못한 것 같다. 아버지의 부재와 여성들로 이루어진 가정, 이 가정에서의 할머니의 위압적인 중심 역할과 어머니의 불안정한 위치 및 이들의 갈등 관계, 자신의 불안정한 위치의 심적 대체물로 나타난 니체 남매에 대한 어머니의 지나친 보호 본능 등으로 인해 그는 불안스러운 어린 시절을 보내게 되며 이런 환경에서 아버지와 가부장적 권위, 남성상에 대한 동경을 품게 된다.

1864년

슐포르타를 우수한 성적으로 졸업한다. 본Bonn 대학에서 1864/65년 겨울학기에 신학과 고전문헌학 공부를 시작한다.

동료 도이센과 함께 '프랑코니아Frankonia' 라는 서클에 가입하며 사교적이고 음악적인 삶을 살게 된다. 한 학기가 지난 후《신약성서》에 대한 문헌학적인 비판적 시각이 형성되면서 신학공부를 포기하려 한다. 이로 인해 어머니와의 첫 갈등을 겪은 후 저명한 문헌학자 리츨F. W. Ritschl의 강의를 수강한다.

1865년

1865/66년 겨울학기에 리츨 교수를 따라 라이프치히로 학교를 옮긴다. 라이프치히에서 니체는 리츨의 지도하에 시작한 고전문헌학 공부와 쇼펜하우어의 발견에 힙입어 학자로서의 삶을 시작하다. 하지만 육체적으로는 아주 어려운 시기를 맞게 된다. 소년 시절에 나타났던 병증들이 악화되고 류머티즘과 격렬한 구토에 시달리며 매독 치료를 받기도 한다. 늦가을에 고서점에서 쇼펜하우어의《의지와 표상으로서의 세계》를 우연히 발견하여 탐독한다. 그의 염세주의 철학에 니체는 한동안 매료되었으며, 이러한 자극 아래 훗날《음악의 정신으로부터의 비극의 탄생Die Geburt der Tragödie aus dem Geist der Musik》(이하《비극의 탄생》)이 씌어진다. 이 시기에 또한 문헌학적 공부에 전념한다.

1866년

로데E. Rhode와 친교를 맺는다. 시인 테오그니스Theognis와 고대 철학사가인 디오게네스 라에르티우스Diogenes Laertius의 자료들에 대한 문헌학적 작업을 시작한다. 디오게네스에 대한 연구와 니체에 대한 리츨의 높은 평가로 인해 문헌학자로서 니체라는 이름이 알려지기 시작한다.

1867년

디오게네스 논문이 《라인문헌학지*Rheinische Museum für Philologie*》(이하 RM), XXII에 게재된다. 1월에 아리스토텔레스 저작의 전통에 대해 강연한다. 호머와 데모크리토스에 대한 연구를 시작하고, 칸트 철학을 접하게 된다. 이어 나움부르크에서 군대생활을 시작한다.

1868년

여러 편의 고전문헌학적 논평을 쓰고 호머와 헤시오도스에 대한 학위논문을 구상한다. 이렇게 문헌학적 활동을 활발히 해나가면서도 문헌학이 자신에게 맞는가에 대한 회의를 계속 품는다. 이로 인해 그리스 문헌학에 관계되는 교수자격논문을 계획하다가도 때로는 칸트와 관련된 철학박사논문을 계획하기도 하고(주제 : Der Begriff des Organischen seit Kant), 칸트의 판단력 비판과 랑에G. Lange의 《유물론의 역사*Geschichte des Materialismus*》를 읽기도 하며, 화학으로 전공을 바꿀 생각도 잠시 해보았다. 이 다양한 논문 계획들은 1869년 초에 박사학위나 교수자격논문 없이도 바젤의 고전문헌학 교수직을 얻을 수 있다는 리츨의 말을 듣고 중단된다. 3월에는 말에서 떨어져 가슴에 심한 부상을 입고 10월에 제대한 후 라이프치히로 돌아간다. 11월 8일 동양학자인 브로크하우스H. Brockhaus의 집에서 바그너를 처음 만난다. 그와 함께 쇼펜하우어와 독일의 현대철학 그리고 오페라의 미래에 대해 의견을 나눈다. 이때 만난 바그너는 니체에게 깊은 인상을 심어준다. 이 시기에 나타나는 니체의 첫번째 철학적 작품이 〈목적론에 관하여Zur Teleologie〉이다.

1869년

4월 바젤Basel 대학 고전어와 고전문학의 원외교수로 위촉된다. 이 교수
직은 함부르크 대학으로 자리를 옮긴 키슬링A. Kiessling의 후임자리로,
그가 이후 독일 문헌학계를 이끌어갈 선두적 인물이 될 것이라는 리츨의
적극적인 천거로 초빙되었다. 5월 17일 트립센에 머물던 바그너를 처음 방
문하고 이때부터 그를 자주 트립센에 머물게 한다. RM에 발표된 그의 논문
과 디오게네스 라테리우스의 자료들에 대한 연구를 인정받아 라이프치히
대학으로부터 박사학위를 받는다. 부르크하르트Jacob Burckhardt를 존경
하여 그와 교분을 맺는다. 스위스 국적을 신청하지 않은 채 프로이센 국적
을 포기한다.

1870년

1월과 2월에 그리스인의 악극 및 소크라테스와 비극에 대한 강연을 한
다. 오버베크F. Overbeck를 알게 되고 4월에는 정교수가 된다. 7월에는
독불전쟁에 자원 의무병으로 참가하지만 이질과 디프테리아에 걸려 10월
에 다시 바젤로 돌아간다.

1871년

〈Certamen quod dicitur Homeri et Hesiodi〉를 완성하고, 새로운
RM(1842~1869)의 색인을 작성한다. 2월에는 《비극의 탄생》의 집필을 끝
낸다.

1872년

첫 철학적 저서 《비극의 탄생》이 출판된다. 그리스 비극 작품의 탄생과

그 몰락에 대해서 쓰고 있는 이 작품은 바그너의 기념비적인 문화정치를 위한 프로그램적 작품이라고 여겨지기도 하지만 니체의 독창적이고도 철학적인 초기 사유를 제시하고 있다고 평가받는다. 그렇지만 이 시기의 유고글들을 보면 그가 얼마나 문헌학적 문제와 문헌학에 대한 근본적인 비판에 전념하고 있는지를 알 수 있다.

《비극의 탄생》에 대한 학계의 혹평으로 상심한 후 1876년 바그너의 이념을 전파시키는 데 전념할 생각으로 바이로이트 축제를 기획하고 5월에는 준비를 위해 바이로이트로 간다.

1873년

다비드 슈트라우스에 대한 첫번째 저작 《반시대적 고찰*Unzeitgemässe Betrachtungen : David Strauss, der Bekenner und der Schriftsteller*》이 발간된다. 원래 이 책은 10~13개의 논문들을 포함할 예정이었지만, 실제로는 4개의 주제들로 구성된다. 다비드 슈트라우스에 대한 1권, 삶에 있어서 역사가 지니는 유용함과 단점에 관한 2권, 교육자로서의 쇼펜하우어를 다룬 3권은 원래의 의도인 독일인들에 대한 경고에 충실하고, 바그너와의 문제를 다룬 4권에서는 바그너에 대한 긍정적 평가가 행해진다. 여기서 철학은 진정한 삶을 가능하게 하는 예술의 예비절차 역할을 하며, 다양한 삶의 현상들은 문화 안에서 미적 통일을 이루는 것으로 제시된다. 이러한 시도는 반년 후에 쓰이는 두 번째의 《반시대적 고찰》에서 이루어진다.

1872년 초에 이미 바이로이트에 있던 바그너는 이 저술에 옹호적이기는 했지만, 양자의 관계는 점점 냉냉해진다. 이때 니체 자신의 관심은 쇼펜하우어에서 볼테르로 옮겨간다. 이 시기에 구토를 동반한 편두통이 심해지면서 육체적 고통에 시달린다.

1874년

《비극의 탄생》 2판과 《반시대적 고찰》의 2, 3권이 출간된다. 소크라테스 이전 사상가에 대한 니체의 1873년의 강의를 들었던 레P. Ree와의 긴밀한 관계가 형성되기 시작한다. 10월에 출간된 세 번째의 《반시대적 고찰》인 '교육자로서의 쇼펜하우어Schopenhauer als Erzieher'에서는 니체가 바그너와 냉정한 거리를 유지한다는 사실이 드러난다.

1875년

《반시대적 고찰》의 4권인 《바이로이트의 바그너*Richard Wagner in Bayreuth*》(1876년에 비로소 출간된)는 겉으로는 바그너를 위대한 개인으로 형상화시키지만, 그 행간에는 니체 자신의 청년기적 숭배를 그 스스로 이미 오래 전에 멀리해버린 일종의 기념물쯤으로 생각하고 있다는 사실이 숨겨져 있다. 이것이 출판되고 나서 한 달 후, 즉 1876년 8월 바이로이트 축제의 마지막 리허설이 이루어질 때 니체는 그곳에 있었지만, 바그너에 대한 숭배의 분위기를 더 이상 견뎌내지 못하고 축제 도중 바이로이트를 떠난다.

겨울학기가 시작할 때 쾨젤리츠Heinrich Köselitz라는 한 젊은 음악가가 바젤로 찾아와 니체와 오버베크의 강의를 듣는다. 그는 니체의 가장 충실한 학생 중의 하나이자 절친한 교우가 된다. 니체로부터 페터 가스트 Peter Gast라는 예명을 받은 그는 니체가 사망한 후 니체의 여동생 엘리자베트와 함께 《힘에의 의지》 편집본의 편집자가 된다. 이 시기에 니체의 건강은 눈에 띄게 악화되어 10월 초 1년 휴가를 얻어 레와 함께 이탈리아로 요양을 간다. 6월과 7월에 니체는 《반시대적 고찰》의 다른 잠언들을 페터 가스트에게 낭독하여 받아 적게 하는데, 이것은 나중에 《인간적인 너무나 인간적인*Menschliches, Allzumenschliches*》의 일부가 된다.

1876년

《인간적인 너무나 인간적인》의 원고가 씌어진다. 3월 제네바에 있는 '볼테르의 집'을 방문하고 그의 정신을 잠언에 수록하려고 한다.

1877년

소렌토에서의 강독모임에서 투키디데스, 마태복음, 볼테르, 디드로 등을 읽으며 8월까지 요양차 여행을 한다. 9월에는 바젤로 돌아와 강의를 다시 시작한다. 가스트에게 《인간적인 너무나 인간적인》의 내용을 받아 적게 했는데, 이 텍스트는 다음해 5월까지는 비밀로 해달라는 부탁과 함께 12월 3일에 출판사에 보내진다.

1878년

5월 바그너가 《인간적인 너무나 인간적인》의 1부를 읽으면서 니체와 바그너 사이의 열정과 갈등, 좌절로 점철되는 관계는 실망으로 끝난다. 12월 말경에 《인간적인 너무나 인간적인》의 2부 원고가 완결된다.

《인간적인 너무나 인간적인》의 1부, 2부는 건설의 전 단계인 파괴의 시기로 진입함을 보여주며 따라서 문체상의 새로운 변화를 보인다.

1879년

건강이 악화되어 3월 19일 강의를 중단하고 제네바로 휴양을 떠난다. 5월에는 바젤 대학에 퇴직 희망을 밝힌다. 9월에 나움부르크로 오기까지 비젠Wiesen과 모리츠St. Moritz에서 머무르며, 《인간적인 너무나 인간적인》

의 2부 중 한 부분인 《혼합된 의견 및 격언들*Vermischte Meinungen und Sprüche*》을 발간한다. 모리츠에서 지내는 여름 동안 2부의 다른 부분인 《방랑자와 그의 그림자*Der Wanderer und sein Schatten*》가 씌어지고 1880년에 발간된다.

1880년
1월에 이미 《아침놀*Morgenröthe*》을 위한 노트들을 만들고 있었으며, 이 시기에 특히 도덕문제에 대한 독서를 집중적으로 한다. 가스트와 함께 3월에 베네치아로 간 후 여러 곳을 전전하여 11월에는 제노바로 간다.

1881년
다른 작품들과 마찬가지로 《아침놀》의 원고들이 가스트에 의해 옮겨 적혀 7월 1일에 출간된다. 7월 초 처음으로 실스 마리아Sils-Maria로 간다. 그곳의 한 산책길에서 영원회귀에 대한 구상이 떠올랐다는 이야기는 유명하다. 10월 1일 제노바로 다시 돌아간다. 건강 상태, 특히 시력이 더욱 악화된다. 11월 27일 처음으로 비제의 〈카르멘〉을 보고 감격한다. 《아침놀》에서 제시되는 힘의 느낌은 나중에 구체화되는 《힘에의 의지》를 준비하는 단계이다.

1882년
《아침놀》에 이어 1월에 가스트에게 첫 3부를 보낸다. 이것들은 4부와 함께 8월 말에 《즐거운 학문 *Die fröhliche Wissenschaft*》이라는 제목으로 출판된다. 3월 말에는 제노바를 떠나 메시나Messina로 배 여행을 하며 그곳에서 4월 20일까지 머무른다. 〈메시나에서의 전원시Idyllen aus Messina〉에 대한 소묘들은 이 여행 며칠 전에 구상되었다. 이것은 니체가 잠언적인 작품 외에 유일하게 발표한 시가로서 《인터나치오날레 모나츠슈리프트*Internationale Monatsschrift*》 5월호에 실린다(267~275쪽). 4월 24일에 메시나를 떠나 로마로 가고 모이센부르크의 집에서 살로메를 소개받는다. 5월 중순에는 타우텐부르크에서 여동생과 살로메와 함께 지낸다. 27일 살로메가 떠난 뒤 나움부르크로 되돌아오고, 10월에 라이프치히에서 살로메와 마지막으로 만난 후 11월 중순부터 제노바를 거쳐 이탈리아의 여러 곳을 전전하면서 《차라투스트라는 이렇게 말했다》의 첫 부분을 구상하기 시작한다.

지속적인 휴양 여행, 알프스의 신선한 공기나 이탈리아나 프랑스의 온화한 기후도 육체적인 고통을 덜어주지는 못한다. 아주 한정된 사람들과 교제를 했고, 특히 이 교제방식이 살로메와의 만남으로 인해 변화의 조짐을 보이지만, 그는 다시 고독한 삶의 방식으로 되돌아갈 수밖에 없었다.

1883년
《차라투스트라는 이렇게 말했다》의 1부가 씌어진 후 아주 빠른 속도로 3부까지 씌어진다.

1884년
1월에 《차라투스트라는 이렇게 말했다》의 4부를 완성한다.

건강은 비교적 호전되었고, 정신적인 고조를 경험하면서 그의 사유는 정점에 올라 있었다. 그러나 이 시기에 여동생 및 어머니와의 화해와 다툼이 지속된다. 여동생이 푀르스터B. Förster라는, 반유대주의자이자 바그너 숭배자이며, 파라과이에 종족주의적 원칙에 의한 독일 식민지를 세우려는 계획을 갖고 있던 자와 약혼을 결정하면서, 가까스로 회복된 여동생과의 불화는 다시 심화된다.

1885년

《차라투스트라는 이렇게 말했다》의 4부를 출판할 출판업자를 찾지 못하여 이 책을 자비로 출판한다. 5월 22일 여동생이 결혼하지만 결혼식에 참석하지 않는다. 6월 7일부터 9월까지 실스 마리아에서 지내고, 그 후 나움부르크, 뮌헨, 플로렌츠를 경유하여 11월 11일 니차로 온다. 실스 마리아에서 여름을 보내면서 《힘에의 의지》라는 책을 쓸 것을 구상한다. 저술 제목으로서 '힘에의 의지'는 1885년 8월의 노트에 처음으로 등장한다. 이후에 따르는 노트들에는 힘에의 의지라는 제목으로 체계적이고 일반적인 내용을 서술하겠다는 구상들이 등장한다. 이 구상은 여러 번의 변동을 거치다가 결국에는 니체 자신에 의해 1888년 8월에 포기된다.

1886년

《선악의 저편Jenseits von Gut und Böse》 역시 자비로 8월 초에 출판한다. 이전의 작품들을 다시 발간하는 데 관심을 가지고 이전의 작품들에 대한 새로운 서문을 쓰기 시작한다. 《인간적인 너무나 인간적인》의 서문, 《비극의 탄생》을 위한 〈자기비판의 시도Versuch einer Selbstkritik〉라는 서문, 《아침놀》과 《즐거운 학문》의 서문들이 이때 씌어졌다.

1887년

악화된 그의 건강은 6월에 살로메의 결혼소식을 접하면서 우울증이 겹쳐 심각해진다. 이런 상태에도 불구하고 그의 의식은 명료했다.

1887년

6월에 《아침놀》과 《즐거운 학문》, 《차라투스트라는 이렇게 말했다》의 재판이 출간된다. 6월 12일 이후 실스 마리아에서 《도덕의 계보*Zur Genealogie der Moral*》를 집필하며 11월에 자비출판한다.

1888년

4월 2일까지 니차에 머무르면서 '모든 가치의 전도'에 대한 책을 구상하고 이 책의 일부를 《안티크리스트*Der Antichrist*》란 제목으로 출판한다. 7월에는 《바그너의 경우*Der Fall Wagner*》를 출판사로 보낸다. 6월에 투린을 떠나 실스 마리아에서 《우상의 황혼*Götzen-Dämmerung*》을 쓴다. 투린으로 다시 돌아가 《이 사람을 보라*Ecce homo*》를 11월 4일에 끝내고 12월에 출판사로 보낸다. 그 사이 《바그너의 경우》가 출판된다. 《디오니소스 송가*Dionysos-Dithyramben*》를 포함한 이 시기에 씌어진 모든 것이 인쇄를 위해 보내진다.

1887~88년이라는 그의 지적 활동의 마지막 시기의 유고글에서도 니체는 여전히 자신을 실현시키고자 하는 강한 저술적 의도를 보인다. 그렇지만 그는 파괴와 건설작업에서 그가 사용했던 모든 도구들이 더 이상은 쓸모없다는 생각을 한다.

1889년

1월 3일(혹은 1월 7일) 카를로 알베르토 광장에서 졸도하면서 심각한 정신이상 신호가 나타나기 시작한다. 오버베크는 니체를 바젤로 데리고 가서 정신병원에 입원시킨다. 1월 17일 어머니에 의해 예나 대학 정신병원으로 옮겨진다. 《우상의 황혼》, 《니체 대 바그너*Nietzsche contra Wagner*》, 《이 사람을 보라》가 출판된다.

1890년

3월 24일 병원을 떠나 어머니 옆에서 머무르다가 5월 13일 나움부르크로 돌아온다.

1897년

4월 20일 어머니가 71세의 나이로 사망하고 여동생을 따라 바이마르로 거처를 옮긴다. 1892년 가스트는 니체 전집의 편찬에 들어가고, 같은해 가을에 차라투스트라의 4부가 처음으로 한 권으로 출판된다. 1894년 초에 여동생은 가스트의 전집을 중지할 것을 종용하고, 니체 전집의 편찬을 담당할 니체 문서보관소Nietzsche Archiv를 설립한다.

1900년

8월 25일 정오경 사망.

■ 옮긴이 백승영

서강대학교 철학과에서 학사와 석사 과정을 마친 후, 독일 레겐스부르크 대학교에서 철학 박사 학위를 받았다. 서울대학교 철학사상연구소 책임연구원과 영남대학교 인문과학연구소 연구교수를 거쳐, 지금은 홍익대학교 대학원 미학과의 초빙교수로 있다. 《Interpretation bei Nietzsche. Eine Analyse》, 《니체, 디오니소스적 긍정의 철학》, 《니체, 건강한 삶을 위한 긍정의 철학을 기획하다》를 썼고, 《Nietzsche. Rüttler an hundertjähriger Philosophie-tradition》(독일어 책임번역자이자 공저자), 《니체가 뒤흔든 철학 100년》, 《서양철학과 주제학》, 《마음과 철학》, 《오늘 우리는 왜 니체를 읽는가》, 《철학, 죽음을 말하다》, 《처음 읽는 독일 현대철학》, 《처음 읽는 윤리학》, 《우리에게 과학이란 무엇인가》 등의 공저가 있다. 또한 니체전집 한국어판 발간에 편집위원이자 번역자로 참여하여, 《바그너의 경우·우상의 황혼·이 사람을 보라·디오니소스 송가·니체 대 바그너》, 《유고(1887년 가을~1888년 3월)》, 《유고(1888년 초~1889년 1월 초)》를 우리말로 옮겼다. 이 외에도 다수의 철학 논문과 글을 발표했다. 제24회 열암학술상과 제2회 출판문화대상을 수상했다.

니체전집 15(KGW VI3) 바그너의 경우·우상의 황혼·안티크리스트·
이 사람을 보라·디오니소스 송가·니체 대 바그너

초판 1쇄 발행 2005년 10월 30일
초판 14쇄 발행 2024년 12월 31일

지은이 프리드리히 니체
옮긴이 백승영

펴낸이 김준성
펴낸곳 책세상
등 록 1975년 5월 21일 제2017-000226호
주 소 서울시 마포구 동교로23길 27, 3층(03992)
전 화 02-704-1251
팩 스 02-719-1258
이메일 editor@chaeksesang.com
광고 · 제휴 문의 creator@chaeksesang.com
홈페이지 chaeksesang.com
페이스북 /chaeksesang **트위터** @chaeksesang
인스타그램 @chaeksesang **네이버포스트** bkworldpub

ISBN 978-89-7013-319-5 04160
     978-89-7013-542-7 (세트)